HISTOIRE
DE LA VILLE DE
MALAUCÈNE
ET
DE SON TERRITOIRE
ORNÉE DE CARTES, PLANS, VUES ET ARMOIRIES

PAR

FERDINAND SAUREL ET ALFRED SAUREL

TOME SECOND

AVIGNON | MARSEILLE
J. ROUMANILLE, LIBRAIRE | MARIUS LEBON, LIBRAIRE
RUE SAINT-AGRICOL, 19 | RUE PARADIS, 43

1883

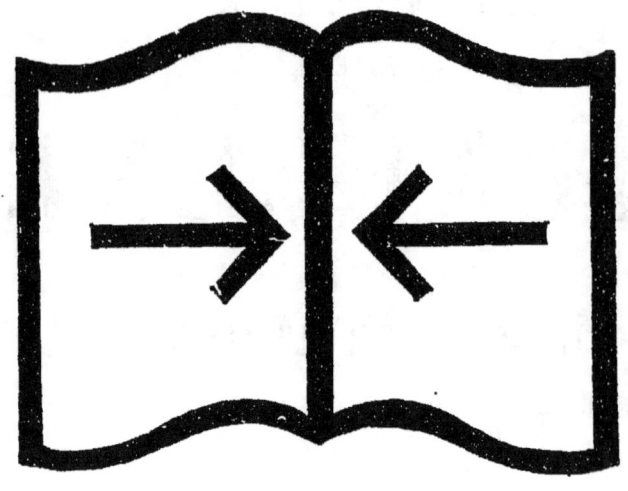

**RELIURE SERRÉE
ABSENCE DE MARGES INTÉRIEURES**

VALABLE POUR TOUT OU PARTIE DU DOCUMENT REPRODUIT

PRINCIPAUX OUVRAGES DE M. ALFRED SAUREL

1. **Statistique de la commune de Cassis**, suivie d'un **Réper[toire?]... l'histoire de Cassis**, et d'un **Mémoire à propos d'une ins[cription] romaine**, vol. in-8° de 348 pages, orné de plans et vignettes, Mars[eille] (Médaille de vermeil). — *Épuisé*.
2. **Venise en Provence**, Histoire de Martigues et de Port-de-Bouc, [vol.?] 164 pages, petit in-8°, Marseille, 1862. (Mention honorable). — *Épu[isé]*.
3. **Notice historique sur Saint-Jean-de-Garguier, l'abbaye d[e?] Pons et Gémenos**, brochure grand in-8° de 76 pages, Marse[ille] (Mention honorable). — *Épuisé*.
4. **Fossæ Marianæ** ou *Recherches sur les travaux de Marius au[x] chures du Rhône*, brochure in-8° de 52 pages, avec cartes et plans, 1865. (Médaille d'or). — *Épuisé*.
5. **Maritima Avaticorum** ou *Recherches sur une ville morte dan[s la com]mune de Saint-Mitre (Bouches-du-Rhône)*, brochure in-8° de [...] ornée de gravures, Tours, 1877.
6. **Marseille et ses environs**, vol. in-32, 28 vues, 2 plans, Paris, 5[...] 1882 (Collection Joanne).
7. **Roux de Corse** ou *Notice historique et biographique sur George[s,] marquis de Bruc, négociant et armateur marseillais (1703-1792)*, bro[chure] de 58 pages, Marseille, 1870.
8. **La Vallée de l'Huveaune**, brochure in-8° de 44 pages, Marseill[e...]
9. **Manuel de l'étranger dans les villes d'Aix, d'Arles, de [...] et de Tarascon**, 4 broch. in-32.
10. **De la culture de l'Oranger en Provence et du commerce d[es oran]ges à Marseille**, brochure in-8° de 44 pages, Marseille, 1873. — [Médaille] d'argent).
11. **Marseille contemporaine** (extrait du *Tour de France*), in-4° de [...] illustrée de gravures, Paris, 1876.
12. **La Banlieue de Marseille**, ornée de cartes et dessins, volume [...] à 2 colonnes de 212 pages, Marseille, 1878.
13. **Dictionnaire des villes, villages et hameaux du départe[ment des] Bouches-du-Rhône**, avec cartes, plans, dessins et gravures, pub[lié sous le] patronage du Conseil général, 2 vol. grand-in-8°, Marseille 1877[...] (Médaille d'or). — Tome III et IV en préparation.
14. **Dictionnaire pratique et portatif des Bouches-du-Rhône**[,...] de 208 pages, Marseille, 1880.

OUVRAGES DE M. FERDINAND SAUREL

Le Livre du bon soldat, 1ʳᵉ édition, vol. in-32 de 192 pages, Avign[on...] 2ᵉ édition, vol. in-32 de 224 pages, Paris, 1856.
Les Saints Soldats, vol. in-12 de 192 pages, Carpentras, 1854.

SOUS PRESSE :

Notice historique sur le Sanctuaire de Notre-Dame du Gr[oseau?] Malaucène.
Aeria. — Recherches sur son emplacement.

HISTOIRE
DE MALAUCÈNE

Original en couleur
NF Z 43-120-8

HISTOIRE
DE LA VILLE DE
MALAUCÈNE
ET
DE SON TERRITOIRE
ORNÉE DE CARTES, PLANS, VUES ET ARMOIRIES

PAR

FERDINAND SAUREL ET ALFRED SAUREL

TOME SECOND

AVIGNON
J. ROUMANILLE, LIBRAIRE
RUE SAINT-AGRICOL, 19

MARSEILLE
MARIUS LEBON, LIBRAIRE
RUE PARADIS, 43

1883

PRÉFACE

Ce tome second renferme la *Statistique*, la *Biographie*, l'*Appendice* et les *Pièces justificatives*.

I.— La Statistique n'est pas uniquement consacrée aux chiffres ; on y trouvera des faits nombreux, inconnus jusqu'ici et cependant fort intéressants, non pas seulement pour l'histoire locale, mais encore pour l'histoire générale du comté Venaissin. Nous indiquerons en particulier ce qui a trait à la peste et à la lèpre, à l'instruction publique, à l'agriculture, au commerce et à l'industrie. Nous avons fait également une étude particulière des monuments de la ville, de ses rues et de ses promenades et consacré un chapitre à l'annexe de Veaulx qui ne devait pas être oubliée.

II. — La Biographie forme un tout complet que nous aurions pu faire paraître séparément. Nous la donnons pourtant à la suite de notre histoire, comme lui servant de complément et devant faciliter les recherches.

Aux notices biographiques des illustrations locales, nous avons ajouté divers détails sur certaines familles du pays ; nous avons même dressé, d'une façon plus ou moins complète, les arbres généalogiques de plusieurs maisons importantes. Ce travail sera peut-être utile un jour à quelque patient écrivain pour la rédaction d'un nobiliaire de Vaucluse.

Nous n'avons pas eu la prétention de nous ériger en juges d'armes et nous écrivons dans la bonne foi, avec l'unique but d'arriver à la vérité. Ainsi, lorsque nous reproduisons les mots *Marquis* ou *Comte* nous n'examinons pas s'ils sont des *titres* ou de simples *prénoms*, et lorsqu'il s'agit de blasonner des armoiries nous nous bornons, sans discussion, à reproduire celles qui existent dans les ouvrages imprimés ou dans les archives domestiques.

Pour la plus grande commodité des recherches et, en même temps, afin de rendre notre travail aussi complet que possible, nous avons intercalé par ordre alphabétique dans notre biographie les listes des viguiers, des juges de paix et des notaires, celles des évêques de Vaison, des curés et vicaires de la paroisse, et enfin celles des syndics et des consuls, des maires et des adjoints.

La nomenclature des syndics et consuls, malgré ses lacunes, renferme un enseignement historique pour ce qui concerne la nomination de ces magistrats municipaux. Après la double occupation de la ville par les Huguenots, un changement considérable fut apporté dans le choix des citoyens appelés à remplir ces fonctions annuelles. Antérieurement à cette époque on avait toujours rigoureusement observé cette règle que le premier syndic était tiré de la classe des nobles, tandis que le second était pris dans celle des bourgeois ou des artisans et ménagers. Les nobles étant devenus moins nombreux, les fonctions de premier syndic ne leur furent plus spécialement réservées et, par l'adoption d'une mesure démocratique, ceux qui se virent appelés à la première magistrature municipale furent désignés tout d'abord pour la troisième, puis pour la seconde, débutant ainsi par le dernier rang, avant de s'élever au sommet de l'échelle administrative. Cela ne fut pourtant pas établi d'une manière constante.

Pour ce quatrième livre nous nous sommes environnés de documents originaux, que nous citons ordinairement à la fin des divers articles et qui ont été puisés soit dans les archives et bibliothèques publiques, soit dans les archives domestiques de plusieurs familles anciennes de la localité, mises gracieusement à notre disposition.

Quant aux ouvrages imprimés, nous avons plus particulièrement consulté les suivants :

ALLARD (Guy). — Nobiliaire du Dauphiné. Grenoble, 1714, in-12. — Histoire des Maisons Dauphinoises. 1672, 1682, in-4°. — François de Beaumont, baron des Adrets, et Charles du Puy de Montbrun. Grenoble, 1675, in-18. — Dictionnaire historique, chronologique, géographique, généalogique, héraldique, politique et botanographique du Dauphiné, publié par H. Gariel, conservateur de la bibliothèque de la ville de Grenoble. Grenoble, Allier, 1864, in-8°.

ANSELME (Père) et DU FOURMY. — Histoire généalogique et chronologique de la Maison royale de France, des Pairs, grands Officiers de la Couronne et des anciens Barons du Royaume. 3e édition, Paris, Cie des Libraires, 1728, in-f°.

CHORIER (Nicolas). — Histoire générale du Dauphiné. Grenoble, Charuys, 1661, in-f°. — L'Estat politique de la province de Dauphiné. Grenoble, Philippes, 1671, in-18.

DIDOT (Firmin) frères et HOEFFER. — Nouvelle Biographie universelle. Paris, F. Didot, 1852, in-8°.

FELLER. — Biographie universelle, revue par Simonin. Nevers, Fay, 1845, in-4°.

FRIZON (Pierre). — Gallia Purpurata. Paris, L. Moine, 1638, in-f°.

GRANDMAISON. — Dictionnaire héraldique. Paris, Migne, 1861, in-4°.

HOZIER (d'). — Armorial général ou Registres de la Noblesse française. Paris, Praut, 1738-1768, in-f°.

JOANNE (Adolphe). — Dictionnaire géographique de la France. Paris, Hachette, 1869, in-8°.

Liste générale par ordre alphabétique des Émigrés du district de Carpentras, ou qui y ont des biens situés, arrêtée en conseil d'administration le 9 pluviôse an II de la République française, une et indivisible. Carpentras, Proyet (sans date et sans foliation), in-4° de 14 pages.

Liste supplétive par ordre alphabétique des Émigrés, Déportés, etc., du district de Carpentras ou qui y ont des biens situés, arrêtée en conseil d'administration le 9 ventôse, l'an second de la République française, une et indivisible. Carpentras, Proyet, an II de l'ère républicaine (sans date et sans foliation), in-4° de 12 pages.

MICHAUD. — Biographie universelle, nouvelle édition. Paris, Desplaces, 1855, in-4°.

POPLIMONT (Ch.). — La France héraldique. Paris, Jules Boyer, 1874, in-8°.

ROQUE (Louis de La). — Armorial de la Noblesse du Languedoc. Montpellier, Seguin, 1860, in-8°.

TOURTOULON (Ch. de). — Notes pour servir à un Nobiliaire de Montpellier. Grollier, 1856, in-8°.

VINCENT (L'abbé A.). — Notice historique sur Mollans (Drôme). Valence, Marc Aurel, 1860, in-12.

III. — Sous le titre d'APPENDICE, nous avons donné le récit ou tracé des projets des excursions les plus remarquables faites ou à faire dans le territoire ou dans les environs de

Malaucène. Les touristes trouveront là des renseignements qui certainement leur seront de quelque utilité.

IV. — Nos Pièces justificatives que nous avons foliotées à part demandent quelques mots d'explication.

Les textes, latins ou français, quelque chargés d'abréviations qu'ils puissent être dans les vieilles chartes et autres documents anciens, sont ordinairement reproduits tout au long lorsqu'on les donne au public; c'est-à-dire que ces textes subissent une sorte de traduction, en vertu de laquelle le lecteur voit non pas précisément ce qu'il y a dans l'original, mais ce qu'il doit y avoir. Cette règle, nous ne l'avons pas toujours suivie, tant s'en faut, et comme toutes nos pièces justificatives voient le jour pour la première fois, il nous a semblé que nous devions laisser à nos textes leur physionomie propre et leur nudité native, abandonnant à chacun le soin de les habiller à sa guise.

Ces documents sont placés dans leur ordre chronologique jusqu'au N° XLIX inclusivement, c'est-à-dire jusqu'à l'année 1670. A la suite nous avons ajouté ceux qui nous sont venus sous la main pendant la rédaction et l'impression de notre travail. Il sera facile de remédier à ce désordre partiel au moyen de la *Table des Pièces justificatives* qui est rédigée par ordre de dates.

Ce Tome II se termine par le fac simile de signatures de notaires et autres personnages dont les noms figurent sur certains actes, aux archives de Malaucène.

HISTOIRE DE MALAUCÈNE

LIVRE TROISIÈME

STATISTIQUE

CHAPITRE PREMIER

MOUVEMENT DE LA POPULATION

C'est dans la question du mouvement des populations que les avantages de la statistique deviennent surtout manifestes.

Puisés aux sources officielles ou recueillis dans des livres dont les auteurs méritent la confiance qu'on leur accorde, les documents que l'on rassemble, que l'on groupe d'une façon toute spéciale et intelligible en même temps, revêtent une forme tellement simple que l'on peut sans hésitation en déduire des conclusions dont on ne saurait contester et la netteté et l'utilité pratique.

Pour se rendre un compte exact de ce nous avons à dire touchant ce sujet, il suffira de comparer les totaux qui figurent dans les tableaux suivants.

Commençons par établir d'une manière précise le mouvement dans la population du canton de Malaucène de 1796 à 1881, soit une période de 85 ans ; mais qu'on ne s'étonne pas de voir figurer au dessous des chiffres relatifs à Malaucène ceux qui concernent Vaison. Le lecteur en appréciera bientôt le motif.

CHIFFRES COMPARÉS DE LA POPULATION

DES DIVERSES COMMUNES COMPOSANT LE CANTON DE MALAUCÈNE

	1796	1801	1806	1820	1826	1831	1836	1841	1846	1851	1856	1861	1866	1871	1876	1881
Barroux (Le)...	637	756	833	828	854	916	901	916	974	969	992	980	938	884	826	706
Beaumont...	572	615	589	675	570	544	536	570	602	545	508	486	458	465	453	440
Brantes...	320	355	440	448	448	494	440	442	470	471	410	381	376	385	394	324
Entrechaux...	783	904	936	1.043	1.200	1.110	1.061	1.085	1.121	1.065	1.072	1.062	1.046	1.005	981	922
Saint-Léger...	193	463	195	175	196	169	202	207	195	189	196	182	180	175	146	145
Savoillans...	219	162	251	284	283	280	268	286	287	262	233	270	291	287	272	225
Malaucène...	2.465	2.506	2.699	2.734	2.900	3.069	3.225	3.298	3.261	3.283	3.346	3.029	3.104	2.852	2.680	2.560
	5.489	5.458	5.943	6.187	6.448	6.579	6.633	6.804	6.910	6.784	6.727	6.390	6.393	6.053	5.752	5.319
Vaison...	1.680	1.904	1.975	2.145	2.380	2.562	2.602	2.879	2.963	3.059	3.272	3.404	3.340	3.279	3.330	3.098

De tous nos chiffres, il ressort que la population décroît depuis une trentaine d'années dans le canton de Malaucène et que c'est le chef-lieu qui, dans cette période, a perdu le plus d'habitants. Il ressort également que Vaison, après avoir subi une marche ascensionnelle constante, depuis 1796 jusqu'au recensement de 1876, s'est arrêté dans son mouvement et commence une marche rétrograde.

Faut-il attribuer ces résultats divers à la soif des plaisirs et du confortable qui entraîne les populations rurales vers les grandes villes où s'accumulent des conditions de bien-être que les campagnes ne présentent pas?

Grâce à son commerce, l'ancienne capitale des Voconces a pu jusqu'à ces dernières années résister à cet entraînement général et continuer même à progresser; mais le chiffre du dernier recensement ne semble-t-il pas indiquer un point d'arrêt tout au moins et peut-être un mouvement de recul?

Quant aux autres causes explicatives de la décroissance de Malaucène, nous les mettrons en lumière dans la suite de ce livre, en parlant de son commerce presque nul, de son industrie qui lutte péniblement contre tous les obstacles, oubliée qu'elle est dans la construction des réseaux de chemin de fer et souffrant du malaise qui frappe l'agriculture.

Les nombreux documents historiques que nous avons en mains nous permettent d'affirmer que, depuis le XII° siècle jusqu'à nos jours, le chiffre de la population a peu varié. S'il a pu se produire une oscillation de 500 habitants en plus ou en moins, cela a dépendu des mille circonstances qui amènent une prospérité passagère ou occasionnent une décadence momentanée.

En 1270, on voit assister au Parlement général de la commune 594 habitants actifs, ce qui donne très approximativement un chiffre de 3,000 habitants.

En 1624, on fait un dénombrement d'après lequel on compte 500 chefs de maison, soit une moyenne de cinq personnes par maison : 2.500 habitants.

En 1679, la commune renferme 2,123 habitants, non compris les enfants de lait. Nous voilà très près du même chiffre de 2,500 habitants.

En 1768, on trouve 543 chefs de famille, ou 2,700 habitants environ.

Enfin, en 1789, le nombre des familles est de 550, ce qui donne 2,750 habitants.

Après la Révolution, les chiffres sont relevés d'une manière exacte ; les résultats qui sortent du domaine des suppositions figurent dans les colonnes suivantes :

1796............	2465	1846............	3261
1801............	2506	1851............	3283
1806............	2699	1856............	3316
1820............	2734	1861............	3029
1826............	2900	1866............	3104
1831............	3069	1872............	2852
1836............	3225	1876............	2680
1841............	3298	1881............	2560

Développons les chiffres totaux des années 1846, 1856, 1876 et 1881.

ANNÉE.	NOMBRE DE		HABITANTS		
	Maisons.	Ménages.	Sexe masc.	Sexe fém.	Pop. totale.
1846........	662	741	1620	1641	3261
1856........	738	782	1726	1590	3316
1876........	728	782	1325	1355	2680
1881........	726	753	1250	1310	2560

MOUVEMENT DE LA POPULATION DE 1869 A 1881

ANNÉE.	Naissances.	Décès.	Mariages.
1869.....................	90	79	28
1870.....................	71	101	14
1871.....................	72	129	16
1872.....................	79	71	36
1873.....................	60	100	21
1874.....................	83	58	24
1875.....................	62	68	18
1876.....................	62	57	22
1877.....................	47	61	20
1878.....................	57	56	20
1879.....................	61	68	19
1880.....................	63	79	7
1881.....................	52	59	24

Il ressort de ces chiffres qu'en moyenne il naît chaque année, à Malaucène, 67 enfants, qu'il meurt 77 personnes grandes ou petites et qu'il y a seulement 20 mariages.

Il est certain que si cela durait un certain nombre d'années, la population décroîtrait à vue d'œil.

Peut-on prouver maintenant, ainsi qu'on le dit, qu'il naît dans la commune beaucoup plus de filles que de garçons ?

Rien de plus facile ; il n'y a qu'à consulter les chiffres que voici et qui démontrent qu'en moyenne il vient au monde, chaque année, 35 filles et 32 garçons seulement.

Nous laissons à de plus savants que nous la recherche de la cause déterminante.

ANNÉE.	NAISSANCES	
	Garçons.	Filles.
1869	44	46
1870	37	34
1871	39	33
1872	43	36
1873	27	33
1874	43	40
1875	27	35
1876	24	38
1877	21	26
1878	23	34
1879	33	28
1880	29	34
1881	18	22
1882	27	24

Nous ne pouvons nous dispenser de donner avec quelques détails les résultats des recensements de 1872 et de 1881, très-suffisants pour donner la proportion de ce qu'on est convenu d'appeler les diverses classes de la société.

Ces renseignements seront complets si nous ajoutons que le nombre des électeurs au 1er janvier 1881 était de 921.

RECENSEMENT DE 1872 ET DE 1881

Classification de la population.

1° Agriculture.

	1872			1881		
	Masc.	Fém.	Tot.	Masc.	Fém.	Tot.
Propriétaires vivant de leurs terres en les cultivant...	874	854	1728	107	155	262
Fermiers	107	102	209	454	494	948
Journaliers employés temporairement	107	82	189	307	272	580
Bûcherons et jardiniers	14	12	26	8	6	14
	1102	1050	2152	876	928	1804

2° Industrie.

	1872			1881		
Patrons, mines et carrières.	4	4	8	2	»	2
Chefs d'usine (modific. de matières premières)....	34	23	57	8	»	8
Entrepreneurs de travaux et chefs ouvriers..........	6	7	13	»	»	»
Mines et carrières (ouvriers)	9	9	18	12	»	12
Usines et fabriq. (ouvriers).	50	145	195	42	117	159
Journaliers, hommes de peine, etc..............	19	17	36	179	122	301
	122	205	327	243	239	482

3° Commerce.

Marchands au détail	63	56	119	41	42	83

4° Transport.

Voitures publiques........	10	10	20	10	10	20

5° Professions diverses.

Logements garnis, bains, fossoyeurs..............	7	11	18	1	1	2

6° Professions libérales.

Clergé séculier............	4	4	8	4	4	8
Clergé régulier............	»	9	9	3	»	3
Gendarmes, gardes-champ..	15	6	21	6	»	6
Fonctionnaires de l'État...	6	9	15	6	»	6
Id. de la Commune.	13	9	22	3	»	3
Instituteurs et institutrices.	4	3	7	2	4	6
Officiers ministériels, médecins et vétérinaires......	11	14	25	6	»	6
Pharmaciens, sages-femmes	3	4	7	1	1	2
Journaliers, garçons de bureau..................	2	»	2	2	»	2
	58	58	116	33	9	42

7° *Personnes vivant de leurs revenus.*

Rentiers................	23	31	54	7	19	27
Retraités................	9	6	15	6	6	12
	32	37	69	13	25	39

8° *Population non classée.*

Enfants en nourrice, enfants trouvés, infirmes vivant dans les hospices........	14	16	30	46	70	116

Aliénés.....	3	2	5	1	1	2
Idiots et crétins non goitreux	1	2	3	»	1	1
Goitreux { crétins.........	1	1	2	1	»	1
{ non crétins.....	2	7	9	11	23	34
Aveugles................	4	1	5	2	»	2

RECENSEMENTS DE 1876 ET DE 1881

		1876		1881	
Sexe masculin	Garçons.......	637		586	
	Hommes mariés	604 } 1325		583 } 1250	
	Veufs..	84	} 2680	81	} 2560
Sexe féminin.	Filles	624		583	
	Femmes mariées	599 } 1355		595 } 1310	
	Veuves........	132		132	
Nationalité...	Français.......	2678 } 2680		2557 } 2560	
	Étrangers	2		3	

		1876			1881		
Sections.	Quartiers.	Maisons.	Ménag.	Habit.	Maisons.	Ménag.	Habit.
H	Ville..........	483	521	1593	463	490	1496
E	Piochier.......	32	35	137	27	27	98
B	Entrevon......	64	65	267	39	39	146
C	Chambette	37	37	163	41	41	192
F	Groseau.......	33	45	195	67	67	271
G	La Tour.......	24	24	105	21	21	88
A	Arfuyen.......	28	28	125	41	41	178
D	Veaulx........	27	27	95	27	27	86
	Totaux....	728	782	2680	726	753	2560

CHAPITRE DEUXIÈME

NOSOLOGIE, HOPITAUX ET ASSISTANCE PUBLIQUE.

Il est d'observation que chaque pays a son état pathologique de même que chaque individu a son tempérament. Cela étant, nous allons consacrer quelques pages à la nosologie de Malaucène et nous verrons si ce pays mérite la bonne réputation dont il jouit dans nos contrées, au point de vue sanitaire. Nous grouperons dans un même chapitre non seulement ce qui tient aux maladies anciennes ou contemporaines, mais encore tout ce que nous avons à dire des établissements consacrés au soulagement des malades et aux institutions ayant pour objet l'assistance publique.

§ Ier — MALADIES.

I. — Maladies anciennes.

Deux grandes maladies, la peste et la lèpre, furent pour nos aïeux le sujet de préoccupations incessantes, ainsi que le démontrent les vieux procès-verbaux des délibérations du Conseil de Ville.

Aussi allons-nous voir avec quelle intelligence les délégués de la Communauté veillaient à la conservation de l'état sanitaire dans leur pays.

I. — La Peste.

La peste la plus ancienne dont il soit parlé dans nos archives est celle de 1348. En moins de deux mois elle fit plus de deux cents victimes dans la ville ou son territoire. Là comme ailleurs, les Juifs furent accusés d'être la cause du fléau. La Communauté vota une gratification de trente florins d'or en faveur du médecin qui avait donné des soins aux pestiférés (1).

En 1450, des bruits sinistres se répandent et donnent à craindre l'invasion prochaine de l'épidémie. Le Conseil se réunit aussitôt (le dimanche, 11 octobre) et prend les premières mesures. On

---

(1) Archives municipales, série BB. 14 et 19.

ordonne de faire dans la ville des fumigations aromatiques (1) et de lancer dans les rues toutes les eaux de la fontaine du Groseau (30 novembre). On décide d'envoyer une députation à l'évêque de Vaison, à son château du Crestet, pour lui demander l'autorisation de faire de grandes processions et de célébrer des messes à toutes les portes de la ville. Les conseillers chargés de cette mission prennent avec eux un quartier de mouton et l'offrent au prélat (2).

Des préconisations faites sur l'ordre du légat et du recteur, interdisent l'entrée de la ville à toute personne venant de pays infestés (*de locis impidemiatis*), et néanmoins, le 30 avril 1451, un notaire de Carpentras, du nom de Jean Girard, était parvenu à tromper la vigilance des gardiens et à pénétrer dans l'intérieur avec toute sa famille. La servante qui avait porté avec elle le germe pestilentiel ne tarde pas à succomber. Les Malaucéniens épouvantés somment le viguier de se conformer aux prescriptions de l'autorité supérieure. Le lieutenant du viguier signifie au notaire de Carpentras d'avoir à sortir sur le champ avec toute sa suite. Dès lors on devient d'une rigueur inflexible à l'égard des gens qui arrivent de pays suspects.

Le jeudi, 14 juin de la même année, d'autres étrangers fuyant la contagion demandent à fixer leur domicile dans la ville. On les repousse : *Quod cartellum domini Rectoris exequatur!*

A la même époque, un nommé Pons Bermond veut entrer dans Malaucène pour y habiter. Pourrait-on le refuser ? Il est muni d'une autorisation écrite et délivrée par le recteur lui-même. N'importe : *Nullus intret!*

Quelques jours après, plusieurs personnes venues de localités où sévissait l'épidémie étant entrées dans la ville malgré toutes les défenses, on leur envoie un détachement de citoyens armés pour les contraindre à se retirer : *Quod recedant à presenti loco.*

Sept ans plus tard, on se plaint de ce que certains étrangers viennent dans le pays pour l'habiter. On dénonce en particulier le frère d'Elzéar Coren, descendu chez celui-ci avec toute sa famille, et on requiert le viguier de tenir la main à l'exécution des ordres émanés de la Légation et de la Rectorerie. Le viguier s'adressant à Elzéar Coren lui-même, ne lui accorde qu'un délai de trois heures (*tres horas naturales*) pour renvoyer son frère et sa famille, attendu que le pays d'où ils viennent (Sainte-Jalle) est atteint de l'épidémie. En cas de refus, Elzéar Coren devra payer une

---

(1) « De cadis et romanis ».
(2) « Unum cadrantem mutonis ».

amende de vingt-cinq livres. Mais celui auquel s'adressaient de pareilles injonctions n'était pas, dans Malaucène, un individu quelconque! Et en voici la preuve. Ce que nous venons de rapporter se passait le 9 avril; or, le 1" mai suivant, dans la réunion annuelle du Parlement, Coren fut nommé simultanément conseiller, auditeur des comptes et procureur de la Commune. Fort du crédit dont il jouissait auprès de ses concitoyens, considérant d'ailleurs que la maladie était en pleine période décroissante, il opposa la résistance d'inertie à ce qu'on demandait de lui et continua de garder dans sa maison son frère et toute sa famille, malgré l'appel fait par le viguier à l'autorité supérieure. Heureusement on n'eut pas lieu de se repentir de cette résistance; le fléau avait disparu, n'ayant fait dans le pays d'autre victime que la servante du notaire de Carpentras.

Seulement, des bandes de malfaiteurs avaient profité de la terreur des populations pour commettre toutes sortes de désordres, cherchant à surprendre les habitants et à piller les greniers publics; de sorte qu'après s'être mis en garde contre l'épidémie, les Malaucéniens eurent à se défendre des routiers, écorcheurs et autres pillards (1).

Un siècle se passa sans inquiétudes sérieuses; mais, à la date du 29 juin 1559, on lit ces mots terribles aux registres des délibérations: *Dubitatur de peste!* Vite on se précipite aux portes de la ville pour les garder. On établit un cordon sanitaire à une assez grande distance des remparts. Après quelques jours d'observation, les syndics, auxquels on adjoint cinq autres notables, sont chargés de veiller à la salubrité publique et reçoivent le titre, usité en pareille occurrence, de *Mestres de sanitat*.

A partir de ce moment nul ne doit voyager sans *billet de santé*. Ceux qui se présentent sans en être pourvus sont refusés net et sont contraints de faire quarantaine dans l'ancien château du Groseau, la Ville prenant à sa charge le soin de leur subsistance. Bientôt les ruines du palais pontifical deviennent insuffisantes comme lieu d'observation. De nouveaux arrivés se réfugient dans des masures abandonnées, aux quartiers du Rieufroid, des Crotes, du Gros-Noyer et des Aréniers.

(1) Sunt nonnulli malefactores et inimici patrie Comitatus Venayssini pro invadendo horreos... Ponantur custodes in duobus portalibus, videlicet in portali Filioli et Superiori et alii duo claudantur... Oportet habere quatuor arbalisterios.... Aperiantur vacanes.... Cras fiant due bayete in Arfulheno et una in castro et quod reparentur scalle castri, ad fines quod possint ascendere super turrim. (*Liber Regiminis*, ad an. 1458.)

Un Malaucénien, nommé Jean Bénédicti (Benoît), ayant avec lui sa femme et une toute jeune petite fille, revenait de faire la cueillette des olives à Caromb, lieu tenu pour lors en suspicion. Ne pouvant pénétrer dans la ville, il s'abrita comme il put au quartier des Aréniers, le 16 décembre 1564. Le 12 janvier suivant, il décédait. Etait-ce de la peste? Personne ne l'a jamais su, pas même les *Mestres de sanitat* envoyés pour s'assurer de la chose. Ils fournirent des aliments à la veuve désolée ; mais ils la laissèrent dans la rude et triste nécessité de procéder elle-même et sans secours de personne à la sépulture de son mari!.. (1).

La culture des champs ayant été fort négligée durant plusieurs années consécutives, la population se vit réduite à une grande famine, si nous en croyons la note suivante inscrite au registre des délibérations, sous la date du 12 juin 1580.

« Du moys de may jusques aux bles noveux, cherte grande. On
« faisait du pein de glan, de creveous daymandes et de plusieurs
« aultres choses fort acerbes. Il mourut beaucoup de monde de la
« *cacaluche* ».

Il était temps d'organiser le service médical. « Que les consuls
« regardent de provoyr dung medecin et dung barbier ». (Délibération du 9 septembre).

Le médecin fut assez vite trouvé. Il avait nom Loys Bonéty ; seulement restait à s'entendre pour les honoraires. « M. Loys
« Bonéty, a cause de la peste demande quarante florins le moys,
« durant le temps de salut, et si survenoyt quelque exces en ceste
« vile, on lui donra huytante florins ». Quelques mois après, M. Bonéty « fait desclaration de servir la ville pour cinq escus
« en temps de salut, et pour seize escus en temps de contagion ».

Quant au choix d'un barbier, la chose fut beaucoup plus difficile. On avait d'abord parlé d'un barbier ou chirurgien de Mollans. Il fut ensuite question d'un autre qui était d'Avignon. Celui-ci demandait pour son salaire quinze escus en temps de salut et trente escus en temps de contagion. Le marché ne fut point conclu, non pas à cause du prix, mais parce qu'il fut établi que le barbier

---

(1) « ... Et postea, pro dolor ! unus illorum, videlicet Johannes Benedicti,
« mortuus est extra Locum, scilicet *es Areniers* et Domini Consules eum
« visitare fecerunt, atamen non cognoverunt si mortuus sit de peste nec ne
« et postea ejus uxor eum sepelivit, et ipsa est foris cum ejus parva filia, et
« esset necesse easdem alimentari ibi. — Communitas eas nutriat ». (Registre des Délibérat., procès-verbal du Grand-Conseil dit des vingt-cinq, 12 janvier 1565.)

n'était pas « expérimenté ». On finit par s'entendre avec un troisième « qui avait déjà servi » au Pont-Saint-Esprit.

Ces dispositions préliminaires furent complétées par un achat considérable de médicaments, fait à Avignon, et par l'acquisition d'une petite cloche qui fut placée sur la tour de la porte Duron à portée de l'homme de guet. Peu à peu le fléau perdit de son intensité dans les environs et finit par disparaître tout-à-fait sans avoir fait de victimes à Malaucène.

La ville fut également épargnée par la terrible peste de 1720-1721, comme nous l'apprenons par les nombreux documents conservés aux Archives municipales (1) et auxquelles nous allons emprunter les détails suivants. Cette nouvelle préservation fut encore le résultat des ordres donnés dès le début et exécutés avec persévérance.

Le 8 novembre 1720, le Conseil décida d'établir un garde à chacune des quatre portes de la ville. Le salaire annuel total de ces serviteurs, payés inégalement en proportion de l'importance de leur service, devait s'élever à 96 écus patas. Pour arriver à parfaire cette somme, on supprima le traitement de l'employé chargé d'ouvrir et de fermer les portes de la ville et le traitement du « gardien du terroir ». Ce qui produisit d'une part 24 écus et de l'autre 20 écus. Auprès de chacune de ces portes, on construisit un petit logement pour le gardien (2).

Ensuite, comme dans les grandes épidémies des siècles précédents, on constitua un bureau de santé publique dont faisaient partie les trois consuls, un délégué des prêtres de l'Agrégation de la paroisse et cinq notables (3). Dans la suite, les consuls furent laissés à leurs fonctions municipales accoutumées et remplacés au conseil de santé par trois autres notables (4). Les huit commissaires, après s'être partagé la ville et son territoire, prirent chacun la direction dans le quartier qui leur était échu, veillant à ce que

---

(1) Cf. Registre n° 3 des Priviléges, Registres des délibérations du conseil et un autre registre, de la série GG, n° 3, intitulé : *Cayer des délibérations du conseil* (de santé).

(2) Ces bâtiments étaient bien peu de chose ; car lorsqu'ils furent vendus en 1796 comme biens nationaux, celui de la porte Duron et celui de la porte Soubeyran furent cédés au prix total de 216 livres.

(3) Les cinq notables désignés dès le commencement furent : Du Pouët, Pierre de Robin, Etienne Guinier, Bonnéty et Antoine Sap.

(4) Le nouveau bureau, constitué le 11 septembre 1721, était ainsi composé : Du Pouët, Baron d'Astier, de Valouse, de Montferrand, Pierre de Robin, Etienne Guinier, J.-François de Brémond, notaire, et Jean-Hilarion Brémond.

tout y fût dans la plus irréprochable propreté ; délivrant des *billets de santé,* donnant *la passade* aux étrangers qui avaient à traverser le territoire et agissant de concert avec les commissaires des localités voisines.

D'après les prescriptions du vice-légat, un détachement de quarante hommes devait se rendre à la frontière de l'état Venaissin, du côté du Dauphiné, et empêcher toute communication avec ce pays limitrophe du moment que la contagion viendrait à y pénétrer. La porte Duron demeura seule livrée à la circulation durant le jour, sous la garde de huit soldats armés chacun d'une épée et d'un fusil. Cette porte était fermée à huit heures du soir. La porte Filiol fut laissée ouverte dans les mêmes conditions, mais seulement pour le temps des fenaisons, des moissons et des vendanges. — Dans la campagne, un poste d'observation avait été organisé au quartier de Saint-Michel (1) (au grangeon de Beauluoq), point culminant de la route de Malaucène à Carpentras, pour empêcher les gens qui venaient du bas-Comtat de traverser le sol de la commune. Le détachement comptait un officier, un caporal et huit hommes. A l'approche de la nuit, on laissait deux ou trois sentinelles faire le guet aux abords du territoire du Barroux ; les autres se repliaient sur le corps de garde de la porte Duron. — Les hommes dont on pouvait disposer battaient la campagne sous la conduite de l'officier de service, et pénétraient au besoin dans les maisons et les fermes. On voulait s'assurer que toutes les prescriptions du bureau de santé étaient fidèlement observées et en particulier si personne, ayant franchi le cordon sanitaire, ne s'était arrêté dans les champs. — Les hommes de service devaient être respectés et obéis. Malheur à qui venait à s'oublier ! il était condamné aux arrêts forcés dans sa maison et puni d'une amende. Deux garnisaires s'établissaient à ses frais à son domicile, (ou à sa porte, s'il s'agissait d'une quarantaine d'observation) et y demeuraient jusqu'à ce que le temps des arrêts fût accompli, l'amende payée ou la quarantaine purgée.

Citons quelques faits, pris au hasard à l'époque de la plus grande sévérité de la répression (septembre et octobre 1721). — Une amende de 15 livres roy et huit jours de prison sont infligés à un habitant qui refusait de se soumettre à certaine décision du conseil de santé. — Deux autres, qui avaient franchi les lignes sans autorisation, sont condamnés à payer 30 livres roy pour les frais de la

---

(1) Ce quartier tire son nom d'un vieil oratoire réparé en 1785 et reconstruit en 1844.

garde. — « Ont conclu de faire faire quarantaine à Marguerite
« Laye, ses hardes, gens, bestiaux et équipage qui viennent
« d'Avignon, à la grange de Paul Fazende, et ont député J.-F.
« Brémond pour aller, avec les soldats qu'il trouvera à propos,
« faire vuider, avec les précautions requises, le sel que ladite
« Laye aporte d'Avignon ». — Un habitant de la campagne est
puni d'un amende de vingt écus pour avoir, sans permission des
commissaires, « retiré une femme estrangière et passant, au pail-
ler qui est contre sa grange ». Quelques jours après, cette amende
est convertie en une autre de vingt-cinq livres de chandelles pour
le corps de garde. — Un propriétaire est condamné à payer un
quintal de chandelles pour avoir vendu des bestiaux en dehors de
la commune.

A cette même époque, par suite d'une convention passée entre
Malaucène et le Barroux, il fut permis aux habitants du Barroux,
pour une période de quinze jours, de se rendre au moulin
que Malaucène possédait près de la fontaine du Groseau, pour y
moudre du blé, et le Barroux céda le passage sur son territoire,
pour le même espace de temps, aux gens de Malaucène qui voulaient se rendre à Avignon afin d'y acheter du sel.

Cet accord donna l'idée d'une ligue inter-communale, pour la
défense de la région tout entière contre l'épidémie; ligue dont le
Bureau de Malaucène prit l'initiative. Tout d'abord, il fut convenu
que dans la confédération seraient admises les localités suivantes:
Le Barroux, Entrechaux, Beaumont, Brantes, Saint-Léger et Savoillans, Buisson, Villedieu, Séguret et Roaix. On offrit à l'évêque de
Vaison de comprendre dans la ligue sa ville épiscopale et le Crestet,
ainsi que Puymeras, Faucon et Saint-Romanet ; mais on refusa
d'admettre Caromb, le Rasteau et Saint-Romain de Malegarde.

Les pays confédérés envoyèrent leurs députés à Malaucène
pour dresser un règlement et s'entendre sur divers points de
détail. Ceux-ci se réunirent en assemblée générale, le 14 octobre
1721, dans le couvent des pères Augustins. « Dans cette assemblée,
« le premier consul de Malaucène fait savoir que Son Excellence
« Mʳ le vice-légat d'Avignon fit l'honneur de dire au deuxième
« consul de Malaucène qui se trouva à la barrière d'Avignon
« samedi dernier que Son Excellence n'entendoit point qu'il y eut
« aucune réunion ny confédération entre aucuns lieux du Comtat,
« mais qu'Elle souhaitoit que tous les endroits pussent commu-
« niquer ensemble. En conséquence on conclud de faire une bonne
« garde locale pour se préserver de la contagion, sans faire aucune
« union ni confédération. »

C'est ce qu'on fit avec énergie tant qu'il y eut du danger, c'est-à-dire pendant plus de six mois encore. Le dernier procès-verbal de la commission est du 21 avril 1722.

II. — La Lèpre.

On ne saurait fixer l'époque de l'apparition de cette triste maladie dans la commune. Nous savons seulement que l'administration locale s'était mise de bonne heure en mesure d'en préserver les habitants, en reléguant dans la campagne, en un lieu peu fréquenté et découvert, les malheureux qui en étaient frappés. Les lépreux ou ladres étaient confinés en une sorte de lazaret, nommé la *Malautière*, situé, à trois kilomètres environ au nord de la ville, dans l'angle formé par le chemin d'Entrechaux et le torrent du Rieufroid. Ce quartier auquel il a laissé son nom, est compris, au plan cadastral, dans la section E.

Il paraît qu'à l'époque des papes d'Avignon, Malaucène avait eu fort peu de cas de cette affection repoussante ; ce qui avait été cause qu'on avait complètement négligé l'entretien du lazaret. Aussi, dans le XV° siècle, les individus confinés dans cette maison délabrée s'y trouvaient-ils fort mal. Ils prenaient occasion de cet état de choses pour sortir, errer d'une ferme à l'autre et même pénétrer dans la ville, répandant ainsi l'épouvante au milieu de leurs concitoyens. Pour enlever tout prétexte aux ladres de sortir de leur établissement, le Conseil y fit faire les réparations reconnues indispensables et le viguier ordonna ensuite que tout lépreux surpris dans la ville serait puni du fouet (1).

Par ce que nous avons dit à propos de la peste, on sait déjà qu'à certaines époques Malaucène n'avait ni médecin ni chirurgien. Pour qu'on en appelât du dehors, il fallait des circonstances tout-à-fait exceptionnelles. Les habitants se suffisaient à eux-mêmes dans les cas ordinaires. Un homme quelque peu entendu sans doute en fait de maladies cutanées, était chargé par les consuls d'examiner ceux que l'on supposait atteints de la lèpre, et, si son diagnostic était affirmatif, le malade était envoyé à la *Malautière* et n'en sortait que sur une déclaration de complète guérison.

Citons quelques faits à l'appui de ce que nous venons d'avancer. Il sera facile de contrôler nos assertions en ouvrant les registres des délibérations aux dates ci-dessous indiquées.

Le 27 janvier 1432, un individu de Piolenc est signalé aux

---

(1) Archives municipales, Série BB, 7. (1461-1478).

administrateurs de la ville comme étant atteint de la lèpre. Le délégué municipal s'émeut. Aussitôt le malade est envoyé à la ladrerie et soigné aux frais de la Commune. Quelques mois plus tard il était guéri.

Un cas sérieux se déclare, le 19 octobre 1434. Le Conseil décide qu'on appellera un bon médecin de Carpentras. A cet effet, le premier syndic se rend dans cette ville et s'adresse à maître Raymond Franciscus, qui se transporte à Malaucène. Après la visite du malade, la Commune fait donner six gros au médecin pour à-compte de ses honoraires (*in deductione salarii*) et un peu plus tard on ajoute, pour solde et devant témoins, la somme de dix-huit gros.

Par acte passé près de la Malautière et sur le chemin public, le 20 janvier 1455 (1456), la Ville reçoit dans cet hospice un nommé Pierre Jouvent, de Saint Didier, moyennant la somme de dix florins une fois payée et fournie par Claude Gayraudi ; la Ville s'obligeant à traiter cet étranger comme s'il était enfant de la localité et à le faire participant de tous les avantages accordés aux lépreux du pays (1). Ce Claude Gayraudi était en même temps lépreux et chargé du soin des lépreux (*leprosus et leprosarius*), comme il conste par son testament fait le 14 novembre 1477. Parmi les dispositions de ses dernières volontés, on remarque les suivantes : « Je lègue à tous les pauvres vivant dans l'hôpital des lépreux un « dîner pour une fois seulement. — Je lègue mon manteau à Pierre Jouvent, chargé du soin des lépreux » (2).

Durant près d'un siècle, il n'est plus question de cette hideuse maladie dans nos documents officiels. Il s'en suit que les bâtiments de l'hospice affectés à la demeure de ceux qui en étaient atteints furent de nouveau abandonnés. Aussi étaient-ils inhabitables lorsque la lèpre reparut dans le pays et ceux qui demandèrent à y être admis se virent dans la nécessité de contribuer à leur restauration. Ici encore citons quelques faits.

Les consuls annoncent au Conseil réuni le 15 janvier 1560 (1561)

---

(1) Fuit de pacto quod dictus Petrus Juvenii debeat habere partem suam in omnibus hemolumentis in dicto hospitali provenientibus, necnon, *etc.* Actum in territorio Malaucene, scilicet in itinere publico.

(2) Ego Claudius Gayraudi, leprosarius leprosie loci Malaucene, sanus mente et intellectus per Dei gratiam, licet aliquantulum gravatus de persona mea infirmitate leprosie ; ideo meum testamentum facio per modum qui sequitur :... *Item* lego omnibus pauperibus in hospitali leprosorum existentibus unum prandium tantum... *Item* lego dicto hospitali vineam quamdam... *Item* lego meam diploydeam Petro Juvenii, leprosario...

que plusieurs lépreux demandent à être autorisés à se retirer dans la maison communément appelée la Malautière, offrant d'entrer en part des dépenses à faire à cet établissement. Ces propositions sont acceptées sans difficulté (1).

Le 31 du mois d'août suivant, d'autres malades présentent la même requête. Ceux-ci sont refusés; la léproserie se trouvant à ce moment occupée par d'autres lépreux (2). On est cependant en mesure de recevoir une femme, le 6 décembre 1562. Comme les autres, elle donne en entrant une certaine somme pour la réparation des bâtiments.

Les cas deviennent plus rares. Cependant, le 22 décembre 1567, un lépreux et sa femme demandent à se retirer *in domo pauperum leprosorum* et donnent 30 florins *pro reparatione dicte domus.* Cinq ans après (1572) une femme malade postule son admission à la *Maladière*. Elle payera 30 florins et portera son lit et son linge.

Enfin, le 15 mai 1588, on « elargit les pouvres de la Malladiere, « attandu que Dieu graces, ny a point de dangier. » En effet, c'était la fin de cette maladie contagieuse. Les registres mentionnent bien encore un cas à la date du 26 juin 1605 ; mais c'est le dernier que nous ayons remarqué. Il s'agissait d'un seul individu signalé comme suspect. La Municipalité décide qu'on le fera soigneusement examiner, mais qu'en attendant et pour aller au plus sûr, il sera séparé des habitants et enfermé à la Malautière. Trois médecins ou chirurgiens, mandés d'Avignon, arrivent à Malaucène le 2 juillet, visitent le sujet, le reconnaissent atteint de la lèpre et ordonnent un traitement énergique.

II. — Maladies contemporaines.

Les maladies anciennes appartiennent à l'histoire; les maladies modernes ou actuelles au contraire sont du domaine des hommes spéciaux. Voilà pourquoi nous avons parlé de la peste et de la lèpre d'après nos vieux documents, sans employer d'autre guide. Mais pour la pathologie contemporaine nous avons dû nous effacer derrière un vieux praticien, maître habile dans

---

(1) « Aliqui leprosi requisiverunt quatenus velint eisdem impertiri habi-
« tandi in domo pauperum leprosorum que vulgo dicitur *la Malautière* et
« dabunt aliquid pro reparatione ejusdem domus seu ospitalis. Omnes unani-
« miter concluserunt quod dicti pauperes recipiantur. »

(2) On dut cependant leur accorder un refuge dans un autre local isolé ; c'est ce que semble indiquer la répétition dans la rédaction du procès-verbal :
« Quod non recipiantur *in eadem domo* ; quod sunt leprosi *in eadem domo.* »

l'art de guérir. Le présent paragraphe n'est donc point notre œuvre, mais seulement le résumé du long et intéressant mémoire que le regretté docteur Sainte-Foy Lemoyne avait bien voulu écrire à notre intention en 1880.

« En première ligne nous citerons les maladies, saisonnières ou non, qui sont le résultat du passage du chaud au froid ; maladies qu'on rencontre partout, mais que la température de Malaucène froide et humide, très variable dans la même journée, provoque et favorise plus particulièrement. Nous voulons parler des maladies catarrhales : phlegmasies des muqueuses nasales, pharyngiennes, laryngiennes, pulmonaires et intestinales. Les inflammations des voies aériennes se montrent en très grand nombre en hiver et au printemps. Elles y sont longues et opiniâtres. Les inflammations intestinales y apparaissent aussi fréquemment en été, surtout chez les enfants sortis de sevrage ; mais chez ceux-ci, comme chez les adultes, elles sont dues au passage du chaud au froid. Sont encore bien communes, les pneumonies et les pleurésies, les douleurs rhumatismales, musculaires et articulaires, certaines névralgies, telles que sciatiques, lombaires, costales, faciales et surtout dentaires ; il est peu de personnes qui, jeunes encore, n'aient à regretter la perte de quelques dents.

« Les maladies, assez nombreuses dans le pays et dont la génèse est sous l'influence de son site, de son climat, froid et humide, de l'insalubrité et de la mauvaise aération de ses habitations, sont les maladies strumeuses, maladies du lymphatisme exagéré. Les causes qui les déterminent agissent en déprimant les forces radicales de tout l'organisme, en frappant d'atonie tous les tissus de l'économie, en appauvrissant les globules rouges du sang. Rien n'est plus hostile à la santé que l'action prolongée du froid humide. Ces maladies strumeuses se manifestent chez les enfants par l'engorgement des glandes du cou, des aisselles, des aines ; par des exanthèmes nombreux du cuir chevelu, par des ophthalmies palpébrales, des otorrhées, le carreau un peu plus tard ; et, à l'âge de puberté, pour les deux sexes, le plus ordinairement par des tumeurs blanches, des coxalgies, des caries des os et la tuberculose du poumon ; triste, redoutable, désespérante maladie qui, sans rabais, prend son tribut d'un cinquième, pour ne pas dire plus, dans les décès de l'année.

« Il y a beaucoup de goîtres dans le pays, ainsi que dans les autres communes du canton, Beaumont, Saint-Léger, Brantes et Savoillans. Ils sont dus soit aux eaux de neige, soit à la fraîcheur, soit enfin à l'air encaissé et non renouvelé. Les femmes y sont plus sujettes que les hommes ; cela tient à ce qu'elles ont habituellement le cou à découvert. On remarque que les enfants deviennent goîtreux quand le père et la mère sont tous les deux affectés de la difformité ; que le père seul ou la mère seule engendrent moins cette infirmité ; et qu'elle se produit plutôt dans la ligne paternelle et d'autant plus sûrement que deux générations en ont été atteintes.

« Les maladies épidémiques contagieuses : la variole, la rougeole, la scarlatine apparaissent dans le pays à des époques éloignées indéterminées ; elles y font leur évolution sans trop de danger. La variole, depuis l'introduction de la vaccine, y est très rarement confluente, c'est dire que les morts ou défigurés par suite de cette maladie y sont nuls. On rencontre néanmoins quelques entêtés qui, par préjugés incompréhensibles, se refusent aux bienfaits de cette précieuse découverte.

« Lorsque le choléra, ce terrible fléau, sévit en France, en 1837 et 1852, faisant des victimes dans nos pays circonvoisins, Malaucène en fut presque exempte. Nous dirons presque, parce qu'un seul cas s'y présenta, et quoique très accentué, il ne fut pas mortel. En revanche, il y eut beaucoup de cholérines dont les soins hygiéniques et quelques préparations opiacées triomphèrent. A cette époque, quelques étrangers firent de Malaucène une ville de refuge, et s'en trouvèrent très bien.

« Dès l'apparition des fièvres typhoïdes dans nos contrées, Malaucène eut tardivement les siennes ; mais elles s'y montrèrent et y sont encore moins mauvaises et guérissables. Les plus redoutables sont celles à forme cérébrale qui laissent peu d'espoir. Ce principe typhique ne paraît pas devoir nous abandonner complètement. Il peut s'effacer pour un certain temps, mais des conditions atmosphériques particulières pourront en provoquer le retour, surtout en automne.

« Les fièvres d'accès n'existent point à Malaucène. Ses eaux abondantes, fraîches, limpides, nullement stagnantes, ne donnant lieu à aucun étang, à aucun marais, dont les effluves de matières végétales en décomposition sont une des principales causes des fièvres paludéennes, nous expliquent cet heureux privilège. Si l'on y rencontre quelques fébricitants, c'est qu'ils ont contracté la maladie ailleurs. Ce sont des fièvres d'importation, promptement et assez facilement justiciables des préparations de quinine à faible dose.

« Le croup, l'angine couenneuse, heureusement fort rares, résistent d'ordinaire au traitement le plus énergique.

« Le diabète, assez commun dans les contrées humides, s'est montré au nombre de neuf ou dix cas seulement dans une période de trente ans.

« Dans un laps de temps de quarante ans, nous n'avons eu à constater que six cas de tétanos, tous mortels, dont un spontané, les autres traumatiques.

« Le cancer, l'épilepsie et la goutte, ne se voient que bien rarement. »

TABLEAU

indiquant dans quelles proportions les maladies contribuent aux décès annuels.

Maladies des organes respiratoires	Tubercules des poumons.................... Pneumonies.................................... Pleurésies...................................... Catarrhes chroniques des vieillards.........	20 0/0 40 0/0
Maladies des organes abdominaux	Gastrites....................................... Gastro-entérites............................. Péritonites.....................................	20 0/0
Maladies diverses	Congestions cérébrales..................... Méningites.................................... Apoplexies.................................... Lésions organiques du cœur, etc...	20 0/0

§ 2. — ÉTABLISSEMENTS AFFECTÉS AU SOIN DES MALADES.

I. — Anciens hôpitaux

Sans compter la Malautière dont nous avons parlé plus haut à propos de la lèpre, Malaucène possédait simultanément d'autres hôpitaux, maisons de peu d'importance, où les malades étaient soignés par une ou deux personnes. Le plus ancien, à notre avis, et le premier qui ait disparu, est l'hôpital de Notre-Dame du Puy-Raphaël (*Hospitale Beate Marie de Podio*). Vint ensuite l'hôpital du Pont de l'Orme (*Hospitale Pontis Ulmi*), situé au Nord et près de la ville, en un quartier de là section cadastrale E qui a conservé le nom d'Hôpital. Un autre plus important était l'Aumône des Bouchers (*Eleemosyna Macellariorum*), appelée aussi la Charité ou l'Hôpital de la Place, dont nous parlerons au paragraphe suivant.

Tous ces établissements se sont réunis à l'Hôpital proprement dit de la ville qui était situé près de la porte Filiol, entre la Grand'Rue et le rempart. De là vient que l'ancienne impasse de la Saunerie est encore appelée de nos jours impasse du

Vieux Hôpital. Le titre officiel de cet établissement était : Hôpital des pauvres de Jésus-Christ de Malaucène (*Hospitale pauperum Christi de Malaucena*), et comme il était situé dans la Grand'Rue, près du plan de l'Orme, il était désigné parfois sous le nom de *Hospitale de Ulmo*, appellation qu'il ne faudrait pas confondre avec celle de *Hospitale Pontis Ulmi*. La Ville paya longtemps à la Révérende Chambre une redevance annuelle pour cette maison, qui ne devint propriété communale que par la transaction de 1575. Deux petites salles, une cuisine et des mansardes suffisaient au logement de quelques rares malades et du personnel hospitalier, composé de deux personnes, le mari et la femme (1). Le mobilier, dont l'inventaire fut dressé le 19 août 1433, ne brillait ni par la quantité, ni par la qualité, comme il est facile de s'en assurer en ouvrant le registre des délibérations du Conseil (2). Enfin, la maison, depuis la base jusqu'au sommet, était dans un état déplorable d'entretien. Après deux siècles au moins de replâtrages successifs, on prit enfin la résolution suivante :

« Que Messieurs les Consuls avec M. le Viguier et Sire Vasquin « (Astier) regardent de treuver une mayson qui soit comode « pour fere ung hospital : car la mayson ou est lhospital est mal « seyne et mal comode pour les poures. »

« Noble Jean Guigo, dit *Lou-Galhard*, est ale de vie a trepas « et a donne son bien aux poures de Jesus-Christ, lequel bien « consiste en une petite mayson alant au chastel et un boys « dit Brassetieux (3), un petit jardin, une petite vigne et des « terres. »

Par reconnaissance, les membres du Conseil de Ville décidèrent de faire placer une croix sur la tombe du bienfaiteur des pauvres. Quant aux propriétés léguées, on arrêta en principe qu'il faudrait les affermer. En attendant, on dévastait la forêt et on envahissait les terres. « Que personne ne cope aucun boys verd a Brassetieux « et que lon face terminer et limitar ledict boys ; car les voysins « le usurpent. » Pour en finir avec ces difficultés, on ne trouva pas de moyen plus simple que de vendre la forêt de Brassetieux.

(1) « Die 20ᵉ novembris (1430). — Andricus Petiti et Andrea ejus uxor, de « Sabaudia, habitantes Vasionem, acceptaverunt hospitale... et juraverunt. » (Liber Regiminis).

(2) Liber Regiminis, ad an. 1439, f° 102 et suivants.

(3) Le bois de Brassetieux avait été acheté en 1370 par Guillaume d'Antelon et avait été en la possession de la famille de Brancas avant de passer aux mains de Guigo. Il fut vendu par adjudication publique, le 14 mars 1587 (Soleri, notaire à Vaison), et devint ensuite et. successivement, la propriété des familles de L'Espine, de Charasse et de Brussett.

Avec les fonds provenant de cette vente, il semblait tout naturel qu'on songeât au nouvel hôpital. Il n'en fut rien cependant et une fois encore on fit réparer celui de la Saunerie. Enfin, le 9 mars 1599, le Conseil décida « dacheter la maysou de Theoffre « Vilhet, dicte *Beuvesin*, pour en fayre un hospital, car lhospital « quest abas est mal sain et fort contrere aux poures malades ». Les parties contractantes tombèrent d'accord sur le prix de sept cents florins. Cette somme fut payée, avec la permission de l'évêque « de l'argent des poures filles à marier » institution admirable dont nous parlerons au paragraphe suivant.

Le 19 août suivant, l'acquisition du nouveau local étant accomplie, le Conseil prit cette délibération : « Que les consuls « facent bastir lhospital au lieu qui a este dict et quils vandent « lhospital vieux a linquant, au premier jour de feste, ou bien « un jeudi apres que la cour sera tenue ». Cette vente ne fut pourtant effectuée que vingt ans après (1).

La nouvelle demeure des pauvres, connue sous le nom de Charité, fut construite à l'endroit indiqué, c'est à dire au bas de la rampe qui conduit au château. Les ouvriers utilisèrent les pierres de la démolition du prieuré et de la porte Filiol (2).

Dans la suite, cette maison acquit une nouvelle importance par le fait des dispositions testamentaires d'une parente de Théoffre Villet, nommée Marthe Villet (3), qui avait ordonné « que les « fruits de son héritage fussent employés à construire et orner « deüement la chapelle de Nostre-Dame de Salut et Saint-Alexis, « ioignant lhospital, voulant que ledit hospital ne iouisse desdits « fruits en qualité d'héritier qu'après que ladite chapelle sera

---

(1) « Le 17 février 1619, le conseil de ville conclud de vendre le vieux « hospital qui estoit à l'androne, *sive* rue non passante, joignant la maison « de M. Joseph Florens, vers le portail Filiol, et d'acheter des bastimens au « quartier de Beauuoissin, pour y placer ledict hospital, où est à présent. »

« La requeste, présentée à Mgr l'Evesque de Vaison, Mgr Guillaume de « Chaysolme, et les procédures sur ce faictes, sont dans le livre du secrétariat « de la Mense épiscopale, folio 168 *et sequentibus*.

« En foy de quoy : A. Filiol, curé de Malaucène. »
(Archives de l'hôpital, feuille volante et autographe).

(2) Pour tout ce qui concerne l'établissement de la Charité, nous avons puisé aux sources suivantes : — Archives de l'hôpital : Registres divers et documents non classés, renfermés en un grand sac. — Arch. municip.: Registres des délibérations, des privilèges et des règlements, *passim*. — Archives du départ. de Vaucluse : Fonds de Malaucène, E. 37.

(3) Ce testament, daté du 31 mars 1696, fut reçu par André Bermond, notaire à Malaucène.

« entièrement parachevée et deüement ornée, selon que M. le
« curé aduisera » (1).

Aussitôt après le décès de la bienfaitrice, on se mit à l'œuvre et on érigea la gracieuse petite chapelle qui existe encore de nos jours (2). Deux grandes ouvertures pratiquées du côté de l'épître mettaient en communication la chapelle avec la Charité et permettaient aux malades d'assister commodément au service divin (3). Ce petit sanctuaire servait en outre aux réunions de la Congrégation des filles établie dans la paroisse.

La Charité substituée aux autres établissements hospitaliers n'en fut pas moins une maison fort modeste, si nous en jugeons par le rapport officiel de la visite pastorale faite en 1726 par l'évêque de Cohorne de la Palun. Une demoiselle Eymard était alors chargée du service de cet hôpital, dans lequel l'évêque ne rencontra pas un seul malade.

Ce même procès-verbal nous fait connaître les différentes sources des revenus des pauvres. Nous copions textuellement, laissant au lecteur le soin de faire l'addition.

1° De l'hôpital des pauvres : 3760 escus de fonds.

2° De l'héritage de Mademoiselle Marthe Villet, 1198 escus de vingt sous.

3° Des pauvres filles à marier, 1641 escus de fonds.

4° Des mêmes, 100 escus de rente.

Un règlement fut dressé, en 1754, d'un commun accord entre l'évêque diocésain, la communauté et le vice-légat. En voici la substance.

1° L'hôpital est placé sous la haute direction de l'évêque diocésain qui, étant en cours de visite, aura le droit de faire des règlements et de les modifier, tant pour le spirituel que pour le temporel.

2° L'évêque convoquera, lorsqu'il le jugera à propos, le conseil d'administration, et le présidera par lui-même ou par un délégué.

3° Les recteurs et administrateurs rendront leurs comptes à l'évêque.

4° Les administrateurs, à l'exclusion du Conseil de Ville, sont chargés de la direction de l'hôpital.

(1) Archiv. paroiss., note autographe du curé Alexandre Filiol.
(2) L'ancienne chapelle, dont on voit encore le chevet, bâtie en 1601, était située entre la chapelle actuelle et celle des pénitents.
(3) La réduction des fondations, opérée en 1728, conserva trois messes solennelles pour les jours suivants : Fêtes de Saint Alexis, du Saint Nom de Jésus et de Notre-Dame des Neiges (5 août).

5° Le curé de la ville ne peut intervenir dans les réunions administratives que de l'agrément de l'évêque et, dans ce cas, il occupe la première place avec voix délibérative.

6° La permission de l'évêque est nécessaire pour que les administrateurs puissent introduire de pieuses femmes dans la maison et les autoriser à donner des soins aux malades.

7° Si la ville y consent, l'hôpital bénéficiera des dépenses faites dans ce but par la communauté.

II. — Hôpital actuel (1).

Joseph Guinier, riche propriétaire du pays et sans enfants, disposa par testament (2) d'une somme de 8,000 livres « pour
« l'établissement et la fondation d'une Charité pour les pauvres
« de Malaucène, à condition que ladite somme serait unie avec
« les autres fonds et revenus affectés à la Charité autrefois établie
« à Malaucène. »

Quelques années plus tard, d'accord avec son frère Pierre-Paul Guinier, prêtre et ancien curé de Séguret, il donna un commencement d'exécution à ce qui, dans sa pensée première, ne devait être réalisé qu'après son décès. Par acte public (3), les deux frères fondèrent « une œuvre pie de charité pour le soulagement
« des pauvres de ladite ville, afin de leur donner le moyen de
« subsister, leur apprendre un métier pour gagner leur vie et leur
« donner une éducation selon Dieu ».

Joseph Guinier donna douze cents livres monnaie de France, et son frère Pierre-Paul Guinier, cinq mille livres, même monnaie, et de plus le terrain et les bâtiments qu'il avait acquis des recteurs de l'hôpital de Malaucène, au prix de 2,000 livres.

Ces six mille deux cents livres devaient être payées au décès des fondateurs, avec support de l'intérêt au quatre pour cent.

Lors de la rédaction de cet acte, les fondateurs avaient déjà établi leur œuvre charitable dans les locaux qui sont aujourd'hui affectés au bel et unique hôpital de la ville. Cette œuvre consistait en une manufacture de laine. Il était spécifié dans l'acte de fondation que les sommes dépensées pour cette fabrique devaient entrer en compte et déduction des sommes léguées.

Il était réglé aussi que les fondateurs administreraient l'œuvre (à laquelle il donnaient le nom de Charité), leur vie durant, de

---

(1) Archives de l'hôpital, *passim*. — Archives domestiques de la famille de Merle, dossier de la fondation des frères Guinier.

(2) Le 20 avril 1744, écrivant Coulombet, notaire à Avignon.

(3) Le 5 mars 1757, par devant Charrasse, notaire à Malaucène

concert avec un conseil composé de quatre membres, savoir : le premier consul moderne, le premier ancien consul, André Blanc, prêtre, Joseph-Alphonse de Merle, neveu des fondateurs, et un secrétaire. Un bureau composé de quatre recteurs, au nombre desquels figurerait toujours un des membres de la famille de Merle, administrerait l'œuvre après le décès des fondateurs. Une grand'-messe serait célébrée tous les ans pour les frères Guinier. Toutes les années on affecterait une somme de soixante livres à l'apprentissage d'un métier pour un jeune homme pauvre, appartenant à la congrégation des jeunes gens établie dans la paroisse. Cette somme pouvait aussi être donnée en dot à l'élu du bureau, s'il n'en avait pas eu besoin pour apprendre un état; mais c'était à la charge que ce congréganiste, deux années durant, réciterait un chapelet chaque semaine pour les fondateurs et communierait pour eux une fois tous les ans. Cet acte de fondation fut approuvé par l'évêque P.-L. de Salières de Fosseran, le 15 avril 1757.

Quelques années après, une autre personne de Malaucène, nommée Catherine Charrasse, imita l'exemple des frères Guinier. Elle institua la Ville son héritière (1), à la condition expresse que les revenus de sa succession seraient consacrés à entretenir des vieillards, des infirmes et des orphelins dont le nombre serait en rapport de la force des revenus. Dans une réunion du Conseil de Ville tenue le 4 octobre 1761, il fut décidé que les fonds provenant de cette succession seraient confondus avec ceux de l'hôpital.

Joseph Guinier était mort (1767) et Pierre-Paul Guinier, son frère, devenu vieux et infirme. Leur neveu, J.-A. de Merle, après avoir fait le bilan des gains et pertes de la manufacture de laines, reconnut que l'œuvre était en souffrance. Il voulut donc se décharger entre les mains des recteurs. Dans l'intention d'éviter toute difficulté à ce sujet, il proposa l'arbitrage de l'évêque de Vaison, F. de Pellissier de Saint-Ferréol. Il se rendit donc dans la ville épiscopale, amenant avec lui les membres de la commission administrative (30 mai 1769). L'affaire fut réglée comme il suit: « De Merle versera les douze cents livres laissées par Joseph
« Guinier et la somme assurée par Pierre-Paul Guinier; plus les
« meubles, linges, effets, outils achetés pour la manufacture et
« existant encore, déduction faite des sommes dépensées pour
« réparations diverses; plus encore 1170 livres pour legs prove-
« nant de diverses personnes. » Le résultat définitif de cet accord

(1) Le testament fut reçu le 25 mars 1760 par J.-F. Camaret, notaire à Malaucène.

fut la fusion de toutes les institutions hospitalières en une seule. La Charité ou Hôpital Saint-Alexis, l'Aumône des pauvres filles à marier, la Charité de Marthe Villet, la Charité de Catherine Charasse et la Charité des frères Guinier ne formaient plus qu'une seule et même œuvre, dirigée par la même commission administrative; bien que les vieillards, les infirmes et les enfants fussent soignés à la *Charité* et les malades à la maison des frères Guinier, qui seule devait à l'avenir porter le nom d'*Hôpital*.

Celui de tous qui fut admis le premier comme infirme à la Charité fut un pauvre aveugle nommé Pila. L'évêque prit en main la cause de ce malheureux et écrivit de Vaison à l'abbé Esprit-Claude de Joannis, son vicaire général, qui se trouvait alors à Malaucène, dans sa famille (24 novembre 1763) : « Il convient de « donner commencement à l'œuvre de la Charité pour les vieillards « et orphelins. L'héritage de Mme Charrasse doit à présent estre « tout liquidé, ainsi il faut mettre la maison en estat de recevoir « les pauvres selon les forces du revenu. Cela déchargera extrê- « mement l'hôpital et sera une grande ressource pour les plus « nécessiteux. Cet aveugle doit naturellement y trouver place « plus qu'un autre, s'il n'a pas de ressources d'ailleurs; mais, en « attendant, il faut le recevoir à l'hôpital. »

Les infirmes et les enfants, d'une part, et de l'autre les malades proprement dits forment désormais deux catégories bien distinctes et sont installés dans des locaux différents. Les premiers habitent la Charité, les seconds l'Hôpital.

Ce dernier local, formé de batiments d'inégale hauteur et mal reliés entre eux, d'ailleurs bas et humides, demandait un remaniement complet. On eut le courage de l'entreprendre. Les ressources financières permettaient d'ailleurs cette transformation.

Les plans du nouvel hôpital et du couvent destiné à recevoir les religieuses hospitalières furent dressés, le 11 août 1773, par l'architecte Teissier, qui reçut, comme honoraires de ce travail, la somme de 240 livres.

D'après les intentions de l'architecte, tous les vieux bâtiments devaient être rasés pour être reconstruits à neuf. On se voyait dans la nécessité de faire évacuer la maison et on cherchait un local suffisant pour y loger provisoirement les religieuses Ursulines dont on prenait le couvent. On aurait voulu aussi mettre les malades dans la Charité; mais cette dernière maison fut jugée par trop étroite.

Voici le parti auquel on s'arrêta. L'Hôtel-de-Ville, après avoir subi quelques petites modifications locatives, fut cédé temporairement aux Pères Augustins, qui eux-mêmes abandonnèrent leur maison (1) aux religieuses Ursulines. Quant aux malades, ils furent renvoyés chez eux et secourus à domicile (2).

Une fois les habitants sortis, les bâtiments furent rasés et les constructions commencèrent sans retard (1775). On fut un moment arrêté par une difficulté inattendue. Les pierres dont on devait faire usage pour commencer à bâtir provenaient en grande partie de l'abaissement des remparts et de la démolition du vieux château féodal. Ces pierres avaient disparu comme par enchantement. On en fut réduit à les rechercher dans les maisons des particuliers, avec l'autorisation écrite de Durini, président de l'État d'Avignon et du Comté Venaissin (3). Elles furent retrouvées, en partie seulement ; d'ailleurs elles eussent été insuffisantes et il fallut songer à s'en procurer d'autres. On les fit prendre aux carrières de Caromb. La maison des pauvres malades, commencée en 1775, sous le pontificat de Clément XIV, fut terminée en 1778, sous le règne de Pie VI et l'administration bienveillante de Charles-François de Pellissier Saint-Ferréol, évêque de Vaison, par les soins de François-Louis-Xavier Comte d'Allemand, à la grande satisfaction des pauvres.

Les administrateurs de l'hôpital, afin de perpétuer le souvenir de ce grand événement, placèrent sur la porte principale de l'église une grande plaque de marbre qui subsiste encore, et sur laquelle furent tracées les lignes suivantes :

HIS PAVPERVM AEGROTANTIVM ÆDIBVS
CLEMENTE XIV ROM. PONT. AN° MDCCLXXV INCHOATIS
PIO VI P. O. M. AN. MDCCLXXVIII ABSOLVTIS
FAVENTE
CAROLO FRANCISCO DE PELLISSIER St FERREOL EPISCÔ VASIEN.
CVRANTE
DD. FRANCISCO LVD. XAVERIO COMITE D'ALLEMAND
PLAVDENTIBVS PAVPERIBVS
NOSOCOMII MODERATORES
PP.

(1) Le loyer du couvent cédé par les Augustins leur fut payé à raison de 200 livres par an, depuis 1775 jusqu'en 1780.

(2) Les malades renvoyés à domicile, reçurent chacun un secours mensuel de 12 livres, non compris les vêtements et médicaments et ce secours leur fut continué jusqu'à leur entrée dans les nouveaux bâtiments.

(3) Archives municipales. *Registre des Privilèges*. Le rescrit porte la date du 12 mai 1775.

Mettre les locaux en état de recevoir leurs hôtes fut presque chose aussi longue que les édifier. Les constructions en effet avaient duré trois ans environ et les travaux d'aménagement intérieur ne prirent pas moins de deux ans, malgré les pressantes excitations de l'évêque, qui voulait voir la fin d'une œuvre à laquelle il avait pris tant d'intérêt.

Le 7 novembre 1780, il écrivait encore: « L'essentiel est, pour le « présent, qu'on achève l'église.... afin qu'on puisse faire inces- « samment la translation et procéder en même temps à la clô- « ture.... et terminer une chose qui traîne depuis si long- « temps (1).

Les sœurs de sainte Ursule n'ayant pu se charger du soin des malades, on eut recours à des religieuses Hospitalières qu'on fit venir de Grenoble. Elles suivaient la règle de saint Augustin.

Les conditions de cette fondation furent réglées dans une réunion tenue à Malaucène (2), à laquelle assistèrent Messire Armand, prêtre délégué des Hospitalières de Grenoble, J.-P. Brémond, curé de la paroisse, les administrateurs de l'Œuvre dite de Mlle Guintrandy (3) et ceux de l'Education des Filles. On tomba d'accord sur les points suivants.

« La maison de Grenoble fournira trois religieuses pour fonder « un monastère de Sœurs Hospitalières à Malaucène, prendre soin « des malades, instruire et élever les jeunes filles, leur apprenant « à lire et à écrire, suivant la teneur de la fondation de la demoi- « selle Guintrandy.

« L'ancien couvent des Dames Ursulines est donné à perpétuité « aux religieuses Hospitalières et pourra, dès à présent, servir au « logement de trois religieuses, des novices qui demanderont à « être reçues et des jeunes pensionnaires. Il sera fait aux reli- « gieuses une pension annuelle de mille livres. Les recteurs four- « niront les meubles, le linge et les ustensiles pour le service de « la maison et une chambre garnie à chacune des trois religieuses. « Moyennant une indemnité de douze sous, par jour et par ma- « lade, les dames entretiendront les malades, le mobilier et le « linge. La pharmacie sera mise, toute garnie, à la disposition des « sœurs. Celles-ci fourniront gratuitement les médicaments aux « malades de l'hôpital, et les vendront à leur profit aux personnes

---

(1) Lettre autographe conservée aux archives de l'hôpital, (grand sac).

(2) Transaction passée à Malaucène, le 11 octobre 1774, par devant Camaret, notaire (Archives de l'hôpital).

(3) Voir, dans ce même livre IIIe, le chapitre : *Instruction publique*.

« du dehors. Si les dames quittaient l'hôpital, elles devraient
« rendre la pharmacie dans l'état où elle leur a été livrée. Durant
« huit ans, l'hôpital payera l'aumônier et indemnisera les sœurs
« de leurs frais de voyage. »

Peu d'années après, survint la Révolution française. Les sœurs de sainte Claire qui desservaient la Charité quittèrent cette maison (5 août 1792). Par une fausse application de la loi du 23 messidor an II (11 juillet 1794), l'administration locale ferma les deux hospices, en accordant toutefois quelques secours à domicile à leurs anciens pensionnaires.

Le 8 pluviôse de l'an III (27 janvier 1975), les deux établissements hospitaliers reçurent de nouveau les vieillards et les malades ; mais la Charité ayant été vendue aux enchères publiques (21 frimaire an XI, — 12 décembre 1802), pour « le prix en provenant être employé à l'acquisition d'un bâtiment servant jadis de chapelle aux religieuses Hospitalières et attenant à l'Hôpital, » les vieillards et infirmes de la Charité furent transférés à l'Hôpital.

On pourra juger de l'importance de la Charité par le chiffre de ses revenus. La *liève* du trésorier de cet établissement porte le chiffre des revenus, pour l'année 1793, à la somme de 6489 livres 8 sous 11 deniers, en y comprenant quelques arrérages de minime valeur.

Quant aux religieuses Hospitalières qui prenaient soin des malades, elles ne les abandonnèrent point et continuèrent à se dévouer à leur service sous des habits laïques. On se souvient encore, dans le pays, de l'une d'entr'elles, madame Adélaïde Perret, de Grenoble, qui, toujours aimée et respectée de tous, demeura la servante des malades jusqu'au moment où la vieillesse ne lui permit plus de remplir ses fonctions. Elle mourut dans une modeste maison du quartier de Beauvoisin.

On l'avait remplacée par des religieuses du Saint-Sacrement, de Romans, qui arrivèrent au nombre de trois (septembre 1824), la sœur Sainte-Julienne étant supérieure.

Une de ces religieuses de la fondation, sœur Alexandrine, a laissé derrière elle un excellent souvenir de science et de vertu. En mourant elle légua aux pauvres tout son petit avoir (1837).

De nombreuses améliorations, fruit de réparations intelligentes, ont fait de cet hospice un établissement fort considérable pour le petit nombre des habitants et un des plus beaux monuments de la ville.

Le *campanile*, construit, en août 1827, fut doté d'une cloche pesant quatre quintaux. La bénédiction de cette cloche, dont le parrain fut Gabriel-François Ginoux et la marraine Sylvie Cottier, se fit en grande pompe, le 23 septembre suivant.

Cette même personne, Mlle Sylvie Cottier, de concert avec son frère, vicaire à Saint-Pierre d'Avignon, aidés par les aumônes de quelques personnes généreuses, rétablirent, cette même année 1827, la pharmacie de l'hôpital.

TABLEAU DES RECETTES ET DÉPENSES (ANNÉE 1869)

Recettes ordinaires.

Produit d'immeubles	180 »	
Rentes sur l'État	3648 »	
Rentes sur les particuliers	600 »	6533 »
Intérêts des fonds placés au Trésor	36 »	
Recettes diverses ordinaires	2069 »	

Recettes extraordinaires.

Aliénation de rentes	900 »	
Subvention pour la salle d'asile	300 »	4587 50
Legs de M. Etienne-Léonard Saurel	3000 »	
Autres recettes extraordinaires	387 50	

Dépenses ordinaires.

Personnel	1563 98	
Matériel	826 27	
Comestibles	3754 07	6895 57
Pharmacie	33 45	
Secours donnés à domicile	152 30	
Dépenses diverses ordinaires	565 50	

Dépenses extraordinaires.

Dépenses diverses extraordinaires...... ...... 1868 35

PERSONNEL

1 Médecin. — 6 Religieuses. — 2 Servants.

LITS

Pour hommes	malades	6	13	
	infirmes	7		26
Pour femmes	malades	6	13	
	infirmes	7		

MOUVEMENT DES MALADES ET INFIRMES

Malades et infirmes admis antérieurement et soignés dans l'hôpital
- Hommes : malades 3, infirmes 12 = 15
- Femmes : malades 2, infirmes 1 = 3
- Total : 18

Malades et infirmes admis dans le courant de l'année 1869
- Hommes : malades 11, infirmes 1 = 12
- Femmes : malades 3, infirmes 2 = 5
- Total : 17

Total général : 35

NOMBRE ET PRIX DE REVIENT MOYEN DES JOURNÉES

		Nombre	Prix
Hommes	malades	1085	0 fr. 80 centimes.
	infirmes	4113	
Femmes	malades	735	0 fr. 60 centimes.
	infirmes	387	

CATALOGUE

des principaux bienfaiteurs de l'hôpital.

Joseph Guinier et Pierre-Paul Guinier, fondateurs.
Catherine Charrasse a donné tous ses biens.

1791.	Bernard Boutin, marquis de Valouze......	francs 6.000
1793.	Pasquin et son épouse Anne Barnoin............	1.000
1808.	Barnoin...............................	une terre.
1808.	Marie-Anne Alazard, veuve Raymond.......	une terre.
1808.	Liotaud............................	tous ses biens.
1809.	Geneviève-Marie-Pauline d'Urre, veuve du marquis de Valouse.................................	900
1810.	Gabrielle-Sophie-Modeste Camaret.............	50
1815.	Ignace-Arnulphe Berger et Pierre-Félix Berger...	3.000
1815.	Joseph-Antoine Pialat.......................	735
1815.	Joseph Siaud.............................	50
1816.	Jean-Joseph Salomon......................	300
1817.	Marie-Rose Lhomme, veuve Armand............	400
1817.	Mathieu Blanc............................	150
1817.	Jean-Antoine Barnoin......................	500
1818.	Paul-Antoine Rolland et son épouse Magdeleine Camaret...............................	200
1821.	Jacques Meynaud..........................	5.076
1823.	Ignace-Arnulphe Berger, prêtre...............	1.000
1823.	Paul-Antoine Rolland......................	1.000

1823. Guillaume Bertrand.......................... 100
1825. Cottier, prêtre, et Sylvie Cottier, sa sœur.. une maison.
1825. Joseph Chabrier............................ une terre.
1825. Pierre-Paul-Joseph de Merle.................. 300
1832. Joseph Valentin............................ 3.000
1833. Joseph-François-Toussaint Bayle.............. 200
1837. Sœur Sainte-Alexandrine....... tout son linge et 400
1839. Henriette Lafon............. une maison et une terre.
1842. Éléonore Favier................. une terre et 200
1859. Joseph-André-François Guiméty.............. 5.000
1865. Étienne-Léonard Saurel, médecin............. 3.000

N. B. — Quelques legs de date récente ne figurent pas encore sur le catalogue des bienfaiteurs.

§ 3. — ASSISTANCE PUBLIQUE

Bien que, dans le présent chapitre, nous ayons déjà fait connaître diverses particularités relatives à l'assistance publique, nous entrerons encore ici dans de nouveaux détails, afin de ne point laisser de lacune dans notre récit.

I. — Enfants trouvés

La première chose qui se pratiquait, à la découverte d'un enfant abandonné de ses parents, était de le porter à l'église pour le faire baptiser, les consuls se faisant un devoir et un honneur de servir de parrains à ces innocentes petites créatures (1). On les envoyait ensuite à l'hôpital du Saint-Esprit, au Pont de l'Orme, pour les y nourrir et élever (2), et lorsque les circonstances ne le permettaient

(1) « Die 6ᵉ maii (1749) baptisata fuit à D. Blanc, secundario, sub conditione, filia exposita, eadem die, vel saltem pridie nata, secundum opinionem obstetricis, et reperta à Spiritu Beaussan, filio Petri, aperiendo januam urbis quæ vocatur Duroni, et erat extra urbem exposita, prope januam, cui nomen impositum fuit Maria-Rosa. Patrinus D. Stephanus Saurel, secundus Consul, Matrina D. Maria-Rosa Clop Joannis. » *Signé :* « Merles, parochus » (Registre des baptêmes).

(2) Au conseil de ville tenu le 22 août 1567, on parle d'un enfant trouvé et on prend la délibération suivante :

« Mitatur in hospitali Sancti Spiritus in quo recipiuntur pauperes infanti
« reperti. » (*Liber Regiminis*).

point, on les confiait à des femmes honnêtes qui en prenaient soin moyennant salaire (1).

II. — Secours de route aux voyageurs

Volontiers et de bonne grâce, la population venait au secours des voyageurs pauvres, surtout dans les temps de disette. A la suite des mauvaises récoltes de l'année 1559, le pays fut sillonné par des bandes de pauvres qui fuyaient de « l'Occitanie, à cause des bruits de peste. » Le Conseil, à la date du 27 mai suivant, prit la détermination d'accorder un secours de route d'*un liard* à tous les malheureux qui auraient à traverser le territoire. Les consuls étaient chargés de présider à ces distributions (2).

Il existait, en outre, une fondation spéciale, dont le revenu était de « six-vingts escus », affectée aux Espagnols et aux Italiens pauvres, de passage dans le pays. Chacun avait droit à recevoir « un sol et trois patas (3). »

III. — Œuvre des pauvres Filles à marier

Un des bienveillants critiques du premier volume de notre travail a écrit les lignes suivantes, dans une petite brochure intitulée : *Sur l'ancien Malaucène, à propos d'une publication nouvelle* (4).

« Nous espérions trouver dans le premier volume des détails
« sur l'*Œuvre des Filles pauvres à marier*, une de ces institu-
« tions qu'on pourrait s'attendre à rencontrer dans le plan d'une
« République idéale, si un rêveur s'amusait à le tracer. Elle
« existait à Malaucène; c'est tout ce que nous en savons jusqu'à
« présent, d'après l'indication des fonds consultés. La suite du
« travail nous apprendra le reste, les auteurs n'étant pas gens à
« négliger une perle de cette valeur. »

Sans doute, nous ne pouvions pas ne point parler de cette belle œuvre; mais, pour le faire, nous devions attendre d'en être arrivés à ce qui concerne l'assistance publique. Comment, en effet,

---

(1) « Die 13 junii (1564). Casu fortuito fuit inventa quedam filia in itinere publico Carpentoractis, loco dicto *à Sant-Rafel*,.... illam baptisare fecerunt et illam tradierunt nutriendam.... precio duorum florenorum pro quolibet mense. » (Arch. municip., Liber Regiminis).

(2) « Die 27ᵉ maii (1560). Multi pauperes transierunt per presentem Locum.
« Fuit conclusum quod Consules dent cuilibet pertranseunti *unum liardum*. »
(Archiv. municip., Liber Regiminis).

(3) Archives du département de Vaucluse, Fonds de l'évêché de Vaison, Procès-verbal de la visite pastorale faite, en 1673, par l'évêque L.-A. de Suarez.

(4) Carpentras, Tourrette, 1882, in-8°, de 14 pages.

aurait-on pu passer sous silence une institution si philanthropique et si morale?

L'Aumône des pauvres Filles à marier remonte à une époque assez reculée dont nous ne pouvons cependant préciser la date ; les documents originaux que nous avons consultés gardant à ce sujet le silence le plus absolu. Dans tous les cas elle est au moins du XIII° siècle.

Elle fut établie par Guillaume Boucher, dont le nom latinisé est Macellarii. Les premiers actes où il est question de cette Œuvre l'attribuent toujours à Guillaume Macellarii et à lui seul. Dans la suite, on ne parle plus de Guillaume, prénom du fondateur et on mentionne seulement Macellarii ou *les* Macellarii (heleemosina *Macellariorum*) expression qu'il faut rendre par celle-ci : Aumône de la *famille Boucher*. Nous insistons, afin qu'on ne fasse point erreur et qu'on n'attribue point à la corporation des bouchers ce qui est le fait de la famille Boucher. Ce dernier nom a été conservé par les indications cadastrales, bien qu'orthographié à la provençale : L'*Escours de Bouchier* (au nord de Clairier.)

Guillaume Boucher avait réglé que les biens provenant de sa succession fussent administrés par une commission de cinq membres composée du vicaire du prieur de l'église paroissiale et des quatre estimateurs-jurés (1) de la commune. A ce conseil appartenait le soin d'intervenir dans les contrats de mariage des filles pauvres et de régler la somme qui devait leur être donnée quelquefois en dot et plus souvent en augment de dot.

Le moment solennel étant arrivé, les futurs, avec leurs parents et amis, se réunissaient chez le notaire, ou dans une maison particulière qui n'était pas toujours celle de l'un des contractants. Le vicaire du prieur et quelques uns des estimateurs jurés, si non tous, se rendaient chacun de leur côté et agissant en vertu de leur droit et d'une coutume très ancienne (*prout ita assuitur ac semper vicarius ecclesie et extimatores consueverunt*) : ils donnaient à la jeune fille deux ou trois florins d'or. De leur côté, le jeune homme et son beau-père juraient que, dans le courant de l'année, choisissant pour cela l'époque favorable, ils planteraient, avec tous les soins voulus, dans les terres et possessions de l'Aumône, deux ou trois arbres fruitiers, amandiers ou oliviers (2).

(1) Voir Tome I•r, page 153.
(2) Nous avons sous la main plusieurs contrats de mariage de jeunes filles pauvres, dans lesquels les administrateurs de l'Œuvre interviennent. Nous en citerons un seul :

Ces usages peuvent nous paraître bizarres; ils avaient du moins l'avantage d'enseigner la reconnaissance et d'engager les familles pauvres à s'intéresser aux propriétés de l'Œuvre.

La fondation de Guillaume Boucher n'était nullement destinée au soulagement des malades, bien que le local, siège de l'administration fut décoré du titre d'Aumône, de Charité et même d'Hôpital de la Place. Ce dernier nom lui venait de sa position. Il était, en effet, situé dans la ville même, entre le Marché Neuf, l'impasse de Valouse, l'ancienne tour Barnoin, la rue du Moulin, et la rue Chaberlin, et possédait des jardins dont il est parlé au livre-terrier du XV° siècle. Les maisons de peu de valeur, sises dans la rue Chaberlin en face de la rue des Trois-Visages furent acquises seulement en 1417 (1). Il est souvent parlé dans les registres municipaux de cet établissement (2), aussi bien que dans les protocoles des notaires, soit pour des actes administratifs, soit pour des fondations et œuvres pies (3).

Matrimonium Johannis Boneti, filii Laurentii, cum Catherina, filia Poncii Aymerici.

Sacro sancto Collegio regnante. In nomine domini, Amen. Anno incarnationis ejusdem m. iiij. xvj. et die tertia mensis januarii, etc.

Et ibidem dum predicta agebantur dominus Huricius prioris vicarius ecclesie Malaucene et nobiles et discreti Arnaudus Soucherii, Bermondus Poyolis et Petrus Bruneti, plebeus, extimatores jurati Malaucene, ad quos presens negocium tangit et expectat, predicte Catherine assignaverunt dari amore Dei, de bonis legatis per quondam Guilhelmum Macellarii, in augmentum dotis, videlicet duos florenos auri cum dimidio, et ipsi Poncius et Johannes promiserunt plantare in possessionibus relictis per dictum dominum Guilhelmum Macellarii tres arbores fructiferas, aut magdalas aut oliverios, bene et decenter et temporibus congruis, infra annum proximum, et juraverunt, etc. (Etude de M° Souchon, notaire à Malaucène, notes brèves de G. Bermond, f° 64. — Des actes de même nature se rencontrent dans le même protocole aux f°* 65 et 66.)

(1) « In carreria Chaberlinorum, *etc.*, juxta hospitale, seu casale, et ortum hospitalis. »

(2) « Die 11° Augusti 1432. Super hospicio Heleemosine in platea, quia
« dirruitur, fuit ordinatum quod reparetur et curatus et exactores faciant
« fieri reparationes. — Octob. 1433. Hospicium de Platea, pro Heleemosina,
« reparetur. — Febr. 1444. Super Hospicio Heleemosine Macellariorum, scito
« in platea, quod desservit D. Anthonius Galleti (curatus), *etc.* »

(3) « Die 15° februarii 1418. — Nobilis Arnaudus Soucherii, Hugo Bocherii
« et Petrus Bruneti extimatores jurati Malaucene, pro utilitate Caritatis loci
« Malaucene, dederunt Anthonio Adhemarii ad accapitum, *etc.*, resseriam,
« cum suo pertinemento, scitam in territorio Màlaucene, loco dicto in
« Palude, juxta resseriam Petri Ysnardi de Malaucena... pro accapito unius
« quarterii agni, salvo jure dominii et senhorie dicte Caritatis, ad servicium

Cette Œuvre existait déjà depuis fort longtemps (1), lorsque, dans les premières années du XIV° siècle, un homme riche et sans enfants, laissa tous ses biens à la Ville, à la condition que les revenus en seraient consacrés à doter des filles pauvres et vertueuses. Ce bienfaiteur intelligent s'appelait Paronfumas (2).

D'autres fondations de même nature se joignirent aux précédentes. Nous en avons la preuve dans un acte consigné aux minutes du notaire Girard Bermond et passé en sa faveur, le 17 septembre 1417. Les deux syndics et les trois estimateurs ou experts jurés, formant le Conseil d'administration de l'Œuvre des pauvres Filles à marier, donnent à ce même Girard Bermond en emphitéose perpétuelle, une maison appartenant à ladite Œuvre et située sur la place publique et confrontant avec les remparts de la ville, pour l'accapit d'un quartier de chevreau et le service annuel de deux sous et quatre deniers (3).

La mère du seigneur de Remusat, par testament du 28 février 1447 (1448), laissa cent florins, bel exemple qui fut imité par plusieurs personnes amies des pauvres. Les dernières fondations sont de 1790 et 1791.

Chaque année, des administrateurs étaient nommés pour pren-

« unius emine siliginis. » (Protocol. Girardi Bermundi, f° 74, en l'étude de M° Souchon).

Dans le même volume on trouve encore deux actes d'accapit : le premier (f° 67), en faveur de Pochon Cambii : « Pro utilitate heleemosine legate et « ordinate per quondam Guillelmum Macellarii, pauperibus puellis maritan-« dis. » Il s'agit d'un jardin situé au quartier de la Lauze « ad Lausam, pro « accapito unius pessie mutonis, ad servicium duorum grossorum argenti « currentis. » Le second (f° 68), en faveur de Bertrand, Mondon et Amédée Boneti : pour une terre herme, au quartier dit « ad Peyrosas, pro accapito « unius pessie mutonis, salvo tamen jure tasque, seu ad nonam partem « omnium fructuum eidem heleemosine Macellariorum. »

Le 3 février 1548, Gabriel Borel, curé, et les autres administrateurs donnent en location *Prata Eleemosine* provenant de legs divers.

(1) Le grand Chartier, ou livre des Anniversaires de Malaucène, précieusement conservé aux Archives du département de Vaucluse, renferme beaucoup de pièces intéressantes relatives à l'Œuvre des pauvres Filles à marier.

(2) La terre de Parrum-Fumassa est souvent mentionnée dans nos documents originaux et notamment au polyptique de Bertrand de Remusat, en l'année 1328. *In loco vocato ad Parrum-Fumassa* (Pièces justificatives, n° XVI). Nous apprenons par le *Livre-Terrier* et par le registre des *Dénombrements des Reconnaissances du Grosel*, que ce fief était indifféremment appelé terre de Parrum-Fumassa ou terre de Pauvres Filles, et qu'il avait passé aux mains de la famille de l'Espine. Il était situé sur l'ancienne route de Beaumont, entre les quartiers du Colombier, de Ratavon et du Gros-Noyer.

(3) *Protocollum*, f° 52, v°.

dre soin des intérêts de l'Œuvre, affermer des biens, veiller à la rentrée des fonds et consacrer les revenus à l'usage voulu par les fondateurs (1). Durant des siècles, les rentrées se firent assez régulièrement, mais à la fin surgirent des difficultés de la part des fermiers, ce qui entraîna des mesures de rigueur. Ainsi, nous trouvons qu'une saisie de vendanges est faite à la requête des administrateurs contre Jean Martin, caution d'un mauvais payeur (2). On finit même par couper court à tous les abus de ce genre en vendant plusieurs propriétés rurales (1777), dont le revenu annuel était de 457 livres 12 sous.

Les filles pauvres étaient seules admises à bénéficier de la fondation. Comme il fallait s'entendre sur le degré de pauvreté à exiger, le Conseil décida qu'une fille possédant, à l'époque de son mariage, plus de cent florins, en argent ou autrement, n'aurait pas droit à la dot.

Le 8 décembre 1584, on réclama le remboursement de la dot à une nouvelle mariée, parce qu'il fut prouvé qu'elle n'était pas pauvre, « car elle a environ trois cens florins valhant. »

En 1776, une fille sage et sans reproche, appartenant à une famille du pays, demandait à être dotée. Quelques mauvaises langues prétendirent qu'elle n'était point pauvre, et que partant, elle n'avait aucun droit à ce qu'elle réclamait. Ses parents, au contraire, affirmaient qu'elle n'avait pas les cent florins voulus. Pour ne point s'exposer à manquer aux intentions du fondateur, soit en se tenant en deçà, soit en allant au-delà, on accorda la dot, à condition qu'elle serait rendue, avec les intérêts au cinq pour cent, s'il était démontré dans la suite que la fille était vraiment propriétaire de la somme de cent florins, « en argent ou autrement. »

D'un autre côté, l'on exigeait de la rosière une vertu « non contestée. » Catherine Proyet, de Malaucène, fiancée de Georges Cabanon, ayant été soupçonnée de légèreté dans sa conduite, obtint une enquête à l'effet de se justifier, afin de pouvoir prétendre à la dot des pauvres filles (3).

(1) Le 3 février 1548, Gabriel Borel, curé, Pierre Guinier, Jean Testut, Guillaume Salvanhi, Michel Cottier, tous administrateurs et Christol Astier, procureur de l'Œuvre, afferment pour un an les prairies de l'*Aumône* des pauvres filles à marier; l'adjudication est faite *more solito. in platea publica, voce tube precedente.*

(2) Archives du département de Vaucluse, Cour de justice de Beaumont, série B, 1261 (de 1632 à 1638).

(3) Archives du département de Vaucluse, Cour de Saint-Pierre d'Avignon, série B, 928 (de 1632 à 1633).

La somme constituant cette dot, variait suivant la fortune de la eune fille, de 70 à 100 florins, mais ne dépassait jamais ce dernier chiffre.

Dans sa deuxième visite pastorale (26 mai 1754), l'évêque de Sallières de Fosseran, ordonna que les quarante cinq livres, — somme à laquelle était alors fixée la dot, — ne seraient plus payées en patas, mais en monnaie de France.

CHAPITRE TROISIÈME

INSTRUCTION PUBLIQUE.

I. — Peu de communes du Midi furent aussi favorisées que Malaucène sous le rapport de l'instruction de l'enfance et de la jeunesse. Dans les temps anciens, les Bénédictins du Groseau et de la Madeleine, plus tard les prêtres de l'Agrégation, relativement fort nombreux dans la localité, et enfin les Pères Augustins répandirent autour d'eux ce que nous appelons aujourd'hui l'enseignement primaire, secondaire et même supérieur, puisque ces derniers religieux avaient dans leur couvent une chaire de philosophie (1).

L'éducation des enfants était confiée à des maîtres reconnus capables, sur le choix et la conduite desquels les administrateurs municipaux veillaient d'une façon toute particulière. Un régent des écoles ayant apporté à son emploi moins de zèle qu'on avait le droit de s'y attendre, se vit éconduit par les consuls. Néanmoins, un an ou deux plus tard, sur la promesse de bien soigner sa classe et de bien diriger les enfants, il fut réintegré dans ses fonctions (2).

La Ville n'avait pas de maison d'école lui appartenant en propre. Ce fut seulement à l'époque de la construction de l'Hôtel-de-Ville actuel (1741) qu'elle se préoccupa de se donner un local spécial. Jusqu'alors elle avait marché par location annuelle, de la Saint-Michel à la Saint-Michel, comme c'était l'usage dans le pays.

Les fonctions de l'instituteur duraient également une année, commençant et finissant en même temps que le loyer de la maison (3). Il avait le monopole de l'enseignement primaire et secondaire, au moins au XVI° siècle, et personne ne pouvait donner

---

(1) C'est dans la salle affectée à l'enseignement de la philosophie chez les PP. Augustins, et en présence de la plupart des religieux, qu'Esprit de Boutin, seigneur de Valouse, fit son testament, le 20 janvier 1639.

(2) Die 31ª martii 1562. — « Quod magister Petrus Guerini non sit amplius « rector escolarum, quia non bene servit ut promisit. — Die 29 septembris 1564. — « Magister Petrus Guerini, notarius, habitator presentis loci, promisit « regere scolas et gubernare pueros ». (*Liber Regiminis.*)

(3) La maison d'école pour l'année scolaire 1571-1572 fut affermée au prix de 8 florins. (Registr. des délib. 25 septembre.)

des leçons de français ou de latin dans le pays, sans son autorisation et sans entrer en accommodement avec lui.

Pendant longtemps l'instruction fut gratuite pour les enfants des habitants reçus. Quant aux enfants des habitants non reçus, ils étaient traités comme leurs parents, c'est-à-dire en étrangers, et devaient la rétribution scolaire, dont le chiffre était réglé par le Conseil municipal.

Le traitement fixe du régent des écoles varia suivant les époques et suivant le mérite du titulaire. Le régent nommé en 1564 fut accepté à raison de 40 florins de monnaie. Celui de 1569 reçut une augmentation de 10 florins; mais le Conseil y mit cette clause : « Si les consuls connaissent que soyt home qui le mérite. » (1) En 1622, Pons Brocart, de Dalmas (comté de Nice), s'engage pour le prix de 25 ecus de 60 sols à instruire les jeunes gens de la ville et les étrangers qui voudront fréquenter son école. Un siècle plus tard (1715) une somme de 108 livres était inscrite à la tabelle comme honoraire du « Régent des Escoles. »

Quelques années avant la Révolution (1781), il y eut deux régents et le traitement pour chacun fut porté à la somme de 150 livres, à la condition que l'instruction serait donnée gratuitement.

Le 3 janvier 1789, Etienne Alliey, l'un d'eux, se présente aux consuls et offre de rendre les écoles gratuites, enseignant même le latin, pour 450 livres par an, en se chargeant du loyer de la maison, ou 400 livres, le loyer restant aux frais de la Commune. Son frère devait s'occuper des enfants âgés de moins de six ans, moyennant 350 livres par an.

Deux particularités étaient mentionnées dans l'accord passé entre les parties contractantes : la première que le régent élèverait les enfants *benè et diligenter*, c'est-à-dire *catholiquement*, d'après l'expression employée dans le procès-verbal du 17 juin 1571 ; la seconde que, suivant un antique usage local, tous les samedis, après la classe du soir, le maître conduirait ses élèves sur la place Notre-Dame, devant la statue de la Sainte-Vierge, pour y chanter le *Salve Regina*. (2)

« Le répétiteur était connu à ces époques reculées, dans les établissements d'instruction publique du Comtat Venaissin. Le 27

---

(1) Registre des délib. (23 mai 1569).

(2) Die 29° septembris 1564. « Item fuit de pacto quod... teneatur et debeat,
« singulis diebus sabbati, de sero, prout assuetum est, in presenti loco et
« plathea publica, ante ymaginem Nostre Domine, celebrari facere alta voce
« cantando Salve Regina. » (*Liber Regiminis.*)

juillet 1610, Georges Jullian exposa au juge de la Cour de Malaucène que Faulquet Pontaix, cordonnier, Jacques Guintrand, Pons Boneti et Joseph Messier, l'avaient *loué* pour mener leurs enfants au *collège* du lieu et les instruire à lire, pendant un an, moyennant sa vie et l'habitation, chacun pendant un trimestre, et que le tour dudit Pontaix étant venu, il a cessé d'envoyer ses enfants au collège et a refusé de tenir ses engagements. Pontaix chercha à justifier son refus en disant que Jullian n'avait rien appris à ses enfants, mais Louis Morel, *régent principal* du collège, ayant témoigné qu'il avait autorisé Jullian à sortir tous les jours pour aller prendre les enfants de Pontaix et qu'il l'avait vu au collège prenant assez de peine pour les instruire et *leur dire la leçon*, celui-ci fut condamné à remplir ses engagements ». (1)

L'autorité diocésaine ne voyait pas d'un œil indifférent ce qui se passait à Malaucène relativement à l'instruction publique. Nous en avons une preuve incontestable dans le fait suivant.

Le 15 septembre 1567, Jacques Cortès, évêque de Vaison, patriarche d'Alexandrie et une des lumières du Concile général tenu à Trente, après avoir reconnu le mérite d'un professeur, l'adressa aux consuls, le leur présentant comme un homme hors ligne. Aussitôt les consuls réunirent les conseillers et leur proposèrent le candidat épiscopal. Celui-ci portait le même nom que la ville où on l'envoyait et s'appelait Paul Mallaucène.

« Messieurs, dit le premier magistrat aux membres du Conseil, le patriarche de Vaison nous envoie un homme de son choix et nous le recommande chaudement, pour remplir dans notre pays les fonctions de régent des écoles; c'est, nous assure-t-il, un professeur très-capable et très-habile, tel que nous ne saurions trouver son semblable; mais... ce qui est bon coûte cher... et il ne faudrait pas croire qu'il veuille se contenter des cinquante florins que nous sommes dans l'habitude de donner en ce moment...

— Et combien veut-il gagner?
— Le double!... cent florins!...
— Cent florins!... c'est beaucoup!... »

En fin de compte, et après de longues discussions, on s'arrête à ce qui suit : la caisse municipale donnera 60 florins au lieu de 50; quant au reste de la somme pour parfaire les 100 florins, on pourrait faire appel à la bourse des habitants qui ont des enfants à l'école (2). Les conseillers se mettent aussitôt en campagne et ne

(1) *Annuaire du département de Vaucluse* pour l'année 1860.
(2) Die 15ᵉ septembris 1567. — « D. Patriarcha Vasionis mandavit in pre-
« senti Loco quemdam rectorem scolarum capacem et doctum, *set (sed)*

tardent pas à recevoir par écrit l'assurance que les 40 florins seront payés et au delà par quelques pères de famille dont les noms sont recueillis sur une liste présentée aux consuls. Le même jour une convention est passée par devant le notaire Guillaume Gaudibert, entre les représentants de la Commune et maître Paul Mallaucène. Cet acte nous a paru si singulier que nous l'avons inséré parmi nos *Pièces justificatives* (n° XLIII).

Maître Paul Mallaucène était en effet un instituteur de première force, calligraphe, poète, littérateur, si nous en jugeons par un grand parchemin vraiment curieux conservé aux Archives départementales d'Avignon (1). C'est un tableau calligraphique par lequel le régent des écoles annonçait sa profession à ses contemporains et faisait chatoyer à leurs yeux les différentes faces de son talent.

Nous ne comprenons point par quelle étrange et déplorable profanation ce chef-d'œuvre a pu, dès l'année 1574, servir de couverture au registre des procédures instruites au greffe de la Cour de Malaucène. Aussi, ce parchemin est-il endommagé sur plusieurs points et marqué de grandes taches jaunes. Nous l'avons photographié, mais les épreuves que nous avons obtenues rendent d'une manière imparfaite les traits de plume de l'auteur, qui sont véritablement merveilleux.

Ce tableau, qui était probablement appendu à la porte de l'instituteur, est divisé en deux parties: la première rédigée en vers français et la seconde en prose latine.

Dans les enroulements de l'*E* initial se trouve, en guise d'épigraphe, cette sentence: *Argent fait tout sed bien fere passe tout.*

S'adressant ensuite aux passants dont la curiosité a été piquée par le brillant de son tableau, qui était alors enluminé de couleurs éclatantes, le professeur leur dit :

> Entres vous aultres qui desires
> Lart et science descripture
> Avances vous si me croyes
> Et mettes vouloir et cure
> De apprendre lire et escrire
> Chiffrer conter et cadeller

« vult habere pro suis stipendiis centum florenos. Quia petierunt (consu-
« les) concludi super premissis.... fuit conclusum quod Communitas eum
« recipiat et Communitas det illi LX florenos et particulares habentes pueros
« dent illi residuum, si velint. » *(Liber Regiminis.)*

(1) Chartier de Malaucène, article 112, page 115.

Le mestre monstrera par droicture
Lart et science descripture.
Apprendre science en jeunesse
Cest un tresor grant richesse
Et pour ce mettes telle diligence
Que par estude ayes science.
Qui a bien vivre veut entendre
Apprins a mourir leur vient comprendre
Car nul bien vivre ne saura
Qui apprins a mourir naura
Tout ce que la terre nourrist
Certainement elle pourrist
Et quelque bien que lhomme abunde
Il na que sa vie en ce monde
Et quand on a passe son temps
Lon ne gaigne que ses despens.
Tant que tu seras en puissance
Chescun te fera grant reverence
Mes se fortune test contrere
Alor verras chescun retrere
Nul ne tiendra de toy plus conte
Et fusses fils de Roy ou de Comte
Chescun de toi se longuera,
Et comme fol te layssera.
Retiens cest enseignement
Et pences une foys lan tant seullement
Ung chescun jour que tu mourras
Par ainsi bien vivre pourras
Parapharagaramus dor et dargent amasser
Aussi pesant comme ung enclume
Et en joye son temps passer
Ceulx qui bien savent joyer de la plume.

La seconde partie de la pancarte calligraphiée est une épître adressée à l'évêque-patriarche J. Cortès. Il résulte de son texte, écrit en latin très correct, suivant la remarque de l'ancien archiviste du département de Vaucluse, le savant M. P. Achard, que cet évêque avait invité notre pédagogue à se rendre auprès de lui pour traiter de littérature et de philosophie. Un tel honneur avait jeté celui-ci dans une joie délirante. La grande pluie qui tomba au jour indiqué pour le rendez-vous, n'attiédit pas son empressement à aller auprès du prélat et ses habits, transpercés par l'humide élément, ne l'empêchèrent pas de lui prodiguer les témoignages de la plus haute admiration et de la plus chaleureuse reconnaissance (1).

(1) Cum hodierna die campana octavam horam annunciaret servitor tuus per ingentem pluviam festinato advolat ad usque cutem madidus per vestes undique stillans, quo viso primo aspectu obstupuy eramque ancipiti mente

Parmi les maîtres auxquels furent confiés les enfants durant les dernières années de la domination pontificale, nous devons encore citer l'érudit et patient Benoît Torcat (1) et les Religieuses Ursulines (2). A cette époque, les études furent maintenues à un niveau tel que le savant M. Achard ne craint pas de citer Malaucène comme un des pays les plus favorisés sous le rapport de l'instruction, parmi les communes de l'ancien Comté Venaisin (3).

II. — Depuis sa réunion à la France, l'enseignement de la jeunesse a perdu sa physionomie locale pour devenir ce qu'il est partout ailleurs. Nous aurons donc peu de choses à dire pour ce qui concerne l'époque moderne et contemporaine.

Sous le premier Empire, l'instruction fut donnée d'abord aux jeunes filles par une maîtresse nommée M⁰⁰ Préau, qui faisait la classe à l'ancienne Charité.

En 1811, cette institutrice fut remplacée dans ses fonctions et dans son local par les Sœurs de la Retraite, communément appelées les *Sœurs Grises*. Elles étaient venues d'Aix ou de Marseille. Elles faisaient les écoles et tenaient un petit pensionnat, s'occupant de travaux manuels et des connaissances indispensables à une bonne mère de famille. Les Sœurs Grises quittèrent Malaucène en 1817.

Les Sœurs du Saint-Sacrement de Romans, venues pour prendre soin des malades, ainsi que nous l'avons dit dans le chapitre pré-

sub pavidus quidnam sibi vellet tanta ejus celeritas veritusque fuissem ne quid mali nunciaturus advenisset, nisi visa fuisset leticia ejus gestus, vultusque quidem jocundi polliceri tacitus, cum ipse mox litteras offert : liberalis quidam et munificentis animi tui candor in causa fuit, opinor antistites sacratissime, ut meam in rebus tam altis minusque familiariter eruditionem litteris conferre dignatus sis, quod profecto non in infime felicitatis mee, per te dixerim collocandum ut pote qui ex facundis eruditisque existens tuis comprehendere putem fiduciam, ac tunc, Reverende pater, in me benevolentiam ne tantillum quidem respexisse quam tamen aliquando sub hesitans diminutam cum ob nullum cessante casu et imperio per me tue Reverende Paternitati et tuis prestitutum obsequium tuum ob summam dignitatis atque fortune apicem quorum utrumque non minus quod optabam feliciter es assecutus autem integritas, fortitudo atque eruditio quibus animum tuum ab vingiculis confirmasti alium te nunc quod antea fueris esse non sciunt decrevi Deo duce pater quia tua reverentia auctore procellosis tempestatibus armorumque bellico circum et undique quia frangere consonnam primitus fungatur et autoritate sancti Domini nostri summa cum veneratione pedes tue sanctitatis deobsculari tue que paternitatis reverende ut par est revereri. »

(1) Nous lui consacrons un article biographique. Voir le IV° livre.
(2) Tome I⁰ʳ, page 338.
(3) *Annuaire du département de Vaucluse*, pour 1860.

cédent, furent chargées en même temps d'instruire les jeunes filles et ouvrirent les classes dans les dépendances de l'Hôpital.

Pour les garçons, l'enseignement ne jouissait plus de l'ancien avantage de la gratuité. Les maîtres n'étant plus salariés par la Commune, exigeaient une rétribution mensuelle de la part de leurs écoliers. « Le Conseil municipal, pour faire participer toutes « les classes des citoyens au bienfait de l'instruction, » décida « la création d'une école primaire élémentaire et communale » pour laquelle on adopta la méthode, fort à la mode sous le règne de Louis-Philippe, de l'enseignement mutuel (1).

On ne tarda pas à se dégoûter de cette méthode qui ne produisit pas les résultats qu'on en attendait et l'on songea tout d'abord à faire venir les Frères de la Doctrine Chrétienne. On en fit la proposition à leurs supérieurs. Ceux-ci, tout en accueillant favorablement cette demande, répondirent que les sujets leur manquaient présentement pour cette fondation, et qu'ils seraient obligés de la renvoyer à plus tard. Mais on était pressé au Conseil municipal et on fut d'avis d'appeler des Frères de l'Ordre de Saint-Viateur, puisque on ne pouvait compter sur ceux du vénérable de la Salle que pour un avenir plus ou moins éloigné (2). L'école fut établie dans un local ayant fait partie du couvent des PP. Augustins, lequel fut acheté par la Commune. La maison fut inaugurée par l'archevêque d'Avignon, Paul Naudo, le 7 juin 1843.

L'école secondaire libre, ouverte par les Pères Gardistes, et fermée peu après à cause de leur départ inopiné (3), fut rouverte au mois d'octobre de la même année (1866), sous le titre d'*Institution de Sainte-Garde*, en souvenir de son origine, et placée sous le patronage de M. l'abbé Redon, alors préfet des études au petit séminaire de Sainte-Garde, aujourd'hui vicaire général de Mgr Hasley, archevêque d'Avignon.

L'auteur de cette résurrection fut M. l'abbé Raymond, professeur de mathématiques à Sainte-Garde. Il avait été envoyé à Malaucène avec le titre de vicaire et avait été désigné en même temps pour prendre la direction de l'établissement. Parmi ses collaborateurs, il compta M. l'abbé Royère, alors diacre, actuellement aumônier des hospices de l'Isle, et M. l'abbé Neyron, aujourd'hui curé dans la province de Constantine.

Les élèves accourus en grand nombre appartenaient pour la

(1) Délibération du 1er août 1833.
(2) Délibérations des 27 novembre 1842 et 10 février 1843.
(3) Voir Tome Ier, page 445.

plupart aux meilleures familles de la ville et des localités voisines. Quelques années plus tard plusieurs d'entr'eux furent reçus dans les grands établissements de l'état, (école polytechnique et Saint-Cyr) et occupent à cette heure des positions honorables.

M. l'abbé Raymond avait ses méthodes à lui et ne craignait pas de prendre des routes peu battues pour arriver à de rapides succès. Ainsi sa manière d'enseigner l'histoire mérite d'être signalée. Au lieu d'assujettir ses élèves à étudier leur leçon dans des livres, il faisait en raccourci un vrai cours de faculté sur le ton de la conversation, puis la leçon était répétée sur le même ton par quelqu'un des auditeurs, sans en excepter des enfants de six ou sept ans.

En toutes choses on évitait le sérieux pédagogique et cette contention d'esprit peu compatible avec la légèreté du jeune âge ; de sorte que les disciples aimaient la classe et le collège et y faisaient de rapides progrès.

Le dessin, la musique, l'escrime faisaient partie du programme de l'enseignement. En 1871, ce fut merveille de voir le petit bataillon de collégiens manœuvrer avec des fusils de bois sous les ordres du capitaine Cornillac, digne et vaillant officier qui avait fait les campagnes d'Afrique sous Mac-Mahon.

Aux séances solennelles de fin d'année, un public nombreux et sympathique applaudissait cette intelligente jeunesse dans les drames de *Géronimo*, des *Enfants de Clodomir* et autres.

Après dix ans de travaux et de succès, M. l'abbé Raymond a quitté la direction du petit collège qui s'est fermé une seconde fois. (1876). Les habitants se demandent si c'est pour toujours.

L'ancien directeur est aujourd'hui chargé de la rédaction de la *Semaine religieuse du diocèse d'Avignon*.

Une salle d'asile, désirée depuis longtemps, fut ouverte le 1ᵉʳ juin 1860, dans l'ancien couvent des Sœurs Hospitalières, et confiée aux religieuses du Saint-Sacrement. Cette maison est due, avant tout, à l'initiative et à la générosité de l'ancien maire Guiméty, lequel donna pour sa création la somme de 7,000 francs, savoir : 2,000 francs de son vivant et 5,000 francs par testament.

En 1883, l'enseignement est donné par dix maîtres, ainsi repartis :

	Garçons	Filles
Congréganistes	2	3
Laïques	2	3

CHAPITRE QUATRIÈME

AGRICULTURE

Nous donnerons pour mémoire seulement la distribution officielle du sol au point de vue agricole.

Tant de changements ont été opérés depuis la confection du cadastre, que nous nous garderions bien de maintenir comme exact le tableau administratif que voici :

	hectares	ares	centiares
Terres labourables..................	1.377	99	50
Prairies.........................	108	29	45
Terrains plantés..	206	13	70
Bois............................	1.090	43	35
Landes	1.659	82	86
Propriétés bâties et cours..........	16	28	10
Routes, chemins, places, cimetière...	47	82	09
Cours d'eau.....................	25	42	10
Superficies non imposables........	»	47	46
Total de la commune....	4.532	68	61

§ Iᵉʳ. — IRRIGATIONS (1).

Sous le régime pontifical, les arrosages se pratiquaient d'après de vieilles coutumes que modifièrent parfois des ordonnances de l'autorité supérieure. Voici les principales dispositions de ces règlements écrits: « Les prises qui traversent les chemins papaux seront couvertes de bons bards ou de voûtes. Il est permis de prendre l'eau en la conduisant dans les fonds des particuliers, en choisissant les lieux les plus aptes et les moins dommageables, avec licence de la cour de Malaucène. Les particuliers demandant

---

(1) Archives municipales: Extrait du registre de la secrétairerie d'état de la Légation, 11 mai 1761. — *Statuts municipaux* des diverses époques. — Archives du département de Vaucluse, commune de Malaucène, série B. 2281 et 2282 (de 1567 à 1572).

le passage ne pourront ouvrir aucun fossé jusqu'à ce qu'ils aient satisfait la partie intéressée et seront tenus de payer la cense imposée, tous les ans, avant qu'ils puissent se servir de l'eau. Une amende de douze livres est prononcée contre ceux qui *coupent l'eau* à leur voisin. »

Aujourd'hui, sur les 4532 hectares 68 ares 61 centiares de la superficie territoriale, la surface arrosée annuellement n'est que de 190 hectares, à savoir : 108 hectares de prairies et 82 hectares de cultures maraîchères et de jardins. La proportion centésimale de la surface arrosée à la superficie de la commune est 4,18.

Les arrosages se font au moyen de quatre cours d'eau principaux : le Rieufroid, le Sublon, le Toulourenc et le Groseau (1).

Les surfaces arrosées avec le *Rieufroid* sont de 7 hectares pour la commune de Beaumont et de 15 hectares pour celle de Malaucène. Les prises, au nombre de 24, consistant en de simples coupures pratiquées dans les berges, sont alimentées au moyen de barrages rustiques établis dans le lit de la rivière. Les eaux qui atteignent ces coupures sont conduites sur les terrains par de petits canaux, creusés ordinairement dans les berges même. La plupart de ces arrosages sont très anciens.

On se sert du *Sublon* pour irriguer 7 hectares environ sur les communes de Malaucène et du Crestet, au moyen de huit prises. Les arrosages ne sont soumis à aucun règlement. Ils sont assez difficiles pour les terres situées en aval et deviennent impossibles lorsque les eaux sont basses.

Le *Toulourenc* arrose Malaucène, le Crestet, Entrechaux et Faucon. En tout 51 hectares. Les arrosages sont libres et, en ce qui concerne Malaucène, très précaires.

Les eaux du *Groseau* sont amenées par un canal fort ancien qui est la propriété de la Commune. La longueur du canal principal n'est que de 2,600 mètres, mais il présente un développement total de 23,765 mètres de filioles secondaires et sert à l'arrosage de 200 hectares en moyenne par an, pour Malaucène, et de 11 hectares pour le Crestet.

Dans la commune de Malaucène, les terrains arrosés sont divisés en deux grandes sections. Le *quartier haut* et le *quartier bas*, dénominations qui correspondent à celles-ci *en amont* ou *en aval des usines*. Un syndicat institué par arrêté préfectoral (14 avril

(1) J.-A. BARRAL, *Des Irrigations dans le département de Vaucluse*. Rapport pour 1876, pages 36 et de 381 à 386 ; et Rapport pour 1877, pages 290, 291, 315, 327, 328 et 332.

1860) avait dressé de sages règlements pour les arrosages avec les eaux du Groseau, règlements qui furent annulés par arrêté préfectoral (4 avril 1871). M. Ferdinand Geoffroy, propriétaire d'une usine importante et qui était maire à cette époque, dressa un nouveau projet de règlement pour les irrigations et le proposa officieusement aux arrosants du pays (1); mais il n'a pas été donné suite à ces propositions et les dispositions des statuts municipaux de 1762-63 sont encore en vigueur.

Le tableau suivant des sources que nous devons à l'obligeance de M. Alphonse de Merle, complètera les détails hydrographiques insérés dans notre premier volume (2).

NOMS	QUARTIERS	Volume (3)	Température (4)	USAGES
N.-D. des Anges..	Toulourenc......	100 (5)	de 9° à 10°	Se jette dans le Toulourenc.
Grande Fontaine..	Brédouïre.......	50	9	Irrigation.
Angel............	Mont-Ventoux(6).	1	8	A l'usage des bergers et de leurs troupeaux.
Compara.........	Compara........	1	11	Irrigation et usage domestique
Brassetieux......	Brassetieux.....	1 50	9	Id.
Domaine Roux....	La Beaume......	1	10	Id.
Domaine Lombard.	La Beaume......	1	10	Id.
Domaine Souchon.	La Madeleine....	1	11	Id.
Saint-Baudile....	Saint-Baudile...	1	10	Id.
Giraude..........	Giraude.........	» 50	10	Id.
Pierrousset......	Le Passet.......	» 50	11	Id.
Domaine Ferrat...	Haute-Combe...	» 50	11	Id.
Domaine Chastel..	Brédouïre.......	» 50	11	Id.
Saint-Martin.....	Saint-Martin....	» 25	11	Se jette dans le Groseau.
Domaine Tabardon	Clairier.........	» 05	9	Irrigation et usage domestique
Domaine Lemoyne.	Sainte-Foy......	» 4	11	Usage domestique.

(1) *Etude sur la réglementation des eaux du Groseau*, dédiée aux habitants de Malaucène, par F. GEOFFROY. Avignon, Gros frères, 1871.
(2) Livre I*er*, chapitre IV*e*.
(3) Par seconde.
(4) Au dessus de zéro.
(5) Ce chiffre doit être beaucoup plus considérable après les grandes pluies; mais alors il est impossible de s'assurer du volume, attendu que la grotte est envahie par les eaux du Toulourenc.
(6) Versant nord, à une altitude de 1165 mètres.

§ 2 — ENGRAIS ET AMENDEMENTS

A Malaucène, comme dans tout le département de Vaucluse, les engrais sont en grande estime auprès des agriculteurs. Le sol de la commune, généralement sablonneux et maigre, a besoin d'être enrichi et amendé par l'addition de matières azotées. On a donc suppléé à l'insuffisance des fumiers d'écurie et de ferme par la fabrication faite en grand d'un engrais excellent et fort peu dispendieux, dont la matière première est fournie en abondance par les montagnes du pays. Le buis, le thym et autres menues matières végétales sont appropriées aux besoins de l'agriculture... hélas !... dans la ville même !.. Ces produits spontanés sont étendus dans les rues et y forment une épaisse litière de 20 à 25 centimètres. Ils sont mouillés de temps à autre avec l'eau du ruisseau, et piétinés par les allants et venants qui ont besoin de ne point trop s'émouvoir si parfois leur pied s'enfonce outre mesure dans ces macérations agricoles. La litière, suffisamment divisée et décomposée, est de plein droit entassée dans un vacant de la voie publique ou dans une écurie, pour y subir une fermentation putride, d'où se dégage une fumée épaisse et une odeur infecte.

On fait aujourd'hui ce qu'on pratiquait jadis. Tout ce que les édiles avaient pu obtenir c'est que les rues seraient tenues libres et propres en été et aussi en cas d'épidémies.

Les amateurs d'engrais s'en donnèrent la satisfaction à cœur joie durant l'occupation du Comté Venaissin sous Louis XV (1768-1774). Les rues n'étant plus surveillées à cette époque, les habitants se livrèrent en toute liberté à la fabrication susdite. Les riverains dépavèrent le devant de leur maison et creusèrent le sol pour faciliter la putréfaction de la litière. La circulation était devenue impossible pour les piétons. Dès que Malaucène fut rentrée sous son ancien gouvernement, le commissaire pontifical, François Manzi, archevêque d'Avignon, remit les choses en ordre et prescrivit le retour aux anciens règlements de police. Il fut même défendu de déposer du fumier près des murailles de la ville et des promenades, depuis la fin de mars jusqu'à la Saint-Martin. Dans ce temps prohibé, outre l'amende qu'il y avait à payer, l'engrais devenait « la propriété du premier occupant. »

« Les édiles ont de tout temps réglementé ce qui tient à la con-
« fection du fumier dans les rues, mais ils l'ont tous plus ou moins
« toléré, parce qu'ils savaient qu'ils se heurteraient à d'invincibles
« résistances, motivées sur le préjudice qu'on apporterait aux

« produits de l'agriculture; ce qui est vrai ; mais ce qui ne l'est pas
« moins c'est que que l'hygiène publique bien entendue demande
« et exige qu'un plus grand intérêt soit accordé à la santé de la
« population qu'au produit des champs. La santé avant tout (1).

On verra par la suite du présent chapitre que les troupeaux et
autres animaux de ferme doivent contribuer pour leur bonne part
à la fabrication des engrais nécessaires à la fécondation du sol.

§ 3. — EXPLOITATION ET PRODUCTIONS

Nos pères étaient de rudes travailleurs et ne plaignaient point
leur peine ou la dépense quand il s'agissait de l'exploitation de
leurs propriétés. Les vignes recevaient au moins trois façons par
an (2), et les terres que l'on destinait à certaines productions
spéciales étaient cultivées ou labourées jusqu'à six fois (3). Nous
n'essayerons pas de dire ce qui se pratique aujourd'hui, ni de quels
instruments agricoles on se sert. Rien ne distingue Malaucène,
sur ce point, des communes voisines.

Énumérons maintenant les cultures, en commençant par celles
que l'on abandonne ou qui prospèrent le moins.

Le *tabac* était cultivé avec succès sur le territoire de Malaucène
avant la Révolution. Les habitants se virent pourtant contraints
d'y renoncer, en vertu de la loi du plus fort. La douane française,
qui resserrait le Comtat dans ses étroites frontières, se plaignait
de l'introduction frauduleuse de ce précieux produit sur les états
du roi. Pour faire cesser la contrebande, le gouvernement de
Louis XV ne trouva rien de plus simple que d'imposer au Saint-
Siège la défense de cultiver le tabac dans le Venaissin. Cette
défense fut notifiée à la Commune par une ordonnance émanée
de la légation.

On voit à peine quelques champs ensemencés en *chanvre*, dans
le quartier dit de l'*Hôpital* et en un lieu qui a conservé la vieille
dénomination de *Canebière*. Autrefois, au contraire, la culture
du chanvre était si généralement répandue, dans les XIe, XIIe,

---

(1) Dr SAINTE-FOY LEMOYNE. *Topographie de Malaucène*, etc., manuscrit
inédit.

(2) 1415. — « Promiserunt dicti acceptantes facere *tria opera* annis sin-
« gulis ».(*Protocollum G. Bermundi*)

(3) 1416. — « Tradidit quamdam terram *etc.* — ad laborandum et culti-
« vandum *etc.* — Promisit eam laborare *Sexies* hinc ad proximun festum
« Beati Michahelis, bene et decenter et temporibus congruis, pretio saumate
« seminis trium florenorum, computando pro rata. » (*Protocollum G. Bermundi*)

XIII° et XIV° siècles, que les terres labourables dites *canaperia* figuraient dans presque tous les contrats notariés relatifs aux propriétés rurales.

Lorsque le champ dont il s'agissait n'était pas consacré à la culture du chauvre, il avait toujours pour confront au moins une canebière, lorsqu'il n'en avait pas plusieurs. Ce fait saute aux yeux. Pour s'en convaincre il suffit de parcourir les quarante premières pages de l'*Inventaire de l'Œuvre et Pont de Sainct-Benoist d'Avignon* (1).

La *garance*, naguère cultivée avec tant de succès dans certaines parties du territoire communal, mais dont le prix de revient a cessé d'être rémunérateur depuis l'application à la teinture de l'alizarine artificielle, a dû être abandonnée, comme celle du tabac, quoique pour un motif différent.

Les *vignes* ont disparu en grande partie à la suite de l'invasion du phylloxera. Nous disons en grande partie et non en totalité ; vu que celles qui avaient été complantées dans des terrains sablonneux ont été respectées par l'insecte ravageur. Ces dernières années la viticulture tend à se relever ; elle commence même à donner des résultats encourageants, comme il est évident par ce petit tableau que nous dressons d'après les renseignements officiels :

Années	Surfaces plantées en vignes.	Récolte du vin.
1879	25 Hectares	400 Hectolitres
1880	30 —	510 —
1881	35 —	595 —
1882	52 —	936 —

L'*olivier* prospère dans les quartiers abrités des Gypières, d'Arfuyen, de Piochier, du Col de Ronin et autres. Il produit une huile d'un goût fruité délicieux, au dire des gourmets. 20 hectares complantés en oliviers produisent année moyenne 800 hectolitres.

Le *mûrier*, cultivé surtout dans la grande vallée de Bueyre, au quartier dit de *Pourrière*, couvre une surface totale de 14 hectares.

L'éducation des *vers à soie* occupait jadis une grande place parmi les sources de la richesse agricole. Aujourd'hui cette

(1) Nous avons déjà dit que ce volume manuscrit, grand in-folio, fait partie de la belle collection de M. l'abbé Correnson.

source tendrait presque à disparaître, si nous en jugeons par les résultats que voici :

Années	Nombre d'onces de 25 grammes mises en éclosion.	Nombre d'éducateurs.	Production totale des cocons frais.
1878	1.082	432	32.460 kilogr.
1879	953	402	20.013 —
1880	910	393	17.291 —
1881	820	375	5.625 —
1882	800	350	5.250 —

Tous les *arbres fruitiers* des contrées méridionales sont réunis dans le territoire, à l'exception toutefois de l'oranger et du citronnier.

Les *prairies* artificielles ou naturelles occupent, avec les *jardins potagers*, la presque totalité des terres arrosables. La culture maraîchère n'est point aussi considérable qu'on pourrait le supposer ; cela tient à deux causes principales : d'une part la fraîcheur de l'eau qui n'est nullement favorable à des primeurs et en second lieu la difficulté des communications.

« C'est à Malaucène qu'ont été cultivées pour la première fois les premières pommes de terre connues dans Vaucluse. Voici à quelle occasion. Il y avait sous le règne de Louis XVI, à Villes, bourg du département de Vaucluse, un notaire appelé Jean (Joseph-Pierre-Jean), marié avec une demoiselle Duplessis, de Carpentras, lequel grand amateur et rechercheur de minerais et de fossiles, se décida un jour à en porter une collection à Paris, pour les offrir au muséum d'histoire naturelle de cette ville. Il se mit en route à pied. Il marcha deux mois environ, s'arrêtant partout où sa curiosité d'amateur-minéralogiste se trouvait excitée, et il dépensa ainsi tout l'argent qu'il avait sur lui, de façon qu'il ne put aller dans la capitale. Pris pour une espèce de mendiant, on accepta ses échantillons de minéraux et on ne lui en donna presque rien.

« A cette époque Parmentier venait d'attirer l'attention publique sur le tubercule importé d'Amérique. Jean s'en procura quelques échantillons, et les ayant apportés à Villes, il en confia la culture à quelques personnes de sa connaissance qui habitaient Malaucène, vu que cette plante aime d'être arrosée et que le terrain de cette commune ne manque pas d'eau. Et c'est ainsi que les Vauclusiens ont pu connaître cette ressource végétale qu'ils tirèrent d'abord de Malaucène pendant quelques années. »

Le docteur Barjavel à qui nous avons emprunté ces détails (1), ne donne pas autrement la date de l'introduction de la Parmentière qu'en ajoutant cette citation tirée de l'*Armana Prouvençau* de 1856 (page 6). *Dempiéi* 1783, *din la Prouvenço et la Coumtat, se manjo de tartifle.*

Ce n'est pas d'aujourd'hui seulement que les *truffes* sont connues à Malaucène. La preuve, c'est que la fouille en était prohibée par les anciens règlements sur les terrains d'autrui. Voici en effet ce que nous lisons dans les derniers recueils de police agricole en vigueur avant la Révolution :

« A été statué que si quelqu'un introduit des cochons mâles
« ou femelles dans les possessions d'autrui pour chercher des
« truffes, tel contrevenant payera une amende de six livres pour
« chaque bête, encourable sans autre déclaration et applicable
« moitié au dénonciateur et moitié au propriétaire du fonds. »

Actuellement les chiens sont préférés aux animaux de l'espèce porcine pour ces recherches. La grande raison de cette préférence se trouve dans la facilité qu'elle donne de tromper la vigilance des propriétaires, des fermiers et des gardes champêtres.

Les lieux où viennent surtout les truffes sont les quartiers montagneux du Rissas et de Veaulx. On les découvre au pied des chênes-verts, des chênes-blancs et même des peupliers blancs. Nous avons entendu estimer à 6,000 francs la valeur totale annuelle de cette précieuse substance végétale; mais la recherche faite régulièrement par suite d'adjudication publique ne produit à la Commune que 1260 francs, à savoir : 470 francs pour le territoire de Malaucène et 790 pour l'enclave de ce même territoire comprise dans la commune de Mollans (2).

La production des truffes sera, dans un avenir prochain, beaucoup plus considérable qu'aujourd'hui, les *glands truffiers* entrant pour une bonne part dans les semis opérés pour le reboisement des montagnes sur le territoire de la commune.

La production du *miel* et de la *cire* tend à augmenter, puisque le nombre des ruches qui en 1877 n'était que de 150 a été de 500 en 1881. Pour un nombre égal de ruches, la récolte est loin de se présenter d'une façon régulière. Elle varie, suivant que la saison a été plus ou moins favorable aux abeilles, de 12 à 17 kilogrammes de miel et de 1 à 3 kilogrammes de cire par ruche. Dans le pays,

(1) Notes marginales, écrites par le docteur Barjavel sur le manuscrit d'Aubéry, à la bibliothèque de Carpentras.
(2) Adjudication du 7 septembre 1879 (faite pour une période de cinq ans.)

le miel se vend environ 1 franc le kilog. et la cire 3 francs 50 centimes.

La production totale de la *laine* a été de 2350 kil. et celle du suif de 1150 kil. en 1877. Elle a considérablement diminué depuis. Les renseignements officiels ne marquent plus que 1260 kil. de laine pour l'année 1881.

Quant aux autres récoltes il est facile de juger de leur état plus ou moins prospère par le petit tableau dans lequel nous avons mis en regard les résultats sommaires pour les années 1878 et 1882.

Les principales récoltes en 1643 étaient (1):

Grains............................... 2.000 charges
Vin .... 3.000 —
Huile................................ 50 —

	Hectares ensemencés		Produit total		
	1878	1882	1878	1882	
Froment.......	630	591	12.600	10.047	Hectolitres
Orge..........	7	4	140	68	
Avoine........	50	31	1.000	527	
Pommes de terre	110	72	13.200	8.640	
Betteraves.....	7	6	2.275	360	Quintaux métriques
Foin..........	108	139	11.232	18.070	
Luzerne.......	6	28	670	364	
Sainfoin	95	125	2.070	6.750	

Tous ces chiffres sont, sinon parfaitement exacts, du moins officiels; nous n'avons pas essayé de les contrôler et il nous paraîtrait inutile de les contredire.

§ 4. — VOIES DE COMMUNICATION (2).

Nous avons eu l'occasion, dans le chapitre consacré à l'archéologie, de dire quelques mots des chemins qui sillonnaient le territoire à l'époque celtique. L'un venait du côté de Suzette et se dirigeait vers Beaumont; un autre arrivait du côté de Carpentras et continuait dans la direction de Vaison; un troisième conduisait

(1) Procès verbal de la visite faite par le recteur en 1643, à la bibliothèque de Carpentras.

(2) Archives municipales, et *passim* en particulier : dossier des chemins. — Archives du département de Vaucluse. Procès-verbaux des visites faites à Malaucène par les recteurs du Comtat en 1624 et 1643.

à la source du Grosel ; un quatrième était tracé dans la direction du Dauphiné par Entrechaux et Mollans.

Tous ces chemins publics étaient commandés par l'habitat de Clairier, car pour aller au delà du territoire, après l'avoir traversé, il fallait nécessairement passer au pied de la montagne.

Ces chemins peu ou prou réparés et entretenus servaient, à l'époque romaine, et conduisaient aux principales villas qui florissaient alors. Ce qui le démontre ce sont les inscriptions et les monnaies découvertes à peu de distance de ces voies appelées *viæ publicæ* ou simplement *viæ*.

Au XIII° siècle, ces chemins étaient encore les plus considérables. On les désignait dans les actes publics sous le nom d'*itinera publica*, et dans la suite sous celui de *chemins papaux*. Mais quelle que fût leur appellation, ces voies ou chemins, publics ou papaux, sans cesse exposés aux empiétements des voisins, n'en étaient ni plus larges ni mieux entretenus. En 1761, les arbres envahissaient les chaussées de façon que les gens à cheval ne pouvaient y passer sans danger. Il avait fallu que le vice-légat Aquaviva d'Aragona rendît une ordonnance en 1749 pour que les grandes routes fussent mises à « une canne » dans tout leur parcours.

Sous l'administration du vice-légat Salviati, la voie papale de Vaison, appelée chemin du Pont de l'Orme, *Iter Pontis Ulmi*, était impraticable aux voitures. On la fit réparer à corvées par les riverains (1), comme cela se pratiquait d'habitude, en affectant à ce travail une somme de 2,000 livres prélevée sur le revenu du tabac.

La route, presque à la sortie de la ville, passait au milieu des prairies voisines de la villa Guiméty et suivait ensuite une direction presque parallèle au cours du Groseau. Encaissée de la sorte dans sa partie inférieure, elle était toujours humide, souvent boueuse, parfois même dangereuse (2).

C'est au dernier évêque de Vaison qu'est due la rectification de cette partie de la route départementale, ancien chemin du Pont de l'Orme, aujourd'hui *Allée des Peupliers* et qu'on appela tout d'abord le Chemin-Neuf. Si les évènements de la Révolution

---

(1) Ordonnance rendue en 1749 par le vice-légat Aquaviva.

(2) Le 6 décembre 1769, l'intendant de la province approuva certaines dépenses faites par la Commune et celle-ci en particulier : « A Pierre Blanc, « pour avoir remis dans le courant de l'année, *pendant six fois*, les planches « qui sont sur le lit du Grosel, *sur le grand chemin de Vaison*, que les eaux « pluviales avaient ôtées : 9 livres. »

n'y avaient mis obstacle, cette allée aboutirait en droite ligne jusqu'à la porte principale de l'église paroissiale ; telle était du moins l'intention de l'évêque de Beaupré de Fallot de Beaumont, et c'était dans ce but que, dès l'année 1786, le prélat avait autorisé la Municipalité à prendre une partie du pré de l'Œuvre de l'église paroissiale.

La route départementale fut reprise en entier sous la Restauration. La Commune versa pour sa part la somme de 1,200 francs. Quant à la rectification qui a eu pour résultat de convertir le tronçon de Saint-Roch en chemin vicinal, elle eut lieu en 1861.

Voici maintenant le tableau complet des chemins, grands et petits, de la Commune. Ce tableau dressé en 1849 a été complété en 1867 par la nomenclature qui le suit. Ces deux documents officiels établissent la situation exacte des voies de communication actuelles.

ÉTATS DES CHEMINS EN 1849.

1. *De Ravailler.* — Allant du chemin de Vaison à la Font du Pommier.
2. *De Saint-Quenin.* — Du chemin de Vaison à la grange de St-Quenin.
3. *De la Cabriérade.* — De la grange de Bramefam au quartier de la Combe.
4. *Du Bosquet.* — Du chemin de Vaison à Arfuyen.
5. *Viol du Bosquet.* — Du chemin du Bosquet au quartier d'Arfuyen.
6. *De Maupas.* — Du chemin du Bosquet au quartier de Pourrière.
7. *De la Loubatière.* — Du chemin du Bosquet à la montagne d'Arfuyen.
8. *De la Combe.* — Du chemin de la Loubatière à la montagne d'Arfuyen.
9. *De Susette.* — Du chemin de Vaison à la limite (vers la Chaine).
10. *De la Boissière.* — Du chemin de Suzette à la Boissière.
11. *De Notre-Dame la Blanche.* — Du chemin de Suzette à la montagne d'Arfuyen.
12. *Du Combeau.* — Du chemin de N.-D. de la Blanche à la Chaine.
13. *Du Lignol.* — Du boulevard au chemin de Charombel.
14. *Viol de la Tour.* — Du chemin du Lignol à la Tour.
15. *De Cremessière.* — Du chemin du Lignol au chemin du col d'Enronic (1).
16. *De St-Raphaël.* — Du chemin du Lignol au chemin du col d'Enronic.
17. *De la Gorgerette.* — De l'Esplanade au chemin du col d'Enronic.
18. *Des Aires de St-Raphaël.* — Du coin de la maison Isnard aux Aires.
19. *Du col d'Enronic.* — De la route départ. n° 4 au quartier de la Boissière.
20. *De Charombel.* — Du col d'Enronic aux Escours des Bouchers.
21. *Viol des Plantiers* (2). — Du col d'Enronic au bout du quartier des Plantiers.

(1) Le vrai nom est Col de Ronin (*Collum Ronini*).
(2) *Terra Planteriorum.*

22. *Viol du quartier d'Enronic.* — Du col d'Enronic à l'extrémité du quartier.
23. *Viol de Comparat.* — Du chemin de Charombel aux propriétés des Plantiers.
24. *De Saint-Roch.* — Du chemin du col d'Enronic à Saint-Roch.
25. *Chemin vieux de Saint-Roch.* — De la route départementale au chemin de Saint-Roch.
26. *Viol allant aux Plantiers.* — Du chemin de Saint-Roch aux Plantiers.
27. *Autre Viol allant aux Plantiers.* — Du chemin de Saint-Roch aux Plantiers.
28. *De Comparat.* — De la route départementale à Comparat.
29. *Viol des Plantiers.* — Du chemin de Comparat aux Plantiers.
30. *Ancien chemin de Vaison.* — De la route départementale n° 4 au chemin de Vaison au-dessous du *Pont rompu.*
31. *De Combe Gibouse.* — De la route départ. n° 4 à Combe Gibouse.
32. *Chemin vicinal de Bedoin.* — De la route n° 4 aux limites (Barroux).
33. *Du Clau.* — De la route départ. n° 4 à la grange de Grosvoisin.
34. *De Chantemerle.* — De la route départ. n° 4 à la grange de Ravoux.
35. *De Bel-Air.* — De la route départ. n° 4 au Collet-Redon.
36. *Viol de Bel-Air.* — Du chemin de Bel-Air à la propriété Victor Petit.
37. *N° 1 de Portale.* — Du chemin de Bel-Air au chemin des Arénées (carrière de sable).
38. *N° 2 de Portale.* — Du 1er chemin de Portale à la propriété de Tabuchon.
39. *De la Rebeyrade.* — Du chemin du Relais au chemin du Moulin du Vaisseau.
40. *Du Moulin du Vaisseau.* — Au chemin de Portale.
41. *Chemin vicinal du Groseau.* — Du Cours à la source du Groseau.
42. *Des Fabriques.* — Du chemin du Groseau au chemin de la Rebeyrade.
43. *Chemin vicinal des Arénées.* — Du chemin du Groseau à la carrière de sable.
44. *De Piaud* (Puy-Haut). — Du chemin des Arénées à la limite de Bedoin.
45. *Des Plâtrières.* — Du chemin du Groseau au chemin de la Baume.
46. *1er Chemin de Ratavon.* — Du chemin du Groseau au quartier de Ratavon.
47. *2e Chemin de Ratavon.* — Du chemin du Groseau au Jas de Jean (Brusset).
48. *Ancien chemin de Beaumont.* — Du chemin du Groseau au chemin vicinal de Beaumont.
49. *Du Jas de Jean.* — De l'ancien chemin de Beaumont au quartier (Brusset).
50. *Chemin vicinal d'Entrechaux.* — De l'Esplanade (Cabanette) aux limites.
52. *Chemin vicinal de Beaumont.* — Du chemin d'Entrechaux aux limites.

52. *De Sovusse*. — Du chemin de Beaumont aux montagnes communales.
53. *De Gourfaraud*. — Du chemin de Beaumont au torrent de Toulourenc.
54. *Du Grès*. — Du chemin vicinal de Beaumont au chemin de Gourfaraud.
55. *De Chausseribes*. — Du chemin de Gourfaraud au chemin de Beaumont.
56. *1ᵉʳ Viol de Chausseribes*. — Du chemin de Chausseribes aux limites du quartier.
57. *2ᵉ Viol de Chausseribes*. — Du chemin de Gourfaraud aux limites du quartier.
58. *Viol des Crottes*. — Du chemin de Gourfaraud au quartier des Crottes.
59. *Viol de Darun*. — Du chemin de Gourfaraud aux limites du quartier.
60. *Des Planes*. — Du chemin de Gourfaraud au chemin de Beaumont.
61. *De Champ Signoret*. — Du chemin de Gourfaraud audit quartier.
62. *De Veaulx*. — Du chemin de Gourfaraud aux limites du territoire (Saint-Léger).
63. *De Piochier*. — Du chemin de Veaulx à l'ancien chemin de la Chambette.
64. *Chemin de traverse de Beaumont*. — Du chemin de Veaulx aux limites (Beaumont).
65. *Du Reyssas* (Rissas). — Du chemin de Veaulx aux montagnes communales.
66. *2ᵉ Chemin de Piochier*. — Du chemin vicinal d'Entrechaux au chemin de Piochier.
67. *3ᵉ Chemin de Piochier*. — Du chemin vicinal d'Entrechaux audit quartier.
68. *De Bigaude*. — Du chemin vicinal d'Entrechaux audit quartier.
69. *Ancien chemin de la Chambette*. — Aux limites (Championnes et Toulourenc).
70. *Chemin de Traverse*. — Du chemin ancien de la Chambette au chemin de Veaulx.
71. *De Pierroi*. — De l'ancien chemin de la Chambette au quartier de Pierroi.
72. *De Champlong*. — Du chemin vicinal d'Entrechaux *vers* Barnoin de Viau.
73. *Ancien chemin de Beaumont à Vaison*. — Du chemin vicinal d'Entrechaux aux limites (Crestet).
74. *Chemin de Barnoin de Viau*. — De l'ancien chemin de Beaumont à Vaison aux limites d'Entrechaux.
75. *D'Entrevon*. — Du chemin vicinal d'Entrechaux au quartier de Bramefam.
76. *Du Blanchissage*. — De la Lauze au Blanchissage.
77. *Des Acanaux*. — Du chemin de Vaison au chemin de la grange de l'Hôpital.
78. *De la grange de l'Hôpital*. — Du chemin de Vaison à la Croix de Florens.
79. *De Combe de Miole*. — Du chemin vicinal de Vaison au vieux chemin de Beaumont à Vaison.
80. *Viol du Bois de la Sausse*. — Du chemin de Combe de Miole à la propriété de Brédouïre.

81. *Chemin de la Combe.* — Du chemin de la Combe de Miole au quartier de ce nom.
82. *D'Entrevon.* — Du chemin de Vaison au chemin de Combe de Miole.
83. *De la Brédouïre.* — Du chemin de Vaison au quartier de la Brédouïre.
84. *Viol de Combe de Miole et d'Entrevon.* — Du chemin de la Combe de Miole au quartier d'Entrevon.
85. *Embranchement du chemin d'Entrechaux.* — De la route départ. n° 4 au chemin vicinal d'Entrechaux.
86. *Viol des Crottes.* — Du chemin de Gourfaraud à l'extrémité du quartier des Crottes.
87. *Viol du chemin des Plantiers.* — Du vieux chemin de Saint-Roch, au quartier des Plantiers.
88. *Chemin de Fougerousse.* — De la route départ. n° 4 au chemin de Saint-Roch.
89. *Chemin des Aires de la Lauze.* — Du chemin d'embranchement d'Entrechaux aux Aires.
90. *Viol de la Royère.* — Du chemin de Veaulx au quartier de Royère.
91. *Viol de Pierroi.* — Du chemin d'Entrechaux aux montagnes de Pierroi.
92. *Viol de Piochier.* — Du quartier de Piochier au quartier de la Bigaude.
93. *Chemin de la Tour.* — Du chemin vicinal de Suzette au quartier de la Tour.
94. *Chemin de la Boissière.* — De l'ancien chemin de Vaison aux montagnes du quartier.
95. *Viol de Guillaumin.* — De l'ancien chemin de Vaison au quartier de Guillaumin.
96. *Chemin de Mamaruge.* — Du chemin de Suzette à l'extrémité du quartier.
97. *Viol de Malifosse.* — Du chemin de Suzette au fossé du quartier.
98. *Viol des Crottes.* — Du chemin de Gourfaraud au quartier des Crottes.

CHEMINS VICINAUX CLASSÉS EXISTANT EN 1882.

1re Catégorie.

N° 50. — De Malaucène à Entrechaux, longueur.....	3.740	mètres.
N° 41. — Du Groseau.............. —	1.490	—
N° 85. — Embranchement entre la route départ. n° 4 et le chemin d'Entrechaux..............	170	—
N° 4. — Du Bosquet............ —	2.330	—

2me Catégorie.

N° 9. — De Maulaucène à Suzette..............	3.410	—
N° 62. — De Malaucène à Veaulx, jusqu'à Feyssole, et de Veaulx jusqu'au chemin de St-Léger.	9.939	—

3me Catégorie.

N° 43. — Des Arénées............	570	—
N° 99. — Du Rempart —	482	—
N° 100. — De Saint-Roch —	1.099	—

§ 5. — TROUPEAUX

A l'époque où le cultivateur était inopinément ruiné par les maraudeurs qui, sous prétexte de guerre, vivaient de vols et de pillages, on attachait à l'élève des bêtes de boucherie une importance bien plus considérable que de nos jours. Les troupeaux pouvaient être conduits d'un point à l'autre et mis en sûreté derrière des fortifications, pour servir à l'alimentation des habitants. C'est pourquoi la haute direction de ces troupeaux avait été confiée aux administrateurs de la Commune. Elle entrait dans leurs attributions. Pour être à même d'apprécier cette sollicitude, il suffirait d'ouvrir le registre des délibérations du conseil. On y verrait la longue histoire d'une épizootie, « venue du dessus de Grenoble » au mois de juin 1604, et qui occasionna de grands ravages non-seulement dans les troupeaux mais encore parmi les bêtes de somme. Les procès-verbaux sont, à cette date, émaillés de nombreuses formules médicales, fournies par les hommes spéciaux, pour combattre la contagion.

Dans ces mêmes volumes de la Mairie, comme aussi dans les minutes des anciens notaires, il est souvent question des troupeaux de chèvres et des troupeaux de porcs. Nous donnons à nos pièces justificatives (1) le texte de quelques contrats, passés entre des particuliers et les consuls, relativement à la garde de ces animaux. Il résulte ce qui suit de ces pièces et d'autres encore qu'il nous a été donné de consulter.

L'année pastorale commençait à la Saint-Michel (29 septembre). La somme annuelle à payer au chevrier ou au porcher varia suivant l'époque. Elle était, en 1548, pour chaque tête de bétail, de trois gros monnaie courante, équivalant à vingt-quatre patas. Cette annuité était soldée en plusieurs payements, savoir : pour les chèvres, six patas tous les trimestres, par anticipation, et pour les porcs, à cinq époques différentes :

1° En entrant (in introitu).....................	3	patas
2° A la Nativité de Notre-Seigneur.............	3	»
3° A la fête de la Résurrection de Notre-Seigneur..	6	»
4° A la fête de Saint Jean-Baptiste.............	6	»
5° Enfin, à la fête de Saint Michel.............	6	»

D'ordinaire la Commune donnait toutes les années *pro avantagio* à chacun des gardiens une émine d'annone ou de froment.

(1) N°° XXIII, XXV, et XXVI.

Elle désignait au porcher un quartier du territoire, appelé *Glandagium*, dans lequel il lui était permis de conduire ses bêtes. Ce lieu variait d'une année à l'autre. Il y a plus : lorsque la récolte des glands venait à manquer, les consuls ne considéraient pas comme étant au dessous de leur dignité de parcourir les localités voisines pour s'en procurer et les remettre à l'homme chargé de la garde des porcs.

Celui-ci était tenu d'avoir un nombre de verrats suffisant pour les truies, de même que son collègue le chevrier devait se procurer des boucs pour les chèvres.

Cependant, dans la suite, ces dernières dépenses furent prises au compte de la Municipalité (1).

Les conventions écrites établissaient d'après l'usage qu'à partir du moment où les chèvres auraient mis bas jusqu'à la Toussaint, le chevrier conduirait son troupeau, tous les soirs, dans la ville, ou près de la ville, afin que les habitants eussent la facilité de prendre le lait de leurs chèvres respectives.

Le lait de toutes les bêtes du troupeau appartenait au chevrier trois fois par an, la veille des fêtes de sainte Marie-Magdeleine, de Notre-Dame de la *mi-août* et de saint Michel.

Les administrateurs de la commune, par une mesure pleine de sagesse, avaient toujours veillé à ce que les troupeaux fussent tenus éloignés des terres cultivées, voisines de la ville. Au XVIe siècle, on ne se contenta plus de cette défense et les bêtes appartenant tant à l'espèce ovine qu'à l'espèce caprine furent reléguées sur les hauteurs du Mont-Ventoux(2), relégation dont cette partie du territoire a payé tous les frais. Moutons et chèvres ont sans doute contribué à dépouiller ces hauteurs de toute végétation.

L'usage des sonnettes attachées au cou soit des boucs et des chèvres, soit des béliers et des brebis a été considéré comme un excellent moyen d'exciter l'attention des cultivateurs dont les propriétés bordent les chemins et partant la vigilance des conducteurs de troupeaux. Aussi la règlementation des sonnettes était-elle précise à ce sujet. Il en fallait au moins une pour chaque trente têtes de bétail ; mais ce qui paraîtra singulier c'est que les sonnettes figurent, comme épingles, dans certains contrats complètement étrangers aux choses de la vie agricole, dans celui,

---

(1) 1559. — « Vendiderunt porcum communitatis, seu *verre* precio V florenorum. » (*Liber Regiminis.*)

(2) Die 5ᵉ maii 1588. — « Animalia caprina cum animalibus lanutis nisi « fuerint in montanea Montis Ventosi. » etc. (*Liber Regiminis.*)

par exemple, où il est dit qu'un tel « a promis de payer quatre florins et de plus *une sonnette dite carrée, petite, bonne et suffisante.* » (1).

Autre particularité fort curieuse et qui tranche singulièrement avec nos mœurs actuelles : celui qui rencontrait un troupeau sans gardien ou faisant du mal devait en prendre la direction le conduire à la ville et le remettre entre les mains du viguier !...

Dans tout ce qui précède il n'a été question ni de bœufs ni de vaches, par la raison qu'il n'y en eut jamais dans le pays. Sans doute, l'espèce bovine figure dans les contrats de vente ; mais ce ne sont que des bêtes isolées, changeant de maître pour aller à la boucherie ou au labour. La confrérie des bouviers, dont nous avons parlé (1), ne comprenait que des laboureurs et nullement des propriétaires de troupeaux de bœufs ; et si l'on nous demande la raison de la présence de deux veaux dans le blason de la ville, nous répondrons qu'ils ne peuvent rappeler un fait qui n'a jamais existé, mais qu'ils indiquent l'abondance et la fertilité dont ils sont ici l'emblême.

Pour ce qui concerne l'époque actuelle nous n'avons pas à entrer dans de bien grandes explications. Il nous suffit de présenter le relevé des derniers recensements des troupeaux et autres animaux de ferme. Une partie de ces derniers aurait pu être plus convenablement classée dans un des paragraphes qui précèdent. Nous avons négligé l'ordre rigoureusement logique, afin de pouvoir grouper sous un même coup-d'œil tout ce qui tient à la population animale.

---

(1) ... « Promisit solvere IV florenos et plus unam sonalhiam appellatam « quadratam, minutam, bonam et sufficientem. » *(Pro nobili Johanne de « Podio mandamentum*, 22° madii 1416, dans les minutes de G. Bermund, étude Souchon.)

(2) « Die 1ª mensis novembris 1416. — Guilleimus de Brantulis confessus « fuit se habuisse à dicto Moneto (Charrassé) sex florenos in diminutione « novem florenorum cum dimidio.... ratione precii cujusdam bovis pili « nigri, *etc.* »

(3) Tome I, page 340.

	1872	1878	1880	1881	1882
Troupeaux					
Race bovine......	4	10	10	12	12
Race ovine.......	1910	1290	1320	1450	1490
Race caprine.....	274	233	450	510	655
Population des basses-cours					
Race porcine.....	399	140	200	520	833
Cochons de lait...	300	340	350	370	390
Dindes............	4	2	»	»	»
Canards..........	61	100	150	150	180
Pigeons..........	275	400	1000	1000	800
Poules et Poulets..	2846	3500	4500	4300	4500
Lapins...........	4300	5000	5400	5200	5400
Bêtes de trait et de somme					
Race chevaline...	99	87	83	63	89
Race mulassière..	195	156	141	111	99
Race asine.......	63	32	37	32	30

§ 6. — FORÊTS ET PATURAGES.

Le sol forestier de la commune de Malaucène comprend une superficie de 529 hectares 57 ares. Il est divisé en 25 lots soumis à tour de rôle à une coupe dont le produit est évalué à 12,000 fr.

Voici le tableau de ces lots :

Forêts.

La Posterle..........	1	28	hectares	»	ares
Le Rissas............	2	19	»	36	»
id.	3	19	»	37	»
L'Adret......	4	20	»	95	»
id.	5	20	»	95	»
id.	6	20	»	95	»
id.	7	20	»	95	»
id.	8	20	»	95	»
id.	9	20	»	95	»
id.	10	20	»	96	»
id.	11	20	»	96	»
Les Coulaires	12	19	»	66	»
id.	13	19	»	66	»
id.	14	19	»	66	»
id.	15	19	»	66	»
id.	16	19	»	67	»
id.	17	19	»	67	»
id.	18	19	»	67	»

Les Coulaires	19	19 hectares	67 ares
id.	20	19 »	67 »
Les Coulaires et Gatouillet......	21	19 »	67 »
Peyramond.........	22	31 »	07 »
Le Rameil..........	23	22 »	49 »
Le Rameil et l'Arjelas.	24	22 »	50 »
L'Arjelas...........	25	22 »	50 »
		529	57

Les essences qui dominent sont le chêne, le chêne-vert et le hêtre ; la végétation est assez vigoureuse, mais vu le peu de profondeur de terre qui n'excède pas en moyenne 0,60 centimètres, les arbres dépérissent quand ils dépassent leur quarantième année. Aussi exploite-t-on les lots après une révolution de vingt-cinq ans.

Les bois sont convertis en charbon et en fagots, qui s'expédient à Malaucène, à Vaison et à Carpentras. Le charbon, rendu à destination, vaut de 10 à 12 fr. les 100 kil., et les fagots 30 fr. le cent.

Des différends nombreux ont été occasionnés entre Malaucène et les lieux limitrophes de Beaumont, du Barroux et de Mollans, à propos de la possession des forêts.

Celles-ci couvraient autrefois une très grande partie du sol de la commune et se composaient des mêmes éléments qu'aujourd'hui, le chêne dominant toutes les autres essences. La preuve nous la trouvons dans le nom même habituellement usité pour désigner une propriété boisée. On disait indifféremment *rovérie* ou *forêt* (Roveria sive nemus).

Les notes brèves des notaires et plusieurs autres documents authentiques nous permettent de fixer l'époque où les vieux arbres furent abattus pour faire place à des cultures diverses. C'est, à ne pas en douter, au XV° siècle surtout, que s'opéra cette grande transformation. Dans les actes publics de cette période il est souvent parlé en effet de scieries, dont les unes étaient de simples chantiers établis en plein vent, au flanc même des coteaux condamnés à subir la cognée dévastatrice, tandis que les autres, vraies scieries mécaniques (1) étaient mises en mouvement par la force hydraulique (2). La plupart de ces dernières

---

(1) Voir Pièces justificatives, N° XXII ter.
(2) « Molindinum ressarie ad ressegandum trabes et fustes. »

occupaient les bords du Groseau, dans le quartier qu'on appelait jadis la Palud et qu'on désigne aujourd'hui sous le nom de Bosquet.

I. — Néanmoins les défrichements avaient toujours été interdits dans la forêt de Veaulx, et l'on ne pouvait rien entreprendre sous ce rapport sans une autorisation spéciale ; quand la permission en était donnée, c'était toujours avec une grande réserve, tant on considérait la conservation de ces bois comme importante au point de vue des revenus publics. Le 28 décembre 1593, on renouvelait encore la « defense de couper chaynes, ne euses, en « terres de Veaulx, Vesses, Arnoulx et Championes. »

Malheureusement, cette forêt avait un mauvais voisin et ce mauvais voisin n'était autre que Mollans. Les habitants de cette localité croyaient avoir des droits de lignérage sur cette partie de la montagne et usaient largement de ces prétendus droits. Ceux de Malaucène, au contraire, s'étaient toujours considérés comme en étant les vrais et seuls propriétaires ; en conséquence, ils traitaient leurs voisins de ravageurs et de voleurs.

On avait bien décidé (1617) que, dans l'intérêt de la conservation de la forêt, les consuls, accompagnés de quatre notables choisis par eux feraient toutes les années une inspection des lieux. Une somme de 18 livres était annuellement portée sur la *tabelle* ou budget de la Commune, pour couvrir la dépense à cette occasion, mais les empiétements n'en continuaient pas moins. Il fallut donc en venir à un procès. Et quel procès !..

Mollans appartenait à la France, et Malaucène au Comtat. Ce fut donc une grande affaire internationale. Elle traîna fort en longueur et mit la Commune dans la nécessité de contracter un emprunt de 3,000 écus. Un congrès se réunit enfin à Malaucène le 30 avril 1641. Le fondé de pouvoirs du roi de France fut Rabot d'Aurillac ; celui du Pape, nommé par le vice-légat Frédéric Sforce, fut Salomon Liverane, abbé de Notre-Dame-des-Anges, à Mollans, auditeur et lieutenant-général en la légation d'Avignon. Ils étaient assistés l'un et l'autre de nombreux conseillers. On discuta. On se rendit sur les lieux. En fin de compte, la Communauté de Malaucène fut déclarée propriétaire des terrains contestés. Les gens de Mollans, naturellement mécontents de cette sentence, ne tardèrent pas à se venger de leurs voisins ; et, le 21 août 1641, ils mirent feu aux coupes de bois faites par un adjudicataire d'Apt, nommé Luc Cobefigue. L'incendie se communiqua rapidement aux arbres sur pied et occasionna de grands dégâts. Force donc fut aux Malaucéniens de se tenir en garde plus que jamais et, afin de n'avoir pas à revenir toutes les années sur la désignation de ceux qui seraient chargés de veiller aux intérêts communs, on arrêta, par délibération du Conseil (9 mai 1700), que désormais le premier Consul sortant serait conservateur des forêts.

Dans le but de fermer la porte à tous les abus, on remit en vigueur et dans toute leur sévérité les anciennes prescriptions dont nous trouvons le résumé dans un acte passé le 8 mars 1709, devant Joseph-Marie Gaudibert, notaire apostolique et royal, et greffier du Conseil. « Plusieurs habitants de Veaulx affirmèrent
« sur les saints Evangiles que les consuls de Malaucène avait
« toujours été en possession de faire brûler et détruire les bois
« coupés et les charbons préparés par les étrangers dans les bois,
« montagnes et dépendances de Veaulx, et qu'il n'avait jamais été
« permis aux habitants de ce hameau de vendre à aucun étranger
« aucun bois desdits terroir, montagnes et dépendances. »

Dans la suite, à ces mesures on en ajouta deux autres. La première (1), d'acheter une maison pour y établir un garde forestier (12 juin 1761); la seconde (2), d'augmenter l'allocation pour les frais de la visite annuelle de la forêt de Veaulx (22 juin 1778).

Depuis cette époque, Mollans et Malaucène vécurent sinon en parfaite harmonie, du moins chacun de son côté, laissant couler entre eux la rivière du Toulourenc (*Tolorenco medio*), cependant, avec cette particularité qui existe encore de nos jours: chacune de ces deux localités, à la hauteur de Veaulx, passe la rivière et possède une enclave *de l'un en l'autre*, comme on dit en termes de blason.

La commune de Malaucène est en outre propriétaire, dans le territoire même de Mollans, quartier de la Ponchonnière, d'une petite forêt de la contenance de 87 hectares, 92 ares, pour laquelle elle paye 32 fr. 22 cent. de contribution forestière et 15 fr. 74 cent. de taxe de biens de main-morte.

II. — De même que la forêt de Veaulx avait eu des difficultés séculaires avec la commune de Mollans qui la confronte au Nord, de même et de tout temps elle eut maille à partir avec la commune de Beaumont qui la borne au Sud-Est. Dès le principe, on avait fait

---

(1) Par autorisation du pro-légat Salviati, la Communauté put acheter, d'un nommé Ripert, une petite maison, au prix de 650 livres. (Archives municipales, série GG, 46).

(2) Ordonnance du vice-légat Jacques Filomarino, permettant de porter la dépense de bouche, pour la visite annuelle des bois de Veaulx, de 18 livres à 48 livres, « attendu que les denrées sont à présent plus chères de deux tiers. » (Archives municipales, série CC, 79).

une mauvaise délimitation entre cette dernière et Malaucène. Il en résulta des procès sans nombre. On crut porter remède à cet état de choses en établissant un droit réciproque d'une commune sur l'autre, c'est-à-dire en admettant le *cobucherage* et la *compascuité*.

A la suite d'une instance portée devant son tribunal, le recteur Guillaume de Roffillac rendit une sentence (7 janvier 1359) qui maintenait les habitants de Malaucène dans les droits suivants (1): d'introduire de jour et de nuit leurs bestiaux quelconques dans les pâturages de la commune de Beaumont; de prendre sur son territoire et d'en exporter des meules de moulin, grandes et petites, et des pierres de toute qualité; d'y faire des fours à chaux et à plâtre; d'y prendre le bois à ce nécessaire; d'en emporter le plâtre et la chaux; d'y bûcher, d'y prendre des bois et de les exporter; d'user enfin sur le territoire de Beaumont de tous autres droits (*aliasque expletas*) tout comme sur leur propre territoire.

Les gens de Beaumont devaient jouir des mêmes avantages sur le territoire de Malaucène.

Le recteur s'était expressément réservé le droit de modifier sa sentence dans le cas où il le jugerait à propos. Il ne tarda pas en effet à la modifier sur la demande du seigneur de Beaumont.

D'après ce nouveau règlement « les habitants de Malaucène
« avaient à payer au seigneur de Beaumont quatorze deniers
« coronats pour chaque trentenier de menu bétail et six deniers
« pour chaque grosse bête qu'ils feraient paître sur le territoire
« de Beaumont ; le temps de dépaissance étant limité du jour de
« l'Ascension de Notre-Seigneur à l'Octave de la fête de saint
« Michel »; et cependant cette sentence arbitrale « réservait aux
« habitants des deux pays les servitudes et droits réciproques, »
ce qui était une contradiction. Le seigneur de Beaumont le comprit. Un nouvel accord fut passé devant notaire et admit la réciprocité, sauf certaines réserves accordées au seigneur. Les statuts municipaux de Malaucène dressés en 1763-1764 consacrent ce droit de cobùcherage et de compascuité (2).

(1) Voir *Pièces justificatives*, n° XVIII.
(2) L'article 39 *(Des bois et montagnes)* est ainsi conçu : « A été statué
« qu'aucune personne, soit habitant de Malaucène, soit étranger, ne puisse
« couper du bois, mort ou vif, dans aucune des montagnes de la commu-
« nauté, pour le vendre à des étrangers, ou le transporter hors du territoire
« *de Malaucène et de Beaumont*, à peine de 15 livres d'amende et confis-
« cation des bêtes, attirail et marchandises,... et que ceux qui voudront
« faire de la chaux, plâtre et charbon seront tenus avertir MM. les consuls
« et dénoncer le quartier, à toutes les fois qu'ils voudront en faire; sous la
« même peine, en cas de contravention. »

Dans la suite on vécut assez d'accord, bien que par ci par là, dans nos archives, on trouve des traces d'empiètements et de récriminations mutuelles. Une fois c'est la dame de Beaumont qui, s'arrogeant plus de droits que ne lui en donnaient les conventions, envoyait ses vaches et ses chèvres paître sur le territoire de Malaucène. Le Conseil de cette ville se réunissait en toute hâte et s'opposait fortement à cette injuste entreprise. Une autre fois c'étaient des Malaucéniens qui fabriquaient du charbon et cueillaient « des glands de pins dans les pinèdes » de Beaumont. Le procureur fiscal de cette localité « faisait inhibition » aux téméraires et ceux-ci, à leur tour, « faisaient opposition, » prétendant user des privilèges de leur Communauté.

La paix allait être signée lorsque une troisième commune vint tout remettre en question (1778), et voici comment. Des bestiaux appartenant à des particuliers de Malaucène, surpris paissant sur le territoire de Bédoin, avaient été confisqués par la dame de cette localité. L'année suivante, les officiers du seigneur de Beaumont opérèrent une saisie considérable de troupeaux que l'on faisait paître sur son territoire et qui appartenaient à la commune de Bédoin. Le seigneur modéra l'amende encourue et distribua même une partie de la somme payée, à quelques uns de ceux des habitants de Malaucène dont les bestiaux avaient été saisis l'année précédente et confisqués au profit de la dame de Bédoin.

A Malaucène on se demanda si le seigneur n'avait pas outrepassé ses droits, en abandonnant ainsi au détriment de la Communauté une partie de l'amende, et si l'on ne devait pas exiger de lui qu'il partageât avec celle-ci le produit de cette saisie. Le parlement convoqué à cet effet se réunit le 24 novembre 1779, en présence de l'auditeur du vice-légat. Les votants furent au nombre de 422. Il y eut 73 voix pour la conciliation et 349 pour le procès. Le premier consul chargé de poursuivre cette affaire reçut les

L'art. 88 des mêmes statuts est intitulé : « *Des amendes concernant les* « *forains, excepté les habitants de Beaumont.* — A été statué qu'aucun des
« habitants des villages circonvoisins, *excepté ceux de Beaumont*, ne
« pourront venir dépaître des bestiaux de quelle espèce que ce soit dans les
« montagnes et terroir de Malaucène sous le triple des peines établies pour
« les habitants dudit Malaucène, dans les précédents statuts, lorsque lesdits
« étrangers entreront dans des terres où ils peuvent causer des dommages,
« outre les frais et le dommage, etc., sous la peine de cinq sols pour chaque
« bête lainue ; dix sols pour chaque cochon ; trente sols pour chaque chèvre,
« bœuf, âne, mulet, cheval et autres de cette espèce, lorsqu'ils viendront dépaî-
« tre dans les montagnes et terres gastes, et autres terres, cultivées ou non,
« dudit Malaucène, et la confiscation des bestiaux, à l'égard des forains qui
« ne sont pas de la Monarchie, etc. »

plus amples pouvoirs. Le vice-légat Filomarino della Rocca refusa de se prononcer et renvoya les parties devant la Sacrée Congrégation d'Avignon.

La Révolution trouva le procès pendant et laissa subsister le cobûcherage et la compascuité.

III. — Malaucène jouissait de droits analogues sur le territoire du Barroux; mais sans réciprocité aucune. La division des deux communes, faite en 1277 par Hugues Flauret, avait consacré ces réserves en faveur de Malaucène : « Faculté et droit de pasturer « et lignerer, faire fours de chaux et de gip et faire charbon. »

Les habitants de Malaucène usèrent paisiblement de ces droits jusqu'en 1433. Un seigneur du Barroux profita du moment où Malaucène était au pouvoir de Champétreux, représentant les enfants du maréchal de Boucicaut, pour s'affranchir de toutes ces servitudes. Le 21 mars 1433, il saisit un troupeau de bêtes à laine, disant que les gens de Malaucène n'avaient aucun droit sur le territoire du Barroux (1). Le 3 novembre 1434, il voulut s'opposer à la construction d'un four à plâtre (2). Le 16 décembre de la même année, il infligea une amende à des bûcherons qui faisaient des fagots (3).

Les habitants de Malaucène attaquent le seigneur du Barroux devant le recteur du Comtat. En attendant, le four se construit et le plâtre se fait. Le seigneur, de son côté, confisque le matériel des ouvriers et ne rend les bêtes à laine que nanti d'un bon cautionnement pécuniaire. Mais voici le jour de la justice... Nègre, en sa qualité de Consul, doit représenter ses concitoyens à la Cour de la Rectorerie. Dès la veille, il entre en campagne pour réunir ses témoins et les conduire à Carpentras. Il en prend un au Barroux même et quatre à Caromb. Et comme il a eu soin de faire une ample provision de gros et de deniers, il empêche ses témoins de souffrir de la faim et surtout de la soif (4). Néanmoins le procès

---

(1) « Dñus de Albaruffo tenet arrestatum totum avere (troupeau) Malaucene « in territorio Albaruffi, asserendo quod nullam libertatem habet Malaucena « in dicto territorio. »

(2) Les Malaucèniens répondent : « Teneamus possessionem et utamur « possessione nostra. »

(3) « Faciebat contestationem et sibi posuit peñam. »

(4) 14 févr. 1435. « Nigri consindicus, pro testibus, solvit 18 Denarios. — « Item, ipse cum duobus testibus, fuit Carpenteracte, et pro vino solvit 12 « den. — It. in cena pro dictis testibus, 2 gros. 6 den. — It. pro prandio pro « ambobus. — 2 gros., It. cum fuerunt auditi dicti tres testes, pro vino et cum « notario, 20 den. — It., in regressu Carpentoractis, quum fuit Carumbi, pro « uno testium, 1 gros. »

traîne en longueur et le procureur de la Communauté, à Carpentras, demande à rentrer dans ses fonds. Une première taille avait produit 46 gros. Une seconde devient indispensable ; il faut même qu'elle produise 6 florins. Comme ceci doit exiger du temps, on se procure la somme sans retard, au moyen d'un emprunt. Il est souscrit par quinze habitants. Cependant le recteur écrit aux syndics, les engageant à passer un accommodement (1). Enfin la décision arrive (15 déc. 1435). Les objets saisis et les amendes ainsi que les sommes consignées sont restitués et l'on recommande au seigneur du Barroux de vivre en bonne intelligence avec ses voisins. (2)

Une nouvelle ordonnance (4 mars 1480) confirme les droits des Malaucéniens ; ce qui n'empêche point les opposants d'aller toujours de l'avant. « Aussi, disaient-ils, la sentence de 1435
« estoit nulle et inique, car de 1435 à 1485 inclusivement iceulx
« de Malaucène ont estés jugés, emprisonnés, exécutés, condamnés
« et contraints à payer. » Ceux-ci, néanmoins, s'appuyant sur les décisions des recteurs, ne voulaient rien céder de leurs prétentions. Enfin, le 3 juillet 1546, les Malaucéniens et Henri de Revillast, seigneur du Barroux, passèrent un accord, dont voici les conclusions :

« Voulant esviter plaidure, fraix et despans, venir a bon appoin-
« temant, paix et concorde, et voisiner ; ont transige que sera
« loisible auxdits de Maulaucene esbrever tous et chescungs
« leur bestail, gros et petit, et aler esbrever plus bas que ladite
« roche dudit degoutal ; — ne pourront couper le bois ne lignerer
« audit tenement : — que les pastoreaux et aultres gardiens dudit
« Malaucene pourront faire feu et, pour ce, leur sera permis,
« quant ils garderont le bestail audit tenement, de couper de bois
« meneu, comme romarin, espit, cades, etc., seulement pour soy
« chauffer et faire cuyre leurs vivres, et en usant honestement et
« non aultrement, sur ledit lieu et non ailleurs ; que moyennant
« ce, sera paix et amour entre les partyes et se pardonneront
« toutes les injures et oultrages, dittes et faites entre elles. Subse-
« quemmant lan a la Nativite nostre Seigneur 1597 et le 2° jour
« du moys dapvril, et feurent plantees des bornes pour esbrever
« et les bergers. (Acte passé par Faulquet Gaudibert, notaire
« à Malauc.)

(1) 6 juin 1435. « Rector mandavit litteras clausas ad concordandum »
(2) « Bene sit cum gentibus de Malaucena. »

§ 7. — CHASSE ET ANIMAUX NUISIBLES.

Le territoire est un des plus giboyeux du département, au dire de M. Alphonse de Merle, juge compétent en pareille matière.

Les sangliers qui s'y montraient jadis assez fréquemment ne paraissent plus guère dans ces quartiers depuis qu'ils ont été dépouillés de leurs arbres séculaires.

Les loups y étaient plus communs. Au XV° siècle les forêts et la campagne même en étaient infestés. Ils descendaient du Mont-Ventoux et se jetaient sur les troupeaux, au point que les bergers n'osaient plus conduire leur bétail au pâturage. On se vit dans la nécessité d'organiser des battues générales qui amenèrent la destruction d'un nombre considérable de ces redoutables ravageurs, mais ils sont loin d'avoir disparu ; on en rencontre quelquefois encore, dans la saison d'hiver, quoique les chasseurs et les bergers leur fassent une rude guerre.

En plein été de 1880, et pendant le silence de la nuit, un troupeau de 200 moutons, parqué dans les gras pâturages du Mont-Ventoux fut inopinément assailli par une bande de ces carnassiers. Le berger, plongé dans le sommeil, ne tarda pas à être réveillé en sursaut par le vacarme qui se faisait autour de lui. Les loups ayant été mis en fuite, le champ de bataille se trouva jonché de morts et de blessés.

Parmi les animaux qui font beaucoup de dégâts dans la campagne, signalons les renards, les blaireaux, les martres, les fouines et les belettes.

Citons aussi, sans examiner s'ils sont carnivores ou non, utiles ou nuisibles, les animaux dont les noms suivent :

Lièvres et lapins, fort nombreux sur les contre-forts du Mont-Ventoux ;

Vautours, éperviers, corbeaux, pies et pies-grièches, chouettes, chats-huants et chauves-souris ;

Oiseaux de passage : canards, geais et grues ;

Parmi les oiseaux de chasse au chien d'arrêt ou au chien courant : perdrix, bécasses et bécassines, cailles, grives, râles, tourdres, merles et pigeons.

Quant au petit gibier qu'on chasse au filet, Malaucène est un pays favorisé : bruants, moineaux, en toute saison et en grande quantité, faisant beaucoup de mal au temps des moissons ; grassets d'été et grassets d'hiver, ortolans ; — becs-croisés ; gros-becs, verdiers, serins de Provence, pinsons, linottes, chardonnerets, tarins ; — alouettes, calandres ; — rossignols, fauvettes ; — hirondelles, martinets ; — pipis, bergeronnettes; — roussettes ; — pluviers dorés, vanneaux huppés (1).

A propos des anciens règlements sur la chasse et la vente du gibier, nous nous bornerons à citer les suivants :

La chasse à *l'arquebuse* était défendue dans les vignes (1560).

Interdiction aux chasseurs d'entrer dans les vignes depuis la mi-août jusqu'après les vendanges et dans les jardins et prairies jusqu'après les récoltes ; d'aller à la chasse avec des paniers ou « paneiroles. »

Le gibier tué soit par un habitant, soit par un étranger, ne devait pas être vendu en cachette, mais il fallait l'exposer sur la place publique le matin, de 9 à 10 heures et le soir de 4 à 5 heures (2).

Ne devrions-nous pas ranger parmi les animaux nuisibles ces rudes braconniers qu'on retrouve dans tous les pays de chasse?

Quant aux chasseurs vraiment dignes de ce nom, ils font eux aussi, quand la loi le permet, une terrible guerre au gibier à poils et à plumes. On peut en juger par les résultats du grand concours du tir à la carabine organisé à l'occasion de la *fête votive* du 29 septembre 1882, dans lequel les Malaucéniens donnèrent des preuves irrécusables de leur habileté dans le maniement des armes à feu (3).

Les gardes-champêtres, chargés de veiller à la conservation du gibier et en même temps de protéger les propriétés, étaient portés autrefois au nombre de quatre, du 15 août au 15 octobre. On les choisissait toujours parmi les étrangers. Appelés à surveiller les maraudeurs, ils étaient eux-mêmes surveillés de près par les administrateurs municipaux. Pour obvier aux abus dont les gardes se rendent coupables, en prenant dans la campagne ce qui leur est nécessaire pour leur subsistance, ou simplement en acceptant les offres d'un public intéressé, le Conseil ordonna que pendant la durée de leur charge, ces agents devraient se mettre en pension chez des gens honnêtes de la localité. Sous peine d'une amende de 30 sols, il leur était interdit d'accepter des fruits. Ceux qui leur en donnaient devaient payer une amende de 3 livres. Tout garde convaincu d'avoir dérobé des fruits dans la campagne était

---

(1) Alphonse de MERLE : *La chasse au chien d'arrêt et au chien courant*, — et *Traité de la chasse aux filets*.

(2) Archives municipales, statuts municipaux de (1762-1763), — Règlements sur la chasse, série, 4. — N° 3 du registre des privilèges.

(3) *La chronique de Vaucluse* (Journal de Carpentras), n° 10, du 22 octobre 1882.

puni d'une amende double de celle qui était édictée contre les voleurs.

Actuellement la surveillance des champs et des chasseurs est confiée à un seul garde. Il est vrai qu'il y a des gendarmes !

§ 8. — TÉMOIGNAGES EN FAVEUR DE MALAUCÈNE

Comme preuve de l'intelligence que possède la population agricole, il nous sufira de citer quelques lignes d'un rapport officiel, à propos du comice agricole du département de Vaucluse, tenu le 30 septembre 1866 à Malaucène même (1).

« Si cette petite cité, assez agréable et coquette d'ailleurs, ne
« présente rien à l'avide curiosité des amateurs d'antiquités, elle
« ne laisse pas d'offrir autour d'elle le riant spectacle de ver-
« tes et superbes prairies et de plusieurs réseaux d'arbres dont on
« admire la puissante végétation. On y constate avec satisfaction
« que depuis quelques années le pays s'est métamorphosé, grâce
« aux influences du progrès qui transforme et régénère le monde
« moderne. »

Les habitants obtinrent une large part des récompenses décernées par le jury départemental. Ces prix furent les suivants :

Pour la meilleure culture des fourrages artificiels 1ᵉʳ et 2ᵉ prix.
— la plus belle plantation de vignes .... 1ᵉʳ et 2ᵉ prix et mention
— la plus belle plantation d'arbres fruitiers.. 1ᵉʳ prix.
— le plus beau verger d'oliviers............. 1ᵉʳ prix et mention.
— le reboisement des montagnes............ 1ᵉʳ prix.
— le défrichement des terres incultes..... .. 1ᵉʳ 2ᵉ et 3ᵉ prix.
— le plus beau lot de brebis................ 1ᵉʳ prix.

(1) *La Ruche*, journal d'Orange, octobre 1866, n° 244.

CHAPITRE CINQUIÈME

COMMERCE

Autrefois la plus grande partie des habitants se livrait au commerce. Les registres des privilèges et les procès-verbaux des visites des recteurs en font foi. Ce chiffre des affaires paraît même avoir été assez considérable, eu égard à celui de la population ; les marchands du pays ne craignant point de franchir les distances pour se rendre dans des localités même assez éloignées, avec des moyens de transport peu commodes, par des chemins qui souvent n'étaient que d'affreux sentiers, sans se laisser rebuter par les entraves apportées autrefois à la circulation.

§ 1er. — ANCIENS PÉAGES

Il est impossible de lire l'histoire de nos communes sans retrouver des preuves nombreuses des difficultés qu'éprouvaient jadis les commerçants et quant au transport et quant à la vente de leurs marchandises. Partout ou presque partout, il y avait des droits de toute nature à payer, non seulement pour franchir les rivières, au moyen de ponts ou de bacs, mais pour circuler même sur les routes aboutissant à telle ou telle commune, à telle ou telle seigneurie.

Cependant, de même qu'il existait des droits de péage, il existait des droits d'exemption de péage. Les uns et les autres avaient leur importance. Nous devons donc entrer dans quelques détails à ce sujet, ne mentionnant pourtant que les faits les plus saillants.

I. — Sainte-Jalle est un petit village du Dauphiné, voisin de la ville du Buis, où se tenaient autrefois de grandes foires fréquentées par les populations des environs et en particulier par celle de Malaucène.

Or, au mois de décembre 1281, quatre marchands de cette dernière localité qui revenaient de ladite foire avec leurs troupeaux, en suivant la grande route qui passe par le Col d'Aulon, se dirigeant vers Faucon, pour rentrer à Malaucène par Mollans, furent brusquement arrêtés dans leur marche par une troupe de gens armés, appartenant à la cour de Mollans, qui s'emparèrent de leurs personnes et de leurs bestiaux, sous prétexte que le péage n'avait pas été soldé au Col d'Aulon.

On ne laissa partir ces marchands avec leurs troupeaux que lorsque ils eurent fourni des cautions suffisantes en garantie du péage réclamé à tort, paraît-il. De tout temps, en effet, au moins de mémoire d'homme, il y avait eu franchise de passage au Col d'Aulon pour tous les marchands qui venaient non seulement de Malaucène, mais encore de Vaison, Puymeras, Faucon, Mirabel, Carpentras, L'Isle, Pernes et autres lieux du Comtat et même de la Provence. En somme on voulait, à Mollans, établir une servitude qui n'existait en aucune façon.

Une fois rendus à leur domicile, les marchands de bestiaux n'eurent rien de plus pressé que de porter plainte au viguier Pierre d'Auriol, le priant d'interposer son autorité pour maintenir la franchise du péage et de veiller à ce que les gens de la cour de Mollans n'établissent aucun droit nouveau contre les privilèges des marchands de Malaucène.

Le viguier ouvrit aussitôt une enquête qui fut très sérieuse, puisque quatre jours entiers furent consacrés à l'audition de quarante trois témoins mandés pour la plupart de Vaison, Faucon et Puymeras.

Isnard Comparat, juge du comté Venaissin pour le pape, intervint dans cette affaire qui, après avoir traîné une douzaine d'années, fut résolue dans le sens des Malaucéniens. On trouvera parmi nos *pièces justificatives* (1) un long extrait de cette enquête, fort curieuse d'ailleurs à plus d'un titre.

II. — Il existait à Orange une franchise de péage en faveur des habitants des communes comprises dans le *Val de Bueyre* et qui portaient des fruits, des productions maraîchères ou autres victuailles au marché du chef-lieu de la principauté.

Le Val de Bueyre s'étendait de la rivière du Robion, près de Montélimar, au Pont-de-Sorgues et du Pont-Saint-Esprit à Malaucène inclusivement.

Etaient comprises dans cette vallée : Malaucène, Mollans, Vaison, Villedieu, le Crestet, Cairanne, Tulette, Sainte-Cécile, Sérignan, Mondragon, Mornas, Piolenc, Caderousse, Châteauneuf-du-Pape, Sablet, Séguret, Uchaux, Suze-la-Rousse, Rochegude, Pont-de-Sorgues, Valréas et Visan.

Le 13 juillet 1540, le procureur fiscal d'Orange intenta procès à la

(1) N° X.

commune de Séguret, prétendant qu'elle n'était pas comptée parmi les communes franches et que partant elle devait le péage.

Ces difficultés qui traînèrent en longueur, comme toutes celles qui survenaient entre les localités des divers petits états de nos contrées, amenèrent dans la suite un des princes d'Orange, Philippe-Guillaume, à donner des lettres patentes en faveur de tous les pays même non francs dont les habitants se rendraient dans sa capitale, pour en approvisionner le marché (24 octobre 1607).

Ceci touchait de trop près les intérêts communaux des Malaucéniens pour que ce document officiel ne fût pas couché dans les registres de la ville (1).

Tout naturellement nous sommes amenés à donner un mot d'explication sur la dénomination de *Plan de la Vàou*, c'est-à-dire *plaine de la Vallée* ou *du Val*, appliquée par les gens du pays à cette vaste étendue de terres, labourables pour la plupart, qui commencent au dessous de l'oratoire de Saint-Michel et courent dans la direction du Nord jusqu'à l'Ouvèze. Cette vallée, plus ou moins resserrée par les petites chaînes de montagnes ou de collines qui la bordent des deux côtés, c'est la plaine du *Val de Bueyre* dont le nom consacre le souvenir d'une franchise municipale.

III. — Dès le XIIIe siècle, Bertrand de Baux, seigneur de Brantes, accordait aux habitants de Malaucène la dispense des droits de péage et leyde sur le territoire de son domaine, dont Saint-Léger et Savoillans n'avaient pas encore été détachées pour former des communautés distinctes.

Nous avons donc lieu d'être étonnés du fait suivant. En 1434, un Malaucénien avait acheté des moutons à Brantes; on lui demanda le droit de péage et, comme il refusait de s'exécuter, on l'arrêta lui et ses moutons et on ne lui rendit la liberté que lorsqu'il eût fourni caution. Le conseil de ville s'émut de cette nouvelle et fit dresser une copie de l'acte de concession de l'affranchissement de péage, décidant que cette copie serait présentée au commandant du château de Brantes (2).

Les habitants de la vallée du Mont-Ventoux durent profiter de cette occasion pour arriver à une transaction, se faisant accorder par la communauté de Malaucène des droits réciproques.

(1) Archives municipales. *Registres des Privilèges*. — Cahier intitulé : *Privilèges divers* et parchemin portant la rubrique C.
(2) Fuit ordinatum quod instrumentum libertatis pedagii copietur et copia castellano portetur. *(Liber Regiminis)*.

En effet, à la suite de nouvelles difficultés survenues entre Malaucène d'une part et Brantes, Saint-Léger et Savoillans d'autre part, ces dernières furent déclarées exemptes de tout péage à Malaucène par l'auditeur général du vice-Légat Cosme Bardi, le 21 octobre 1625. Ce jugement était basé sur une possession que la sentence appelait immémoriale (1).

IV. — Malaucène et Vaison, dont les intérêts civils avaient été longtemps confondus (2), avaient, paraît-il, conservé la liberté réciproque de la circulation des marchandises. Vers le milieu du XIV° siècle, pendant que le pape Clément VI siégeait à Avignon, les officiers de la cour de Malaucène se crurent autorisés à exiger le droit de péage des habitants de Vaison, du Crestet et d'Entrechaux, dont les évêques de Vaison étaient seigneurs temporels. En cas de refus, les employés ne craignaient point d'arrêter gens et marchandises qui passaient par le territoire. Naturellement l'évêque éleva la voix contre ces prétentions et porta ses plaintes au palais pontifical, à Avignon. Il en obtint une ordonnance de franchise de péage, à Malaucène, pour tous les habitants de Vaison, du Crestet et d'Entrechaux. Le bref fut rendu à Avignon le 13 décembre 1351, au nom du Saint-Siége, par Etienne, évêque de Toulouse, camérier du pape.

Le viguier de Malaucène auquel l'ordonnance fut présentée enjoignit aussitôt au collecteur des revenus de la cour de Malaucène pour le pape et au receveur du péage, sous peine d'une amende de cinquante livres, d'avoir à se dessaisir immédiatement des hommes et des marchandises qui pourraient être retenus en gage. Le collecteur et le receveur s'innocentèrent, rejetant le fait, s'il existait, sur les agents de la cour du viguier; réservant d'ailleurs les droits du pape et de l'église.

Après un intervalle de près de quatre siècles (1715), de nouvelles discussions se produisirent à propos de la communauté d'Entrechaux. On courut à la chancellerie épiscopale d'où furent exhumés les parchemins poudreux dont nous venons de donner le résumé et le *statu quo* fut maintenu (3).

V. — Ces entraves à la libre circulation des marchandises ne disparurent qu'à la Révolution. Le dernier fait de ce genre que

---

(1) Bibliothèque de Carpentras. *Repertorium camerale :* V° Malaucena villa, f° 357.
(2) Tome I⁺ page 72.
(3) Voir Pièces justificatives, n° XVI *bis.*

nous avons à signaler est de date relativement récente puisqu'il s'est passé en 1775.

Les pierres prises aux carrières de Caromb pour la construction de l'hôpital actuel payèrent comme simple droit de péage « quatre « sous monnaie de France pour chaque bête à dos ou traînant des « charrettes ; la communauté de Caromb pouvant faire saisir les « charrettes et les bêtes de ceux qui refuseraient le payement (1).

§ 2. — FOIRES ET MARCHÉS.

Les habitants des villes importantes s'expliquent difficilement, aujourd'hui, la nécessité des foires et des marchés. Le mouvement commercial y est tellement prononcé et les grandes opérations qui l'alimentent sont si nombreuses qu'il ne saurait plus être question de jours spéciaux pour la vente de marchandises, mêmes spéciales. Le seul mot de foire de Beaucaire jeté dans une discussion relative à ce sujet ne ferait-il pas ressortir, en même temps que la splendeur de ces marchés à une époque antérieure, l'inutilité de l'agglomération de denrées alimentaires ou de produits de l'industrie à l'époque actuelle ?

Cependant, parmi les départements où les populations demeurent fidèles à leurs traditions, le Vaucluse tient la première place et aujourd'hui encore les marchés d'Orange, de Cavaillon, de Carpentras et de Vaison continuent à être fréquentés comme autrefois.

Est-ce au voisinage de ces deux villes qu'il faut uniquement attribuer la décroissance toujours plus grande des foires et du marché hebdomadaire ? Peut-être bien. Quoi qu'il en soit, faisons-en l'historique.

Le jeudi de chaque semaine est jour de marché à Malaucène. Cette institution remonte au 12 des calendres d'août (21 juillet) 1496 ; l'autorisation en fut accordée à Sarrians, par Julien de la Rovère, légat du pape, cardinal-archevêque d'Avignon, et plus tard pape lui-même sous le nom de Jules II. Sous la même date il confirma les foires de saint Martin (11 novembre) et de saint Sébastien (20 janvier).

Translation de la foire de saint Mathieu (21 septembre) au jour de saint Michel (29 du même mois) par Alexandre Campeggi, vice-légat (12 janvier 1543).

Confirmation des foires de saint Sébastien et de saint Michel,

(1) Archives de l'hôpital.

ainsi que du marché du jeudi, par Charles de Bourbon, légat à Avignon (20 septembre 1569).

Ces différentes autorisations avaient été données à la demande du conseil de ville, et sur le consentement des habitants. Ceux-ci, en effet, se trouvaient lésés dans leurs vieux droits par l'apparition des marchands forains. Les idées du pays, à cette époque, n'étaient pas portées vers le libre échange ; il fallut une sentence interlocutoire rendue par le Recteur du Comtat, à Carpentras (24 septembre 1610), pour que les marchands venant aux foires fussent exempts de tout droit et de tout péage. Ce privilège fut même étendu aux trois jours qui précéderaient et aux trois jours qui suivraient la tenue de ces foires. Les marchands obtinrent pour les foires de Malaucène l'extension des privilèges, indults et libertés qui avaient été accordées en faveur des foires de Carpentras. C'est ainsi qu'ils ne pouvaient être molestés, et encore moins emprisonnés, pendant les délais légaux accordés à la durée de ces foires. Ces mesures éminemment libérales et protectrices du commerce émanaient des vice-légats et furent confirmées en dernier lieu par le cardinal-légat Aquaviva (16 novembre 1695.)

Concession de la foire de l'Invention de la sainte Croix (3 mai) par le vice-légat F. Nicolini (16 mai 1677), du consentement de l'avocat général.

Confirmation des privilèges pour le marché du jeudi par Nicolini (6 décembre 1684).

Règlement pour la confirmation du marché, par Aquaviva d'Aragona (14 septembre 1753).

Règlement sur le même objet par le vice-légat Salviati (25 novembre 1761 et 6 décembre 1684).

Rescrit accordé pour les quatre nouvelles foires demandées : saint Blaise (3 février), saint Thomas (21 décembre), saint Louis (25 août), saint Joseph (19 mars), par le vice-légat Marius Philonardi (1630).

De tout ce que nous avons dit et de ce que nous allons ajouter, il résulte que, revenus sur ce point de leurs idées *protectionnistes* d'autrefois, les Malaucéniens ont fait tout ce qu'ils ont pu pour être le pays modèle des foires. C'est ce qui faisait dire en 1808 à Maxime Pazzis : « Malaucène se glorifie d'en compter déjà huit, « et même, dit-on, en sollicite encore quatre autres, pour en « avoir une chaque mois. Malaucène veut être, sans doute, la « ville de France qui en possède le plus d'inutiles. »

Pazzis ne croyait peut-être pas deviner si juste et il aurait été bien surpris s'il avait lu le texte de l'ordonnance royale du 25 janvier 1846, signée Louis-Philippe, par laquelle les quatre autres foires demandées étaient accordées et fixées au second lundi des mois d'avril, juin, juillet et octobre de chaque année.

Le tableau de toutes les foires de Malaucène est complet ; on peut en juger par ce qui suit :

1	20	Janvier...............	Saint Sébastien.
2	3	Février...............	Saint Blaise.
3	19	Mars.................	Saint Joseph.
4	»	Avril.................	2ᵉ lundi.
5	3	Mai..................	Sainte Croix.
6	»	Juin..................	2ᵉ lundi.
7	»	Juillet................	2ᵉ lundi.
8	25	Août.................	Saint Louis.
9	29	Septembre............	Saint Michel.
10	»	Octobre..............	2ᵉ lundi.
11	11	Novembre............	Saint Martin.
12	21	Décembre............	Saint Thomas.

Mais le désir d'avoir des foires n'excluait pas celui de relever le marché du jeudi.

Le 27 février 1813, le Maire Ginoux, « considérant que, depuis les troubles de la Révolution, le marché de la ville fixé au jeudi était très peu fréquenté » avait entrepris de le relever. En conséquence, il invita tous les habitants de Malaucène à se montrer affables et complaisants à l'égard des étrangers qui viendraient apporter leurs produits, engageant en outre les propriétaires aisés à conduire sur le marché les bestiaux qu'ils avaient à vendre, ainsi que leurs grains et leurs autres denrées, etc. Mais, malgré la publicité et l'apposition des affiches dans les communes environnantes, le marché ne put réussir.

Le 1ᵉʳ février 1837, le conseil municipal vota 600 francs pour des primes d'encouragement destinées à attirer les étrangers au marché. Cette fois l'appel fut un peu plus entendu qu'en 1813 ; on accorda aux marchands la faculté d'étaler leurs marchandises sur le cours, le *marché intérieur* ne suffisant pas. Cependant, le 30 mars suivant, la Mairie voulut rétablir les choses sur l'ancien pied ; mais le pli était pris, le marché se tient actuellement sur le cours. Malheureusement le concours des marchands est médiocre et l'emplacement est loin d'être occupé tout entier.

§ 3. — ANCIENS PRIVILÈGES COMMERCIAUX

Revenus de leurs idées protectionnistes à propos des foires, les Malaucéniens conservèrent leur manière de voir relativement à l'exercice de certaines professions commerciales ayant toutes rapport à l'alimentation publique : nous en avons donné la nomenclature en parlant des restrictions apportées aux droits municipaux concédés aux nouveaux habitants (1). Ainsi que nous l'avons dit, les anciens citoyens jouissaient seuls du privilège d'être hôteliers ou aubergistes (hostelarius), cabaretiers (tabernarius), mangonniers ou épiciers (manganerius) et bouchers (macellarius).

Il résultait de là que ces quatre professions réservées étaient habituellement exercées par des personnes riches, tenant le premier rang dans la bourgeoisie locale ou même appartenant à la noblesse.

Depuis la fin de la domination des comtes de Toulouse, le sel pour les usages domestiques avait toujours été tiré d'Avignon, lorsque les premières démarches furent faites pour l'établissement du service de la poste, comme alors dans le Comtat sous le nom de messagerie (2 juin 1762). On voulait créer, en même temps que la messagerie, le *regratage* pour la vente du sel. Cette maison du regratage allait, après une lacune plusieurs fois séculaire, remplacer l'ancienne *Salinaria* ou Saunerie des comtes de Toulouse.

Dans un but d'économie, sans doute, on avait pensé dans le pays qu'un seul et même individu pourrait remplir les deux emplois de regratier et de messager. Le vice-légat Salviati refusa d'adopter cette combinaison, disant qu'il était préférable d'avoir dans la localité une personne stable pour la vente du sel (2).

Jusqu'alors le service de la poste avait été fait par le *porteur* de Carpentras qui desservait trois fois par semaine la ville de Malaucène et toutes les communes qui font actuellement partie de son canton.

Le premier *messager* (3) de Malaucène fut un nommé Jean Arnaudet, d'Avignon (26 novembre 1762).

(1) Tome Ier, page 401.
(2) Registre des Règlements (1760-1789).
(3) L'ouverture du bureau télégraphique date du 14 décembre 1875.

Ce fut à la suite de ces innovations que le vice-légat Salviati chargea le savant docteur Calvet, fondateur du musée d'Avignon, d'examiner si l'on ne pourrait pas tirer parti pour la fabrication du sel de cuisine de l'eau qui provenait des sources salées voisines de la ville. On a vu que ces tentatives ne furent point couronnées de succès (1).

(1) Tome Ier, page 31.

CHAPITRE SIXIÈME

INDUSTRIE

L'eau du Groseau a toujours été l'unique force motrice naturelle dont on s'est servi pour mettre en mouvement les diverses usines du pays.

L'industrie la plus ancienne est sans contredit la *minoterie*; vinrent ensuite, les fabriques de papier, les martinets pour le cuivre. Ces deux dernières étaient très florissantes au XVII° siècle et soutinrent leur réputation jusqu'au commencement du XVIII°. Maxime Pazzis dit qu'autrefois il existait cinq *martinets* pour le battage du cuivre, mais qu'en 1808 il n'y en avait plus que trois en mouvement. Ils travaillaient pour le compte des maîtres chaudronniers qui leur fournissaient le cuivre et le leur envoyaient de Marseille « en lingots et en vieux. »

Les *moulins d'huile* n'ont jamais été très-nombreux. La Communauté fit, en 1578, les premières démarches pour l'acquisition d'un local « auquel soloyt avoyr ung molin duylé. » C'était une vaste maison sise dans la rue du Rieu, en face du *Sirvagium* des Juifs, et qui après avoir appartenu à Léonor Gaufredi avait été divisée entre plusieurs particuliers. Les différentes parcelles furent acquises par la Communauté (11 juin 1587) et la conclusion du Conseil fut celle-ci : « Que le molin se fasse !... »

Cela n'empêcha point la Ville d'autoriser Esprit Rolland à dériver l'eau du Groseau, à la sortie des voûtes du fuyant du moulin Cabanette, pour faire marcher un moulin à huile; à condition, disait l'acte, « que le dit Rolland mouldra les olives des particuliers au trente-deuxième, » c'est-à-dire ne retenant en payement du prix de mouture qu'une part sur trente-deux.

La construction des *fours à chaux* constituait une dépense pour ainsi dire permanente, attendu que toutes les fois qu'on avait besoin de ces pierres calcinées, il fallait procéder à la construction d'un nouveau four. Ceci peut paraître surprenant avec notre pratique moderne, où le même four, solidement bâti, peut servir plusieurs années au même usage. Autrefois, on creusait dans le sol, une sorte de silos en forme de dôme. C'était le four. Une fois la chaux cuite, le four était abandonné et l'on en construisait un nouveau. Les conventions passées entre la Communauté et des particuliers pour l'établissement de ces fosses se rencontrent en grand nombre dans les anciens registres des délibérations du conseil.

L'organisation des *fours pour la cuisson du plâtre* était plus difficile ; mais aussi faut-il dire qu'on n'avait pas à y revenir sans cesse. En 1429, on imagina de faire cuire dans un même four le plâtre et les *tuiles*. Ce fut tout un évènement dans le pays. Le procès-verbal de l'inauguration mentionne le nom des quinze conseillers et des autres habitants qui s'y trouvèrent. Nous avons donné à nos *Pièces justificatives* (n° XXVII), le traité qui fut passé à cette occasion entre la Ville et un nommé Nicolas Aribert de Pernes. Il fut convenu entr'autres choses que ce fabricant vendrait soit à la Ville, soit à ses habitants, les tuiles de sa façon à raison de cinq florins le mille. Le prix du plâtre variait de 12 à 15 deniers « l'émine. »

Présentement l'exportation du plâtre pourrait acquérir une importance assez considérable si les communications devenaient plus faciles.

Les *carrières* sont composées de pierres de différentes couleurs, mélangées et mariées ensemble. On y trouve la pierre rouge dont on fait le plâtre hydraulique employé plus particulièrement dans les endroits humides et exposés à la pluie ; — la pierre grise pour la fabrication du plâtre ordinaire à bâtir et qui sert aussi pour amender les sainfoins, les luzernes, etc.; — la pierre blanche et grise, dite marbrée, que l'on fait cuire pour en obtenir le plâtre dont on fait usage pour les plafonds, les cheminées et les moulures ; enfin le plâtre blanc ou albâtre (1). Cuit, il donne un produit d'une finesse irréprochable ; crû et réduit en poudre impalpable, il sert à la fabrication du papier, à la teinture de la soie et à d'autres articles.

On tissait beaucoup de *toiles*, à l'époque où le chanvre, étant en honneur, couvrait une partie du sol. Il y avait même une usine pour le blanchiment des tissus de fil, près de la ville, en un quartier désigné actuellement encore sous le nom de *blanchissage*.

On se livrait également à la fabrication des draps grossiers appelés *cadis* et à celle du taffetas.

---

(1) Le plâtre blanc et l'albâtre sont extraits d'une carrière découverte en 1458, dans le voisinage de la fontaine du Groseau d'après la note insérée dans le *Liber Regiminis* ainsi conçue :

« Sabato, die sexta mensis novembris.... Item fuit conclusum quod que‑
« dam gipseria reperta in Grausello descoperiatur per Universitatem. »

Les *tanneries* occupaient un certain nombre de bras ; il fut même un moment où elles tendaient à prendre assez d'extension pour inspirer des craintes au point de vue de la salubrité publique. Telle fut la raison pour laquelle, le 10 décembre 1781, défense fut faite d'établir de nouvelles tanneries dans l'enceinte de la ville, sous peine d'une amende de 300 livres.

Le *Mémoire statistique* de Maxime Pazzis nous met à même de comparer l'état et la nature de l'industrie de Malaucène en 1806 avec la situation industrielle en 1881.

Il y avait en 1806 :

    2 moulins à farine.
    3 martinets à cuivre.
    1 fabrique de cadis.
    2 papeteries.
    1 atelier de teinture.
    2 moulins à fouloir.
    1 moulin à soie.
    1 atelier d'épuration de miel blanc.

Il s'y trouve actuellement (1883)

9 moulins à farine occupant............ 20 ouvriers
2 moulins à plâtre...................... 9 —
1 tannerie............................. 2 —
1 fabrique de papier................... 35 —
1 filature de cocons..... ⎫
2 moulineries de soie... ⎭ .... 129 —

Précisons deux détails.

La fabrique de papier est mue simultanément par un moteur à vapeur d'une force moyenne de 25 chevaux et un moteur hydraulique d'une force moyenne de 15 chevaux.

La fabrique de soie a un moteur à vapeur et un moteur hydraulique : on y compte 74 bassines et 250 fuseaux.

M. Barral, dans son rapport sur les irrigations dans le département de Vaucluse, publié en 1878, disait :

« Il y a à Malaucène 16 usines utilisant en tout une force motrice de 320 chevaux-vapeur et il reste en outre une force de plus de 30 chevaux utilisable, c'est à dire presque le dixième. »

CHAPITRE SEPTIÈME

REVENUS PUBLICS

BUDJET DE 1880

Recettes

5 centimes additionnels ordinaires............	779	»
8 centimes sur le principal des patentes........	266	»
3 centimes pour frais de perception...........	160	»
Taxe sur les chiens........................	260	»
Taxe sur les voitures......................	32	»
Amendes................................	52	»
Permis de chasse.........................	400	»
Droits d'octroi...........................	1,000	»
Locations à l'abattoir......................	300	»
Droits de pesage..........................	300	»
Produits de fonds placés au Trésor............	15	»
Produit des lavandes......................	80	»
Coupes de bois...........................	500	»
Pâturages soumis au régime forestier..........	600	»
Produit des truffes (régime forestier)	750	»
Produit des truffes (hameau de Veaulx)	470	»
	5.964	»
Rétribution scolaire.......................	2.000	»
Produit de 4 centimes spéciaux...............	830	»
Produit de 4 cent. pour la grat. de l'enseignement	830	»
Produit de 3 journées de prestation	3.852	»
Produit de centimes spéciaux.................	1.037	»
Impositions de 2 centimes pour emprunts.......	422	»
Imp. pour traitement des gardes champêtres....	630	»
Total des recouvrements ordinaires...	15.565	»
Impositions pour remboursement des emprunts..	1.772	»
Total des recettes....	17.337	»

Dépenses

Traitement des employés de la commune........	2.755	»
Frais d'administration........................	781	»
Charges communales.........................	1.013	»
Entretien des édifices communaux.............	100	»
Entretien des fontaines et de l'abattoir.........	225	»
Entretien des promenades et chemins vicinaux...	300	»
Contingent des enfants assistés................	170	»
Contingent des aliénés........................	140	»
Secours aux indigents........................	100	»
Réparation aux église et presbytère............	60	»
Fêtes publiques et dépenses imprévues..........	427	50
Traitement des instituteurs....................	1.900	»
Traitement des institutrices...................	1.300	»
Ecole de Veaulx..............................	730	»
Impressions pour l'instruction publique.........	25	»
Salle d'asile.................................	950	»
Agent-voyer cantonal.........................	300	»
Chemins d'intérêt commun....................	650	»
Chemins vicinaux ordinaires..................	4.379	»
Total des dépenses ordinaires...	16.405	»
Intérêts de l'emprunt.........................	970	»
Total des dépenses...	17.375	50

Original en couleur
NF Z 43-120-8

PLAN DE LA VILLE DE MALAUCENE avec ses agrandissements successifs

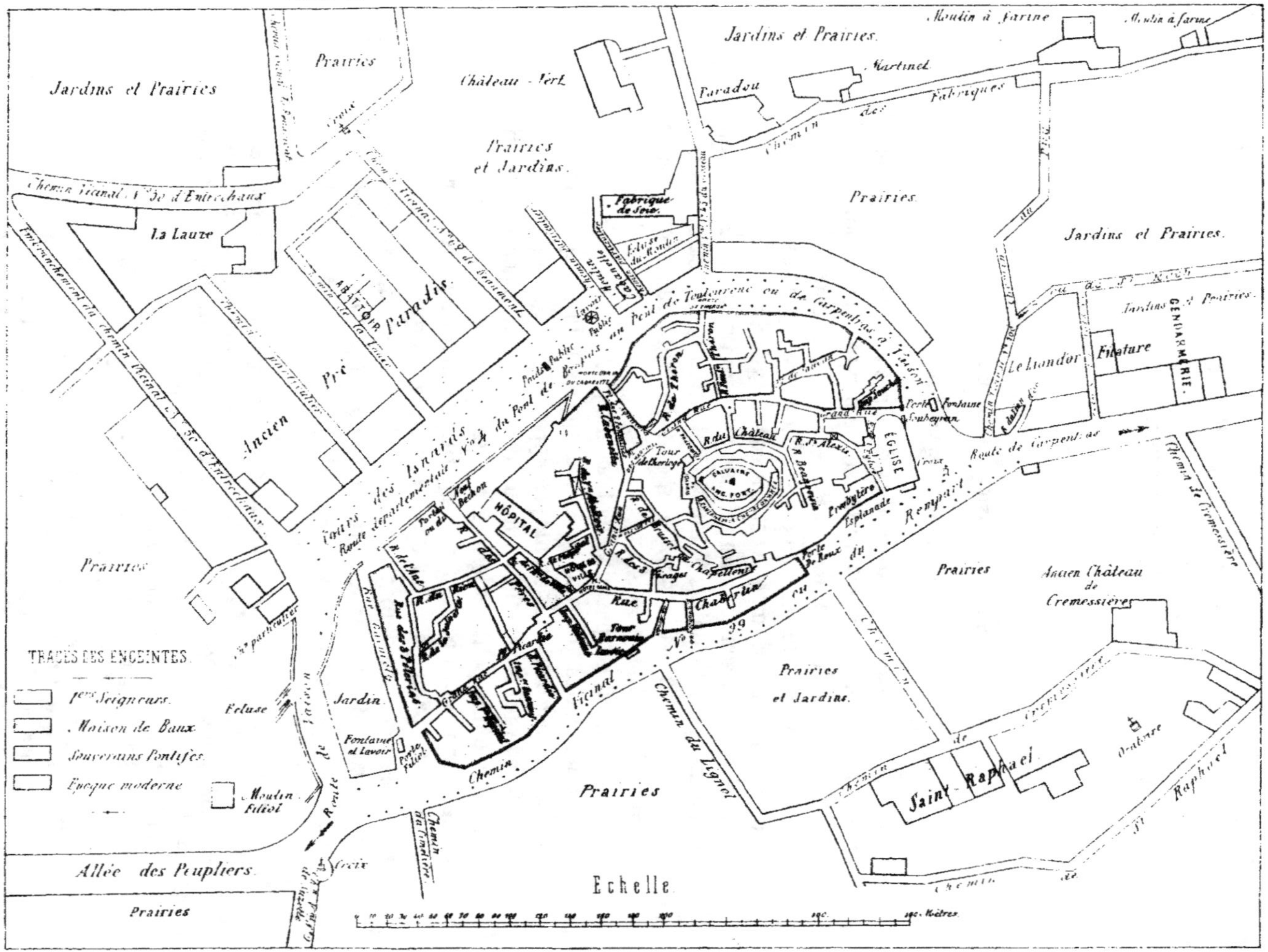

CHAPITRE HUITIÈME

ÉDIFICES PUBLICS

§ 1er. — ÉDIFICES RELIGIEUX

I. — Eglise paroissiale (1)

La petite église du château étant devenue insuffisante, fut remplacée au commencement du IX° siècle par une autre plus considérable, au bas de la rampe du Puy-Malaucène, et sous le vocable de l'apôtre saint Pierre. Quelques historiens, à tort ou à raison, ont attribué à Charlemagne cette seconde église.

Celle-ci fut à son tour remplacée par une troisième à laquelle on donna pour titulaires saint Michel archange et saint Pierre, apôtre. Elle fut bâtie sur le même sol que la seconde, par Clément V, de 1309 à 1314.

Le monument est parfaitement orienté (2).

Sauf les angles qui sont en grand appareil, la presque totalité de l'édifice est construit en moyen appareil.

La façade de l'ouest, entièrement unie, se termine par un pignon couronné d'une petite galerie à créneaux, au dessous de laquelle on remarque une grande fenêtre gothique de forme circulaire.

La porte principale est d'un travail remarquable. Elle était autrefois précédée d'un porche très élégant, comme il est facile de s'en convaincre par les premiers voussoirs d'un arc, soutenu par des animaux fantastiques se disputant une tête. De belles

---

(1) Cf. GUINIER, *Histoire de Malaucène* et Recueil de toutes les particularités etc. — PAZZIS, *Mémoire statistique.* — J. COURTET, *Dictionnaire des Communes du Département de Vaucluse.* — De LAINCEL, *Avignon, le Comtat,* etc. — FORNÉRY. — EXPILLY. — MORÉNAS.

(2) Voici les dimensions principales de cet édifice.

Hauteur du clocher	29 mét.	»
— de la voûte	20 »	»
— du pignon de la façade	21 »	»
Longueur totale de la nef dans œuvre	44 »	50
Largeur de la nef	10 »	30
Profondeur des chapelles	3 »	40

sculptures surmontaient le linteau et représentaient le Christ au milieu de ses apôtres.

Au sud, la grande façade n'est coupée dans sa sévère uniformité que par les fenêtres à plein ceintre des chapelles. Les contreforts masqués par cette belle muraille reparaissent, au dessus du cordon, affleurés par cinq casemates armées de meurtrières. Des créneaux protégeaient la partie supérieure de l'édifice. Les dentelures ont à peu près disparu.

Vers le milieu de cette grande façade il existe une petite porte murée, de même forme et presque de même dimension que les fenêtres. Cette ouverture donnait accès dans la chapelle Sainte-Anne. Il ne paraît pourtant pas qu'elle ait jamais été livrée au public ; du moins, il n'en est parlé dans aucun des documents qu'il nous a été permis de consulter. C'est tout au plus si elle a servi aux ouvriers lors des travaux de construction ou d'agrandissement.

D'ailleurs, du coté du nord, en face de cette porte, il en existait une autre, aujourd'hui parfaitement reconnaissable. Celle-ci servit seule, tant que la grande resta murée.

Les bouffes et les trousses du XVIe siècle déterminèrent les habitants à condamner cette petite porte et à la remplacer par une autre beaucoup plus large et qui est la porte actuelle (1), bien qu'ayant été légèrement rétrécie et modifiée, en 1851, par l'architecte Geoffroy, en même temps que la porte de l'avant-corps.

Dans la chapelle du nord, voisine de la façade ouest, on retrouve une grande et belle porte ogivale qui mettait l'église en communication avec le cimetière. Du côté de la rue, et cachée par de méchantes constructions, on voit encore cette ouverture surmontée d'une belle frise, au dessus de laquelle est sculptée une tête d'homme, entre deux rinceaux.

Le clocher, de forme carrée, est percé de huit ouvertures, symétriquement placées, deux de chaque côté, et toutes à la même hauteur. Il possède actuellement deux cloches dont la plus forte pèse environ douze cents kilogrammes.

A l'intérieur, le roman, le gothique, la renaissance se heurtent avec plus ou moins d'harmonie, et partout avec une grande

_____

(1) 1er mai 1574. — Les Consuls ont achete de M. le Cure la place ou soloyt estre la clastre et les piarres de la clastre et leur a coste quarante florins, et destes piarres et daultres ont fayt fere une grande porte de tailhe a leglise et ungs degres, et ont fayt farmer la petite porte ; car la sortie estayt trop petite et leau entroyt dedans par ladite porte. *(Registre des Délibérations).*

sobriété d'ornements. L'abside, avec ses pilastres ioniques, n'est point en rapport avec la nef aux voûtes élancées.

Deux grandes portes, symétriquement placées dans le sanctuaire, donnent accès à deux sacristies reliées entre elles par un vaste couloir absidal. Celle de ces deux sacristies qui sert aux usages quotidiens est éclairée par une grande fenêtre pratiquée, en 1789, dans l'épaisseur du rempart de la ville.

Le maître-autel, en marbre de diverses couleurs, placé en 1826, fut peu après complété par deux anges adorateurs en marbre blanc.

Sept chapellenies avaient autrefois leur siège au maître-autel, sous le vocable de saint Michel archange (1).

Dans le procès-verbal de la visite pastorale faite en 1761 par J.-M. de Suarès, il est dit que le chœur était orné de cinq grands tableaux, avec cadres en bois sans dorures, et représentant saint Michel, patron principal de l'église paroissiale, placé au fond, entre les quatre évangélistes. Ces tableaux provenaient, paraît-il, des familles Boutin de Valouse, de L'Espine, de Serres de Saunier et de Brussett. Ils avaient été commandés et offerts pour réparer les dévastations commises par les Huguenots.

Après 1761, l'on ajouta deux autres grandes toiles : saint Sébastien, patron du territoire, et saint Roch.

Les deux pilastres de l'arc triomphal sont surmontés de statues en bois doré : saint Pierre du côté de l'épître et, du côté de l'évangile, saint Blaise, patron de l'ancienne confrérie des cardeurs et fabricants de laine. Cette dernière décorait autrefois la cinquième chapelle-sud.

Donnons sur les dix chapelles latérales quelques rapides détails, et commençons par le côté de l'évangile qui correspond au nord et en marchant du sanctuaire vers la grande porte.

1re *Chapelle*. — Autrefois dédiée à la Sainte-Vierge. — Deux chapellenies (2) : saint Jacques et saint Charles. — Deux confréries : Le Scapulaire et Montaigu. — Relique de saint Thaddée. — Confessionnal du vicaire perpétuel ou curé.

Le comte Bruce de Brussett avait donné un grand tableau où était représentée Notre-Dame de Montaigu ou du Chêne. La Mère

---

(1) Archives municipales, n° 3 du Livre des Priviléges.

(2) Pour tout ce qui concerne les confréries et les chapellenies, voir ; aux archives de la paroisse, les nombreux registres spéciaux, — aux archives de la préfecture de Vaucluse : fonds de l'évêché de Vaison, les procès-verbaux des visites pastorales, *passim*, — et aux archives municipales, les registres des Priviléges et autres dossiers particuliers et la Série GG.

de Dieu est assise au milieu du feuillage d'un grand arbre, au pied duquel se tiennent debout un évêque et une reine. Cette toile existe encore, reléguée dans la chapelle du Groseau. On lui en préféra une autre, en 1837, œuvre médiocre de Bonnet, de Carpentras, offerte par le vicaire Pellegrin et représentant le Sacré-Cœur de Jésus.

Depuis cette époque, la chapelle est dédiée au Sacré-Cœur. L'autel en marbre est décoré d'une statue prise à l'ancienne chapelle du Rosaire. La Sainte-Vierge tient l'enfant Jésus dans ses bras.

2ᵉ *Chapelle*. — Lors de l'agrandissement de l'église, toutes les œuvres, chapellenies et confréries, furent transférées dans la première chapelle dont nous venons de parler. Cette seconde chapelle servit pour l'administration du baptême. On voit encore, dans le tambour extérieur, une partie des bancs en pierre placés pour la commodité des assistants. Depuis la restauration du culte, elle ne sert plus que de passage.

3ᵉ *Chapelle*. — Formée par les murs du clocher, elle est un peu plus spacieuse que les autres. Dédiée de tout temps à Notre-Dame du Rosaire. Une seule chapellenie, Notre-Dame de Franconis, ainsi désignée à cause de son fondateur Antoine de Franconis. Deux confréries : Notre-Dame du Rosaire et Notre-Dame du Suffrage.

Murs revêtus de lambris, style renaissance, et de peintures avec médaillons, au milieu desquels jure un gracieux autel gothique en marbre blanc. Statue en bois doré, transférée du sanctuaire du Groseau : la Vierge portant l'enfant Jésus dans ses bras. Au dessus du rétable : l'Assomption (peinture murale).

4ᵉ *Chapelle*. — D'abord dédiée à sainte Marie-Magdeleine et puis à saint Joseph. — Trois chapellenies : saint Michel et sainte Magdeleine ; sainte Marie-Magdeleine ; saint Joseph et saint Jean, évangéliste.

L'autel en marbre supporte la statue de saint Joseph. Le rétable est formé par une toile : l'enfant Jésus, entre la Sainte-Vierge et saint Joseph. — Tableau donné par Napoléon III : distribution de vêtements à un groupe de pauvres.

5ᵉ *Chapelle*. — Dédiée autrefois au saint Crucifix, elle servait de passage pour le cimetière extérieur ; c'est aujourd'hui la chapelle des fonts baptismaux.

Du côté de l'épître correspondant au sud, allant encore du sanctuaire vers la porte principale, nous trouvons :

1re *Chapelle*. — Dédiée de tout temps à saint Michel, sans chapellenies et sans confréries.

Grandes peintures murales : le Père Éternel, et, au-dessous, saint Michel entre saint Jean-Baptiste et l'apôtre saint André. — Sur le rétable, on lit cette inscription :

STAT PRO FILIIS SUIS
QUEM CIVES COELI HONORANT

L'autel en marbre est orné d'une statue de saint Michel, acquise en 1804 par le curé Reboul.

2e *Chapelle*. — Dédiée à sainte Anne. — Deux chapellenies ; toutes deux sous le titre de sainte Anne. — Deux confréries : sainte Anne et l'Enfant Jésus. — Confessional du secondaire.

Autel en marbre surmonté d'un groupe en bois doré : sainte Anne et la Sainte-Vierge. — Tableau de la sainte Famille. L'Enfant Jésus, debout entre la Sainte-Vierge et saint Joseph, tient dans ses mains les attributs de sa passion. Cette peinture est la meilleure de toutes celles qui décorent l'église. Elle est de Zacharie, peintre Avignonais (1). Placé d'abord au fond du chœur ; remplacé dès avant 1761, par le tableau actuel de saint Michel.

3e *Chapelle*. — Dédiée en premier lieu à saint Sébastien et à saint Claude, puis à sainte Catherine et enfin à saint Roch. — Deux chapellenies : saint Sébastien et saint Claude. — Confrérie de saint Roch, pour les tisseurs de toile. — Confessionnal du prieur. — Deux tableaux : sainte Catherine et saint Roch. — La statue de saint Roch et la restauration de la chapelle datent de 1854. Ils témoignent de la reconnaissance des habitants épargnés à cette époque par le choléra. — L'ancienne statue, trop lourde pour les processions, fut transportée dans la chapelle rurale, sur l'ancienne route de Carpentras.

4e *Chapelle*. — Dédiée d'abord à saint Julien et saint Romain, ensuite aux saints Crépin, Crépinien et Antoine de Padoue, et puis à saint Marc, évangeliste. — Deux chapellenies : saint Julien et saint Romain. — Deux confréries : saint Crépin, pour les cordonniers, et saint Marc, pour les vignerons.

L'autel sert de piédestal au grand crucifix, qui était autrefois dans la cinquième chapelle du côté du nord et qui, vendu, le 25 juillet 1792, comme bois à brûler, fut conservé et restitué au curé Reboul. Depuis 1804, cette chapelle n'est plus désignée que sous le nom du saint Crucifix.

---

(1) Archives municipales. Registre des délibérations (30 août 1598).

5ᵉ *Chapelle*. — Successivement dédiée à saint Georges, à saint Augustin et sainte Monique et à saint Blaise. — Deux chapellenies : la 1ʳᵉ : saint Georges ; la 2ᵉ : saint Georges et saint Michel. — Trois confréries : saint Blaise, saint Fiacre et sainte Monique.

Cette chapelle est aujourd'hui sous le vocable de sainte Philomène. — Autel en marbre. — Tableau de Notre-Dame du Suffrage. La Mère de Dieu y est représentée assise, avec l'enfant Jésus dans ses bras. Des anges retirent des âmes des flammes du purgatoire. L'autel et le tableau proviennent de la troisième chapelle-nord, siège de l'ancienne confrérie de Notre-Dame du Suffrage.

L'*orgue* construit, en 1637, par un religieux nommé J.-J. Pouzargues, fut placé dans la seconde chapelle-nord. En 1774, Isnard, facteur de Marseille, y apporta des améliorations considérables et le transporta au dessus de la grande porte. Ce bel instrument fut sauvé, en 1792, par quelques habitants qui le prétendirent nécessaire pour les fêtes civiques et les danses de la carmagnole. Le buffet, avec ses sculptures et autres décorations, mérite d'être vu de près.

Nous disons la même chose de la *chaire* exécutée par MM. Charrol, frères, de Malaucène, sur les plans de M. l'abbé Pougnet, architecte à Marseille. Cette œuvre, travail d'une patience à toute épreuve et d'un détail infini, est dans le goût de l'époque romane ou de transition au style gothique. Elle est en bois de noyer et repose sur une colonne en pierre dure, à chapiteau en albâtre du pays. Sur les quatre principaux panneaux de la cuve figurent les statues du Christ, de saint Pierre, de saint Paul et de saint Jean-Baptiste. Les angles des faces de la rampe portent les quatre animaux, symboles des évangélistes. Le dossier est occupé par une statue de l'Immaculée Conception. Le panneau circulaire de l'abat-voix représente la colombe nimbée, symbole du Saint-Esprit. Le sommet de la chaire supporte une sorte d'édicule, la Jérusalem céleste, d'où se détachent les statues des trois vertus théologales et des quatre vertus cardinales.

Bon nombre d'habitants demandaient à être inhumés dans l'église. Le pavé ayant été refait en 1559, le Conseil défendit de procéder à de nouvelles sépultures dans l'intérêt de la conservation du dallage ; mais cette prohibition fut rapportée quelques mois après, sur les nombreuses réclamations des familles ; toutefois, afin d'assurer le payement des droits municipaux, on exigea que les acquéreurs se fissent délivrer une expédition notariée de leur acte de concession.

En 1571, les tombes étant déjà toutes occupées, on demanda la permission d'ouvrir la grande porte de l'église, afin de faciliter les sépultures dans le cimetière du Puy-Raphaël ; cette permission fut refusée. « Qu'on passe les morts par la porte de Roux », dit le rescrit.

De nouveaux remaniements furent opérés dans les tombes en 1667 et en 1713. Tous les monuments funéraires disparurent. On les remplaça par de simples plaques sur lesquelles on grava le nom des familles. Un nouveau tarif approuvé en 1714 par l'évêque Gualtéry, portait le droit des tombes de famille à 50 livres dans les chapelles et à 30 livres dans la nef, et le droit de sépulture dans les tombes communes à 3 livres pour les adultes et à 30 sous pour les enfants.

L'emplacement des tombes de la nef est très-reconnaissable à la forme ovale des pierres qui en ferment les ouvertures. Ces pierres constituent un échiquier de douze rangées transversales : cinq sur chaque ligne.

La cinquième chapelle-nord, qui servait de passage pour arriver au cimetière, était réservée pour la sépulture des petits enfants. La tombe des viguiers et consuls, située près de la grande porte est indiquée par le blason de la ville, gravé sur le modèle de celui de 1767 (1).

Quant au souterrain affecté à la sépulture des prêtres, situé dans le chœur, la pierre qui en ferme l'orifice est masquée par une armoire pratiquée dans l'épaisseur du maitre-autel. Sa forme et ses dimensions reproduisent, à peu de choses près, la forme et les dimensions de la sacristie dite des Cloches, du côté de l'Evangile (2).

(1) Tome Ier, page 450.

(2) « Atteste je soussigné, secrétaire de la Communauté de cette Ville de
« Malaucène et géomètre, avoir mesuré l'étendue de l'Eglise paroissiale de
« ladite Ville en dedans et avoir trouvé qu'elle a depuis la balustrade de la
« table de communion jusqu'à la grande porte, seize cannes de longueur et
« cinq cannes deux pans de largeur ; ce qui fait quarante-huit cannes quar-
« rées en superficie, pour la nef ; dans laquelle superficie il y a soixante ca-
« veaux. Les murailles qui séparent les caveaux ayant un pan et demi d'é-
« paisseur, il suit que les caveaux ont environ une canne de longueur sur six
« pans de largeur.

« Il y a de plus neuf chapelles collatérales et une qui sert de passage pour
« entrer par la petite porte. Lesdites chapelles ont dix-huit pans de longueur
« et quinze pans de largeur. Elles renferment dix caveaux qui, avec les
« soixante susdits, font soixante-dix ; parmi lesquels il y en a douze apparte-
« nant aux particuliers ; de sorte qu'il en reste cinquante-huit communs.

« Le Sanctuaire n'est pas compris aux susdites mesures. Il ne renferme
« que le tombeau de MM. les Prêtres.

« 1er juillet 1780. » « TORCAT. »

(Archives municipales, *série* DD, 4.)

II. — Presbytère.

Autrefois le presbytère avait son entrée au fond d'une impasse de la rue Beauvoisin. Datant de la fin du XVI° siècle, il subit, en 1684 (1), des réparations majeures qui le déplacèrent en quelque sorte par l'abandon de la partie nord et un prolongement opéré du côté du sud. Sa porte d'entrée fut établie à l'est, à quelques pas de la chapelle des Pénitents et de l'église paroissiale. Cette ouverture, murée aujourd'hui, est marquée à l'extérieur du n° 3 et conserve à l'intérieur la date de 1714.

Après avoir franchi le seuil, on se trouvait tout d'abord, au premier étage, dans une pièce ornée de peintures et de nombreuses inscriptions, en partie disparues, au milieu desquelles on peut encore lire celle-ci, qui est une exhortation pour le pasteur de veiller sur lui-même et sur son troupeau.

ATTENDE TIBI ET VNIVERSO GREGI

et ces deux autres relatives à la chute de l'homme et à sa rédemption :

PER LIGNVM SERVI FACTI SVMVS
PER LIGNVM LIBERATI SVMVS

Cette propriété, vendue comme bien national, fut ensuite rachetée par le curé Reboul (1804), réparée et agrandie sous l'administration du maire J.-T. Anselme et du curé Margaillan (1822) et convertie en un séjour délicieux, avec jardin et eaux jaillissantes. L'entrée de la maison fut remplacée par une autre plus commode donnant sur la rue de l'Eglise.

III. — Calvaire.

Lors de la démolition du château féodal, en 1750, on avait conservé le donjon et un étage de la grande tour carrée. Le Conseil municipal, prenant en considération les plaintes des voisins au sujet de ces ruines menaçantes, décida qu'on les ferait disparaître sans plus de retard (11 mars 1827.)

Les travaux de démolition s'exécutèrent avec tant d'entrain que

---

(1) Archives de la préfecture de Vaucluse. Notre-Dame du Grosel, tome III, pièce 16.
(2) Voir aux Archives municipales les notes écrites sur les gardes du registre intitulé : *Inventaire de 1761.*

les habitants craignirent de voir disparaître en même temps les beaux murs de soutènement qui font face à la tour de l'horloge. Ces murs ne sont autres que les remparts du fort, parfaitement conservés, bien que remontant au XI° siècle. Une souscription s'ouvrit, dans le pays, pour la restauration de ce qui restait de l'ancien plateau, en l'affectant à une destination religieuse. En vertu d'une autorisation supérieure (1), le Conseil municipal « abandonna à la fabrique de l'église paroissiale la jouissance de « l'ancien château, lequel devait être transformé en calvaire; à la « condition que ce dernier serait ouvert à tous les fidèles les di- « manches et fêtes et que ladite jouissance cesserait à l'époque où « cette dévotion n'existerait plus sur ce local (30 mars 1828). »

Peu de temps après cette décision, un calvaire monumental (2) fut érigé par le P. Boué, missionnaire apostolique de Montpellier, en souvenir de la grande mission prêchée l'année précédente par ce prêtre, avec le concours de J.-F. Guiméty, curé de Saint-Paul, de Nîmes, et du curé Bérard.

L'abbé Guiméty voulut prendre à sa charge le payement des portes de fer.

IV. — Chapelle du Groseau (3)

Elle est située à 1500 mètres au sud de la ville et à 500 mètres au nord de la source.

La forme étrange de l'édifice qui d'abord paraît composé d'un seul corps de bâtiment carré, surmonté d'une sorte de clocher qui n'appartient à aucun style; une construction vulgaire qui masque une partie du mur septentrional; deux cyprès, hauts et touffus, qui l'avoisinent; la position même de la chapelle qui se trouve en contre-bas du chemin: tout surprend, sans susciter un élan de satisfaction.

A mesure qu'on avance, l'étonnement grandit : dans le mur qui forme, à gauche, un des côtés d'une sorte d'enclos, sont enchassés, comme de simples matériaux, deux tombeaux romains tout entiers et un troisième, rompu par le milieu; à droite, sous les

---

(1) Archives municipales. Lettre du sous-préfet d'Orange, 1er mai 1828.
(2) Les oratoires des Stations datent du 17 septembre 1854.
(3) Archives municipales. Lettre de M. Chambaud, employé aux Archives de la Préfecture de Vaucluse, au Maire de Malaucène (12 décembre 1826). — GUINIER, *Histoire* manuscrite *de Malaucène*. — L'abbé POUGNET, *Etude analytique sur l'architecture religieuse de la Provence au moyen-âge*. — GUÉRARD, *Cartulaire de S. Victor*; BOYER, BARJAVEL, J. COURTET; L. DE LAINCEL, EXPILLY, etc., etc., *La Provence à travers champs*; 1re série, nos 8 et 10.

cyprès qui donnent l'aspect d'un cimetière à ce carré, paraît une table d'autel des premiers siècles de l'ère chrétienne et, tout à côté, se montre à peine une croix rustique. L'étonnement augmente encore lorsqu'on voit que le socle de cette croix est un cippe romain, encore chargé de lettres de la belle époque, mais frustes au point d'être illisibles.

Si l'on tourne le dos à la croix, on aperçoit, en face, la porte de la chapelle, cintrée mais très-basse et sans caractère. La construction vulgaire qu'on a vu tout d'abord dit ce qu'elle est : un misérable logement d'ermite.

Pour faire le tour de la chapelle à l'extérieur, il faut franchir un mur qui forme le côté occidental de l'enclos. On s'arrête alors stupéfait, car on a devant soi une construction rectangulaire, portant des traces évidentes de réparations déjà fort anciennes. Cette partie de l'édifice est, à ne pas pouvoir en douter, la plus antique de toutes : c'est la chapelle primitive.

En contournant cette partie rectangulaire, on se heurte à une autre partie qui ne ressemble en rien à celle que l'on a sous les yeux. La comparaison est facile : l'une est carrée, l'autre est ronde. Cette dernière a son cachet d'antiquité aussi, mais elle est postérieure à sa voisine de plusieurs siècles.

Il n'y a plus, pour revenir au point par lequel on est entré dans l'enclos, qu'à longer le mur méridional de la grande construction carrée et, tournant l'angle, qu'à dépasser un réservoir abandonné, dont les suintements ont dû naguère nuire singulièrement à la conservation de la chapelle.

Cet examen sommaire serait suffisant pour déterminer par approximation les époques durant lesquelles ont été construites les différentes parties dont se compose la chapelle. Mais, lorsque on se met à considérer la nature des matériaux, la forme des pierres et la façon dont elles sont disposées, on acquiert la certitude que cet édifice, fait morceau par morceau, a été élevé avec des débris d'un temple antique ou d'une villa romaine.

Comment expliquer sans cela la présence d'une belle frise qui court dans la direction du nord-est, au-dessous de la corniche, cette frise étant composée de pierres sculptées représentant, les unes, des rinceaux élégants; les autres, des masques plus ou moins grotesques; celle-ci le soleil, celle-là la lune, au milieu d'autres montrant des têtes d'hommes ou d'animaux?

C'est plus qu'il n'en faut pour démontrer que cet édifice a été constitué avec les ruines d'un autre plus ancien, un temple très probablement ou quelque riche villa. Ce que nous avons dit ailleurs des inscriptions et des monnaies trouvées dans les quartiers ruraux de la commune, et de l'aqueduc romain confirme cette opinion.

Jadis, la lanterne du clocher n'était point surmontée d'une flèche. Elle était simplement recouverte de dalles comme le reste du monument. Il n'y a pas longtemps, et les habitants s'en souviennent encore, un pieux ermite, fuyant l'oisiveté, sans doute, et se croyant ami des beaux-arts, imagina de construire de ses propres mains une flèche, sorte de petite tour de Babel, qui transmettrait son nom à la postérité. Il se fit donc tout à la fois architecte, carrier, maçon et manœuvre, avec l'intention bien arrêtée de faire du gothique très flamboyant; il réussit à faire du grotesque!... Ce qui autorisa J. Courtet à écrire dans son *Dictionnaire des Communes du département de Vaucluse :* « On a « *maladroitement* surmonté le tout d'une flèche conique, dans « laquelle se trouve une cloche. »

Depuis lors, une nouvelle flèche a été construite, sur les dessins de l'architecte Geoffroy, par M. P.-J. Chabrier, entrepreneur de bâtiments à Malaucène. Bien que toujours assis de travers sur l'édifice, le clocher n'en est pas moins remarquable par les huit colonnes qu'on a trouvé moyen d'enchâsser, deux à deux, dans ses quatre ouvertures. Primitivement, ces colonnes (de 70 à 75 centimètres de hauteur) ne furent pas taillées pour ce clocher : elles appartenaient, comme les pierres de la frise, à quelque autre monument plus ancien. Des fûts, les uns sont cannelés, les autres tournés en pirale. Les chapiteaux sont ornés de feuilles d'acanthe, de volutes, de rosaces, en un mot, de toutes les richesses de l'ordre composite.

Le fait de l'existence de la chapelle comme temple païen pouvant être démontré pour la partie rectangulaire, au vu des matériaux d'origine antique que l'on trouve dans ses murs ou dans ses environs immédiats, on n'aura pas de peine à admettre que l'édifice fut ruiné par les Wisigoths, en même temps que la vieille ville de Vaison, au commencement du VI° siècle, peut-être. Relevé ensuite par les moines de l'ordre de Saint-Benoit, il fut, selon l'usage adopté presque partout par ces religieux, consacré à saint Victor, martyr, et à saint Pierre, apôtre.

Quant aux constructions du XI° siècle, elles ressentirent dans la suite les effets de la munificence de Clément V, car c'est à lui que nous attribuons le bâtiment carré qui forme la partie la plus importante de tout l'édifice.

L'intérieur de l'église porte encore les traces des peintures exécutées par ordre de ce pontife. On reconnaît les couleurs de son blason: *d'argent à trois fasces de gueules.*

La coupole rappelle celle de Notre-Dame des Doms, à Avignon, et celle de la cathédrale de Vaison. La fenêtre ogivale qui s'ouvre dans l'ancienne chapelle Saint-Victor et Saint-Pierre est digne d'être remarquée.

Placé dans l'abside principale, le maître-autel est dans le style de la deuxième époque romane. Il a été construit (1873) en belles pierres blanches de Velleron, sur les plans de M. l'abbé Pougnet, par MM. Charrol, de Malaucène. C'est un chef-d'œuvre de profusion et de délicatesse de sculptures et d'ornements de toute sorte qui contraste singulièrement avec la simplicité architecturale de l'ensemble de l'édifice. Au-dessus et en arrière de l'autel, sous un dais artistement exécuté, repose une belle statue de la Sainte-Vierge (Mater Dei) en pierre de Saint-Didier, due au ciseau de M. Lafite, d'Avignon.

Le petit autel de saint Jean-Baptiste a été conçu et exécuté par les MM. Charrol.

A la Révolution, la chapelle du Groseau fut vendue comme bien national, pour 956 livres, le 5 thermidor an IV. Rachetée le 13 mai 1827, par la Fabrique de l'église paroissiale, pour 1200 francs (1), elle a été classée comme monument historique, par décision du ministre d'Etat, le 29 juillet 1853, et érigée en chapelle de secours par décret impérial du 4 janvier 1864.

Il y aurait encore bien des choses à faire pour rendre à ce sanctuaire son lustre d'autrefois.

Nous savons que la Fabrique de la paroisse est dans l'intention d'établir une sorte de chemin de ronde tout autour de l'édifice, afin d'enlever l'humidité qui provient de l'arrosage des prairies voisines, dont le niveau s'élève à plus d'un mètre cinquante centimètres au-dessus du sol de la chapelle. Une fois déjà ce déblaiement avait été opéré sur les ordres d'un évêque de Vaison (2), mais peu à peu les terres avaient été ramenées à leur état antérieur. Lors des grands travaux de restauration, l'architecte Geoffroy voulait assainir le monument au moyen d'une large tranchée. L'accomplissement de ce projet dût forcément être remis à plus tard, la propriété dans laquelle on devait agir n'appartenant ni à la Fabrique, ni à la commune. Cette difficulté n'existe

---

(1) Acte passé en l'étude de Me Chastel, notaire à Malaucène.
(2) Archives municipales. Registre des Règlements. Procès-vebraux de la visite pastorale de l'évêque Gualtéry, du 22 avril 1714.

plus aujourd'hui, la paroisse ayant acquis, en 1876, au prix de 459 francs, la parcelle de terrain nécessaire.

Espérons qu'on ne s'en tiendra pas à ce seul travail et qu'on fera disparaître dans un avenir plus ou moins prochain, l'ancien ermitage dont l'état de dégradation est si prononcé. Nous savons qu'on aurait voulu travailler dans ce sens, et que l'architecte avait été retenu par la crainte de se trouver en face de quelque grande difficulté imprévue, difficulté que l'insuffisance de l'allocation ne permettait d'affronter. Nous pensons qu'il y a eu de l'exagération dans cette manière de voir. A l'intérieur, il y aurait à creuser un mètre pour découvrir le dallage primitif, à enlever des murs les mauvaises peintures qui les dégradent et à nettoyer les colonnes qui reprendraient ainsi leurs proportions gracieuses. En grattant un épais badigeon, l'on retrouverait, près la naissance de la voûte du dôme et au-dessous de l'arc qui sépare le dôme de la petite abside, deux personnages sculptés en demi-relief, représentant des Bénédictins.

V. — Cimetière.

Situé au nord-ouest de la ville, près la porte Filiol, le cimetière est masqué par un rideau d'arbres touffus. L'initiative de cette création est due à l'évêque diocésain et au chef de la légation (16 mai 1772). La petite prairie dans laquelle on traça l'enceinte funéraire, tout exiguë qu'elle était, présentait cependant une surface dix fois plus considérable que l'ancien cimetière urbain. L'inauguration solennelle de ce nouveau champ des morts, présidée par Fallot de Beaupré de Beaumont, coadjuteur de l'évêque de Vaison, eut lieu le 13 août 1786 (1).

En 1875, le cimetière fut notablement agrandi, grâce à la persévérante énergie de M. Chastel Saint-Bonnet qui était alors à la tête de l'administration municipale (2).

La portion de terrain qui venait d'être ajoutée à l'ancienne fut bénite, le 20 avril 1879, par Mgr Dubreil, alors en tournée pastorale (3). L'archevêque, immédiatement après cette cérémonie, procéda à l'inauguration de la croix monumentale qui devait perpétuer le souvenir de la belle mission prêchée par MM. Gouisset et Gilles, missionnaires du diocèse (1875).

Cette croix conçue par M. J.-B. Charrol, dans le goût de l'époque

---

(1) Archives municipales, Série DD, 4.
(2) Actes de ventes consenties en faveur de la commune le 23 mai 1875 ; études de M⁰⁵ Ferrat et Souchon, notaires à Malaucène.
(3) *Le Comtat*, journal de Carpentras, nᵒˢ des 7, 11 et 14 novembre 1875.

moderne, taillée par les MM. Chabrier père et fils, et sculptée par M. Charrol lui-même, s'élève à la hauteur de 5 mètres 50 centimètres. Au-dessus du piédestal, sur un dé flanqué d'élégantes consoles, repose un balustre circulaire orné de trois cartouches en grand-relief qui portent les attributs de la Foi, de l'Espérance et de la Charité. La croix proprement dite avec tous ses accessoires est formée d'un seul bloc. Sur la face antérieure figure, sculpté en ronde-bosse, le Christ mourant, et au verso, la *Mater dolorosa*, modestement drapée. Bien que dans la pensée de son auteur le monument soit destiné à recevoir encore de nombreux embellissements, nous trouvons que les ornements y sont déjà prodigués à pleine main, et que sa place serait plutôt dans un musée lapidaire que dans un lieu destiné aux inhumations.

§ 2. — ÉDIFICES CIVILS

I. — Hôtel-de-Ville

L'ancien Hôtel-de-Ville, appelé Maison consulaire, était situé dans la Grand'Rue, entre la chapelle de N.-D. de Consolation et la rue des Trois Visages. Cet établissement, après avoir beaucoup souffert de la présence des Huguenots, devint inhabitable et ne fut plus utilisé que pour la conservation des archives.

Le siège municipal fut alors transféré provisoirement près la porte Duron (1) dans une autre propriété communale, qui servait en même temps de boucherie et de grenier public (2).

Cependant on reconstruisit à neuf l'antique Maison consulaire, dans laquelle le Conseil se réunit pour la première fois le 23 mai 1585 (3).

Quant à l'Hôtel-de-Ville actuel, il fut bâti en 1741, en vertu des autorisations du vice-légat Bondelmonti et formé par la réunion de deux maisons dont la principale, après avoir été vendue par Jean Guintrandy, époux de Véras, à Etienne Aubéry, avait été retenue par la Ville, en vertu de son droit de prélation (4). On trouva le local suffisant pour y établir la maison de ville, la *boutique* pour le poids des grains et farines, et les écoles publiques.

(1) Dans la rue de l'ancien abattoir.
(2) Archives municip. Délibérations des : 1er mai 1561, 23 mai 1569 et 7 août 1570.
(3) Délibération du 28 avril 1585.
(4) Archiv. municip. Série DD, Dossier de l'Hôtel-de-Ville et délibérations des 14 mars 1738 et 20 avril 1739.

II. — Tour de l'horloge (1).

Un beffroi, placé sur une des tours de la porte Duron, sonnait autrefois le couvre-feu.

En 1482, douze ans après l'exemple donné par Avignon, Malaucène voulut, elle aussi, avoir son horloge marquant et sonnant les heures ; et comme on cherchait à l'établir en un lieu central et élevé, Jacques de Pracomtal céda une partie de maison à la Communauté moyennant la cense annuelle de six deniers. Le vendeur donnait à la Ville la faculté de faire construire dans cet emplacement une tour qui porterait l'horloge, avec des caves dans lesquelles descendraient les contre-poids (2).

Construite uniquement pour la commodité des habitants, cette tour carrée devint bientôt pour eux d'une tout autre utilité, à cause des guerres de religion. Armée de canons elle contribua beaucoup à la défense du pays. Naturellement elle devint le point de mire des assaillants, comme le prouvent les nombreuses empreintes que les projectiles ont laissées sur la façade sud-ouest et notamment sur la pierre où avait été gravée l'inscription suivante, empruntée au Psaume LXI° :

1539. SPES.
MEA. IN. DEO. EST.

Il est inutile de dire que la partie extérieure de l'instrument eut aussi beaucoup à souffrir et que l'horloge fut bientôt réduite au silence. Les membres du Conseil s'en plaignaient, à cause de l'embarras où l'on se trouvait pour le renouvellement régulier des sentinelles. La difficulté des temps ne permit pourtant pas de la remettre en état aussitôt qu'on l'aurait désiré. Réparée enfin (1597), elle fonctionna pendant près de deux siècles, après lesquels on dut songer à la remplacer par une nouvelle.

On profita de l'occasion pour exhausser la tour. L'horloge nouvelle fut construite par Cosme Brachet, de Séguret, pour le prix total de six cents livres et l'abandon de tout le vieux mécanisme (7 avril 1761).

---

(1) Archives municipales. — Série DD. 12. — Registre des Règlements, page 66. — Registre des délibérations, 24 décembre 1578, 23 novembre 1759, 7 avril 1761,

(2) Le 31 octobre 1531, écrivant Math. Gaudibert, notaire à Malaucène (Arch. mnnicip. Série DD. 12).

III. — Fontaines (1).

Primitivement l'eau qui desservait les fontaines publiques arrivait, du Groseau dans la ville, par un simple canal creusé au milieu des terres ; d'où il résultait que, à la suite des pluies, elle n'était pas toujours potable. On crut remédier à cet inconvénient en remplaçant ce canal à ciel ouvert par des conduits souterrains ; mais on n'obtint qu'un résultat très incomplet. Il fut enfin décidé qu'on changerait de place cet aqueduc défectueux et qu'on le ferait passer au-dessus des prairies, afin d'empêcher le mélange des eaux. Le vice-légat Marc Delphini ayant approuvé les plans et devis (14 décembre 1694), les travaux furent exécutés par deux fontainiers de Mornas, « au prix de 300 escus valant 900 livres. »

La plus ancienne de toutes les fontaines publiques est celle qui coule en dessous du château, dans la partie supérieure de la Grand'Rue. Son nom seul indique sa priorité. Aujourd'hui encore elle est appelée la *fontaine du Théron*, ce qui est autre chose qu'un pléonasme, fontaine et théron étant synonymes. Dans le Languedoc, on se sert encore du mot téron pour désigner une fontaine (2). Autrefois, dans le langage usuel on disait : Je vais au théron, pour dire je vais à la fontaine ; de même dans le langage officiel on désignait par *fontem villæ* la fontaine de la ville. Comme elle était seule, on n'avait pas besoin d'autre dénomination.

Lorsque, dans le XV° siècle, on eut créé pour la commodité des habitants une seconde fontaine dans la partie inférieure de la Grand'Rue, en face de la *rue des Pères*, cette création ne fut pas autrement désignée que par les deux mots qui indiquaient et sa nature et sa position. On l'appela *la basse fontaine* ; l'autre étant demeuré la *fontaine* ou le *Théron* ; expressions appartenant à deux langues différentes et qu'on réunit pour qualifier un seul et même objet.

Toutes les autres fontaines publiques sont de beaucoup postérieures à celles-ci, comme on peut en juger par le tableau suivant :

---

(1) Archives municipales. Dossier des Fontaines.

(2) *Téroun, foun*, fontaine où l'on va puiser de l'eau. *Es anat al téroun*. Il est allé à la fontaine. (J.-P. Couzinié, Dictionnaire de la langue Romano-Castraise et des contrées limitrophes. Castres, Cantié et Rey, 1850, 1 vol. in-4°).

La fontaine de la *rue Chaberlin*, 1749.
— de la *Place*, en face de la porte Duron, 1756.
— de *Beauvoisin*, établie par les habitants, 1824, et entretenue à leurs frais jusqu'au moment où elle devint propriété de la Ville (1845).
— du *Petit Tour*, 1762. Détruite à la Révolution ; restaurée en 1827.
— de la *République*, rue des Trois-Visages, 22 juin 1849.
— de *Soubeyran*, construite par la Ville avec l'aide de quelques voisins, 1861.
— de *Cromessières*, 1872.
— du *Plan de Sauvan*, 1878.
— du *Cours*, 1878.
— du *Château*, place Joannis, 1879.
— de la *Porte Filiol*, 1879.

IV. — Lavoirs

La Ville possède les six lavoirs que voici :

NOMS	EMPLACEMENT	Date de la création
Lavoir de la porte Soubeyran	A la Promenade Soubeyran, en face de la porte du même nom	1839
— du Cours (dit grand lavoir)	A la partie supérieure du cours des Isnards	1862
— Saint-Raphaël	Adossé à la maison Isnard	1873
— de la Porte Filiol	Adossé au mur de clôture du jardin Guiméty, en face de l'ancienne porte Filiol	1879
— des Remparts	Entre le chemin vicinal et l'ancienne maison Barnoin	1879
— du Château	A la place Joannis, adossé à la rampe du Calvaire	1880

V. — Abattoir.

Le vieil abattoir occupait, dans la rue qui porte son nom, le rez-de-chaussée de l'ancienne Maison de Ville dont il est parlé plusieurs fois dans les archives, comme étant voisine de la porte Duron. Ceci était vrai avant la construction de la maison actuellement occupée par M. A. de Merle. Avant la Révolution, les prisons et le grenier public étaient établis dans les étages supérieurs. Le Conseil municipal, par sa délibération du 6 novembre 1855, résolut de mettre à l'adjudication ce vieil édifice tout délabré, et de consacrer le prix de cette vente à la création d'un nouvel abattoir, hors des murs. On avait d'abord songé à faire dans ce but l'acquisition d'une propriété sise près de la porte de Roux, au sud-ouest de la ville, mais pour éviter les inconvénients qui pouvaient résulter de cette exposition, l'on choisit un local au nord-est, tout-à-fait du côté opposé, et on s'entendit avec le marquis des Isnards, de Carpentras, lequel céda le terrain nécessaire à cet établissement en échange de quatre tuyaux d'eau de onze millimètres à perpétuité (1863).

CHAPITRE NEUVIÈME

PLACES, RUES, IMPASSES, BOULEVARDS ET PROMENADES

En plaçant en regard de ce chapitre le *Plan de la ville de Malaucène avec ses agrandissements successifs*, nous avons le droit d'en présenter les lignes comme étant d'une grande exactitude, puisque elles sont la reproduction du plan cadastral, au moins pour la ville ancienne comprise dans les remparts.

Quant à la partie extérieure, tout en nous servant des différentes feuilles du cadastre bien que dressées sur une autre échelle nous avons dû recourir au décamètre et prendre de nombreuses mesures sur le terrain. En définitive et après avoir sollicité les conseils et les observations des hommes compétents en pareille matière, nous avons pu, les premiers, confectionner ce plan qui, à l'heure où ceci s'imprime, peut être considéré comme complet.

Nous ne nous sommes point contentés d'un dessin linéaire; notre connaissance particulière du pays nous a permis d'ajouter quatre teintes diverses destinées à marquer les différentes époques des agrandissements successifs.

Il existe un plan d'alignement, conformément à la loi du 16 septembre 1807. Cela permet d'espérer qu'on finira par ouvrir toutes les impasses dans le voisinage des anciens remparts. Cette amélioration est désirable dans l'intérêt de la propreté de la ville et de la santé de ses habitants.

L'entretien du pavé des rues et places était jadis à la charge des propriétaires riverains. A de rares intervalles, lorsqu'une vraie nécessité le demandait, sur les ordres du vice-légat ou du recteur, les consuls appelaient d'Avignon un « habile paveur » (*caladayre*). Ils ordonnaient au sergent-trompette de faire les préconisations aux lieux accoutumés, afin d'informer les habitants de l'arrivée de l'artiste et de leur enjoindre de s'entendre avec lui pour remettre en état le voisinage de leurs maisons. Les rues subirent un pavage général en 1570 (1) et en 1741 (2) et de

(1) Octobre. — « A este conclud que le caladayre achabe de caladar les rues desta ville. » (*Liber Regiminis*).

(2) 14 août. — Ordonnance du vice-légat N.-M. Lercari (Archives municipales, n° 3 du Registre des Priviléges).

simples réparations en 1807. Depuis cette dernière époque, l'on s'est peu occupé de leur entretien, aussi laissent-elles beaucoup à désirer.

Quoi qu'il en soit, la ville a singulièrement gagné par suite de la démolition des remparts (1), de la suppression des fossés (2) et des ponts-levis (3). Elle est aujourd'hui enveloppée par une ligne non interrompue de boulevards qui lui donnent un aspect gracieux et riant.

Dans les détails que nous allons donner sur les rues, places, boulevards, promenades et impasses, nous suivrons l'ordre alphabétique, comme étant le plus simple.

Ange (Passage de). — De la rue du Rieu au cours des Isnards. — Une ouverture, pratiquée dans le rempart, tellement basse et étroite qu'elle suffit à peine pour le passage d'une bête de somme, avait fait donner à cette rue le nom trivial de *Rue de l'Ane*. La dénomination officielle est plus noble.

Aquaviva (Rue). — De la Grand'Rue au-dessus de la place des Martinels, à la porte Duron ou Cabanette. — Le Conseil municipal ayant fait agrandir la rue de la porte Duron, l'appela rue Aquaviva, du nom du vice-légat (Délibération du 19 août 1753). La maison de l'antique famille Laugier, appelée dans la suite *Ravalherii* était tout à côté de la porte Duron, en entrant dans la ville, à droite, et a été acquise plus tard par les de Robin.

Aubergue (Rue d'). — De la rue Chaberlin, en amont de la fontaine, au chemin vicinal du Rempart. — (Voir ci-après, livre IV°, biographie. Article d'Aubergue.)

Augiers (Rue des). — De la porte Duron ou Cabanette, à la rue du Théron. — (Faussement indiquée sur notre plan comme allant de la rue Brusset ou Joannis à la Grand'Rue). Son nom lui vient de l'illustre famille des Augiers (4). La position de cette rue est indiquée par l'accident dont nous avons parlé (5) et dont il est fait

(1) Par suite d'une délibération du Conseil, le vice-légat F.-M. des comtes de Manzi, autorisa la démolition d'une partie des remparts (21 mai 1767). On commençait à cette époque à sentir le besoin de respirer le grand air ; ceci n'était que le prélude de la future et prochaine disparition de ces vieux murs devenus inutiles. Le démantèlement était déjà très avancé, lorsque en 1824 on fit disparaître les portes Duron, Théron et Filiol.

(2) Une ordonnance du vice-légat Gaspard de Lascaris, datée du 10 mars 1663, avait autorisé la vente des fossés.

(3) La sarrasine de la porte Duron, restée la dernière, fut enlevée le 15 novembre 1775.

(4) Dict. de BARJAVEL, verbo *Augier*.

(5) Tome I, page 228.

mention dans les registres de la municipalité sous la date du 19 août 1559: « *Barrium cecidit his diebus preteritis juxta et prope domum Augerii.* » (Voir le mot *Augier*, au IV° livre.)

Avenue de Vaison, dite promenade des Peupliers. — Des bergers de Bédarride ayant été surpris, en 1810, gardant leurs troupeaux dans les forêts de la commune de Malaucène, furent condamnés à 600 francs de dommages envers celle-ci. La somme fut consacrée à l'embellissement de l'avenue de Vaison sur les bords de laquelle on planta 500 peupliers d'Italie. Le sol leur fut si favorable qu'en peu d'années ils formèrent une haie tellement haute et touffue que la chaussée ne recevait plus les rayons du soleil. Ces arbres une fois arrivés à leur plus grand degré de développement furent arrachés et vendus. Cette vente produisit 10,000 francs et permit à la Commune de créer la bascule pour le poids public (1861) et le grand lavoir couvert du Cours (26 janvier 1862). Au mois de mars (1862), les anciens peupliers furent remplacés par d'autres qui, moins serrés que les précédents, sont déjà parvenus à la même hauteur. On aperçoit au fond de l'avenue, sur un terrain acquis par la fabrique de l'église, une croix de pierre, monument érigé en souvenir d'un jubilé prêché par les PP. Nicolas et Vivier, missionnaires Oblats de Lumières. Elle fut bénite le 23 janvier 1869.

Beauvoisin (Rue de). — Commence à l'intersection de la rue du Château et de la rue Saint-Alexis et finit par une sorte de labyrinthe. — C'est l'ancienne *Carreria mali consilii*. D'où lui était venue cette antique dénomination? Est-ce tout simplement de sa conformation quelque peu effrayante dans l'obscurité de la nuit? Ou bien a-t-on voulu par là consacrer le souvenir de quelque forfait(1)? Quant au nom actuel de Beauvoisin, c'était le titre seigneurial de la famille de *Rémusat* (2).

Bonnéty (Impasse). — Dans la Grand'Rue, entre la rue Neuve de Picardie et la rue du Vieux-Hôpital (3).

Brussett (Rue) ou *de la Chapellerie*. — De la Grand'Rue à la rue Chabertin. — Cette voie tortueuse et raboteuse, après avoir porté le nom de Chapellerie, à cause d'une maison appartenant à une institution religieuse, fut successivement appelée du nom de

---

(1) Quelques habitants de Grenoble s'étant réunis en 1379 dans une rue de cette ville, pour délibérer sur un meurtre; la rue fut appelée de *Malconseil*.

(2) (Voir ce mot à notre IV° livre).

(3) (Voir le mot *Bonnéty*).

ses principaux habitants: Rue de Brancas-Villars, d'Antoine et de Brussett.

Calvaire (Place du). — Au sommet du Puy-Malaucène. — C'est la plate-forme de l'ancien château-fort. Nous en avons parlé à propos des fortifications de la ville(1) et des monuments publics (2).

Caverne de la Chèvre damnée (Rue). — En dessous du château. — Nous avons dit (3) ce qu'était cette bête terrible. La même voie publique, plutôt impasse que rue, a porté le nom de *Carreria Braccarum castri* ; on la désigne encore sous l'appellation de *rue des Brayes du château.* Tout le monde sait que *brayes* est dans le cas présent synonyme de fortifications.

Chaberlin ou *des Chaberlins (Rue).* — De la Grand'Rue et place Notre-Dame à la porte de Roux. — *Carreria qua itur ad ecclesiam.* Elle doit son origine à l'agrandissement de l'enceinte fortifiée, sous le pape Urbain V. Elle est appelée *Carreria Chaberlinorum,* en souvenir d'une famille nombreuse aux XIIIe et XIVe siècles, dans la propriété de laquelle la ville prit son développement du côté de l'ouest, et aussi à cause de l'architecte Guillaume Chaberlin qui fit construire en 1363, la porte dite de Roux (4). Le nom de Chaberlin est dénaturé dans la plupart des actes publics de ces trois derniers siècles. On en a fait: Champ-Chamberlin, Chance-Berlin, etc., et même Chinche-Berlinche, Chinche-Merlinche, Chanche-Bellin.

Charité (Rue de la). — De la rue Saint-Alexis à la Grand'Rue. — Cette dénomination est moderne.

Château (Rue du). — De la rue Beauvoisin à la place Joannis. — On disait autrefois : *Carreria qua itur de ecclesia ad castrum.*

Chouvion (Impasse). — Dans la partie supérieure de la Grand'Rue, près la porte Soubeyran. — Indiquée à tort, sur notre plan, sous le nom d'impasse Souchon. Cette voie publique est formée d'un côté par la maison et la fabrique ou filature de l'industriel auquel elle emprunte sa dénomination.

Cour (Plan de la). — Au bas de la Grand'Rue, près la porte Filiol. — Ce carrefour est formé par la naissance de la rue des Trois Pélerins. Il était ainsi appelé dès les temps les plus anciens, à cause du voisinage de la Saunerie, siège de la Cour de Justice (5).

(1) Tome I, page 216.
(2) Dans le chapitre précédent.
(3) Tome I, page 414.
(4) Tome I, page 227.
(5) « In Porticu Saunarie, ubi tenetur Curia. » Voir *Pièces justificatives,* n° X.

Quelquefois aussi nous le voyons désigné comme Plan de l'Orme. *In carreria Recta, planum de Ulmo* (1409.)

Couvent (Place du). — Devant la façade de l'Hôpital. — Elle est continuée par la rue de l'Hôpital et met en communication la rue de l'Hôtel-de-Ville avec la rue du Vieux-Abattoir.

Deux-Fontaines (Place des). — Formée par la jonction de la rue des Deux-Fontaines et de la rue Aquaviva. — Nous signalerons dans ce carrefour, la maison Brussett où J.-J. Rousseau fut reçu à dîner en 1777. Pillée en 1791, en l'absence de ses habitants, elle servit ensuite de lieu de réunion aux Montagnards.

Eglise (Rue de l'). — De la Grand'Rue à l'esplanade de Roux. — Elle se compose de deux parties bien distinctes : l'une qui aboutit à la Grand'Rue et à la rue Saint-Alexis ; l'autre qui met la ville en communication avec le dehors. La première date de la fin du VIIIe siècle ou du commencement du IXe, époque de la construction de l'église paroissiale Saint-Pierre. La seconde a servi de cimetière jusqu'au mois d'août 1786. Le lieu affecté aux sépultures comprenait non-seulement la partie occidentale de la voie publique, mais encore le terrain actuellement occupé par une portion des bâtiments et du jardin de la cure. Il était fermé par des murailles à l'est et à l'ouest, par le presbytère au nord et par l'église au sud. Il communiquait avec celle-ci par une grande porte pratiquée dans la cinquième chapelle. Cet ancien cimetière mesurait « cinq cosses ». Vendu comme bien national, au prix de *cinquante-un* francs, le 8 brumaire, an V (29 octobre 1796), il fut racheté quelques années après par le curé Reboul. (1)

Fontaine de la République (Rue). — De la fontaine de ce nom à la rue Brussett. Notre plan l'appelle à tort rue des *Augiers*.

---

(1) L'an 1809 et le 4 janvier, écrivant Me Rolland, notaire de cette ville ; je soussigné Antoine Reboul, curé, considérant : 1° Que dans la Révolution, on a horriblement profané le cimetière de la paroisse, qui est entre le presbytère et l'église ; qu'on emportait la terre et les ossements dans les prés ; et qu'on l'a même creusé à plus de 6 pans de profondeur, pour en faire un jardin ; 2° Qu'on a demandé à l'acquérir, pour y bâtir un cabaret contre l'église et contre le presbytère ; 3° Que la sortie que cela procure à la cure est très commode, surtout pour aller, la nuit, vers les malades qui nous appellent et qui sont de ce côté-là ; 4° Qu'il pourrait se mettre quelqu'un entre l'église et le presbytère, et que ce quelqu'un pourrait causer de l'inquiétude au pasteur : — Ces considérations m'ont fait acheter ce cimetière au prix de deux cent soixante-dix francs ; le contrôle m'ayant en outre coûté quinze francs, sans compter les frais d'actes.

A. REBOUL, curé de Malaucène.

(Archives paroissiales.)

Fontaine du Théron (Rue). — De la fontaine de ce nom, dans la Grand'Rue, à la porte du Théron. — Cette rue était aussi appelée, au commencement du XV° siècle, rue de la Fontaine du Grausel, *carreria fontis Grauselli*.

Grand'Rue. — Elle traverse la ville dans sa plus grande longueur, de la porte Soubeyran à la porte Filiol. — Depuis la porte Soubeyran jusqu'à la place Notre-Dame, elle sépare le Vieux-Bourg des constructions du XII° siècle et a toujours été appelée *via Recta*, *via Magna* et Grand'Rue. A partir de la place Notre-Dame, elle dessert la partie moderne de la ville. Désignée dans les vieux documents sous le nom de rue de l'Orme, *carreria de Ulmo*, à cause d'un arbre planté au carrefour voisin de la rue des Trois-Pèlerins, elle ne tarda pas à être considérée comme un prolongement de la Grand'Rue (*carreria Magna* ou *Recta juxta portale Filioli*). Les trois grandes hôtelleries anciennes étaient échelonnées à la partie supérieure de cette voie publique. C'étaient : Le *logis de la Campane* ou de la Cloche (*diversorium Campane*); ainsi dénommé parce que c'était sous ses fenêtres qu'avaient été fondues les cloches dont nous avons parlé (1). Il fut rasé lors de l'agrandissement de l'église paroissiale et sur son emplacement s'éleva le sanctuaire actuel. Le *logis de la Fleur de lys* (*ad Scutum Francie*), propriété de la famille Astier, situé près de la porte Soubeyran. Le *logis de la Pomme d'or*. Sur la porte de cet établissement est gravé le millésime de 1572.

Guiméty (Rue). — Du cours des Isnards à la porte Filiol. — Le terrain nécessaire à l'établissement de cette voie fut donné gratuitement à la Ville, au mois de mars 1854, par l'ancien maire Guiméty aîné, propriétaire du clos dit *le Pavillon*. La Ville prit à sa charge la construction du mur de séparation et de la chaussée.

Hôtel-de-Ville (Rue). — De la rue des Pères à la Grand'Rue.

Hôpital (Rue de l'). — De la place du Couvent à la rue du Vieux-Abattoir. —

Isnards (Cours des). — Il longe, au nord-est de la ville, la route départementale n° 4. — Le premier déblai opéré près de la porte Duron ou Cabanette remonte au 15 janvier 1752 et fut autorisé par le vice-légat Pascal Aquaviva qui permit d'acheter dans ce but deux petits jardins. Le terrain nouvellement acquis fut aussitôt préparé et complanté de jeunes arbres forestiers, bien alignés à l'air et au soleil. Ils ressemblaient singulièrement à ces

(1) Tome I, page 267.

piquets ou gaules dont se servent les femmes pour attacher des cordes et faire sécher le linge sortant de la lessive. Les ménagères, frappées de cette ressemblance, coururent chercher des paquets de cordes et les attachèrent solidement aux jeunes plants, qui, ébranlés jusque dans leurs dernières racines, ne comprenaient pas qu'on pût se méprendre ainsi et sur leur nature et sur leur destination ; mais le séchoir était en pleine activité de service!... et quel séchoir !... L'Administration municipale, moitié riant, moitié grondant, se demanda ce qu'il y avait à faire en pareille occurrence. Serait-il possible d'obtenir l'abandon de cette pratique absurde ? — Non, sans doute ; quand les femmes ont chaussé une idée, elles ne l'abandonnent pas si facilement !... — Faut-il laisser faire ? — Non, évidemment ; ce n'est pas un séchoir que nous avons voulu créer, mais une promenade. — On transigea et, au lieu d'interdire absolument la promenade à tout envahissement domestique, on fit placer des bancs, non pas seulement pour s'asseoir... comme à Carpentras ou à Martigues! mais des bancs, percés de trous profonds, qui devaient servir de support à des pieux ou perches auxquelles les lessiveuses seraient invitées à fixer leurs cordes, pour y suspendre leur linge. Contentes de cette galante transaction, celles-ci ne touchèrent plus aux jeunes arbres qui sont aujourd'hui de toute beauté. Ces bancs à double usage datent de l'année 1764. Ils existent encore et témoignent de la vérité de notre dire. On peut voir aussi le *Registre des Règlements*, à la date que nous indiquons.

Cette petite promenade était devenue par trop insuffisante à une époque où nous aimons le grand air. C'est ce qui détermina la ville à faire l'acquisition d'une partie des vastes prairies connues sous le nom de *Pré Paradis*, dont M. le marquis des Isnards, de Carpentras, avait hérité du dernier membre de la famille de Valouse. L'acte fut passé le 12 novembre 1859. Du nom du vendeur, la promenade nouvelle fut appelée *Cours des Isnards*. On en fit l'inauguration le jour de Pâques, 8 avril 1860.

Joannis (place). — De la rue du Château à la rue Joannis.

Joannis (Rue). — De la place Joannis à la rue Brussett.

Juiverie (Rue de la). — De la rue du Rieu à la rue des Trois-Pélerins. — C'est le *Sirvagium Judæorum*. Les deux pâtés de maisons séparés par la rue de la Juiverie et bornés par la Grand'Rue et les rues des Pères, du Rieu et des Trois-Pélerins forment le quartier du *Petit-Tour* (1).

(1) Voir tome I, page 337.

Lion d'Or (Rue du). — De la route de Carpentras à l'ancien chemin de Saint-Roch. — Elle traverse l'ancien faubourg appelé *Château-Fer* (Castrum ferum), assez considérable à l'époque du séjour des papes à Avignon. La maison comprise entre cette rue, la route de Carpentras et le chemin vicinal n° 100 est l'ancienne tannerie Guiméty. C'est dans cette maison que séjourna le père Bridayne durant une mission qu'il prêcha à Malaucène.

Martinels (Place des), ou Marché aux Herbes. — Entre la tour de l'horloge et la porte Duron. — Elle constitue une sorte de renflement de la Grand'Rue; *Platea Martinellorum* (1542) son nom lui vient de la famille Martinel (1). Elle fut agrandie en 1826 par la démolition d'une maison léguée à la Ville, dans ce but, par Mlle Sylvie Cottier.

Moulin d'Huile (Rue du). — De la rue Chaberlin, en dessous de la fontaine, au chemin vicinal n° 99. — C'est l'ancienne impasse Saurel. Elle fut ouverte au commencement de 1826.

Notre-Dame (Place). — Devant l'Hôtel-de-Ville, dans la Grand'Rue, à la naissance de la rue Chaberlin. — Elle date du XII° siècle, époque où les seigneurs de la famille de Baux renversèrent les remparts du vieux bourg et agrandirent l'enceinte de la ville. La place de nouvelle création fut naturellement appelée le *Marché-Neuf*. Elle figure sous ce nom dans les chartes de 1253, 1270 et autres: *in Mercato Novo* (2).

Pères (Rue des). — De la Grand'Rue, près de la fontaine de la place Picardie, au Portail-Neuf. — Cette dénomination rappelle les anciens habitants de ce quartier, savoir: les Franciscains, les Cordeliers, les Augustins et les Gardistes.

Picardie (Place) ou de la Basse-Fontaine. — Dans la Grand' Rue, au point d'intersection de la rue des Pères et de la rue Neuve dite de Picardie. (*Platea Picardi*). — Elle tire son nom d'un de ses anciens riverains appelé Picard. On devrait donc dire: *Place Picard*. Elle a été agrandie par la démolition d'une maison située au nord-ouest de la fontaine, en face de la maison de l'ancien maire Guiméty, et aux frais de ce dernier.

Picardie (Rue). — De la place du même nom au chemin vicinal des Remparts. — Ancienne impasse Auric, percée au commencement de 1826, en même temps que la rue du Moulin.

Portail-Neuf (Rue du) ou rue des Pères prolongée. — Ouverte en même temps que la porte dite du Béchon (1790).

(1) Voir ce mot à notre livre IV°, Biographie.
(2) Voir, au Ier volume, page 97 et, au II° volume, *Pièces justificatives*, pages IX, XII, XVII, etc.

Pracomtal (Impasse). — Dans la Grand'Rue. — Elle tire son nom de la grande et belle maison dans l'intérieur de laquelle Jacques de Pracomtal permit à la Ville de bâtir la tour de l'horloge. Cette maison passa dans la famille de Brussett par le mariage de Catherine de Pracomtal avec le comte Esprit Bruce de Brussett, qui en fit un petit musée dans lequel étaient réunies toutes sortes d'objets d'art et de curiosité. Cette précieuse collection fut dans la suite acquise par la famille de Cambis d'Avignon.

Une de ses salles était ornée d'une riche tapisserie en cuir doré de Cordoue. La maison Pracomtal-Brussett, après avoir donné l'hospitalité au grand Condé (1640), passa dans la famille d'Astier de Montferrand, puis dans celle des Giraudy et des Amondieu. Elle appartient aujourd'hui à M. Nègre. Jadis, elle était crénelée et ornée de deux tours. Sa porte servait d'entrée au château.

Puy-Malaucène (Rue du). — De la rue Chapellerie ou Brussett à la rue Joannis. — C'est la rue la plus raide de toute la ville (1).

Rempart (Chemin du). — De l'esplanade de Roux à l'avenue des Peupliers. — Le tour de ville du côté de l'ouest était resté en dehors du mouvement et du progrès. La circulation y était peu facile et l'aspect général était triste et sévère. L'administration Geoffroy entreprit d'acheter les terrains nécessaires à l'agrandissement de cette voie. M. Chastel, qui remplaça M. Geoffroy comme maire, poursuivit et acheva, sans se laisser rebuter par les difficultés, ce qu'avait commencé celui-ci. Le chemin fut classé et complanté d'arbres sur tout son parcours (2 et 3 mars 1875). Il est à regretter que pour l'exécution de ces travaux on n'ait pas suivi le plan du dernier évêque de Vaison et qu'on n'ait pas prolongé l'Allée des Peupliers, tout en lui faisant décrire une courbe régulière jusqu'à l'esplanade de Roux.

Rieu (Rue du). — De la rue des Pères à la rue des Trois-Pélerins. — (*Carreria Rivi*). Ainsi nommée à cause du petit canal qui la parcourt dans la presque totalité de sa longueur.

Roux (Esplanade de la porte de). — De la porte de Roux à l'esplanade de la porte Soubeyran. C'est l'*ancien marché*. (*In loco dicto ad forum antiquum, juxta iter quo itur versus sanctum Raphaelem*). — La maison qui fait angle droit avec la porte de la

---

(1) Il est fait mention de cette rue aux Archives du département de Vaucluse, sous la date de 1537 (B. 106).

ville, malgré son aspect grave et sévère, est une des plus belles du pays. Son rez-de-chaussée présente de belles voûtes bien conservées. Sa façade, remaniée vers 1507, faisait partie des remparts du Vieux-Bourg. Ancienne possession de la famille de Ruffo ou de Roux, elle aurait appartenu, dit-on, aux chevaliers du Temple (?). Elle passa ensuite aux de l'Espine qui l'habitèrent jusqu'à la Révolution. Elle est aujourd'hui la propriété de M. Chastel Saint-Bonnet.

Jusqu'au milieu du XVIII° siècle, le chemin public qui reliait entre elles les portes de Roux et de Soubeyran, en longeant les remparts et passant devant l'église, était bordé à sa partie extérieure par des murs de soutènement, restes d'anciennes fortifications avancées. Ce chemin mesurait à peine quatre mètres de largeur. On voulut se donner un peu d'agrément et créer une promenade aux abords de l'église paroissiale. Les mesures préliminaires, consistant en acquisitions de terrain, furent approuvées par le vice-légat Aquaviva (14 septembre 1750) et mises aussitôt à exécution; mais les grands travaux pour la création des deux esplanades de la porte de Roux et de la porte Soubeyran ne furent réalisés que beaucoup plus tard, en vertu d'une autorisation de Casoni, dernier représentant de l'autorité pontificale dans le Comtat. Son rescrit porte la date du 20 septembre 1785, et permit de nouvelles acquisitions de terrain. Ces dernières acquisitions, la confection de la chaussée et la plantation des arbres coûtèrent à la ville 2,400 livres.

Lors de la création du chemin du Rempart, l'administration des Ponts-et-Chaussées voulait continuer le chemin en ligne droite depuis la porte de Roux jusqu'à l'angle de l'église paroissiale. Il résultait de ce projet que la belle rangée de 14 platanes de l'année 1785, prise en écharpe, allait disparaître, au moins en partie et que le nouveau chemin, venant aboutir au pied des murs de l'église, gênerait la circulation des fidèles. M. le curé Rigot, dans l'intention de conserver ces platanes, un des plus beaux ornements du pays, ainsi que le terrain nécessaire pour l'entrée et la sortie des offices et l'organisation des processions, offrit à la Ville une souscription personnelle de 2,000 francs. Il subvenait aux frais d'agrandissement du chemin dit du Rempart, de manière à ce que la voie charretière eût son assiette en dehors de la rangée des vieux platanes. Cette proposition était trop gracieuse et trop dans l'intérêt de la Municipalité pour que celle-ci ne s'empressât pas de l'accepter. C'est ce que fit le maire M. Chastel Saint-Bonnet, au nom du Conseil et de la Commune, par une lettre que nous faisons figurer à nos Pièces justificatives, à la suite de la lettre de M. Rigot (1).

Saint-Alexis (*Rue*). — De la rue de l'Eglise à la rue du Château. — Elle tire son nom de la chapelle voisine qui faisait partie de la maison de la Charité. Elle s'appelait autrefois *carreria de Castro novo* (2). A un des angles de cette rue se trouve encore debout l'ancienne maison d'habitation de l'historien Guinier, avec sa porte d'entrée style Louis XIII et deux grandes cheminées.

Saint-Étienne (*Rue*). — De la Grand'Rue à la rue du Château. — C'est, pour ainsi dire, la continuation de la rue Fontaine du Théron. Elle porte le nom du titulaire de l'église primitive, bâtie dans l'enceinte même du château. Le côté gauche (en montant) est l'ancienne maison de Beaumont et dépendance de la maison Pracomtal, avec laquelle on communiquait par un passage souterrain.

Sauvan (*Plan, rues et impasses de*). — Le Plan de Sauvan occupe le centre de cinq rues ou impasses qui n'ont pas de nom particulier. Deux de ces rues aboutissent à la Grand'Rue et une troisième à la route départementale n° 4. Toutes ces voies publiques sont appelées *Platea et carreria Salvanhi*. Les Salvan ou Sauvan, formaient jadis une des familles les plus considérables de la localité (3). L'impasse dont on a fait la rue qui communique avec la route était, au XVe siècle, désignée sous le nom de Fuméras, (fumier, sans doute), *carreria fumerarii, confrontans cum barrio*.

Soubeyran (*Esplanade et boulevard*). — L'esplanade va du chemin du rempart-prolongé à la porte Soubeyran et le boulevard de la porte Soubeyran au cours des Isnards. — En 1666, on acheta deux jardins voisins des fossés des remparts, afin d'agrandir en ce point la voie publique dont la largeur était alors de deux mètres à peine. Sous le vice-légat Aquaviva, l'on abaissa les terrains aux abords de la porte dont l'accès était à la fois très incommode et fort dangereux ; mais les grands travaux pour la création de l'esplanade et sa réunion à celle de la porte Chaberlin ou de Roux ne datent que de 1750. Trois jardins appartenant aux familles Joannis, Guintrandy et de Robin furent achetés, les terrains abaissés et nivelés, tout en conservant les fossés des

---

(1) Pièces justificatives n°ˢ XLIV et XLV.
(2) Voir à l'article *Isnard*, la note relative à la vente d'une maison.
(3) Voir le mot *Sauvan* au livre IVe.

remparts. Les travaux ne furent complètement terminés qu'en 1785, ainsi que nous l'avons déjà dit plus haut.

Théron (Rue du). — De la rue Aquaviva à la rue Fontaine du Théron. — Elle s'arrête en face des bâtiments de l'ancien Prieuré.

Trois-Pèlerins (Rue des). — De la rue du Rieu au Plan de la Cour, dans la Grand'Rue. — Anciennement on l'appelait *carreria Goyrandy* : ou bien *carreria eundo ad Sirvagium Judeorum*. Le nom de Trois Pèlerins lui fut donné sans doute, à l'époque des croisades, en souvenir de trois enfants de cette ville qui avaient suivi Raymond de Baux à l'expédition de Jérusalem (1097).

Trois-Visages (Rue des). — De la Grand'Rue à la rue Chaberlin. — Une pierre sculptée, placée à l'angle d'une maison, et représentant une tête monstrueuse à trois visages, a donné à la rue le nom qu'elle porte. On peut se demander si cette sculpture grossière n'a pas donné naissance à la légende du chien Cambàou, dont nous avons parlé ailleurs (1).

Dans tous les cas, elle est pour nous de la même origine que la frise de la chapelle du Groseau (2). Au-dessus de la porte d'entrée de cette même maison est gravée l'étoile des Baux, mais avec quatorze rais seulement au lieu de seize. C'est là qu'ont habité le marquis Barral de Baux et plusieurs autres membres de cette famille princière. Dans la suite, cet édifice fut acheté par les de Charrasse.

Valouse (Impasse). — Dans la Grand'Rue, près la place Picardie.

Vieux-Abattoir (Rue et impasse du). — La partie supérieure de cette voie met en communication la Grand'Rue avec la rue et la place de l'Hôpital ; la partie inférieure s'enfonce dans les maisons et s'arrête à la propriété de M. A. de Merle. Autrefois on l'appelait rue des Bouchers, ou du Marché aux Porcs, *carreria Macellariorum, sive forum Porcorum* (1415), la carrière du Mercat des porcs (1570). Des têtes de moutons et de bœufs, sculptées en saillie sur la façade de l'ancienne boucherie, qui un moment servit d'Hôtel-de-Ville, ont été respectées, tandis que les armoiries de la Commune ont été détruites. Depuis la création du nouvel abattoir, le local délaissé a été converti en moulin à huile.

Vieux-Hôpital (Rue du). — C'est plutôt une impasse qu'une rue, ayant son entrée dans la Grand'Rue, près la porte Filiol. —

(1) Voir tom Ier, page 414.
(2) Voir, plus haut, chapitre VIIIe.

Carreria Hospitalis Ulmi, *Carreria Saunarie*, disait-on dans les actes publics rédigés en latin. Lorsque la langue française eut été substituée au latin, cette voie fut appelée avec plus de justesse que d'élégance : « *Androune, sive rue non passante de l'Hospital.* »

Nous engageons le touriste à s'arrêter un instant, dans la Grand' Rue, à la naissance de la prétentieuse *rue* du Vieux-Hôpital et à considérer la voûte très étroite qui lui sert d'entrée, voûte très historique au moyen-âge, et sous laquelle ont été dressés tant d'actes publics et officiels relatifs à la commune de Malaucène et à ses seigneurs féodaux.

On conviendra que nos ancêtres n'étaient pas difficiles !

CHAPITRE DIXIÈME

LE HAMEAU DE VEAULX

Veaulx est l'agglomération rurale de la commune la plus éloignée du chef-lieu.

Nous écrivons bien résolument *Veaulx* et non *Veaux*, intercalant un L dans le nom de l'annexe de Malaucène. C'est dire que nous rejetons une étymologie qui n'a pas sa raison d'être (1).

Les *veaux* qui figurent dans le blason de la Commune, comme symbolisant l'abondance, n'ont rien de commun avec le nom du hameau dans lequel on ne s'est jamais livré à l'élève du gros bétail. Dans tous les documents les plus anciens, y compris ceux qui sont reproduits par le *Cartulaire de Saint-Victor*, nous ne rencontrons d'autres termes que ceux de *Vellis* (2), *Vels*, *Velz* et enfin celui de *Veaulx*. Du reste, la langue populaire empêche toute erreur à ce sujet. On y distingue très bien *Vedèou* et *Vèou*. Le premier, c'est le jeune taureau, la jeune génisse, le veau; le second désigne le hameau, l'annexe.

Deux chemins conduisent de Malaucène à Veaulx; l'un est pour les voitures, l'autre pour les piétons.

Ce dernier, classé parmi les chemins vicinaux, finira par devenir praticable aux véhicules lorsque la voie charretière aura été tracée dans tout le parcours compris entre les Astauds et l'annexe, mais pour qu'elle le soit, on devra commencer par construire des ponts sur les ravins appelés *Combes* dans le pays, et qui sont au nombre de sept. En suivant ce chemin, Veaulx est à 10 kilomètres de son chef-lieu.

(1) *De Valle* et non de *Vitulis*. (A. VINCENT, *Notice historique sur Mollans*, page 91.) — Le testament de l'évêque Pierre de Casa se sert de l'expression de *Vallibus*. (P. BOYER, *Histoire de l'Eglise de Vaison*, livre II, page 36. — Ce même auteur écrit *Vauls*.)

(2) On trouvera le mot *Vellis* plusieurs fois employé dans les chartes que nous citons à nos pièces justificatives. — *Vels* est mentionné dans le XV° siècle, par le *Liber Regiminis*. En particulier au 22 janvier 1450 : « Illi de Mo-
« lanis essent contenti recipere tiragium de *Vels* ad nonam partem fructuum. — Fuit conclusum quod non tradatur dictum lanoragium. »

A moins que, doué de jambes de chasseur, on ne soit amateur passionné de la belle nature, il est préférable de faire le trajet par la route carrossable, plus longue, il est vrai, de six kilomètres. On prend d'abord la grande route de Vaison que l'on quitte à l'*Eau salée* pour suivre celle d'Entrechaux; puis, on franchit le Rieufroid et l'on continue jusqu'en vue de Mollans, jadis chef-lieu de canton de la Drôme. A 300 mètres environ en avant du pont de l'Ouvèze, il faut se décider à laisser la route départementale pour changer de direction, et commencer l'ascension par le chemin de Brantes, qui est fort bien entretenu. Malheureusement, il n'en est point de même de la voie traversière dans laquelle il faut bientôt s'engager pour arriver enfin à la modeste agglomération de maisons, dans lesquelles on compte vingt-six familles et moins de cent habitants.

Si les eaux du Toulourenc ne sont point grossies par les pluies, et pour peu qu'on soit muni de chaussures imperméables, on pourra descendre de voiture au pont qui sépare le Vaucluse de la Drôme. On verra sous l'arche, du côté de la rive gauche, l'écusson pontifical, reconnaissable aux deux clefs posées en sautoir, qui indiquait autrefois la limite de l'état Venaissin. De l'autre côté de l'eau, existait, il y a peu d'années encore, une pierre portant les armoiries du Dauphiné.(1).

Expilly parle des habitants de Veaulx, dans son grand *Dictionnaire géographique*, au mot *Malaucène*. Voici ce qu'on lit dans le volume imprimé en 1766.

« Il y a environ cent ans que ces habitants avaient leur cha-
« pelle où ils enterraient leurs morts, sur la rive droite du
« Toulourenc, c'est-à-dire en Dauphiné, cette rivière faisant la
« séparation des deux provinces; mais la Communauté de Malau-
« cène leur ayant fait bâtir une petite église en deçà de la rivière,
« tout proche de leurs granges, ils s'en servent comme de paroisse
« et s'y font enterrer. »

Comme on le verra bientôt, ces indications manquent d'exactitude.

(1) On dut procéder pour la plantation de ces deux pierres comme pour la délimitation entre les territoires de Malaucène et ceux d'Entrechaux et du Crestet, en 1281 (voir *Pièces justificatives*, n° VIII), avec cette différence que les termes, plantés en des lieux qui n'avaient pas de limites naturelles, étaient à deux faces, chacune portant l'indication du pays qu'elle bornait. Il existe dans la cour du presbytère de Saint-Romain, en Viennois, une de de ces pierres de forme rectangulaire sur laquelle sont sculptés les lys de la France et les clefs du Venaissin.

Sur les bords du Toulourenc gisent obscurs et cachés les restes de l'ancien couvent de *Sainte-Marie de Vaulx*, où des recluses volontaires pratiquaient la règle de saint Benoît. Ce pieux asile fut détruit par le Huguenots. Averties de l'approche des hérétiques, les religieuses s'échappèrent dans les bois. Le chemin qu'elles parcoururent pour gagner une retraite ignorée dans les anfractuosités d'un rocher presque inaccessible a conservé dans la tradition le nom de *Chemin des Religieuses*. Le monastère fut pillé et renversé de fond en comble par une soldatesque furieuse d'avoir manqué sa proie (1).

Quand arriva l'apaisement des discordes, cette belle et fertile vallée, en deuil de son couvent et de son église, fut dotée d'un nouveau sanctuaire qui existe encore de nos jours et qui est connu sous le nom de *Notre-Dame la Blanche*.

Voici, d'après le P. Columbi, l'histoire (ou la légende) de cette reconstruction (2).

Pierre d'Urre, seigneur de Mollans, propriétaire de vastes domaines sur la rive droite du Toulourenc, près du hameau de Vels, avait obtenu d'un évêque de Vaison la permission d'utiliser, pour la construction d'une ferme, les pierres qui provenaient de la démolition de la chapelle. Comment l'évêque aurait-il pu repousser cette requête, puisque le seigneur d'Urre promettait de rebâtir la chapelle, à ses frais, lorsque la *grange* serait terminée ?

La maison des champs fut rapidement élevée, tandis que le petit sanctuaire était toujours en simple projet. Finalement, Pierre d'Urre descendit dans la tombe sans avoir tenu sa promesse.

Depuis dix-huit ans, sa dépouille mortelle reposait auprès de celle de ses nobles aïeux, lorsque — et c'est ici que commence la légende — un évènement inattendu jeta l'épouvante dans ces quartiers retirés.

Le 13 octobre 1640, Louise Landone, âgée de quatorze ans, fille d'Antoine Landone et de Louise Hiély, fermiers du seigneur, se trouvait dans les possessions de son maître, occupée aux travaux des champs... Etant bien éveillée et en possession de tous ses sens, elle vit apparaître, debout devant elle, un hideux personnage qu'elle ne connaissait point et qu'elle n'avait jamais vu. Le

---

(1) A. VINCENT. (*Notice historique sur Mollans*, pages 21, 91 et suivantes).

(2) *De rebus gestis Episcoporum Vasionensium*, Livre IV°, n° 26.

corps souillé de terre il avait ses épaules drapées dans un linceul tombant en pourriture.

La jeune fille, saisie de frayeur, n'eut la force ni de pousser un cri, ni de prendre la fuite.

— Enfant, lui dit l'apparition, ne crains rien et écoute. Je suis le seigneur Pierre d'Urre. J'avais promis de relever de ses ruines le sanctuaire de Notre-Dame, je n'ai pas tenu parole. Dis à mes fils de remplir mes engagements et de se hâter....

Tous les jours, pendant plus d'un mois, la vision se manifestait à Louise Landone, la poursuivant jusques sous les fenêtres et dans l'intérieur de la ferme.

Les parents de la jeune fille ne se pressèrent peut-être pas de transmettre les ordres de Pierre d'Urre ou bien les ayant-droit de celui-ci ne se hâtaient pas de commencer les travaux. Les apparitions continuèrent de se produire tous les jours. Le 16 novembre, les instances furent plus pressantes que d'habitude et les prières firent place aux menaces.

— Si l'on ne se hâte pas de m'obéir, disait-elle, je mettrai le feu à cette maison dont j'étais trop passionnément épris sur la terre et l'envelopperai dans sa ruine tous les troupeaux qu'elle renferme !

Les ouvriers mirent enfin la main à l'œuvre et Pierre d'Urre, rentrant sans doute dans le sommeil de la mort, cessa de se manifester aux vivants.

Nous retenons du récit du P. Columbi les faits suivants. L'ancienne chapelle du prieuré de *Vellis* ou *Vels* dont il est parlé dans les chartes du XII° siècle comme appartenant à l'Ordre de Saint-Benoît et appelée Notre-Dame la Blanche, après avoir été détruite par les protestants, fut réédifiée par la famille d'Urre (1).

L'édifice sacré porte le vocable de *Notre-Dame de Miséricorde*. Il est d'une forme très-modeste et sert encore aujourd'hui pour les dernières prières des funérailles (2); c'est ce qui explique les grandes réparations que l'on y fit en 1854.

(1) Voir *Biographie*.
(2) « Les habitants de la paroisse de Vaux ont conservé l'habitude de se
« faire inhumer autour de la chapelle de *Notre-Dame la Blanche*. Cet usage
« rappelle un fait oublié ; c'est qu'ils changèrent autrefois leur domicile en
« transportant leurs demeures sur le Comtat, pour y jouir de plus amples
« immunités. » (A. VINCENT, *Notice historique sur Mollans*, page 93.)
Ce déplacement des habitants de la vallée est un fait incontestable, confirmé par la dénomination de *Petit Veaulx* que porte encore aujourd'hui le

On sera peut-être surpris de voir que précisément à la suite de la reconstruction de cette chapelle, les habitants aient été dotés d'une église paroissiale au centre même de leurs demeures. Nous ferons observer à ce sujet que la chapelle et le cimetière tout en appartenant aux gens de Veaulx étaient sur le territoire de Mollans et du Dauphiné, avec lesquels on était parfois en discussion. D'ailleurs, cette chapelle, située de l'autre côté du torrent, était loin d'être commode pour le service religieux.

Quant à la petite église paroissiale, elle est reconnaissable à son campanile qui domine à peine les maisons environnantes. Lourde et massive, elle ne présente aucun intérêt à l'observation du touriste. Elle est éclairée par quatre fenêtres et placée sous le vocable de Notre-Dame de la Présentation ; saint Michel, patron de la paroisse de Malaucène, étendant sa protection sur cette annexe comme sur l'église-mère.

Voici à quelle occasion fut construit ce petit sanctuaire. Lors du procès pendant entre les deux communes de Malaucène et de Mollans, à propos de la possession de certains quartiers de la forêt (1), le Conseil de Malaucène fit un vœu et promit à Dieu de construire une chapelle à Veaulx, si la décision des arbitres lui était favorable. Après l'heureuse issue de cette affaire, les consuls réunirent le Parlement et prièrent les habitants de vouloir bien reconnaître leur vœu et allouer la somme nécessaire pour la construction. La proposition ne souffrit aucune difficulté ; la somme fut votée et la chapelle bâtie (2).

Mais où commencèrent les embarras, ce fut au moment d'obtenir de l'évêque de Vaison la bénédiction du petit monument religieux. Les habitants de Malaucène, peu versés dans la science du droit-canon, supposaient que la chose irait toute seule ; ils furent donc fort étonnés quand le prélat leur demanda le titre de dotation de cette église, rendue publique par destination. Le Conseil se réunit de nouveau, fit ce que demandait l'évêque et vota une dotation annuelle.

Le procès-verbal de cette réunion nous paraît trop intéressant,

---

quartier où s'élevait le hameau primitif. Seulement M. l'abbé Vincent se trompe sur le motif qui avait déterminé ce mouvement. Le but des émigrants était moins la jouissance d'immunités plus amples que la délivrance des tracasseries municipales.

(1) Livre III*, chapitre IV*, paragraphe 6.

(2) Archives municipales, *Libvre des Conseils*, aux dates de janvier et février 1643 et 17 mai 1645.

au point de vue des mœurs, pour que nous ne le donnions pas ici dans son entier.

« Lan 1645 et le dimanche 6 aoust, le Conseil réuni à la maison
« consulaire, par devant Anthoine Joannis, docteur es-droits,
« Viguier, et les conseuls François Robin, Pons Filholet et
« Alexandre Duplan, etc.

« Auquel Conseil lesdicts sieurs Conseuls ont remonstré et
« proposé que le sieur Conseul Robin a esté ces jours passés à
« Vaison pour obtenir de Monseigneur Ill° et R^{me}, evesque de
« Vaison, la bénédiction de la chapelle de Veaulx, lequel ne lha
« voullu permettre que au préalable la présente ville et commu-
« nauté ne dotte ladicte chapelle de quelque fondation et dotta-
« tion; pourtant ont demandé sur ce délibérer et conclure.

« Lesdicts Conceil et conseilhers, attandu que le tout a esté
« faict pour lhonneur et gloire de Dieu; touts unanimement, et
« nul discrépant, ont dotté et dottent à perpétuité, à ladvenir
« ladicte chapelle de cinq florins qui seront annuellement et
« perpétuellement payés à MM. les prebtres aggrégés et aggré-
« gation de l'église parrochielle de la présante ville de Mallau-
« cène à chasque jour trantiesme dapvril, avec paiche, charge,
« qualité et condition que ils seront teneus et chargés à perpé-
« tuité d'aller dire et cellébrer deux messes basses à ladicte
« chapelle anniversairement, sçavoir: l'une audict jour tran-
« tiesme dudict mois dapvril, en action de grâces, jour auquel la
« sentence a esté donnée en faveur de ladicte présante ville et
« communauté, contre la communauté et particuliers de Mou-
« lans, en Dauphiné; et laultre à la seconde feste de Pante-
« costes de chasque année.

« Et, à ces fins, ont donné charge auxdicts sieurs Conseuls,
« daller à Vaison, pour faire les instances, réquisitions et suppli-
« cations nécessaires à mondict seigneur Ill° et R^{me}, evesque de
« Vaison, pour la bénédiction de ladicte chapelle. »

(Extrait du *Libvre des conseils*. Gaudibert, secrétaire.)

Cette fondation était fort modique; l'évêque cependant voulut bien s'en contenter et la cérémonie d'inauguration ne tarda pas à mettre l'édifice à la disposition des fidèles.

L'ancienne église de Notre-Dame de Vels, *Ecclesia Nostre Domine de Vellis*, donnée à l'ordre de Saint-Benoît (1), était

---

(1) On peut voir en particulier, à notre Tome I, les notes des pages 95 et 96.

le siège d'un prieuré. Parmi les prieurs de Veaulx nous citerons l'abbé de Sallières de Fosseran qui, dans la suite, devint évêque de Vaison et qui s'intéressa toujours à son ancien bénéfice, dont il avait longtemps retiré la dîme au *trentième* des fruits (1). Lorsqu'il était encore prieur, il se déchargea de son titre en faveur du curé de Malaucène. Celui-ci, qui était alors Jean Chaix, accepta la cession qui était faite plutôt aux prêtres de l'Agrégation qu'au curé lui-même et donna son consentement par écrit, le 8 mai 1729, aux conditions suivantes : Le prêtre agrégé de Malaucène, qui serait chargé du service religieux, tiendrait les registres des mariages, baptêmes et décès. Le jour de la fête patronale de Saint-Michel, il ferait présent à l'église de la paroisse d'un flambeau en cire, comme reconnaissance officielle de la dépendance de l'église annexe. Enfin, ce même jour, il devrait assister à la procession et aux offices solennels comme preuve de son affiliation à l'Agrégation et faire à ce titre chapier, diacre ou sous-diacre, selon qu'il en serait requis (2).

Tout ceci n'était que la suite des mesures prises lors de la visite pastorale, faite aux Granges de Veaulx, par l'évêque de Cohorne de la Palun, en 1726.

Ce prélat, après avoir fait sa tournée canonique à Malaucène, était parti à cheval, à 5 heures du matin, accompagné de son aumônier et d'une nombreuse suite. Arrivé à 8 heures, il commença bientôt les cérémonies de la visite et donna la confirmation à vingt-cinq adultes qui représentaient environ le quart de la population et dont les noms furent inscrits sur les registres avec ceux de leurs parrains et marraines respectifs. Les habitants demandèrent ensuite à l'évêque de leur donner un prêtre qui voulût bien résider au milieu d'eux (3).

Néanmoins les membres de l'Agrégation qui furent pendant longtemps chargés des services religieux du prieuré de Veaulx ne résidèrent pas toujours dans ce lieu solitaire. Plusieurs préférèrent habiter Malaucène et ne se rendre aux Granges que les jours de dimanche et de fête et lorsqu'on les réclamait pour une fonction de leur ministère. Ceci est si vrai que, le 7 mai 1761, le chef de la légation d'Avignon proposa à la Communauté de Malaucène

---

(1) Expilly, *loco citato*.
(2) Archives paroissiales, *Liber B. Fundationum*, f° 207.
(3) Archives du département de Vaucluse. — Fonds de l'évêché de Vaison. Registres des procès-verbaux des visites pastorales faites à Malaucène (année 1726).

d'acheter, pour le receveur de la tasque de Veaulx, le bâtiment occupé jadis par le prieur (1).

L'entretien du sanctuaire était à la charge du prieur et l'entretien de la nef à la charge de la Communauté de Malaucène. Aussi, sur une demande de réparations à leur église, adressée par les habitants au vice-légat Aquaviva (2), voyons-nous celui-ci faire la part de chacun et recommander au prieur le sanctuaire et à la Communauté le reste de l'édifice (2 novembre 1745), et, au moment où allait finir la domination pontificale, le dernier vice-légat, Casoni (3), approuver une délibération du Conseil de Malaucène, par laquelle on avait décidé de doter la chapelle du hameau d'une cloche de deux quintaux, en remplacement d'une autre devenue hors de service (10 septembre 1789).

Le dernier prieur de Veaulx fut l'abbé Félix-Martin Isnard, auquel nous consacrerons quelques lignes dans notre *biographie*.

Un des premiers actes de l'administration française, après l'annexion, fut la vente au profit de la Nation de deux bâtiments appartenant à la Communauté de Malaucène et situées au hameau ; ayant servi l'un de *maison commune* et l'autre de *maison curiale*, plus une aire et quelques régales dépendant desdites maisons. Il paraît que la chapelle ne fut point vendue, mais elle n'en resta pas moins privée de l'exercice du culte.

Le 9 novembre 1844, le Conseil municipal prit enfin une délibération pour la faire ériger en succursale, s'engageant à la restaurer et à pourvoir à son entretien et acceptant la proposition des habitants de Veaulx qui s'obligeaient à fournir le presbytère et tous les accessoires propres à l'exercice du culte catholique.

L'acte d'érection fut signé le 9 juillet 1845.

(1) Archives municipales, registres des Règlements.
(2) Archives municipales, *série* DD, 1745.
(3) Archives municipales, registres des Règlements.

LIVRE QUATRIÈME

BIOGRAPHIE

Les recherches au point de vue des noms patronymiques dans notre pays, limitrophe du Dauphiné, présentent des difficultés, car s'il est vrai que les appellations successives et héréditaires aient commencé à entrer dans les familles dès le XIe siècle (1), elles ont subi aussi de nombreuses fluctuations avant d'arriver à une immobilité relative.

Même de nos jours, malgré la sévérité des lois qui président à la tenue des registres de l'Etat-Civil, sous la surveillance des tribunaux, bien des gens trouvent le moyen de quitter le nom de leurs ancêtres et de lui en substituer un nouveau. C'était bien autre chose à une époque où chacun, indépendamment du nom qu'il tenait de son père, avait son surnom officiel. Le nom était d'abord suivi du surnom ; puis le nom patronymique disparaissait et se trouvait remplacé peu à peu définitivement par le surnom qui devenait ainsi lui-même nom patronymique. Si l'on veut des exemples, en voici quelques-uns :

NOMS.	SURNOMS.
Martini	Sardini.
Ayssarici	Lamberti.
Oliverii	Barbani.
Picaroni	Ramelli.
Meyr	Chalancon.
Penchenarii	Lombart.
Franconis	Linerii.
Laugerii	Ravalherii.

On sera peut-être curieux de savoir s'il existe aujourd'hui beaucoup de personnes portant le même nom patronymique.

(1) ALLARD, *Dict. du Dauphiné*, Tome II, page 225.

Pour répondre d'avance à cette question nous avons fait un relevé complet, mais nous n'en donnons qu'une partie qui nous paraît suffisante. Ainsi nous avons pu compter :

150 Blanc. — 120 Charrasse. — 65 Bremond. — 60 Bernard. — 45 Arnaud. — 45 Isnard. — 42 Astaud. — 42 Martin. — 40 Bonnel. — 39 Barnoin. — 39 Camaret. — 36 Ripert. — 36 Beynet. — 33 Hiély. — 30 Bègue. — 30 Charbonnel. — 30 Thomas, etc.

Nous renverrions ceux qui voudraient en savoir plus long aux registres de l'Etat-Civil et aux listes électorales.

Parmi les noms qui figurent dans notre présent livre, plusieurs appartiennent à la noblesse locale ; noblesse d'autant plus nombreuse autrefois qu'on n'y dérogeait point par le négoce et qu'on pouvait l'acquérir par l'exercice de certaines professions, telles que celles des armes ou du notariat, par la nomination à certains emplois comme celui de viguier, ou simplement par le fait de la richesse.

Il ne faudrait pourtant pas prendre pour nobles les personnes dont le surnom est précédé de la particule, comme dans les exemples suivants :

Guilhelmus de Lausa. — Ruphus de Trichino. — Bertrandus de Cresto. — Poncius de Rallana. — Johannes de Romanis. — Poncius de Monte Albo. — Petrus de Valle Clausa. — Elziarius de Sancto Laugerio. — Stephanus de Sancto Martino.

Les mots de *Miles, Domicellus, Nobilis et Generosus vir*, ou bien en abréviation NOB. ou N. précédaient toujours le nom d'une personne appartenant à l'ordre de la noblesse. Ceux de *Honorabilis, Prudens, Discretus vir Dominus ou Domina*, ou simplement D. indiquaient la bourgeoisie. Le troisième ordre était reconnaissable par l'absence de signe caractéristique.

Cette indication ne doit pas être prise comme une banalité ; elle est au contraire l'expression d'un fait que nous signalons à l'attention des personnes qui pourront avoir la facilité de fouiller les registres de catholicité de la paroisse, devenus registres de l'Etat-Civil. Il est rare que dans ces divers actes on se soit écarté de cette règle générale.

Aujourd'hui beaucoup de familles anciennes ont disparu, soit parce qu'elles sont tombées en quenouille, soit parce qu'elles ont fixé leur demeure dans d'autres pays.

Notre intention ayant toujours été de ne point sortir du domaine de notre histoire, nous ne suivrons ces vieilles lignées ni dans leurs métamorphoses, ni dans leurs pérégrinations. Il nous suffira d'indiquer dans quelles maisons elles se sont fondues ou dans quelles contrées elles se sont transportées, considérant comme compris dans notre cadre les enfants de ceux qui sont nés à Malaucène ou qui l'ont habité. Mais nous ne franchirons point cette limite dans nos articles bio-bibliographiques.

Nous n'avons pas et nous ne pouvions avoir la prétention de dresser un nobiliaire. Notre ambition a été seulement de fournir aux familles de Malaucène ou sorties de Malaucène le moyen de retrouver leur filiation et de compléter leur arbre généalogique. Nous nous sommes appliqués aussi à mettre en lumière les personnalités locales dont plusieurs étaient restées dans l'ombre.

AILLAUD.

Louis d'Aillaud ou *Aillaud*, prêtre et curé de Crillon, acheta, en 1754, du seigneur de la Bastie, les terres d'Entrechaux, et fut reçu au nombre des habitants actifs de Malaucène (1) vingt ans après cette acquisition. Il mourut à l'âge de cinquante ans environ, dans sa paroisse, laissant à son frère Jean-Gaspard, chevalier, gouverneur du comté de Forcalquier, baron de Castelet, Vitrolles et Montjustin, les seigneuries d'Entrechaux, Alauzon, la Roche-sur-Buis, Bouvières, Chaudebonne et quelques autres fiefs situés dans le Dauphiné.

Jean d'Aillaud, surnommé *la poudre*, père de Louis et de Jean-Gaspard, était né à Lourmarin où il exerça la médecine et la chirurgie. Ayant fait fortune avec une poudre purgative de son invention, il devint un des plus riches seigneurs de Provence. Les d'Aillaud étaient originaires de Picardie, d'une noblesse incontestée et alliée aux meilleures familles de Provence.

ARMES : *De gueules, à trois têtes de lion lampassées d'or, au chef d'azur chargé d'une lune rayonnante d'argent.* DEVISE : *Salva nos.* CRI DE GUERRE : *Ailli*.

(L'abbé GAY, *Histoire du Village de Castelet*, Forcalquier, 1878. — MORÉRI, *Diction. hist.* — ARTEFEUIL, *Nobiliaire de Provence*. — BARJAVEL, *Dict. bio-biblio.* — MISTARLET : *Essai généalogique sur la noblesse du Comté Venaissin.* — *La Provence à travers champs*, n° 13, du 5 mars 1881.)

ALAUSON.

Famille originaire de la paroisse d'Alauson, arrière-fief dépendant de la terre de la Roche-sur-Buis. Elle était alliée aux Mé-

(1) Voir Tome Ier, page 401 (note 3).

vouillon, du Puy, d'Agoult, d'Urre, de Révillasc, etc. D'après le *Livre-Terrier* dressé en 1433, elle était déjà fort ancienne à Malaucène à cette époque et y occupait un des premiers rangs.

Jean d'Alauson y possédait deux maisons situées dans la rue Chaberlin et de nombreuses propriétés rurales, éparses sur le territoire communal, parmi lesquelles cinq étaient franches de toute servitude.

Joseph-André d'Alauson remplit longtemps, à Carpentras, les fonctions de procureur de la Communauté (1435), à laquelle un de ses descendants vendit le moulin voisin de la porte Filiol (1513).

La famille d'Alauson est tombée dans celle de Chabestan par l'alliance de Louise d'Alauson avec Vincent de Chabestan (1530).

ARMES : *Coupé de gueules sur argent, à une rose de l'un en l'autre.*

Archives municipales, *Registres des délibérations* et *Livre-Terrier*. — PITHON CURT, passim et plus particulièrement Tome Ier, pages 313 et suiv. — GUY ALLARD, *Dict. du Dauphiné*, Tome Ier, page 14. — CHORIER, l'*Estat politique*, etc. Tome III, page 161.)

ALBERT (D').

Les d'Albert, nobles Florentins exilés à différentes reprises et notamment à la fin du XIVe et au commencement du XVe siècles, se réfugièrent à Avignon et dans le Venaissin. Ils choisirent cette contrée de préférence à toute autre parce que, étant administrée par un gouvernement italien, elle était remplie de familles italiennes et florentines, et aussi parce qu'ils y rencontraient des facilités pour la banque, le commerce et l'étude du droit.

Pithon Curt (1), tout en reconnaissant qu'il existait jadis à Carpentras deux branches de cette maison, ne va pas au-delà de Raymond Alberti, damoiseau, lequel vivait en 1378. Nos documents originaux nous permettent de remonter à une époque antérieure. Nous arrivons en effet à Raybaud Alberti, damoiseau de Malaucène (*domicellus*) et à l'année 1286. Ce seigneur vend à la Communauté des droits qu'il possédait, par indivis avec d'autres particuliers, sur les tasques de Veaulx, Arnoulx et Vesc (2).

Nous laissons aux généalogistes le soin de trouver la jonction entre ces différentes familles de Malaucène et de Carpentras. Nous nous bornerons à mentionner :

(1) *Hist. de la noblesse du Comté Venaissin*, Tome IV, page 140.
(2) *Pièces justificatives*, N° XI.

I. — *Jacques d'Albert* (de Alberto) porté sur le *Livre-Terrier* de 1433 comme riche propriétaire. Dans un moment critique, à cette même date, il fut nommé par ses concitoyens au commandement militaire d'une section des habitants (1).

II. — *Gaspard Alberti* désigné pour recueillir les suffrages des chefs de famille, dans un vote au parlement général tenu en 1460 (2).

Tout en reconnaissant que les d'Albert et les de Luynes, devenus plus tard seigneurs de Brantes (3), de Cadenet (4), de Mornas, etc., partaient d'une tige commune, Pithon Curt (5) s'arrête à Thomas Alberti (1410) comme étant, selon lui, le premier auteur connu de la maison de Luynes. Il avoue ensuite que ces d'Albert ne venaient pas du bas Languedoc et finit par poser cette question à propos de Thomas : « D'où venait-il ? » — et il répond lui-même : « Probablement de Florence » et, des trois titres qu'il offre à ses lecteurs, le plus ancien porte la date de 1409 et n'est autre qu'un extrait des minutes de Jean Michaëlis, *notaire à Carpentras* (6) !

Les de Luynes existaient à Malaucène en même temps que les d'Albert. Une seule preuve nous suffira. Nous l'empruntons au *Livre-Terrier* de 1433 dans lequel nous trouvons l'indication de deux redevances payables par Jacques d'Albert à noble Guillaume de Luynes (Loyni).

Armes : *D'or, au lion couronné de gueules.*

(Archives municipales. — Pithon Curt et P. Anselme, *Hist. des grands officiers de la Couronne*, tome IV.)

Amondieu.

Cette famille paraît être originaire de Malaucène, sans cependant remonter au delà de deux ou trois siècles.

Jacques Amondieu est présenté, lors du dénombrement fait en 1768, comme chef de cette maison et père de François, Jean et Jean-Louis. — Jacques fut consul en 1762.

(1) Tome Ier, page 241.
(2) Tome Ier, page 273.
(3) Le fief de *Brantes* ne doit pas être confondu avec celui de Brantes ou Brantoulx, voisin du territoire de Malaucène. Il s'agit ici d'une terre située entre Mornas et Piolenc.
(4) Cadenet est une île assise sur le Rhône, au sud de Mornas et à l'ouest de Piolenc.
(5) *Hist. de la noblesse du Comté Venaissin.* Tome IV, page 136.
(6) *Ibidem*, page 204.

Jean-Louis se maria (11 juillet 1758) avec Marie-Anne Joannis, fille d'Ignace et de Marguerite Guintrandy, et fut trésorier de la Communauté, en 1774.

Le 1ᵉʳ pluviose an IV, *Jean-Joseph*, son fils, officier de santé et pharmacien, voulant s'établir à Avignon, Jean-Louis lui prêta la somme nécessaire par avancement d'hoirie. Si cet établissement eut lieu réellement à Avignon, ce ne fut que pour bien peu de temps et Jean-Joseph Amondieu se fixa définitivement à Carpentras.

Joseph-Louis fils du précédent, savant mathématicien, a publié: 1° *Etude des études de la nature de Jacques Bernardin de Saint-Pierre, servant à éclaircir quelques objections que cet auteur a faites aux sciences naturelles*. Avignon, 1821. — 2° *La minéralogie enseignée en 24 leçons*, Paris, 1826. — 3° *Cours de mathématiques spéciales*, Nantes 1835.

(Archives municipales. — BARJAVEL.)

ANDRÉ.

Le Père *Jean-Joseph André*, jésuite, né à Malaucène le 22 brumaire an XI (13 novembre 1802), fit ses études dans les séminaires d'Avignon. Ordonné prêtre, il fut successivement vicaire, à Valréas, desservant à Entrechaux (1832) et à Sérignan (1836). En novembre 1850, il réalisa le vœu de toute sa vie et entra dans la Compagnie de Jésus. Il mourut, à Avignon, au mois d'août 1880. Sous une écorce un peu rude, il cachait un excellent cœur.

(*Revue des Bibliothèques paroissiales*).

ANSELME (D').

André-François-Gaspard d'Anselme, chevalier de Malte, était natif de Pernes. Il possédait sur le territoire de Malaucène les grands domaines des Piotons et de Saint-Quenin (1762). Pendant l'émigration, ces propriétés furent mises sous le sequestre (8 brumaire an VI), et, après la mort du chevalier, passèrent à ses neveux, c'est-à-dire aux familles des Isnards, de Carpentras, et de Bonadona, de Malemort.

ARMES: *D'azur, à la poule d'argent, crêtée, becquée et onglée de gueules et accompagnée de sept étoiles d'or, quatre en chef et trois en pointe.*

(MISTABLET. — Documents domestiques de la famille Léopold Blanc, de Malaucène. — PITHON CURT, I, 508).

Anselme.

La famille Anselme tout à fait distincte de la précédente, avec laquelle elle n'a aucun rapport de parenté, paraît être récemment implantée dans le pays. Ce qui nous permet de le croire, c'est que aucun Anselme ne figure dans le dénombrement des habitants dressé en 1768. Trois Anselme ont été maires de Malaucène : 1° Joseph-Toussaint (1831), 2° Pierre-Martin (1826) et Léonard (1852).

Antoine ou d'Anthoine.

Mistarlet et, après lui, Barjavel reconnaissent la famille d'Anthoine comme originaire de Malaucène même. Elle fit preuve de noblesse en 1620, en la personne de Paule d'Anthoine.

Jacques acheta la grande maison des Brancas (1531) et assista à la transaction passée le 29 août 1572, relative à l'acquisition par la Communauté des droits seigneuriaux.

François-Alexis, seigneur de Blioux, acheta la charge de secrétaire du roi au parlement de Provence et épousa Anne de Sylvestre. *Jean-Joseph-Jacques*, son fils et son successeur dans la seigneurie de Blioux, exerça les fonctions de juge seigneurial à Gordes. Il était né en 1726.

Etienne, né le 20 février 1737, à Malaucène, peut-être, ou à Carpentras, s'adonna à la sculpture. On peut voir dans le Dictionnaire Barjavel la longue énumération de ses œuvres ; nous nous bornerons à signaler ici le groupe en marbre blanc de Carrare, représentant les *Trois Grâces*, qui décore une des places de Montpellier et le tombeau, également en marbre blanc de Carrare, élevé, dans la chapelle de l'hôpital de Carpentras, à la mémoire de l'évêque d'Inguimbert.

Les d'Anthoine ont fourni à leur pays natal des notaires, des greffiers, et un très grand nombre de syndics et de consuls, des docteurs en théologie et des prêtres agrégés.

(Documents inédits sur la noblesse et les anciennes familles de Malaucène, appartenant à M. Félix Brussett, — MISTARLET. — BARJAVEL).

Arnoulx *(Arnulphi* ou *de Arnano)*.

Ce nom que porte l'un des quartiers montagneux du territoire de Malaucène lui vient des anciens propriétaires qui vivaient avant le XI° siècle et sur le compte desquels nous n'avons aucun renseignement. Nous trouvons, il est vrai, dans le *Protocollum* de Girard Bermund, notaire à Malaucène (1415), un Girardus Arnulphi, et au livre des *Reconnaissances du Grosel* (1567), un Claudius Arnulphi, mais tout nous prouve que ces derniers n'ont aucun lien de parenté avec les seigneurs du même nom.

(Archives municipales).

ASTAUD ET ASTOUD.

Ces deux noms plusieurs fois substitués l'un à l'autre dans la suite des siècles, désignent la même famille. Astaud paraît être le vrai nom patronymique de cette maison.

Rostagne, femme de Jacques Astaud, hérita d'une vigne située au quartier de Venterone (1) le 7 février 1416.

Guillaume Astaud fut nommé syndic en 1437.

La section du territoire qui porte le titre des Astauds était ainsi qualifiée avant même 1567. Les Astauds ont fourni à la commune bon nombre de syndics et de consuls. Lors du dénombrement des habitants fait par ordre du Conseil, en 1768, on trouva dix Astoud reconnus *anciens* habitants et aucun Astaud. Maintenant, au contraire (1883), il n'y a plus d'Astoud et quatorze Astaud sont inscrits sur les listes électorales.

(Archives municipales).

ASTIER (D').

Tout en disant que la ville d'Orange paraissait être le berceau des Astier, l'auteur de l'*Essai généalogique sur la Noblesse du Comtat Venaissin* exprimait le désir que des recherches fussent faites pour arriver à connaître le véritable lieu d'origine de cette famille. Il rapporte son établissement à Malaucène, à Gaucher Astéri, damoiseau de Vaison et le place en l'année 1397.

Le *Livre-Terrier*, précieux manuscrit de 1433 qui nous a si souvent servi de guide, parle, en effet, d'un Astéri venu de Vaison. Il s'appelait *Marin* et exerçait la profession de *barbier*, indications bien différentes de celles données par Mistarlet. La maison achetée en 1397, d'après cet auteur, était l'hôtellerie *de la Campane* ou de la Cloche (2).

Jean Astier, homme de loi (jurisperitus) et *Guillaume Astier*

(1) « Testamentum Appoline Crote. — Item lego Rostagne, uxori Jacobi « Astaudi, quandam terram scitam in Venterone, juxta vineam Dñi Rostagni « Melheti. » (Protocollum G. Bermundi, 7 febr. 1516, f° 71, en l'étude de M° Souchon).

(2) « Heredes Marini Asterii, barbitonsoris quondam de Vasione, habent « et possident, juxta cedulam per ipsos traditam, in loco Malaucene, diver- « sorium Campane. » *(Livre-Terrier)*.

firent partie de la commission chargée de travailler à la rédaction des Statuts municipaux de 1500 (1).

Gautier (*Gauterius*) et non Gaucher, comme l'appelle Mistarlet, deuxième syndic en 1518, eut deux fils : Christol et Vasquin.

Christol, d'abord premier syndic (1558), fut ensuite élevé à la dignité de viguier. Comme nous l'avons déjà dit (Tome I, page 130), il demeura en fonctions jusqu'en 1582. Pendant sa longue administration, il présida le parlement où fut discutée la grande question de l'affranchissement du territoire de la Commune (1572).

A cette assemblée générale assistèrent en outre Vasquin Astier, frère de Christol, alors premier syndic et Mathieu Astier.

Vasquin, une fois déjà, avait été premier syndic (1566). Christol et Vasquin, agissant de concert, obtinrent du parlement d'Orange la qualification de gentilshommes (1584). Christol mourut sans alliance, laissant tous ses biens à son frère Vasquin. Celui-ci, marié à Françoise de Florens, eut deux fils : Alexandre et Pierre.

Pierre d'Astier fut la souche des Astier-Monessargues transplantée à Verdun.

Quant à *Alexandre*, il fut viguier de 1597 à 1603. Le pape Grégoire XIII le créa chevalier de l'Éperon d'Or et comte du sacré palais, avec la faculté de porter le collier de l'ordre, l'épée et les éperons dorés. Le bref de la nomination donnée à Rome, fut enregistré à la Chambre Apostolique, sous la date du 1ᵉʳ juin 1593. Alexandre fut le premier de sa famille à prendre la particule. Il signait d'Astier, tandis que tous ses aïeux signaient Astier tout court. Il épousa Faustine de Montault. Sa descendance forma deux branches.

I. — *Jean d'Astier* de *Cromessière* (2), petit-fils d'Alexandre, s'allia avec Angélique-Philippine de Lopis de la Fare et en eut deux fils.

Guilhaume-Antoine, chevalier, seigneur de Cromessière, capitaine au régiment de La Fare, épousa Marie-Thérèse Gaudibert de Malaucène, dont il eut :

(1) Voir *Pièces justificatives*, N° XXXIII.

(2) Ce nom de *Cromessière* désigne une propriété voisine de Saint-Raphaël et qui est mentionnée au *Livre-Terrier* comme appartenant à la famille **Nigri** ou **Nègre**. *Cormeciera*, lieu complanté de cormiers ou sorbiers domestiques. Par corruption de langage on a dit Cromessière et Cromassière, au lieu de Corméciere.

1. — *Marie-Angélique d'Astier*, mariée à Joseph-Louis d'Hugues, de Sérignan.

2. — *Frédéric d'Astier*, chevalier de Saint-Louis, capitaine au régiment de Berchiny Hussard.

3. — *Hyacinthe-Antoine*, chevalier d'Astier de Cromessières, capitaine dans le régiment royal Comtois, chevalier de Saint-Louis. Il mourut, sans alliance, en 1787 et fut inhumé avec son épée au cimetière Saint-Raphaël, laissant aux enfants issus du mariage de sa sœur avec le chevalier Joseph-Louis d'Hugues ses deux grandes propriétés de Château-Vert et du château de Cromessières.

Jean-Sextius d'Astier, frère de Guillaume-Antoine, marié à l'héritière de la Maison de *Montferrand*, dont il prit le nom, continua d'habiter Malaucène après son mariage, dont il n'eut qu'une fille. Il mourut à Malaucène, 2 mai 1741.

La branche des d'Astier de Cromessières a fourni en outre :

Michel, prêtre et membre de l'Agrégation de Malaucène, nommé prieur de Saint-Michel de Mollans (1686), remplit d'abord par lui-même les devoirs de la charge pastorale ; mais, à partir de 1701, il se fit remplacer par des vicaires, cessa de résider et fixa sa demeure habituelle dans le château de Cromessières. Il donna pour raison de sa conduite qu'il y avait erreur dans ses bulles de nomination ; et que, son bénéfice étant simple, il n'était pas tenu à la résidence personnelle. La légation d'Avignon reconnut le fait et déclara que le prieur ne faisait autre chose qu'user de son droit.

Fort de cette décision et malgré une ordonnance de l'évêque de Vaison et un jugement du parlement de Grenoble, le prieur ne changeant rien à sa manière de vivre et de faire, continua à résider dans sa solitude et à se livrer aux charmes de la poésie française et latine.

Plusieurs de ses pièces de vers nous ont été conservées par Jean-Thomas Ginoux, notaire à Mollans, qui les a insérées dans son manuscrit intitulé : *Notre-Dame du Pont*.

Il se trouvait à Mollans, lorsque la mort vint l'y surprendre (en 1745), à un âge très-avancé (1).

II. — *César d'Astier de Montfaucon*, fils d'Alexandre et de Faustine de Montault, établit sa résidence à Carpentras, lors de son mariage avec Polixène de Sobirats (fille de Paul et de Louise

---

(1) Archives de la paroisse de Mollans et de la paroisse de Malaucène, fonds de l'Agrégation.

Gautier de Girenton), en 1628. Les habitants de Carpentras le nommèrent second consul (1656) et le gouvernement pontifical l'éleva à la dignité de Viguier de Malaucène, après la reddition du Comtat (10 septembre 1664).

Ses enfants prirent le nom et les armes des Soubirats. *Paul-François*, comte de Soubirats, l'aîné, habita Malaucène et se maria avec Oriane d'Anselme (1660). Il en eut cinq fils qui tous se distinguèrent dans l'état militaire et deux filles dont l'une, Marie-Anne, s'unit à François-Joachin de l'Espine du Pouët et l'autre, Elisabeth, avec Gaspard de Lopis de la Salle, seigneur de La Fare. Le fils cadet de Paul-François, ayant été reçu page aux écuries du roi, fut présenté à Louis XIV sous le nom de *Zorobabel de Roques-Ventouse de Carpentras*. Ce qui fit dire à ce prince : « Grand Dieu ! quel saint ! quel nom ! quelle patrie ! »

Un autre fils de Paul-François, portant les mêmes prénoms que lui, fut le premier à ajouter à son nom le titre de sieur de *Lauzières*, à cause du château de la Lauze, qui appartenait à sa famille. Il était chevalier de Saint-Louis, ingénieur du roi, gouverneur d'Antibes, brigadier des armées du roi (1ᵉʳ février 1719).

Alexandre-Justin d'Astier, chevalier, major du régiment de Toulouse infanterie, prêta hommage de sa terre de Montfaucon en Languedoc, en la Cour des Comptes de Montpellier, et prit le titre de baron de Montfaucon (1722). Il s'unit à Thérèse-Hélène de Brancas, des comtes de Forcalquier.

Un de ses trois fils, *Joseph-Ignace-Christophe-Siffrein*, fut très lié avec Jean-Jacques Rousseau. On peut lire dans le Dictionnaire du docteur Barjavel le long article qui lui est consacré. Il reçut ce philosophe dans ses maisons d'habitation de la ville et de la campagne, situées tant à Carpentras qu'à Malaucène. Au mois de mai 1778, il fut choisi par les habitants de Malaucène pour remplir la charge de premier consul. Il s'intéressa toujours beaucoup à cette commune, même lorsqu'il eut fixé sa résidence à Avignon. Il faisait réparer et quelquefois même rebâtir les chétives masures des indigents, avec cette particularité que les volets des fenêtres étaient toujours passés en couleur jaune, qui était celle de son blason. Lors de la construction de la porte de la ville, à côté de l'hôpital, en 1790, il prit à sa charge la presque totalité de la dépense. Le 4 février 1792, il afferma sa propriété de la Lause à Jean-Antoine Blanc, sous la responsabilité de Joseph-David Guiméty. Jeté en prison, peu de temps après, à cause de sa qualité de noble, il fut rendu à la liberté en vertu d'un arrêté des représentants du peuple, Perrin et Goupilleau (20 fructidor an II). Il n'émigra point et ses biens lui furent rendus.

ARMES : (*D'Astier*). — *D'or, à la bande de sable.*

(D'Astier de *Soubirats*). — *D'or, au coq de sable, crêté et barbelé de gueules, posé sur une montagne à six copeaux de sable.*

(Archives municipales, passim. — Documents originaux fournis par les familles Léopold Blanc et Félix Brussett. — PITHON CURT, Tome III, pages 343 et 346. — BARJAVEL. — MISTARLET.)

ASTOAUD.

Pierre d'Astoaud, seigneur de Velleron, issu d'une des maisons les plus anciennes et les plus distinguées du Comté Venaissin, se maria, par contrat passé à Malaucène le 22 septembre 1631, avec Lucrèce de Valouse, (fille d'Esprit Boutin de Valouse et de Marie d'Augier). Il fut viguier de Malaucène (1640-1641).

Devenu veuf et n'ayant point d'enfants, il se remaria avec Jeanne de Joannis (fille unique et héritière de Michel sieur de Verclos), dont il eut une fille nommée Diane, qui fut donnée en mariage à Nicolas de Beausset, lieutenant civil et criminel au siège de Marseille (6 juin 1648).

ARMES : *De gueules, à l'aigle au vol abaissé d'or, couronné de même, membré et becqué d'azur.* DEVISE : *Aquila.* CRI DE GUERRE : *Astoaud.*

(Archives municipales. — PITHON CURT, I. 106. — MISTARLET, page 78. — BARJAVEL.

AUBERGUE (D').

Claude d'Aubergue de Reynier, ancien officier aux gardes du prince de Modène, régiment de Bavois (1744-1748), était né à Aix en Provence, le 20 mars 1723. Il avait de nombreuses possessions dans cette ville et dans le territoire de la *Roque-d'Anthéron* (Bouches-du-Rhône).

S'étant fixé à Malaucène en 1750, il y acheta plusieurs propriétés, en outre de l'antique domaine des *Reynier (Terra Reyneriorum)*. C'est à la suite de cette importante acquisition qu'il ajouta à son nom celui de *De Reynier*, ainsi qu'il en avait le droit, d'après les usages de l'époque.

D'une liberté et d'une franchise de langage qui ne lui permettaient pas de taire sa façon de penser, il eut l'imprudence, au mois d'avril 1793, de blâmer devant deux témoins, un double assassinat commis à Vaison peu de jours auparavant. Dénoncé pour ce fait « le 9ᵐᵉ jour de la 3ᵐᵉ décade du premier mois de la deuxième année de la République » et obligé de prendre la fuite, il se retira dans ses terres de La Roque-d'Anthéron, où il mourut (1808).

Il a laissé son nom à une petite rue, voisine de la maison qu'il occupait, dans la rue Chaberlin.

ARMES : *D'azur, à la tente d'argent, posée sur une terrasse de sinople, accostée de deux lévriers assis, d'argent, et surmontée d'un panache, de même, accompagnée de trois étoiles, une en chef et deux en flanc, aussi d'argent.*

(Archives municipales et archives domestiques de la famille d'Aubergue de Reynier, d'Aix.

AUBÉRY (D').

Maison ancienne et militaire qui tire son origine du Gâtinais. *Jean d'Aubéry* vivait à Malaucène et prêtait serment de fidélité au pape, le 11 février 1274. La descendance de ce chevalier se dispersa vers l'année 1440 et forma différentes branches qui s'établirent dans le Dauphiné, le Poitou, la Lorraine et jusqu'en Angleterre et en Irlande. *Etienne* Aubéry, surnommé *le Guerrier*, fils d'Antoine, dit *le Poitevin*, revint du Poitou dans le pays de ses aïeux, ou du moins dans une commune limitrophe (Saint-Léger), s'y maria avec Marguerite, fille de noble Armand Julliani, notaire, et fit souche pour les Aubéry de Saint-Léger et de Malaucène.

Un de ses arrière-petits-fils, *Etienne*, né à Saint-Léger, le 11 janvier 1693, épousa, en 1713, Marie-Anne Roux, d'Aurel. Vingt ans après, ennuyé du village, il vint s'établir à Malaucène. Il fut admis au nombre des citoyens actifs (18 juin 1733) et habita une maison de la Grand'Rue, en face de la rue Chaberlin. Cet immeuble qu'il avait acquis de J. Guintrandy de Véras, lui fut enlevé par la Communauté, en vertu du droit de prélation (14 mars 1738), pour être converti en Hôtel-de-Ville.

Il eut quatre enfants, savoir : Lély-Joseph, qui fut l'aîné ; Jean-François, prêtre, prieur de Saint-Léger ; Marie-Rose, mariée à Malaucène avec Joseph Sauveur, de la même ville, et Jeanne-Marie qui épousa Jean-Louis Aubert, de Savoillans.

Lély-Joseph, né à Saint-Léger, le 22 avril 1714, fut notaire à Malaucène et se maria avec Catherine-Rose de Morard (1741). Le 30 mars 1761, il fut nommé viguier et entreprit aussitôt, de concert avec Benoît Torcat, récemment arrivé dans le pays, l'inventaire des archives municipales. Il eut plusieurs enfants et notamment :

I. — *Joseph-Etienne-Augustin-Sébastien*, né à Malaucène, le 28 avril 1744, et non point le 28 août 1742, comme le dit Barjavel. Il était docteur ès-droits et exerça la double profession de notaire et d'avocat. Il continua aux archives de la Mairie la rédaction de l'inventaire, à la place de son père, enlevé par une mort inopinée (7 juillet 1762). Premier consul (1769). Juge de paix depuis l'institution de cette magistrature jusqu'à l'époque de son décès (1" juillet 1824), sauf aux mauvais jours de la Révolution. Inscrit sur la liste des émigrés (novembre 1792), il en fut rayé par ordre du comité du Salut public. Arrêté à Conflans par mandat du comité de Malaucène (13 mai 1794) et jeté en prison à Paris, il fut rendu à la liberté le 9 thermidor. Arrêté de nouveau et détenu aux prisons de Carpentras, il fut acquitté « pour défaut de délit » par les tribunaux de Nîmes et de Paris.

Il est l'*auteur* incontesté de la presque totalité du manuscrit intitulé : *Statistique du canton de Malaucène*, travail qui a servi à Maxime Pazzis pour la rédaction de son *Mémoire statistique sur le département de Vaucluse*. Le manuscrit d'*Aubéry* *est conservé* à la *bibliothèque de Carpentras* et fait partie de la collection Barjavel.

J.-E.-A.-S. Aubéry est considéré comme un des auteurs de la publication anonyme, faite à Rome en 1793 et ayant pour titre : *Mémoire sur la Révolution d'Avignon et du Comtat Venaissin* (2 vol. in-4°). L'exemplaire de cet ouvrage qui a appartenu à X. Moutte et qui fait actuellement partie des collections du Musée d'Inguimbert, à Carpentras, est enrichi de notes marginales qui lui sont attribuées.

II. — *François-Xavier Aubéry*, né à Malaucène le 21 janvier 1747 (Barjavel dit 21 juin 1749) décédé à Pontoise (Seine et Oise) le 17 février 1824. Homme d'esprit et d'une grande aptitude, son existence fut semée d'incidents variés. Il reçut les ordres sacrés et plusieurs prélats eurent occasion d'utiliser son habileté dans les affaires contentieuses de leur diocèse. Il devint vicaire-général de l'archevêque de Lyon, Yves-Alex. de Marbœuf, qui le demanda à l'évêque d'Angers, auprès de qui Aubéry remplissait les mêmes fonctions.

On a de lui : *Annales du royaume de France, du 1" septembre 1715 au 29 décembre 1787*. Paris, Le Normant, 1822. 1 vol. in-8°.

J.-E.-A.-S. Aubéry eut trois enfants :

1° *Etienne-Jean-François* qui fut successivement maire et juge de paix, à Malaucène, et qui mourut sans postérité, le 17 février 1842.

2° *Marie-Rose*, qui épousa, le 11 septembre 1776, Ignace-François-Xavier Villars, mort juge de paix à Avignon, dont le petit-fils, M. le D' Achille Villars, exerce la médecine à Avignon.

3° *Jeanne-Jose-Hippolyte*, mariée, le 8 août 1785, avec Joseph-Marie-Michel Barbeirassy, de Vaison. (Voir le mot *Barbeirassy*).

Armes. : *Au 1 et 4 d'or, à cinq trangles de gueules de onze pièces. Au 2 de gueules, à l'aigle éployée d'or, et au 3 d'azur, à trois fers de lance d'argent, posées 2 et 1.* Devise : *Virtus et lanceœ sustinent imperium.* Cri : *Calour.* Supports : *Un lion à dextre et un aigle à senestre.*

(Archives municipales; Dossier de la Maison-de-Ville : Dénombrement de 1768, etc. — Archives domestiques de la famille Raymond Barbeirassy, d'Avignon. — Mistarlet, page 86. — Barjavel, II, 108. — Pithon Curt, IV, 622. — Grandmaison, page 693.)

AUGIER.

Algerii, Augerii, d'Augier. Ce nom est, d'après Pithon Curt, « un des meilleurs du comté Venaissin. » Il paraît par des titres anciens que les Augier étaient, avant le XII° siècle, possesseurs de terres fort considérables, sur les bords du Rhône, dans le voisinage d'Avignon. Le premier membre de cette famille qui se montre dans notre histoire est *Guillaume*, juge et chancelier du comte de Toulouse dans le Venaissin. Il approuva la sentence judiciaire (1) relative aux tasques du quartier de Vesc (1230) et intervint dans la délimitation des territoires de Malaucène (2) et de Crillon (1279).

Longtemps après cette date, vient *Jean Augerii*, marchand de Malaucène, syndic de la noblesse en 1518, qui fonda la chapellenie de Saint-Sébastien (3) dans l'église paroissiale. Descendait-il du chancelier? Nous ne savons. Dans tous les cas ce serait assez difficile à prouver.

Un autre *Jean d'Augier*, fils de Siffrein, s'établit à Malaucène (6 octobre 1549) et se maria avec Marguerite des André. Il fut plusieurs fois syndic de la noblesse et eut deux fils.

1° *Théofre* (Theofredus), trois fois syndic de la noblesse. Nous avons plusieurs actes de lui. Ce sont des reconnaissances et une transaction (1564, 1567, 1570). Il épousa Louise de Ferrenc et n'eut qu'un fils appelé Pierre qui fut aussi à trois reprises syndic de la noblesse.

(1) *Pièces justificatives*, N° I.
(2) Tome I, page 5.
(3) *Pièces justificatives*, N° XXXV.

Pierre s'unit en mariage avec Marthe d'Astier, dont il eut *Marie* d'Augier, épouse d'Esprit de Boutin de Valouse (8 janvier 1608)

2° *Jean*, frère de Théofre, avec lequel il reçut diverses investitures de la chambre apostolique, et avec lequel il s'occupa de la rédaction des *Statuts municipaux* de 1500. Il eut deux fils dont l'un, qui porta comme lui le prénom de *Jean*, fut père de *Marguerite*, mariée à Esprit d'Astier, seigneur de Cromessière; et l'autre, *Pierre*, fixa sa résidence à Carpentras (1598).

Dès le commencement du XVII° siècle, la famille d'Augier cessa d'habiter Malaucène.

ARMES : *D'azur, à trois croissants d'argent.* DEVISE : *Volenti nihil difficile.* SUPPORTS : *Deux lions.*

(Archives municipales, passim et notamment *Reconnaissances du Grosel.* — MISTARLET, p, 92. — BARJAVEL, I, 117. — PITHON CURT, tome IV, page 216, *Essai sur l'ancienne famille d'Augier.* Ce dernier auteur, dans l'article *de Boutin*, Tome 1ᵉʳ, page 182, parle en passant des Augier et commet, relativement à la branche de Malaucène, plusieurs erreurs contraires à ce que nous lisons dans nos archives. Nous nous contentons de signaler ces erreurs sans chercher à les redresser.)

AURIC.

Les Auric sont originaires de Vaison. Ils s'établirent à Malaucène en la personne de *Joseph-Hyacinthe*, vers 1790.

François-Hyacinthe, son fils, épousa Adélaïde Brusset, (fille de Félix et de Rose Charrasse) le 15 janvier 1823. Il fut greffier de la justice de paix du canton de Malaucène et mourut dans cette ville, le 9 février 1872, à l'âge de 70 ans.

Etienne-Adrien, fils du précédent, né à Malaucène en 1829, a remplacé son père en 1864.

BALME (DE)

Raymond de Balme servait, en 1253, une redevance au comte de Toulouse. Cette famille, éteinte aujourd'hui, a fourni un syndic (*Gabriel*, en 1616) et un prêtre agrégé (*Claude*, de 1641 à 1680).

BARBEIRASSY

La famille Barbeirassy est originaire d'Italie. Elle arriva dans le Comtat à la suite de la Cour romaine, s'établit à Vaison et fournit à cette ville plusieurs consuls et nombre de chanceliers épiscopaux et de notaires apostoliques.

Robert, juge épiscopal, exerçait un commandement supérieur dans les troupes pontificales (1669). *Joseph-Marie*, son fils, fut baptisé dans la chapelle de l'évêché et eut pour parrain l'évêque Joseph-Marie de Suarez et Catherine de Panisse (1640). *Joseph-Marie-Michel*, auteur d'un *Mémoire* manuscrit *sur Vaison*, sa patrie, épousa Jeanne-Rose-Hippolyte Aubéry, fille de J.-E.-A.-Sébastien Aubéry (8 août 1785). De ce mariage naquirent deux fils: *Joseph-François*, notaire, qui fixa sa résidence à Avignon, et *Joseph-Paul-Martial*, né en 1794. Ce dernier se maria avec Marie-Madeleine Martin des Pomeys, de Montbrison (Loire), en 1818, et demeura à Malaucène, où il fut receveur des domaines. Il eut trois enfants:

1° *Joseph-Martin-Raymond*, ancien chef au ministère des finances, ancien directeur de l'Enregistrement, des Domaines et du Timbre, à Guéret d'abord, puis à Avignon. Admis à la retraite avant l'heure (3 mars 1880), M. Barbeirassy habite Avignon avec son fils unique Joseph-Paul-Raymond.

2° *François-Jules*, propriétaire à Malaucène.

3° *Jeanne-Marguerite-Hippolyte*, veuve du Dr Monges. Cette dernière est domiciliée à Cadenet (Vaucluse). Sa fille unique a épousé Ernest Bernard, propriétaire à Manosque (Basses-Alpes).

ARMES: *D'azur, à une oie passante d'argent à dextre, accompagnée à senestre d'un écot de même, posé en pal, feuillé de sinople.*

(Documents originaux fournis par M. Raymond BARBEIRASSY. — BARJAVEL. I, 131.)

BARNOIN.

Le document le plus ancien que nous ayons trouvé sur cette famille est une reconnaissance du 18 janvier 1524, consentie par *Louis Barnoin* en faveur du prieuré du Groseau, écrivant Castelli, notaire à Malaucène. Cette maison a fourni des magistrats et des avocats, des notaires et des médecins, des prêtres, et enfin des syndics, des consuls et des maires.

ARMES: *Fascé d'or et d'azur de six pièces, au chef d'argent, chargé de trois étoiles de gueules.*

(Archives municipales.)

BAUX.

A différentes reprises, il a été question dans notre histoire de cette famille princière; nous lui avons même consacré un chapitre spécial. Nous avons présenté les Baux seulement comme seigneurs de Malaucène. Or, après qu'ils eurent été remplacés par les comtes de Toulouse dans leur autorité souveraine, plusieurs de leurs descendants continuèrent d'habiter Malaucène. D'autres, sans l'habiter, y conservèrent de nombreux feudataires sous la haute mouvance des comtes de Toulouse et du Saint-Siège.

I. — *Hugues*, seigneur de Malaucène, fils de Bertrand Ier prince d'Orange, que nous avons dit avoir été vainqueur dans un tournoi d'Arles, devint dans la suite vicomte de Marseille et tige des comtes d'Avellin (1).

C'est pour rappeler le souvenir du pays d'origine des vicomtes de Marseille qu'une des rues de cette dernière ville fut appelée *rue de Malaucène*.

Un historien moderne ignorait sans doute ces détails lorsqu'il écrivait les lignes suivantes :

« Tout ce pays (Malaucène) appartint autrefois à la puissante « maison des Baux. L'ancien château seigneurial était possédé « par *une famille qui vit quelques-uns de ses membres s'établir* « *à Marseille dans un temps dont je ne puis déterminer la* « *date ni la durée.* » (2)

II. — *Sibille d'Anduze*, veuve de Barral Ier, ancien sénéchal du Comtat, et leur fils Bertrand de Baux, premier comte d'Avellin, sont désignés dans notre charte du VI des calendes de novembre de l'année 1270. Il s'agissait de séparer d'une manière précise le territoire de Malaucène d'avec ceux de Bédoin et de Caromb. Ces deux dernières localités appartenaient à Sibille, et comme cette princesse était nièce de Raymond VII, la comtesse Jeanne de Toulouse ordonnait à Guy de Vaugrigneuse, son sénéchal, d'être bienveillant et plein d'attention pour les intérêts de Sibille (3).

III. — *Bertrand III*, co-prince d'Orange et seigneur de Courthézon, par son testament, daté du 1er décembre 1300, abandonnait à Bertrande Giraud, sa femme en secondes noces, la somme de trois mille sous coronats qu'il avait payée pour elle, à propos de ses possessions de Malaucène.

IV. — *Raymond de Malaucène*, fils et héritier d'Agoult de Baux, damoiseau de Malaucène, donna quittance par procureur à Raymond de Vénasque, seigneur de Pernes, pour le restant de la dot de Baucie de Baux, sa mère.

V. — *Agoult de Baux* de Malaucène, co-seigneur de Caromb et

(1) Dr L. BARTHÉLEMY, *Inventaire chronologique et analytique des Chartes de la maison de Baux*. Marseille, Barlatier-Feissat, 1882, pages XI et suivantes.

(2) AUGUSTIN FABRE, *Les Rues de Marseille*. 1867. Tome Ier, page 243.

(3) *Pièces justificatives*, N° V.

de Brantes, petit-fils par Agathe de Mévouillon de Barral Iᵉʳ et de Sibille d'Anduze, assista, le 24 avril 1359, à un acte passé à Courthézon par Catherine de Baux.

VI. — *Raymond II*, comte d'Avellin, marié à Jeanne de Beaufort (1358), eut un fils qui mourut en bas âge et une fille (1367) nommée Alix (Helisia), dame de Baux, comtesse d'Avellin et de Conza, dame de Lauro, de Caromb, de Brantes, etc., que Guillaume Roger, vicomte de Turenne, son aïeul maternel et son tuteur, avait donnée pour femme à Odon de Villars (1380). Odon, seigneur de Saint-Sorlin, était frère cadet de Humbert VII, sire de Thoire et de Villars qui épousa Marie de Genève, sœur de Clément VII. Il avait commandé en chef les troupes d'Amédée VI, comte de Savoie, et fut nommé recteur du Venaissin en 1391.

Cette alliance d'Alix avec Odon justifie, en l'expliquant, ce que nous avons dit de la prudence des Malaucéniens (1) qui, au moment des grandes perturbations sociales occasionnées par le schisme d'occident, s'étaient mis sous la protection de la maison de Savoie. Odon de Villars, devenu légitime possesseur du Comté de Genève par la mort de son neveu, avait cédé cette principauté aux comtes de Savoie par traité du 5 août 1401. N'était-il pas naturel que ces princes à leur tour couvrissent de leur protection le pays où leur parent avait de nombreux et graves intérêts à sauvegarder (2)?

Les registres des notaires de Malaucène contiennent un assez grand nombre d'actes passés soit au nom d'Alix soit au nom d'Odon de Villars. Nous en reproduisons un à nos *Pièces justificatives* (3) que nous empruntons à un de ces protocoles de forme oblongue appelés *notes brèves.* Comme dans tous les registres de cette nature, les formules usitées autrefois y sont simplement indiquées par un *etc*. Elles étaient ensuite couchées tout au long dans les grands volumes intitulés *Notes étendues* et reproduites dans les *Instruments* ou expéditions officielles de ces actes publics. Le document dont il s'agit ici est la ratification de tout ce qui avait été fait par le juif Méyr Jacob de Valobriga (Vallabrègue), fondé de pouvoirs de la comtesse Alix.

(1) Tome Iᵉʳ, page 231 et suiv.
(2) C'est ce même Odon de Villars qui, de concert avec son épouse Alix de Baux, passa plusieurs actes avec la ville de Carpentras au sujet des eaux de Caromb, achetées en 1313 par Clément V, pour la capitale du Comtat qui, auparavant, n'avait point de fontaines.
(3) N° XX bis, page LXXXI.

Odon de Villars, d'après Ch. Cottier (1), serait mort au plus tôt en 1434. Il y a évidemment ici une erreur. A cette époque, en effet, Alix était déjà depuis longtemps devenue l'épouse de Conrad, comte de Fribourg et Neufchâtel, et, le 26 mars 1420, en présence de son second mari, elle donnait à Guy de l'Espine, co-seigneur du Poët, son capitaine des Baux et autres terres, procuration à l'effet de prêter hommage et serment de fidélité au prince Charles, en sa qualité d'héritière de son oncle Bertrand de Baux d'Avellin, pour les châteaux de Plaisians, Villefranche, le Poët et le domaine de Buix (2).

Alix fut la dernière comtesse d'Avellin. Elle testa et mourut deux ans après Conrad, le 7 octobre (1426). On peut voir le résumé de ses dispositions testamentaires dans le bel ouvrage de M. le Dr Barthélemy (3). Nous nous bornerons à dire qu'Alix de Baux légua, pour en jouir sa vie durant, à Borguette de Baux, sa sœur naturelle, tout ce qu'elle possédait dans les lieux de Malaucène, de Villefranche, du Buix et du Poët.

Après Borguette, les ayant-droit des Baux n'eurent plus que des procureurs à Malaucène et toutes les redevances qui leur étaient dues étaient portées au nom de la Tour des Baux (Pro Turri de Baucio).

Armes : *De gueules, à une comète de seize rais d'argent* (4).

(Archives municipales, *passim* et notamment *Livre-Terrier*. — Registres des notaires de Malaucène. — Guinier, *Hist. m^{le} de Malaucène*. — Docteur L. Barthélemy, *Invent. chronolog. et analyt. de la maison de Baux*, *passim* et plus particulièrement les n°^s 986, du 16 novembre 1313 ; 987, du 17 novembre, et 988, de la même année.— Pithon Curt, IV, 360. — Barjavel, *Dict. bio-bibliogr. de Vaucluse*.)

BEAUMONT (DE).

La maison de Beaumont a joué un rôle assez considérable dans notre histoire et son nom se retrouve fréquemment dans nos archives. Elle subsiste toujours dans le pays, bien qu'ayant perdu de son importance. Nous mentionnerons :

I. — *Raymond de Beaumont*, évêque de Vaison. Il fut élevé dès sa plus tendre jeunesse à Vaison par les soins de ses parents, Faraud de Beaumont et Artaud de Beaumont ; le premier

---

(1) *Notes historiques concernant les Recteurs*, page 100.
(2) *Inventaire chronologique*, etc. n° 1764, du 26 mars 1420.
(3) *Inventaire chronologique*, etc. n° 1780, du 7 octobre 1426.
(4) Le blason placé au-dessus de l'ancienne maison des Baux, rue des Trois-Visages, à Malaucène, à quatorze rais *au lieu* de seize.

était précenteur et le second sacristain du chapitre. Il fut successivement chanoine, prévôt et évêque de Vaison dont il occupa le siège depuis 1295 jusqu'en 1330, époque de sa mort.

Il reçut en 1296, dans le cimetière, l'hommage de fidélité que lui rendirent les habitants pour tous les biens qu'ils possédaient dans la ville et ses dépendances.

* Il intervint comme médiateur dans les luttes engagées à main armée entre Bertrand de Baux IV, prince d'Orange, et Raymond de Mévouillon, co-seigneur de Brantes, à propos de Mérindol, village de son diocèse, et fut assez heureux pour empêcher l'effusion du sang (1300).

Il se rendait assez fréquemment à son château de Beaumont-le-Vieux. Il visitait aussi le pape Clément V à sa résidence du Groseau et sut profiter de cet heureux voisinage pour obtenir divers avantages en faveur de son église. (Nous avons déjà parlé de ce prélat, Tome Ier, pages 107 et 110.)

(Dr L. BARTHÉLEMY, *Invent. chronol. et analyt. des chartes de la maison de Baux*. — BOYER. — MISTARLET. — BARJAVEL.)

II. — *Sire Foulquet de Beaumont*, chroniqueur dont le journal nous a été si utile pour l'époque des guerres de religion; mais sur la personne duquel nous n'avons aucun renseignement

III. — *Jean-Albert-Joseph de Fallot de Beaupré Beaumont*, chevalier, seigneur, baron du lieu de Beaumont et de Monseren. En 1780 il eut des difficultés avec la Communauté de Malaucène à propos de la jouissance des montagnes de Beaumont (1). Il était domicilié à Malaucène et s'était marié avec Jeanne de Mazade.

IV. — *Etienne-André-François de Paule de Beaupré de Fallot de Beaumont*, successivement évêque de Vaison, de Gand et de Plaisance, fils du précédent, est donné par tous les biographes comme étant né à Avignon, le 1er avril 1750. Les recherches les plus minutieuses faites dans les registres des sept anciennes paroisses de l'antique ville pontificale ne nous ont pas permis de découvrir son acte de naissance.

Il habita Malaucène, pays qu'il ne perdit jamais de vue, et où il fit de fréquentes apparitions pour visiter sa sœur Marie-Françoise-Félicité, femme de Jean-Baptiste-Guillaume de l'Espine du Puy (2).

Il débuta dans la carrière ecclésiastique par un canonicat dans

---

(1) Cf. *Mémoire pour Messire Jean-Albert-Joseph de Fallot de Beaupré, seigneur de Beaumont et de Monseren contre la communauté de Malaucène*, et: SALOMON, *Consultation pour la ville de Malaucène*.

(2) Voir plus loin, article *De l'Espine*.

l'église cathédrale d'Agde et fut ensuite grand-vicaire de Blois. En 1781, il obtint l'abbaye de Sept-Fontaines (diocèse de Langres). Nommé, en 1782, coadjuteur de l'évêque de Vaison et sacré à Frascati, le 23 décembre de la même année, sous le titre d'évêque de Sébastopolis *in partibus*, il succéda, en 1786, à Pellissier de Saint-Ferréol sur le siège de Vaison.

Cet évêché fut supprimé, en 1790, par la Constitution civile du clergé. Il se vit lui-même dénoncé, le 20 avril 1791, à l'Assemblée Constituante comme ayant fait chanter un *Te Deum* après l'assassinat des patriotes, accusation qui était fausse de tout point. Forcé néanmoins à s'expatrier, il se réfugia d'abord à Chambéry, puis à Turin et enfin à Nice. Dans un moment où la persécution religieuse semblait arrivée à son terme, il revint en France, et fut cependant obligé de se tenir caché à Marseille, car il avait été porté sur la liste des suspects du district de Carpentras, le 9 ventôse an II, avec les indications suivantes : « Beaupré Falot Etienne-André-François, ci-devant évêque, domicilié à Vaison. »

Lors du concordat, il s'empressa d'envoyer sa démission, dès qu'elle lui fut demandée au nom du pape, et, en 1802, on lui donna l'évêché de Gand. Son administration dans ce diocèse fut très honorable.

En 1807, transféré à l'évêché de Plaisance, il sut tirer profit, dans l'intérêt de sa nouvelle église, de son crédit auprès de l'empereur. Mais sa conduite envers les prêtres de l'état romain, exilés dans sa ville épiscopale par le gouvernement, lui mérita de justes reproches. On peut à ce sujet voir les *Mémoires du cardinal Pacca*.

L'évêque de Plaisance se rendit au concile convoqué à Paris en 1811 et y défendit les intérêts du pouvoir impérial. Trois fois envoyé par Napoléon au pape, prisonnier d'abord à Savone et puis à Fontainebleau, dans le but de lui arracher quelques concessions, trois fois il échoua dans sa mission.

En récompense de son dévouement à la cause de l'empereur, celui-ci le promut à l'archevêché de Bourges, en 1813, alors que le souverain pontife captif n'accordait plus de bulles aux évêques.

Il se vit donc contraint de quitter ce siège, dans l'intention de reprendre celui de Plaisance, dont il avait conservé le titre ; mais le pape s'y opposa. Pendant les Cent-Jours, nommé premier aumônier de l'empereur, il prit une part active à la cérémonie du Champ de Mai. Après le second retour des Bourbons, sa nomination à l'archevêché de Bourges ayant été regardée comme nulle, il donna sa démission de l'évêché de Plaisance et reçut de l'archiduchesse de Parme une pension de 12,000 francs.

Depuis ce moment et pendant plus de vingt ans, il vécut, à Paris, dans l'isolement le plus complet, ne paraissant jamais dans aucune réunion officielle. Il mourut, étant âgé de plus de quatre-vingt-cinq ans, après une courte maladie, pendant laquelle il reçut les derniers sacrements de la main de l'archevêque de Paris, qui voulut aussi présider à ses funérailles.

Fallot de Beaupré de Beaumont avait reçu de Napoléon le titre de comte. Il était officier de la Légion-d'honneur et membre de l'ordre de la Réunion. A sa mort il se trouvait être le doyen des évêques de France.

Sa tombe, au cimetière du Mont-Parnasse, porte cette inscription :

FALLOT DE BEAUMONT
ETIENNE-ANDRÉ-FRANÇOIS-DE-PAUL
ANCIEN ÉVÊQUE DE PLAISANCE
NÉ A AVIGNON LE 1ᵉʳ AVRIL 1750
MORT A PARIS LE 26 OCTOBRE 1835

ARMES : *De gueules, à la fasce d'argent, chargé de trois fleurs de lys.* Alias : *Brisure en chef de trois étoiles d'or et d'un croissant d'argent en pointe.*

(Archives municipales. — Archives du tribunal de Carpentras, *Liste des Suspects*, etc. — Archives de la commune de Beaumont, Registres de la paroisse. — Note mˢᵉ fournie à M. Deloye, conservateur du musée Calvet, à Avignon, par M. de Montferrand, et insérée dans l'*Annuaire historique* pour l'année 1846, page 105, Paris, Renouard et Cⁱᵉ. — PICOT, dans la *Biog. univers.* de Michaud, Tome XIII, page 361, Paris, Desplaces, 1855. — BARJAVEL, vᵒ *Fallot de Beaumont de Beaupré.* — FELLER, *Biograp. univers.* vᵒ *Beaumont*, Tome IX, page 23. — L'abbé GRANGET, *Hist. du diocèse d'Avignon*, II, 561.)

BÉRARD.

Jean Bérard, natif de Sablet, curé-doyen de Malaucène, était vicaire à Mollans lorsque le gouvernement républicain demanda aux prêtres le serment à la Constitution civile du clergé. Fidèle à ses devoirs, l'abbé Bérard refusa, et se vit dès lors en butte à la persécution.

Pendant la tourmente, il exposa mille fois sa vie pour raffermir et consoler les fidèles. « Un grenier, une cave, un antre, une maison cachée lui servait tour à tour d'asile ; et là, prêtre et assistants confessaient le Dieu de leurs pères, participaient aux saints mystères et par leur ferveur renouvelaient le spectacle des chrétiens aux catacombes.

« Un jour cependant, malgré le secret qui enveloppait son existence, des émissaires lancés à sa poursuite découvrirent le lieu de sa retraite et, sûrs d'atteindre leur proie, creusèrent une fosse devant la porte de la maison où de perfides renseignements les avaient conduits. La mort, une mort violente l'attendait et de hideuses chansons, des blasphèmes et une joie féroce allaient mener le deuil de ses funérailles. Le courageux abbé a le sentiment de sa position; il voit le danger et saisissant un fusil appendu près du foyer, il parait soudain, couche en joue les plus rapprochés de lui et leur dit d'une voix ferme : *Avancez, si vous l'osez !* Stupéfaits et démoralisés par une démonstration si peu attendue, ils reculent confus, et l'intrépide vicaire profite de ce moment d'hésitation pour se sauver (1) ! »

A la Restauration, il fut nommé à la succursale de Jonquières et plus tard à la cure de Malaucène. Il conserva jusqu'à la fin de sa vie cette mâle énergie des mauvais jours, la mettant au service de sa paroisse. Il se plaisait dans sa vieillesse à redire toutes les aventures et les péripéties du temps passé. Ces récits avaient dans sa bouche un charme inexprimable et dénotaient une très grande présence d'esprit. Il mourut à Malaucène, le 20 avril 1841, âgé de soixante-seize ans. Par son testament du 15 avril de la même année, (écrivant M° Souchon, notaire à Malaucène), il fit quelques legs de peu d'importance à sa famille, instituant pour ses héritiers et légataires universels la Fabrique de son église et les pauvres de l'hospice civil de Malaucène.

(Archives paroissiales de Malaucène et de Mollans. — L'abbé GRANGET, *Hist. du Dioc. d'Avignon*, Tome II, page 480.)

BERGER.

Ignace Berger, chef de cette famille, fut admis au nombre des habitants actifs, le 13 avril 1746. Il exerçait la profession d'*hôte*, à la Pomme d'Or, maison située vers le milieu de la Grand'Rue et reconnaissable à la date de 1572, gravée sur la porte d'entrée.

Barthélemy, son fils, marié à Marguerite-Raphaële Dumon, exerça la même profession que lui et eut deux enfants :

I — *Ignace-Arnulphe Berger*, prêtre, curé de Sablet, qui émigra pendant la Révolution, et mourut à Carpentras en 1823, après avoir fait, le 18 juillet, son testament devant Eydoux, notaire

(1) L'abbé A. VINCENT, *Notice historique sur Mollans*, page 75.

de cette ville, laissant un souvenir aux pauvres de l'hôpital de son pays.

II. — *Pierre-Félix Berger*, cuisinier très renommé. Il quitta son pays natal avec son frère l'abbé, se rendit à Paris et ne tarda pas à devenir maître d'hôtel du roi de Suède, dont il sut gagner les faveurs. Après plusieurs années passées dans les froides contrées du Nord, où il s'était marié avec Marie-Antoinette Maffey, il revint à Malaucène peu après la proclamation de l'Empire et finit ses jours en 1847, âgé de soixante-dix-sept ans. C'est lui qui offrit à l'église paroissiale les belles tentures en damas de soie rouge dont on la décore aux jours des grandes solennités et qu'il tenait de la bienveillance de son royal maître.

Il laissa deux enfants.

1° *Marie-Marguerite-Caroline Berger*, mariée, le 29 novembre 1827, à Jean-Louis Amondieu de Laborie, décédée le 12 août 1850.

2° *Pierre Berger*, marié à Marie-Hippolyte Anrès, du Barroux, décédé en novembre 1872.

Armes : *D'azur, à trois pommes d'or*,

(Archives municipales.)

BERGIER.

Cette famille, originaire de Provence, s'établit vers le milieu du siècle dernier à Malaucène où elle n'existe plus aujourd'hui. Elle a fourni *Louis-Charles-Dominique Bergier* (fils d'*Antoine-Edouard*), capitaine au 45ᵐᵉ régiment de ligne, chevalier de saint Louis, officier de la Légion-d'honneur, décédé à Malaucène, le 1ᵉʳ mars 1847.

BERTRAND.

On compte plusieurs familles nobles de ce nom dans le Dauphiné et le Comté Venaissin, qui toutes étaient très-anciennes. *Pons, Rostang et Pierre* figurent au Polyptique du comte de Toulouse, en 1253 (1). Bertrand qualifié de chevalier, *miles*, cède, en 1286, à la Communauté de Malaucène ses droits sur les tasques, ou dîmes au neuvième, de Veaulx, Arnoulx et Vesc (2).

Cette maison a disparu du pays depuis bien longtemps.

(Voir : Pithon Curt, IV, 882. — Guy Allard, *Dict. du Dauphiné*, I, 151. — Chorier, *L'Estat politique*, etc. IV, 111. — Mistarlet. — Barjavel.)

(1) *Pièces justificatives*, N° II.
(2) *Pièces justificatives*, N° XI.

BLANC.

Les *Blanc (Albi)* sont très nombreux à Malaucène et à Beaumont, et tellement anciens dans ces deux communes limitrophes qu'on ne saurait dire laquelle des deux localités est leur vrai berceau. Dans tous les cas, ils remontent les uns et les autres aux temps les plus reculés.

Une maison *Blanc*, distinguée des autres par le surnom *de la Lauze*, tire son origine du Vivarais. Elle est alliée aux Amondieu et aux Guiméty, de Malaucène, Laurens et Nouvène, de Carpentras.

Elle est représentée actuellement à Malaucène par M. Léopold Blanc, membre du conseil général de Vaucluse, chef d'une importante filature. Son fils, M. Emile Blanc, est officier dans l'artillerie de réserve.

BLÉGIER.

Cette famille, alliée à celle de Taulignan, serait, d'après Pithon Curt, originaire de Vaison « où elle était connue dès l'année 1296, « suivant un hommage que les habitants de cette ville rendirent « à Raymond de Beaumont, leur évêque, le 9 janvier, et parmi « lesquels est un Pierre de Blégier ; mais », ajoute ce généalogiste, « je n'ai aucune preuve qui me le fasse connaître pour la tige de cette famille. »

Or, en 1270, c'est-à-dire quelques années avant cette même époque, *Raymond de Blégier (Remundus Blegerii)*, habitant de Malaucène, assistait en qualité de chef de famille au parlement général tenu en cette ville, sur la place publique.

Resterait donc à chercher quel est, de Vaison ou de Malaucène, le berceau de la famille de Blégier : ce qui nous parait assez difficile à découvrir, attendu que, jusqu'à présent, leur descendance n'est authentiquement prouvée qu'à partir de 1450.

ARMES : *D'azur, au bélier passant d'argent, onglé et accorné d'or, accompagné en chef d'une étoile de même.*

(PITHON CURT, III, 366 et 372. — MISTARLET, 195 et 282. — BARJAVEL. — M. CH. DE TOURTOULON, page 80.)

BONNEL.

Parmi les membres de cette famille implantée depuis des siècles à Malaucène, nous mentionnerons :

I. — L'abbé *Louis-Florent*, prêtre de Saint-Sulpice, né à Malaucène, le 21 octobre 1832. Il fut un des premiers élèves des

Frères dits « Clercs de Saint-Viateur » et passa bientôt au petit séminaire d'Avignon (1845), où il fit des études couronnées de brillants succès. Devenu élève d'humanité, on le choisit pour être président de l'Académie de littérature. Entré au grand séminaire en 1852, le jeune lévite montra tout d'abord que nulle branche de la science ecclésiastique ne lui serait étrangère. En octobre 1856, étant diacre, il était admis au séminaire Saint-Sulpice de Paris et recevait l'onction sacerdotale l'année suivante.

Après une seconde année passée à la *Solitude* d'Issy, ses supérieurs l'envoyèrent au grand séminaire de Bordeaux, où, pendant dix ans, il enseigna la philosophie d'abord et ensuite la théologie, puis, il fut appelé à faire partie du clergé de la paroisse de Saint-Sulpice, sous la direction de M. Hamon (1868). Absent, par ordre, lors de l'investissement de Paris par les Prussiens, il s'y précipita dès que les portes lui en furent ouvertes, et durant le second siège son zèle ne connut point de bornes, même celles de la prudence, et plusieurs fois il fut menacé de la prison et de la mort.

L'abbé Louis avait une santé délicate qu'il ne prit point la peine de ménager, il tomba mortellement malade et tous les jours qui s'écoulèrent jusqu'à son décès, il fut d'une patience admirable, aimant à redire cette belle parole de M⁰ Schwetchine : « Se résigner, c'est mettre Dieu entre la douleur et soi. »

Il expira à Avignon, le 24 juin 1875, dans la quarante-deuxième année de son âge. Comme il l'avait demandé, on l'inhuma dans le cimetière de Saint-Gabriel, maison de campagne du grand séminaire, à côté des maîtres qui avaient formé sa jeunesse cléricale.

(*Annales catholiques*, Tome III, page 99, sous la signature PAUL TERRIS. — *Discours* (manuscrit) *prononcé dans l'église de Malaucène* pour le service octaval de M. L. Bonnel, prêtre de Saint-Sulpice, par le R. P. ADRIEN CHARRASSE. — *Revue des Bibliothèq. paroiss. du diocèse d'Avignon*, Samedi, 3 juillet 1875.)

II. — *Jules*, frère du précédent, né à Malaucène le 14 octobre 1841, fit ses études au petit et au grand séminaire d'Avignon.

Prêtre (23 décembre 1865) et professeur de rhétorique au petit séminaire (du 1ᵉʳ octobre 1865 au 1ᵉʳ novembre 1873), il donna de grandes séances littéraires, sur Corneille (*première fois*), en 1867; Racine, 1868; La Fontaine, 1869; Boileau, 1870; Molière, 1872; Corneille (*seconde fois*) et Rotrou, 1873. Vicaire à Saint-Didier et ensuite à Saint-Agricol d'Avignon, puis aumônier du Lycée (1878) et chanoine honoraire (1879).

Il a publié: 1° *Lettres inédites et fleurs choisies de saint*

François de Sales, avec introduction et notes, Chaillot, Avignon, 1866).

L'auteur ayant, dans ce travail, emprunté quelques lignes à l'étude de Sainte-Beuve sur Saint-François de Sales, crut devoir adresser à l'illustre critique un exemplaire de son ouvrage. Il en reçut la lettre suivante qui figure dans la correspondance de Sainte-Beuve (*Causeries du lundi*, Tome VII. Calmann-Lévy, Paris).

» Paris, le 11 janvier 1866.

« Monsieur l'abbé,

« Je suis infiniment touché de votre attention. Tout ce qui est
« de saint François de Sales exhale un doux parfum. C'est déjà
« en garder quelque chose que de s'être approché de lui. Vous
« m'avez fait grand honneur en me citant. Je me remets avec
« plaisir dans cette lecture et je suis heureux de vous la devoir.
« Veuillez agréer, Monsieur l'abbé, l'expression de ma considé-
« ration la plus distinguée. »

« SAINTE-BEUVE. »

2° *Le Catéchisme de persévérance*, dialogue. Aubanel, Avignon, 1878, in-8°.

3° *Aux Portes de Béthléem*, scènes pastorales. Aubanel, Avignon, 1877, in-8°.

4° *Sainte Germaine*, dialogue. Avignon, Aubanel, 1878, in-18.

5° *Un saint Pénitent gris d'Avignon*, M. de la Tour-Vidaud. Avignon, Aubanel, 1881, in-8°.

6° *Le Champ et le Tombeau de Sainte Ursule, à Cologne et le Berceau de Sainte Angèle, à Désenzano*. Avignon, Aubanel, 1881, in-18°.

7° *L'Enfant Jésus*, Noël, dialogues et légendes. Avignon, Aubanel, in-18°.

8° *Poésies diverses*, Emile Bouasse. Paris, in-24, en polychromie.

9° *Adeste fideles*, (Traduction en vers français de l'). Paris. Bouasse, 1883.

10° *Le Grain de blé*, (poésie). Paris, Bouasse, 1883.

11° *Aux Portes de Béthléem*), (2° partie), Les Rois, dialogue. Paris, Bourguet-Calas, 1883.

12° *Panégyrique de Saint-Agricol*, évêque et principal patron d'Avignon, prononcé le 3 septembre 1882, dans l'église paroissiale de Saint-Agricol, en présence de S. G. Mgr Hasley, archevêque d'Avignon. Avignon, Aubanel, 1882, in-8°.

L'abbé Jules Bonnel a publié en outre dans la *Semaine Religieuse d'Avignon*, ancienne *Revue des Bibliothèques paroissiales*, un grand nombre d'articles et notamment une pièce de vers intitulée: *Les Noces d'or* de M. l'abbé Rigot, curé de Malaucène, et plusieurs notices biographiques: M. *Buer*, prêtre de Saint-Sulpice, directeur au grand séminaire d'Avignon; — M. *Beydon*, curé de Vaucluse; — M. *Astier*, curé de la Barthelasse, *etc.*

III. — *Eugène*, frère de Louis et de Jules, né à Malaucène, le 18 octobre 1843. Après avoir fait ses études au petit séminaire d'Avignon, il fut admis à la licence ès-lettres (1866) et à l'agrégation de grammaire (1872). Professeur au Lycée de Montpellier, il s'est marié (1878) avec Mlle Louise Révillout, fille de M. Charles Révillout, professeur de littérature française à la Faculté des lettres de Montpellier.

IV. — L'abbé *Siméon*, né à Malaucène, le 8 mai 1822, entra au petit séminaire d'Avignon en même temps que Louis Bonnel, son cousin, dont nous avons parlé plus haut. Il y fit des études sérieuses et passa au grand séminaire en 1852. Il en sortit prêtre en 1857.

D'abord vicaire à Sorgues, il s'agrégea à la congrégation renaissante des prêtres missionnaires de N.-D. de Sainte-Garde. Cette société ayant été chargée par l'archevêque Debelay de la direction de la paroisse de Notre-Dame d'Orange, il arriva dans cette ville en qualité de vicaire, le 15 octobre 1860.

Les souvenirs dont ce pays est rempli l'intéressèrent à son histoire dont il fouilla les documents. Ces recherches lui fournirent l'occasion d'écrire et de publier quelques opuscules. Il commença par livrer au journal *la Ruche d'Orange*, en juin et juillet 1876, quelques articles sur de *Stessart*, sous-préfet d'Orange en 1809, et sur *La Pise*, historien de cette ville. Au mois d'octobre suivant, il donna dans le même journal: *L'Action mémorable de la Garde Nationale d'Orange*, qui, sous la conduite de Rodolphe d'Aymard, son maire, se rendit à Avignon, en juin 1790, pour arrêter les pendaisons qui avaient lieu sur la place du Palais et eut le bonheur de rétablir l'ordre. En 1880, sous le patronage de Mgr Allou, évêque de Meaux, il publia une *Notice biographique sur Mgr Guillaume-Louis du Tillet, dernier évêque d'Orange* (in-8° de 112 pages), notice qui avait déjà été donnée en une série d'articles dans *la Ruche*.

L'abbé Siméon Bonnel met actuellement la dernière main à son œuvre de prédilection, à laquelle il travaille depuis plus de douze ans et qui a pour titre: *Histoire des trois cent trente-deux victi-*

mes de la commission populaire, immolées sur l'échafaud d'Orange en juin 1794. Elle formera deux volumes in 8° de plus de cinq cents pages chacun.

BONNÉTY.

« Famille originaire du Piémont dont une branche se trans-
« planta dans le Comté Venaissin et s'établit à Malaucène. Aymé
« Bonéti portait la qualité de noble dans le quatorzième siècle. »

C'est à ces quelques mots que se bornent les indications fournies par l'auteur de l'*Essai généalogique sur la Noblesse du Comté Venaissin*. Nos archives locales nous permettent d'entrer dans de plus grands détails.

Les Bonnéty existaient à Malaucène au moins dès le XIII° siècle, puisque, en 1281, *Pierre* Bonéti assistait comme syndic de cette ville aux opérations de bornage entre le territoire de Malaucène et celui d'Entrechaux. Leur noblesse était ancienne et non contestée. Les fonctions de syndic de la noblesse furent confiées par leurs concitoyens à *Amédée*, en 1444, et à *Jean*, en 1458.

Cette maison était, d'après les livres du cadastre, une des plus riches du pays, et les minutes des notaires fourmillent d'actes les concernant. Plusieurs de ses membres se distinguèrent à la guerre.

Matthieu combattit dans les rangs de l'armée catholique et se fit remarquer par son courage pendant les guerres de religion.

Plus tard, d'autres, comme *Joseph-François*, prirent le grade de docteur en l'un et l'autre droit, ou, comme *François* et *Pierre*, obtinrent le titre de docteur en médecine. Ce dernier suivit le marquis de Valouse au service de l'Espagne et fut nommé médecin en chef des armées de Catalogne pour le roi catholique. Il vint mourir à Carpentras, en 1759.

La maison Bonnéty a fourni plusieurs prêtres, entr'autres : *Charles*, curé de Malaucène, prieur de Notre-Dame la Blanche et de Saint-Raphaël (1513-1548) ; *Jean*, également curé de Malaucène (1583-1597) ; *Isoard*, curé de Beaumont, décédé en 1650, fut remplacé dans son bénéfice par *Joseph*, son neveu. Celui-ci fonda dans cette petite paroisse une mission de trois prêtres, et se démit de sa charge en faveur de son neveu *François*. Ce dernier testa, le 10 octobre 1747.

Pierre-François obtint de Pie VI un bref de confirmation de noblesse (18 juillet 1778). Il mourut, en 1810, chez sa fille ainée *Marie-Rose-Hippolyte* qui avait épousé (11 novembre 1782) Genêt-François-Xavier Morel, docteur ès-droits, originaire de Vénasque, habitant de Carpentras. Elle fut incarcérée durant plusieurs semaines dans cette ville, tandis que son mari, conduit à Orange, périssait sur l'échafaud révolutionnaire avec son père, son frère et ses oncles.

La fille cadette *Jeanne-Marie-Félix* se maria, en 1787, à Pierre-André de Papis de Fabys, de Carpentras, capitaine au régiment de Bretagne. Leur fils *Eugène*, garde-du-corps de Louis XVIII, étant mort sans alliance, la succession de la maison Bonnéty dévolut en entier à la famille Morel, car le fils unique de Pierre-François, nommé Joseph, avait péri à Lyon dans les mitraillades de Collot d'Herbois, et avec lui s'était éteinte l'ancienne famille de Bonnéty.

Elle est représentée de nos jours par les petits enfants de Marie-Rose-Hippolyte : M. Isidore Morel et sa sœur, Madame de Faucher.

Armes : *D'azur, à une clef posée en pal, à deux pannetons d'or, au croissant abaissé d'argent, au chef cousu de gueules, chargé de trois étoiles d'or.*

(Archives municipales ; — Archives domestiques de la famille de Faucher, de Bollène.— Mistarlet, pages 207 et 284.)

Boutin de Valouse *(Botini de Valosis).*

Cette noble et ancienne maison paraît être originaire de Cavaillon, d'où elle passa en divers lieux du Venaissin, à Oppède, à L'Isle, à Mazan, à Malaucène, etc.

I. — *Cathelin de Boutin*, écuyer de Mazan, chevalier de l'ordre du Pape, acquit la seigneurie de Valouse (1) dont il prit le titre, que d'autres avaient porté avant lui, à Malaucène même. Nous avons en effet plusieurs actes notariés passés, de 1415 à 1418, par *Dominum Giraudum de Vallosis, jurisperitum* (2), et le contrat de mariage de Guillaume Gaucelin, seigneur des Piles et *de Vallouse*, avec Claudie de L'Espine (1471). Cathelin, devenu seigneur de Valouse, épousa Diane de Soubirats, de Carpentras (1ᵉʳ janvier 1587), à laquelle Pithon Curt donne le prénom de Geneviève.

II. — Leur fils, *Esprit de Boutin*, seigneur de Valouse, se maria avec Marie d'Augier (fille de Pierre et de Marthe d'Astier, de Malaucène) et se fixa dans ce pays (7 janvier 1608). Il testa, le 20

(1) Valouse est actuellement une toute petite commune de moins de cent habitants, à 17 kilomètres de Nyons, dans le département de la Drôme. (Voir Adolphe Joanne. *Dictionn. géogr. de la France.)*

(2) On peut voir en particulier, en l'étude de Mᵉ Souchon, les *Notes brèves* de Girard Bermond, aux dates des 29 octobre 1415, 21 février 1416, 16 mars 1416.

janvier 1639, laissant un fils et une fille. Cette dernière, nommée *Lucrèce*, s'unit à Pierre des Astoauds, seigneur de Velleron.

Oriane, sœur du précédent, contracta mariage avec Paul des Seguins, seigneur des Beaumettes (17 février 1617), officier dans le régiment des gardes (1).

III. — *Esprit*, fils d'Esprit et de Marie d'Augier, fit alliance avec Geneviève-Marguerite de l'Espine (fille de Guillaume, seigneur d'Aulan, du Pouët, etc., et de Jeanne-Baptistine d'Urre d'Aiguebonne (17 août 1630). Il eut de cette union quatre enfants :

1° *François-Balthasar de Boutin*, chevalier, baron de Valouse (qui suit).

2° *Augustin*, reçu chevalier de Malte, après avoir fait ses preuves, par une enquête du 19 août 1652.

3° *Marie-Françoise* qui s'unit à Guillaume de Cheisolme (2), baron de Crombis, neveu des deux évêques de Vaison dont il portait le nom et le prénom.

De cette union naquit Louis-Dominique de Cheisolme de Crombis, coseigneur de Montauban et d'Arpahon, chevalier de Saint-Louis, capitaine d'infanterie au régiment de Catinat, lieutenant pour le Roi des ville et château de Montélimar. Il mourut, sans alliance, en 1734 (3).

4° *Diane-Jeanne*, mariée à Esprit-François d'Allemand, seigneur de Fenouillet (29 juin 1638).

IV. — *François-Balthazar de Boutin* eut cinq enfants d'Anne-Marie de Martinel, de Malaucène :

1° *Joseph-Guillaume* (qui suit).

2° *Hyacinthe*, né à Malaucène, le 16 mai 1671, fut reçu page à la cour du roi d'Espagne Philippe V (1687), et devint bientôt premier gentilhomme de la chambre, et premier écuyer et chevalier de l'ordre de la Toison-d'Or, avec le titre de marquis. La confiance que ce prince eut en lui ne l'aveugla point et il n'abusa jamais de sa faveur ni de son crédit. Il mourut à Madrid, sans alliance (4 août 1737).

3° Le chevalier *François* de Valouse.

(1) Voir l'article *Seguin*.
(2) « Guillaume de Cheisolme, baron de Crombis, exempt de la compagnie « des gendarmes Ecossais, fût chargé de la garde de François-Augustin de « Thou, conseiller d'Etat, depuis qu'il eut été arrêté et mis en prison à Ta-« rascon, jusqu'à ce qu'il eût été décapité à Lyon avec Henri Ruzé d'Effiat, « marquis de Cinq-Mars, le 12 septembre 1642. » (PITHON CURT, I, 338.)
(3) Les Cheisolme portent : *De gueules, à la hure de sanglier arrachée d'argent*.

4° L'abbé *Louis* de Valouse, décédé à Malaucène, le 10 janvier 1755.

5° *Marie-Louise*, mariée dans la chapelle de sa maison paternelle (18 juillet 1700) avec Benoît-Ambroise de Labeau de Bérard (fils de Pierre Gabriel baron de Maclas et de Magdeleine du Forc). Ils décédèrent sans enfants. Leur neveu, François-Marie-Joseph-Léon Labeau de Bérard de Maclas, natif de Saint-Romain de Malegarde, devint l'héritier de la fortune, du nom et des titres des Boutin de Valouse, et le plus riche propriétaire de Malaucène. Dans la suite, accusé de fédéralisme, obligé de fuir et de se cacher, il fut porté sur la liste des émigrés. Sa maison fut pillée et ses propriétés vendues comme biens nationaux ; mais sur la production de certificats de résidence à Paris (2 août 1792) et à Forcalquier (2 thermidor an III), il obtint un arrêté de l'administration centrale du département de Vaucluse pour être radié de la liste des émigrés et rentrer en possession de tous ses biens (25 ventôse an V). Cet arrêté enregistré à Malaucène, le 29 germinal suivant, ne fut exécuté que d'une façon fort incomplète. Le marquis Maclas de Valouse mourut dans un état très éloigné de l'opulence et de son ancien train de grand seigneur.

V. — *Joseph-Guillaume de Boutin*, connu sous le nom de comte de Valouse, chevalier de Saint-Louis, servit avec distinction, sous le règne de Louis XIV, en qualité de colonel d'infanterie, ce qui lui valut le grade de brigadier des armées de Sa Majesté (1704). Il se retira après la paix générale et se maria, à Malaucène, avec Marie-Magdeleine-Gasparde de la Baume de Pluvinel (19 septembre 1718). Il mourut, le 15 septembre 1744, suivi de près dans la tombe par sa femme (26 février 1745).

VI. — *Joseph-Hyacinthe-Bernard*, marquis de Valouse, fils unique des précédents, se maria par contrat passé devant Jacquet, notaire à Malaucène, le 30 novembre 1748, avec Marie-Geneviève-Paule d'Urre, dont il n'eut pas d'enfants. Il mourut à Malaucène en 1790. La marquise de Valouse décéda dans la même ville en 1809.

Armes : *D'or, au lion de gueules, armé, lampassé et vilené d'azur, l'écu bordé d'un orle ou filet de gueules.*

(Archives municipales, *Registres des délibérations de l'administration municipale du canton de Malaucène, du 16 messidor an II au 16 prairial an V*. — Archives domestiques de la famille Léopold Blanc, de Malaucène, papiers relatifs à la famille de Valouse. — *Liste des émigrés du district de Carpentras*. — Pithon Curt, I, 178 ; III, 348 et 614. — Mistarlet, page 212. — Barjavel, I, 279.)

Brancas (de)

La maison de Brancas tire son origine de Brancaccio, au royaume de Naples.

Bufile de Brancas, chevalier, comte d'Agnano, maréchal de l'église romaine, seigneur d'Oise et de Villosc (aux diocèses de Digne et de Sisteron), passa le premier de sa famille dans le Comtat et rendit de grands services à Clément VII. Il épousa Marcelle d'Amorosis et fit à Malaucène l'acquisition d'immeubles importants et notamment des collines Notre-Dame la Recluse et de la Tour qui appartenaient à la famille princière de Baux. Le *Livre-Terrier* des premières années du XV° siècle ne laisse aucun doute à son sujet. Parlant de cette portion du territoire il la désigne sous cette dénomination: *Ad collem vulgariter appellatam de Brancaciis*. Bufile mourut en 1416, après avoir testé, le 15 janvier de la même année. Il fut inhumé en la chapelle que *Nicolas*, son frère, cardinal, archevêque de Cozance, puis évêque d'Albano, avait fait bâtir en l'église des Dominicains d'Avignon, et dans laquelle celui-ci avait été enterré, le 29 juin 1412.

Bufile et Nicolas couvrirent plusieurs fois Malaucène de leur protection, auprès du Saint-Siége, dans des moments critiques.

Des trois fils de Bufile, savoir, Pierre-Nicolas, protonotaire, archidiacre d'Autun et de Limoges, *Barthélemy* et Jean, le second seulement appartient à notre histoire.

Barthélemy de Brancas, seigneur d'Oise, après avoir perdu sa femme Richarde de Carreto des marquis de Final, dont il n'eut point d'enfants, se remaria avec Isabelle de Saluces. (Voir ci-après au mot *Saluces.*)

Les archives municipales et les minutes des notaires de la ville de Malaucène renferment un grand nombre de documents relatifs à la famille de Brancas.

Armes: *D'azur, au pal d'argent, chargé de trois tours de gueules et soutenu par quatre jambes de lion d'or mouvantes des flancs de l'écu.*

(Archives municipales et notamment les *Registres des délibérations* ad annum 1460 et le *Livre-Terrier*. — Archives du département de Vaucluse. *Chartier de Malaucène*. — P. Anselme, *Histoire générale et chronologique de la Maison royale etc. et des grands officiers de la couronne*, Généalogie de la maison de Brancas, Tome V, page 277. — Pithon Curt, I, 194. — Mistarlet. — Barjavel.)

Brémond ou Bermond (de).

Après avoir donné l'ancienneté et la noblesse des Bermond ou Brémond comme étant d'une authenticité démontrée, Mistarlet ne commence leur généalogie qu'à l'année 1410 et les fait originaires du Dauphiné. Nos documents, tant imprimés que manuscrits, nous autorisent à les considérer comme aborigènes. En 1253, un quartier du territoire de Malaucène était déjà connu sous la dénomination de terre des Bermond (*Terra Bermundorum*).

Plusieurs membres de cette famille figurent à la même époque et les années suivantes dans les actes publics. *Pons Bremundi* assiste, en 1274, comme représentant de ses concitoyens à la restitution de la ville et du territoire de Malaucène faite par Philippe-le-Hardi à Grégoire X.

Dans les siècles suivants, les Brémond exercent la profession de notaires et de secrétaires du Conseil. Nous devons mentionner, entre autres, le prêtre *Gérard Bermundi (notarius publicus apostolicus et imperialis et scriba consilii)*, de 1425 à 1445.

Cette maison a fourni en outre des docteurs ès-droits et en médecine, des consuls et des maires, des prêtres agrégés, un curé d'Entrechaux, un capiscol de l'église cathédrale de Vaison et un curé de Malaucène : *Jean-Pierre Brémond*, fils de Jean-Claude et de Marie-Anne Barret. Né à Malaucène, le 5 avril 1736, il prit possession de son bénéfice curial, le 24 décembre 1771, par suite de la résignation faite par E.-J. Bourre-Despreaux. Il décéda dans l'exercice de sa charge pastorale, à Malaucène même, en 1786.

La famille Brémond est représentée par M. Charles Brémond, licencié en droit, propriétaire à Malaucène.

Armes : *D'azur, au chevron d'argent, accompagné en pointe d'un mont de trois copeaux d'or, au chef chargé d'un cœur de gueules entre deux étoiles de sable.*

(*Pièces justificatives*, N° VI. — Archives municipales, *passim*. — Mistarlet, p. 239.)

Brussett ou Brusset (de Bruce de).

Maison originaire d'Ecosse et alliée à l'antique et royale famille de Bruce (1).

Henri, comte de Bruce de Brussett, officier dans les armées du

---

(1) « L'an susdit (1614) et le vingt-et-ung febvrier a esté enseveli dans l'é-
« glise de Malaucène, au devant du balustre, ung peu à droite, ung Ecossois,
« gentilhomme d'illustre maison, proche parent du Roy d'Angleterre, messire
« de Bruce, mort chez ses parents de Malaucène, nobles comtes de Bruce-
« Brussett » (Archives municipales, *Liber Mortuorum*, ad an. 1614.)

roi Richard II, passa en France vers la fin du XIVᵉ siècle et s'établit en Bretagne.

Un de ses fils, également appelé *Henri*, vint se fixer dans le Comtat en 1415 et mourut au château de Sivergues, dont il avait acheté la seigneurie.

Guillaume-Félix-Hyacinthe-Bernardin, comte de Bruce de Brussett, baron de Sivergues, arrière-petit-fils de ce second Henri, naquit à Marseille et épousa Catherine de Pracomtal, fille unique du comte Jacques de Pracomtal et de Hugone de L'Espine d'Aulan (27 décembre 1514). Il mourut en 1584.

Son fils *Guillaume*, comte de Bruce de Brussett, né à Malaucène en 1526, se maria à Orange avec Françoise de Montauban. C'est lui qui fut nommé capitaine gouverneur de Malaucène par le recteur Dominique Grimaldi, en 1577 (1). Il finit ses jours à Avignon, en 1598.

Guillaume-Antoine-Esprit-Alexandre, baron de Sivergue, comte d'Ecueil, épousa Jeanne de Chamaretty de Simiane et mourut à Malaucène, le 22 décembre 1635. Il était fils du précédent et père de

Esprit, comte de Bruce de Brussett, né à Malaucène, le 10 janvier 1595. Il s'unit en mariage (1629), avec Françoise de Baculard, sœur de Gilles de Baculard, évêque de Lausanne.

Il avait converti sa maison en un vrai musée où étaient entassés une multitude d'objets d'art, des tableaux, des médailles, de vieilles chartes, des livres antiques, rares ou curieux, etc. Il fut honoré de la visite du grand Condé (2) et finit ses jours à Malaucène, étant âgé de quatre-vingts ans (1675).

La maison Brussett, alliée à plusieurs grandes familles de l'ancien comté Venaissin et de la Provence, s'est perpétuée à Malaucène, et est représentée par MM. Félix, Gabriel et Joseph frères.

ARMES : *Ecartelé. Au 1ᵉʳ et 4ᵉ de gueules, à la bande d'or, accompagnée de deux ruches de même. Au 2ᵉ et 3ᵉ d'argent, au lion d'azur, armé et lampassé de gueules.* SUPPORTS : *Deux lions.* DEVISE : *Nunquam.* CRI DE GUERRE : *Diex aye à Bruce Brusset.*

(Archives municipales, *Registres des délibérations* et anciens registres de catholicité de la Paroisse Saint-Michel. — Archives domestiques de la famille Bruce de Brussett. — GUINIER, *Hist.* manuscrite *de Malaucène*. — MICHAUD, *Biographie universelle*, articles signés LALLY-TOLLENDAL, pages 661 et suivantes du Tome V. — FELLER, *Biogr. univers.* revue par SIMONIN, Tome III, page 506.)

(1) Tome Iᵉʳ, page 312.
(2) Tome Iᵉʳ, page 366.

BURGONDION, BURGONDIO.

La souche de cette famille a été Burgondion, cinquième fils de Guilhem VII, seigneur de Montpellier, et de Mathilde de Bourgogne. Malaucène, au XIII° siècle, comptait parmi ses habitants plusieurs membres de cette maison qui subsista longtemps dans le Venaissin.

Asturge de Burgondion, de l'Isle, seigneur de Goult, épousa Guillaumette de Simiane, dame en partie de Brantes. *Françoise*, leur fille, et héritière de sa mère, se maria vers 1480, avec Gaucher de Vincens, co-seigneur de Brantes.

Ces derniers ont fait souche, à Malaucène, pour les Vincens de Savoillans et ont laissé leur nom à un quartier du territoire, voisin du château de Cromessière. Un des derniers héritiers de cette famille mourut à Malaucène, le 16 mai 1754. Nous voulons parler de Dominique de Vincens de Savoillans, prêtre, abbé commendataire de Saint-Martin de Troyes, en Champagne.

(Archives municipales, Ad annum 1270. — CH. D'AIGREFEUILLE, *Histoire de Montpellier*, Montpellier, Martel, 1732, in-f°. — PITHON CURT, III, 558 et II, 445.)

CAMARET.

D'après Guinier, qui ne nomme point l'auteur auquel il emprunte ses renseignements, les Camaret seraient peut-être originaires du bourg de Camaret et auraient appartenu dans le principe à la religion juive. Depuis leur conversion au christianisme, ils jouirent constamment de l'estime générale (1).

Nous croyons Guinier dans l'erreur lorsqu'il affirme (2) que la maison Camaret est « une des plus anciennes de la localité. »

Cette famille, qui existait à Caromb dès l'année 1420, ne s'est implantée à Malaucène que dans le commencement du XVI° siècle. Elle s'est divisée en plusieurs branches, dont la plus considérable a passé dans la maison Boyer, de Carpentras.

ARMES : *De gueules, au chevron d'or, accompagné de trois croissants de même.*

(Archives municipales. — PITHON CURT, I, 419. — BARJAVEL, I, 329. — CH. DE TOURTOULON, page 93).

L'abbé *Ferdinand Camaret*, prêtre, ancien vicaire à Saint-Florent d'Orange, actuellement curé du Barroux, est né à Malau-

(1) *Familles de Malaucène*, article *Camaret*.
(2) *Loco citato*.

cène, d'une famille anciennement établie dans le pays, mais sans liaison de parenté avec celle dont nous avons parlé en dernier lieu.

CAMBIS (de).

« Les Cambi, appelés communément Cambis, tirent leur origine de Florence. Ils passèrent dans le Comtat au XVe siècle, à la suite des princes de la maison d'Anjou. » Ceci résume tout ce que les auteurs ont écrit sur l'implantation de cette famille dans nos contrées.

Luc Cambi qui s'établit à Avignon, où il se maria, vers 1448, avec Marie Pazzi, aurait été le premier à franchir les monts, si nous en croyons Pithon Curt, Barjavel et M. Louis de la Roque.

Cette dernière affirmation n'est pas admissible. En effet, d'autres membres de la même maison avaient fixé leur domicile à Malaucène avant l'arrivée de Luc Cambi. Dans les protocoles de Girard Bermond, nous trouvons plusieurs actes dans lesquels *Pochon* Cambi paraît soit comme contractant, soit comme témoin. Il y est désigné par ces mots : *Discretus Pochonus Cambii, de Malaucena.* Ces différentes pièces portent les dates de 1415 et 1416(1). Le *Livre-Terrier*, dressé une quinzaine d'années plus tard, énumère en une longue série d'articles les possessions, dont plusieurs franches, de noble *François* Cambi. (*Nobilis Franciscus Cambii*). Cette famille ne se serait donc fixée à Avignon qu'après un séjour plus ou moins long à Malaucène.

ARMES : *D'azur, au pin d'or, fruité de même, accosté de deux lions affrontés d'or.*

M. LOUIS DE LA ROQUE, I, 129, n° 116. — PITHON CURT, I, 237 et IV, 3. — BARJAVEL, I, 333. — M. D*** (sic), *Le Voyageur François*, XXXI, 373, Paris Moutard, 1789, in-12.

CAVAILLON.

Parmi les membres de cette antique et puissante famille du Comté Venaissin, nous citerons :

I. — *Pierre de Cavaillon* et le vicomte *Guy de Cavaillon*, dont les exhortations avaient déterminé Raymond VII à reprendre possession de ses anciens domaines de la rive gauche du Rhône(2). Par suite de ces conseils, les Malaucéniens durent prêter main forte au comte de Toulouse (3) dans son entreprise contre la ville

(1) *Protocollum, G. Bermundi,* f°s 2 R°, 8 R° et 67 V°.
(2) Voir notre Tome Ier, page 101.
(3) Voir notre Tome Ier, page 453.

de Beaucaire (1216), recevoir en même temps une garnison d'Avignonais et remettre leur ville et leur territoire aux podestats d'Avignon (1), comme garantie du remboursement des sommes prêtées par cette dernière ville au comte Raymond (1226).

II. — *Hugues de Cavaillon*, chevalier (*Miles*), seigneur de la Garde-Paréol, co-seigneur d'Agoult (2), viguier de Malaucène (3) en 1288.

Armes : *D'or, au lion de sable, armé et langué de gueules ; la queue faite en forme de palme et tournée en dehors de trois pièces.*

Chaberlin ou Chabarlin.

Nous avons eu plusieurs fois déjà occasion de parler de la famille Chaberlin. Nous nous contenterons d'ajouter les détails suivants.

Un *Chaberlin* figure au nombre des quatre prud'hommes sur la déposition desquels fut dressée le polyptique des comtes de Toulouse. Il devait donc être ancien dans le pays pour le connaître si bien.

Girard Chaberlin est compté parmi les chefs de famille réunis en parlement général, le 18 février 1375.

Ce nom n'était point très rare alors dans la contrée. Les Chabarlin ou Chamberlin sont plusieurs fois nommés dans le *Cartulaire des Templiers de Roaix,* par M. l'abbé Chevalier.

Chabrier, Chabrern.

Cette famille est une des plus anciennes du pays. Elle est mentionnée dans les vieilles chartes et plusieurs fois son nom se rencontre dans notre *Histoire*. L'abbé Guinier vante ses vertus héréditaires et en particulier sa probité ; rappelant à ce sujet une locution proverbiale en usage dans la localité : « *Probe comme un Chabrier* (4). »

(1) « Notum sit omnibus etc. Quod anno m. cc. xxvi ; Kalendas junii, in
« civitate Avinionensi, potestatibus Willelmo Raymundo de Avinione et
« Raymundo de Riali, etc., bajuli Domini Comitis Tolosani obligavimus et
« pignori supponimus, etc., Castrum Belliquadri et baillam totam ipsius
« castri, cum omnibus pertinentiis suis ; Castrum de Malaucena ; totum
« Venaissinum et aliam terram quam Dominus Comes habet citra Rhoda-
« num, cum ejus pertinentiis ejusdem terre. » (Dom Vaissette, *Histoire
générale de la Langue d'Oc*, Tome V, page 637, Toulouse, Paya, 1842, in-4°).
(2) Python Curt, 1, 297, article *Cavaillon*.
(3) *Pièces justificatives*, N° XIII.
(4) L'abbé Guinier : *Familles de Malaucène*.

Cette maison qui a fourni au pays plusieurs prêtres agrégés, est aujourd'hui représentée par les enfants de Claude Chabrier :

I. — *Pierre-Jean*, né le 1ᵉʳ août 1821, à Malaucène, marié le 25 octobre 1843, à Marie-Marguerite Astaud, dont il a plusieurs enfants. C'est lui qui, sous la direction de l'architecte Geoffroy, a exécuté les travaux de restauration de l'antique chapelle du Groseau. M. Chabrier aîné doit être fier d'avoir attaché son nom à ce monument historique.

II. — *Auguste-Hippolyte*, né à Malaucène, le 17 juin 1841, se sentit appelé dès l'enfance à l'amour des belles-lettres et des beaux-arts, les faisant marcher de front dès le Petit-Séminaire d'Avignon, où on l'avait envoyé faire ses études. On l'a vu manier de la même main la plume et le ciseau, écrire aussi facilement une pièce de vers français que fouiller un bloc d'albâtre de son pays.

Entré, à Paris, à l'école des Beaux-Arts, il se serait mis sur les rangs pour le grand prix de Rome, si l'Empire n'avait réduit de cinq ans la limite d'âge des candidats. Privé de ce grand moyen de se faire connaître, sachant, d'ailleurs, combien il est difficile de percer dans les arts, M. Chabrier suivit son irrésistible penchant pour la statuaire, dont il se fit un agréable délassement et non une profession lucrative; mais, en même temps, il entra dans l'Université dont les portes lui avaient été ouvertes par les grades qu'il avait obtenus à la sortie du Petit-Séminaire d'Avignon. Il est aujourd'hui professeur au collège de Draguignan; utilisant parfois ses vacances pour voyager en Italie et se livrer à l'étude des chefs-d'œuvre des grands maîtres.

Parmi ses nombreuses productions, nous devons citer :

1° *Mireio* (Mireille), buste en marbre blanc, devenu la propriété de M. Rozan, de Marseille. Le sculpteur en fit la dédicace au poète Mistral dans les termes suivants :

« Chantre inspiré de la Provence,
« Un jour que mon ciseau poursuivait l'idéal,
« Faible, mais soutenu par la sainte Espérance,
« Mireille m'apparut.... ô douce souvenance!
« C'était mon rêve d'or, au rayon virginal!

« Depuis, à mon rêve fidèle,
« Dans l'albâtre aux reflets tendres et délicats,
« J'essayai de fixer cette image immortelle....
« Est-ce Mireille ? — Non.....Vous la fîtes trop belle!
« Pour lutter contre Homère, il faudrait Phidias!

« AUG. CHABRIER.

« Arles, le 3 décembre 1866 ».

M. Mistral remercia le sculpteur dans une lettre charmante qu'il nous pardonnera de reproduire. C'est la plus douce et la plus flatteuse récompense que notre artiste pût ambitionner. Ces éloges, tombés de la plume d'un poète qui a donné à la langue provençale un renouveau de son antique gloire, fixèrent M. Chabrier dans sa vocation d'artiste.

« Monsieur,

« J'ai reçu avec le plus vif plaisir le splendide buste d'Arlésienne que
« vous avez bien voulu me dédier.

« C'est une inspiration de la divine tête qui est au musée d'Arles, et
« ce serait, je vous assure, bien flatteur pour Mireille, si le public voulait
« voir dans votre œuvre l'incarnation de mon idéal rustique.

« Recevez, Monsieur, mes applaudissements les plus sincères : vous
« avez l'intuition du beau ! Et merci des vers charmants, — s'ils n'étaient
« trop élogieux, — qui accompagnent votre gracieux envoi.

« Votre reconnaissant,

« F. Mistral.

« Maillanne (Bouches-du-Rhône), 5 décembre 1866 » (1).

2° *Calendal*. Ce buste du héros du second poème de M. Mistral fut acheté par M. Eugène Bonnel, de Malaucène, professeur au lycée de Montpellier.

3° *L'Espérance et la Charité*, statues hautes de 1 mètre 50, exécutées pour M. Cayol, propriétaire à Saint-Maximin. Elles soutiennent de la tête et d'une main l'arcade d'une magnifique porte cintrée donnant accès dans la maison. C'est jusqu'ici l'œuvre la plus importante de l'auteur qui vient à peine d'y donner la dernière main (1882).

4° *Buste de M. Cayol*. Ce modèle a été expédié à Paris pour être fondu en bronze.

5° *Buste de la Liberté*, sculpté pour l'Hôtel-de-Ville de Saint-Maximin. Travail qui a valu à son auteur de nombreuses félicitations.

6° Autre *Buste de la Liberté*, exécuté pour la mairie d'Ollières, préférable peut-être au précédent.

7° *Sainte Cécile* qui orne le salon du curé de Varages (Var). L'auteur a été très-heureux dans cette création et n'a jamais rien produit de si complet. La sainte tient une main sur l'orgue sacré et sa tête inspirée regarde le ciel.

8° *Sainte Félicité*, placée dans la belle chapelle de M. Maximin Cayol, à Saint-Maximin.

(1) *Le Forum*, journal d'Arles, N° du 9 décembre 1866.

M. A. Chabrier, aujourd'hui dans la force de l'âge et du talent, ne s'arrêtera point là, nous l'espérons ; du reste, au moment où nous traçons ces lignes, notre concitoyen étudie une figure de *la Modestie* qu'il destine à une exposition.

CHARRASSE.

Les archives domestiques de la famille Brussett conservent de vieux documents qui concordent avec d'anciens manuscrits de la bibliothèque de Carpentras et qui sont relatifs à une maison de Charrasse, originaire de Naples.

Les premières illustrations en seraient le général *Philippe de Carrassa* qui se distingua par sa bravoure à la bataille de Bénévent (1266) et le cardinal *Philippe de Carrassa* (1378).

Le nom patronymique de Charrasse est porté par plusieurs familles de Malaucène et des pays circonvoisins.

Nos archives locales mentionnent *Monéto*, en 1417 (1), *Bertrand*, inscrit au *Livre-Terrier* (2), *Antoine* et son fils *Baudonis* élus tous deux syndics en 1437, *Jacques*, collaborateur à la rédaction des *Statuts municipaux* de l'an 1500.

Guillaume épousa Anne de Boutin de Valouse, et mourut à Malaucène en 1590, laissant un *Traité sur le Saint Sacrifice de la Messe* (en latin). Lyon, 1582, 1 vol. in-8°.

Pierre-François, fils du précédent, né à Malaucène (1580), époux de Françoise de Seguin du Barroux, fut secrétaire de la légation d'Avignon et mourut en 1634.

Isnard entra chez les Jésuites (1639), professa la rhétorique et la philosophie dans leur collège d'Avignon, puis la philosophie à Toulouse, où il mourut en 1695. On a de lui : 1° *Notice sur la ville et les environs de Toulouse* : 1 vol. de 500 pages. 2° *Dogmata theologica*, 1670.

Esprit-Joseph, né à Grenoble, vers 1630, se maria à Lucrèce-Christine de Bouteille, de Caromb (1650). Avocat au parlement de Grenoble, il mourut à Malaucène, le 6 mars 1698, et fut inhumé

---

(1) *Protocollum Girardi Bermundi* ad annum 1417. (Étude de M⁰ Souchon, notaire à Malaucène.)

(2) « Bertrandus Charrasse tenet et possidet hospicium in carreria dicta « *de mal conselh*, sub dominio animarum purgatorii, ad fructum quinque « solidorum. ITEM quamdam crotam cum orto contiguo, loco dicto ad « sanctum Raphaelem, juxta ortum et treiham nobilis Anthonii de Remu- « sato, ad fructum unius grossi, anno quolibet. ITEM alium ortum ad areas « Filiolas, juxta ralham molendini, sub directo dominio nobilis et potentis « viri dñi Bartholomei de Brancassiis, ad fructum sex solidorum. »

dans l'église paroissiale, où sa famille possédait une tombe depuis l'année 1557.

Esprit, neveu du précédent, prêtre, envoyé à Rome par Guérin de Tencin, archevêque d'Embrun, pour les affaires de son diocèse, reçut en 1725, des lettres de patricien et de citoyen romain. Il mourut, en 1733, au Revès, à l'âge de quatre-vingts ans et fut inhumé dans le tombeau des archevêques, à Embrun.

François-Joseph, sieur de la Rochette et de Brassetieux, chevalier de Saint-Louis, suivit en Espagne le marquis de Valouse. De retour dans son pays, il y exerça, comme son père, la profession de notaire. Il épousa Gabrielle Rolland dont il eut quatre enfants :

1° *Marie* qui épousa André-Michel Saurel.

2° *Rose-Thérèse*, mariée à L.-P.-B. Gueymard, de Valréas.

3° *Joseph-Marie*, né à la Rochette en Dauphiné, décédé à Malaucène, en 1769. Il était docteur en médecine et a laissé : 1° *La sémeiotique*, 1766, in-4° de 361 pages. — 2° *Recueil d'observations météorologiques*, in 4°. — Ces deux ouvrages inédits sont la propriété de la famille Brussett.

4° *Pierre-François*, né à Malaucène, le 27 octobre 1734, chevalier de Saint-Louis, licencié en droit, servit en qualité de mousquetaire (1757). Après avoir quitté les armes pour la toge, il obtint de brillants succès comme avocat. Il abandonna cependant le barreau pour prendre la succession de son père et gérer son étude. Peu après, il fut nommé viguier du Barroux, puis gouverneur d'Entrechaux, viguier et plusieurs fois consul de Malaucène. Ses concitoyens le députèrent à l'assemblée générale du Comtat, en 1790. Il décéda dans son pays natal, le 16 mars 1814.

Parfaitement versé dans la jurisprudence, homme de beaucoup d'esprit et mordant, il a laissé plusieurs manuscrits. Ce sont des consultations sur diverses questions de droit et des poésies légères.

Cette famille *Charrasse*, dite *de Brassetieux*, éteinte aujourd'hui, est représentée par la maison Brussett.

ARMES : *D'azur; à la bande d'or, accompagnée à senestre en chef de deux étoiles de même et à dextre en pointe d'une étoile d'or et d'un croissant d'argent, posés en bandes.*

Joseph-Xavier-Esprit, fils de Jean-Joseph et de Agnès-Angélique Joannis, se maria, le 2 mai 1827, à Marie-Madeleine Siaud. De cette union naquirent :

I. — *Joseph-Adrien*, né à Malaucène, le 3 septembre 1830.

Après de brillantes études faites dans les séminaires d'Avignon, il fut ordonné prêtre, entra aussitôt au petit-séminaire d'Avignon, alors dirigé par les prêtres de la congrégation de Sainte-Garde, consacra les prémices de son sacerdoce à l'enseignement des belles-lettres et ne tarda pas à être admis dans l'institut. Depuis un quart de siècle il remplit les rudes fonctions de missionnaire, se faisant écouter avec un égal plaisir dans les chaires des grandes villes comme dans les chaires des petites bourgades.

Nous avons de lui :

1° *Les Soirées dansantes*. Conférence donnée en une réunion privée aux Dames de Miséricorde d'Orange. Arles, Pascal. (Sans date et autographié) in-8° de 16 pages.

2° *Oraison funèbre de N. S. P. le P. Pie IX*, prononcée, le 14 février 1878, dans l'église-cathédrale de Notre-Dame d'Orange. Beaune, Batault, in-8° de 18 pages.

3° *La triple Couronne de la religieuse professe*. Nîmes, Roncoule, 1878, in-8° de 18 pages.

4° *Discours prononcé à Notre-Dame de Lourdes*, le 15 septembre 1881. Avignon, Seguin, in-8° de 16 pages.

II. — *Eugène*, né à Malaucène, en 1832, et prêtre comme son frère Adrien. Après avoir été successivement vicaire à l'Isle, succursaliste au Rasteau, aumônier du Bon-Pasteur, à Avignon, et succursaliste au Thor, il est aujourd'hui chanoine honoraire et curé de la paroisse Notre-Dame, à Carpentras. C'est à lui qu'on doit la transformation et l'agrandissement de cette église.

III. — *Casimir*, né en 1834, ancien adjoint, géomètre-expert à Malaucène, son pays natal. Il a bien voulu revoir et corriger notre plan de la ville.

IV. — *Alix*, née en 1836, religieuse chez les filles de la Charité, à Amiens, sous le nom de sœur Jeanne.

V. — *Théophile*, né en 1838, principal au collège de Grasse, licencié ès-sciences.

VI. — *Eugénie*, née en 1841, morte dans le monastère des Dames Hospitalières de Saint-Joseph, à L'Isle, le 4 juillet 1865, après six mois de profession religieuse.

Nous terminerons cette longue énumération en mentionnant *Antoine* prêtre agrégé, recommandable par son amour pour les pauvres, décédé le 39 novembre 1745, à l'âge de quatre-vingt-six ans (1), et *Catherine*, fille de Esprit-Jacques et de Magdeleine du Col, née à Malaucène le 25 novembre 1684, fondatrice de la Charité, par testament du 25 mars 1760, décédée à Malaucène, le 20 septembre de l'année suivante, et inhumée dans la chapelle du Saint-Rosaire.

CHARROL.

Joseph-André, menuisier-sculpteur, né à Plaisians (Drôme) le 24 février 1823, s'établit, en 1847, à Malaucène où il fut bientôt rejoint par son frère :

Jean-Baptiste, sculpteur sur bois et sur pierre, né à Plaisians, le 31 décembre 1833.

Parmi les pièces les plus remarquables sorties des ateliers de ces deux frères, nous comptons la croix du cimetière, les deux autels de N.-D. du Groseau et la chaire de l'église paroissiale (dont nous avons déjà parlé), ainsi que la chaire de la paroisse du Crestet.

CHASTEL.

La famille Chastel, originaire de Sainte-Colombe, dans le Dauphiné, s'établit à Malaucène, vers le milieu du XVIIe siècle.

Plusieurs de ses membres ont exercé la profession de notaire. *Joseph*, né en 1771, et *Jean-François*, né en 1715, prêtres tous deux, firent partie de l'agrégation paroissiale.

Joseph-Marie-Casimir a été maire en 1843 et M. *Jean-Joseph-François-Arnoul*, en 1874 et 1877. Ce dernier, afin de se distinguer des autres branches de sa famille, a joint à son nom celui de sa mère et signe *Chastel Saint-Bonnet*. C'est à lui que s'adressent nos remerciments dans l'*Avant-propos* de notre Tome Ier.

ARMES : *D'argent, au château de sinople, surmonté de deux tours de même, chargé d'une colombe d'azur.*

CHATEAUFER.

On appelait *Castrum ferum*, *Castelfer* ou *Châteaufer* une petite forteresse qui défendait la ville, du côté sud, en face de

---

(1) « D. Antonius Charrasse, presbyter, obiit die novembris trigesima, « ætatis suæ 86 et 10 mensibus. Aggregatus ab anno 1683. Vir prudens, veræ « pietatis et religionis plenus. Jura aggregationis contra quoscumque for- « titer sustinuit. In capella sancti Alexii, die sancti Silvestri, missam solem- « nem fundavit et tres pauperes vestiri curavit quotannis, et pro illis piis « operibus summam trecentorum scutorum xenodochio donavit. » (Bibliothèque de Carpentras, fonds de Malaucène, *Liber Massœ*, 7: « Die 1ª decem- « bris an. 1745. »)

la porte Soubeyran. Elle était bâtie sur un petit mamelon enclavé aujourd'hui dans le quartier du Lion d'Or. Bien que le Lion d'Or ait tiré son appellation d'une hôtellerie, on peut se demander s'il n'y a pas une certaine relation entre le nom de la bête féroce et celui de *Castrum Ferum*.

Quoi qu'il en soit, la forteresse et ses habitants sont mentionnés dans nos vieilles archives. *Guillaume Castri Feri* est désigné parmi les délégués de Malaucène qui assistèrent, à Sarrians, à l'acte de délimitation des territoires de Malaucène et de Bédoin (1270). Il est également parlé à différentes reprises de ce château et de ses propriétaires dans le *Polyptique* du seigneur de Beauvoisin (1328), dans le *Livre-Terrier* (1433), etc.

Château-Neuf (de).

La noble famille de *Château-Neuf* (de *Castro Novo*), était déjà nombreuse à Malaucène en 1270. Plusieurs de ses membres sont désignés dans les pièces manuscrites de cette époque.

En 1286, *Guillaume de Château-Neuf*, chevalier *(miles)*, était viguier du pays pour le pape (1).

Dans les minutes des notaires du commencement du XV° siècle et notamment dans celles de Girard Bermond (2), figurent assez fréquemment quelques descendants de ce viguier, dont l'un est nommé *Antoine* et l'autre *Gauberton* ou *Gauteron*.

Le 18 mai 1416, un de ces nobles *Château-Neuf* et son épouse, fille de Ripert du Puy d'Entrechaux, donnent en accapit (3) une terre aux frères Bonéti (Bertrand, Mondon et Amédée).

Nous avons déjà parlé (Tome I", page 128) d'un membre de la famille de *Château-Neuf* dont les habitants ne voulurent point pour viguier, en 1430.

La noble *Lulie de Château-Neuf*, héritière de Gauberton, Gauteron ou Gautier, est inscrite au *Livre-Terrier* pour des propriétés nombreuses, toutes, à l'exception d'une seule, franches de censes ou de redevances (1433).

Dans les documents postérieurs à cette date, le nom de *Château-Neuf* ne reparaît plus.

Comte.

L'ancienne famille *Comte (Comitis)* était originaire du bas-Languedoc.

---

(1) Voir *Pièces justificatives*, N° XII.
(2) Etude de M° Souchon, notaire à Malaucène.
(3) *Protocollum Girardi Bermundi*.

Son nom se rencontre dans nos Chartes du XIV° et du XV° siècle. *Pons Comte*, 2° syndic en 1450 et 1" syndic en 1459, figure au livre des *Reconnaissances du Grosel* pour des actes passés en faveur de ce prieuré, par devant le notaire Castelli, en 1488 et 1492.

Ses descendants quittèrent Malaucène dans le courant du XV° siècle et se fixèrent dans la commune du Barroux, où ils habitent encore.

(PITHON CURT et Archives municipales.)

CONSOLIN.

Jean Consolin, originaire du Piémont, s'établit à Malaucène, en 1505.

Constantin-Scipion, son petit-fils, mourut sur la brèche en défendant le bourg de Mollans contre les Huguenots, après avoir tenu tête à l'ennemi pendant une heure. Témoin de l'intrépidité de ce capitaine et le voyant frapper d'estoc et de taille avec l'impétuosité d'un Bayard, Lesdiguières lui cria au fort du combat : « Sauve le vaillant ! » Le vaillant préféra se faire tuer ! (18 février 1589.)

Jean-François, né à Mollans en 1719 et mort à Paris en 1788, fit ses études chez les prêtres agrégés, à Malaucène, et habita pendant ce temps chez sa sœur Catherine qui s'était mariée avec François-Antoine Brussett (29 septembre 1726). Appelé de bonne heure à l'état ecclésiastique, il fut successivement vicaire à Mirabel-en-Baronies et à Saint-Denis, curé à Ville-Thierri (diocèse de Sens), puis chanoine de Sainte-Opportune, à Paris.

Durant son séjour à Saint-Denis, les dames carmélites de cette ville apprécièrent hautement ses vertus et ses talents, et quand, en 1770, Louise de France, fille de Louis XV, fut venue leur demander une cellule et une robe de bure, elle choisit pour son aumônier l'abbé Consolin, alors chanoine de Sainte-Opportune. Cette princesse mourut en 1787, légant au pieux directeur de sa conscience deux objets précieux, dont la valeur historique et artistique ne saurait être méconnue.

Le premier est une montre à cinq cadrans, disposés en forme de croix. L'un, celui du centre, indique les heures ; les autres marquent le jour du mois, les douze signes du zodiaque, le lever et le coucher du soleil et enfin les quartiers de la lune. Cette montre, unique peut-être en son genre, est montée sur cuivre jaune et est sortie des ateliers du fameux Adamson, horloger suédois. Louis XVI, respectant le vœu de pauvreté qu'avait fait sa tante, ne pouvait lui offrir un plus royal cadeau. La chaîne est en fer et la clé, également dépourvue de toute richesse, porte d'un côté l'image de Louis XVI et de l'autre celle de Marie-Antoinette.

Le deuxième souvenir laissé au chanoine Consolin, est une tabatière sur laquelle est sculpté le portrait de Louise de France.

Ces monuments de la gratitude de la carmélite, fille et tante d'un roi, sont aujourd'hui entre les mains de M. Narcisse Curnier, petit-neveu du célèbre aumônier et représentant la famille Consolin, à Mollans.

(Archives domestiques de la famille Brussett de Malaucène.— L'abbé A. VINCENT, *Notice historique sur Mollans*, pages 54 et 100.)

CONSULS.

(Voir au mot *Syndics*.)

COTTIER.

Famille originaire de Carpentras, transplantée à Malaucène, vers le milieu du XVIIe siècle.

Félix-Benjamin Cottier eut deux enfants :

I. — *Marie-Anne*, religieuse ursuline à Malaucène.

II. — *Pierre-Philippe*, docteur ès-droits et avocat, né à Malaucène, le 28 mai 1729, marié avec Anne-Marie Brusset (12 août 1753), fut inscrit au *Registre du Dénombrement des habitants* de 1768 avec la double qualification d'ancien et de noble. Il décéda, le 6 janvier 1821, laissant un fils et une fille.

1° *Joseph*, prêtre, ancien curé de Loudun, habita Malaucène après la Révolution, à l'époque du Concordat, après en avoir fait la déclaration officielle dans la salle de l'Hôtel-de-Ville, en présence de l'autorité municipale, le 22 décembre 1801 (1). Il fut ensuite vicaire à la paroisse Saint-Pierre d'Avignon et garda toujours un bon souvenir de la population qu'il avait administrée en qualité de pasteur, chargeant sa sœur et héritière d'acquitter diverses fondations en faveur de l'hôpital de Loudun.

(1) « L'an X de la République française et le 1er nivôse, à 4 heures de relé-
« vée, dans la salle principale de la Maison Commune de cette ville de Malau-
« cène. Par devant nous Pierre Güintrandy, Adjoint de la Mairie, s'est pré-
« senté le citoyen Joseph Cottier, prêtre, lequel a déclaré vouloir exercer dans
« toute son intégrité le culte de la Religion catholique, apostolique et ro-
« maine, et qu'il est soumis d'avance à tout ce que contiendraient et la bulle
« du Pape et le Concordat qu'a présenté *(sic)* Sa Sainteté et le gouvernement
« français. De laquelle déclaration, il nous a demandé acte qui lui a été octroyé
« et a signé, avec nous Adjoint, à Malaucène les an et jour susdits.
     « Joseph COTTIER, *prêtre*. P. GUINTRANDY, *adjoint*:

2° *Marie-Sylvie*, née à Malaucène, le 3 mars 1764, consacra sa fortune et sa vie tout entière aux bonnes œuvres. Elle aida puissamment le curé Reboul dans les menus détails de la réorganisation du culte en 1804. Elle donna une maison à l'hospice afin de faciliter l'établissement de trois sœurs de charité, dont une devrait être chargée d'instruire gratuitement huit jeunes filles pauvres, à la désignation du curé de la paroisse. Par une autre fondation elle assurait l'éducation ecclésiastique d'un enfant du pays au petit-séminaire de Sainte-Garde. Enfin, elle donnait sa maison de la Place *des Martinels* à la Ville, afin qu'elle fût en partie rasée pour l'élargissement de la voie publique.

Pleine de jours et de mérites, Mlle Sylvie Cottier mourut à Avignon où elle s'était rendue pour affaires (1827).

ARMES : *Ecartelé. Au 1er et 4me d'azur, au chevron d'or accompagné de trois quintefeuilles de même. Au 2e d'or, au sautoir de gueules, au chef de même, chargé d'un croissant d'argent à dextre. Au 3e d'argent, au lion d'azur, armé et lampassé de gueules.*

(Archives paroissiales et municipales. — Minutes de Me Chastel, du 12 mai 1823 et du 24 novembre 1824, en l'étude de Me Ferrat, notaire à Malaucène.)

COUTURIER.

Les Couturier étaient, comme on disait autrefois, « chandeliers », c'est-à-dire fabricants de chandelles. Cette famille a fourni deux prêtres recommandables.

I. — *Pierre*, fils de Jean et de Marguerite de Balme, né en 1663, fut admis dans l'Agrégation en 1689 et mourut en 1742. Dur et sévère pour lui-même et d'une sobriété exemplaire, il se nourrissait, en carême, d'herbages et de légumes, ne faisant qu'un seul repas. Par dévotion envers la Très-Sainte-Vierge, tous les jours, pendant plus de quarante ans, il se rendit à la chapelle du Groseau, sans jamais se laisser arrêter par le mauvais temps (1). On peut voir, dans les archives de la paroisse, avec quel soin il tenait les écritures de l'Agrégation.

(1) « Hodie (2^a junii 1742) hora prima matutina, R. D. Petrus Couturier, « jam ab aliquibus mensibus febricitans obdormivit in Domino. Quam sibi « fuerit parcus et austerus illius abstinentia demonstrabat. In adventu enim « et quadragesima solis herbis et leguminibus victitans, unica tantum refec- « tione contentus erat. Adeo magna erat erga Beatam Virginem ejus devotio « ut singulis diebus ad Gratzellum per quadraginta annos ad minus, quo- « cumque tempore, ire non omiserit. » (Bibliothèque de Carpentras: Fonds de Malaucène: *Liber Massæ* n° 7.)

II. — *Alexis-Antoine*, né à Malaucène, le 30 septembre 1744, prêtre, fut curé de Barroux depuis le 15 janvier 1809 jusqu'au 30 décembre 1823, jour de son décès. Il fut un des acquéreurs de l'ancienne maison des missionnaires de Sainte-Garde-des-Champs. Son nom figure dans l'acte passé, à Carpentras, par J.-E. Barrière, le 1ᵉʳ août 1817.

(BARJAVEL, *N.-D. de Sainte-Garde-des-Champs*, 2 édition, Carpentras 1864, page 72.)

CRILLON (DE).

Jean de Bertons des Balbes de Crillon (Johannes de Britonis, dominus de Credulione) était fils de Gilles de Berton de Crillon et de Jeanne de Grillet et un des frères aînés de Louis de Crillon, surnommé le brave des braves.

Les biographes en font à peine mention, le désignant comme abbé de Beauvais et protonotaire apostolique. Il est fréquemment question de lui dans notre histoire, par la raison qu'il était prieur du Groseau, à une époque très agitée.

Il passa deux actes importants : le premier est une transaction avec la Communauté, portant que les habitants payeraient au prieur la dîme de tous les foins récoltés sur tout le territoire de Malaucène (2 janvier 1572). Le second est une convention avec le vicaire perpétuel, Etienne Audibert, par laquelle le prieur cédait au vicaire tous ses droits sur les oblations spontanées faites par les fidèles dans les limites de la paroisse. Il s'occupa aussi d'une manière très active de la fameuse transaction de 1575, en vertu de laquelle la Communauté devint Dame-foncière de son propre territoire.

ARMES : *D'or, à cinq cotices d'azur.*

(Archives municipales, *passim*. — DE FORTIA D'URBAN, *Vie de Louis Balbe Berton, surnommé le brave*. Paris, 1781, pages 5 et 454. — MISTARLET. — PITHON CURT, I, 145.)

CURÉS DE LA PAROISSE SAINT-MICHEL.

1372 *Meilhet* (Rostang), premier curé appartenant au clergé séculier (1).
1425 *Galleti* (Antoine).
1448 *Amblardi* (Giraud) (2).

---

(1) Tome Iᵉʳ, page 122 (*note*) et page 191 (*texte* et *notes* 1 et 2).
(2) « Intendit cogere sacerdotes hujus Loci de non faciendo novenas nec
« alias expletas infra ecclesiam. » (*Liber Regiminis* ad an. 1448.)

1491 *Guintrandy* (Bertrand), fondateur de la messe de l'Aurore (1), habitait en face de la porte Duron.
1493 *Buxi*, acheta des bâtiments qui servaient de greniers à foin, au quartier de Beauvoisin, et les convertit en presbytère. Par une reconnaissance du 26 novembre 1493, il déclara tenir son bénéfice curial de la seule collation du prieur du Groseau *(sub censu, singulis annis, sex solidorum currentium.)*
1506 *Massillan*.
1510 *Colet* (Hector), possédait le bénéfice curial ; mais comme il était chanoine, vicaire-général et official-général de Vaison, il avait délégué pour le remplacer *Philippi* (Mathieu) auquel il avait en même temps cédé la ferme de sa dîme. Certaines difficultés étant survenues à la suite de ces arrangements, le curé-official passa une transaction par laquelle il abandonnait une partie de ses droits aux prêtres de l'Agrégation (16 avril 1510).
1513 *Bonéty* (Charles) était curé de Saint-Michel et prieur de Notre-Dame la Blanche et de Saint-Raphaël.
1548 *Borrel* (Gabriel).
1554 *Varis* (Matthieu).
1559 *Martin* (Antoine).
1562 *Audibert* (Etienne). Sous sa longue administration le service de la paroisse laisse à désirer par insuffisance de prêtres, notamment les jours de grande solennité.
1583 *Bonéty* (Jean). Mêmes plaintes de la part de la population.
1597 *Verdier* (Antoine). Le 3 décembre 1600, on se plaint à l'évêque de ce que, contre l'ancienne coutume, le curé « ne tient pas de secondaire. »
1602 *Auréoly* (Jean-Baptiste), de Vaison, mort en 1612.
1612 *Drummond* (Joseph). Nous lui avons consacré un article spécial.
1619 *Martinel* (Claude), de Malaucène. Il avait été chantre de la reine Marguerite de Naples. Il quitta son bénéfice pour devenir curé de Courthézon.
1621 *Rieu* (François).
1624 *Villet* (Mathieu), de Malaucène, avait été précédemment aumônier du vice-légat Cosme Bardi.
1634 Pontayx (Edouard). (Voir ci-après, dans ce même livre, l'article *Pontayx*.) Il se démit de sa cure (1646) en faveur

---

(1) Tome 1ᵉʳ, page 396.

de son frère Marc et devint principal du collège de Compiègne.

1646 *Pontayx* (Marc), rendit la cure à son frère par résignation.

1662 *Pontayx* (Edouard), curé pour la seconde fois, permuta, devant le vice-légat, avec Pérouse, curé de Saint-Paul-lès-Romans.

1670 *Pérouse* (Pierre), de Vienne. Il résigna, le 9 avril 1673, en faveur du suivant.

1673 *Filiol* (Alexandre), de Vaison. (Voir à l'article *Filiol*.)

1728 *Chaix* (Jean), d'Avignon, curé par résignation de Filiol.

1732 *Merles* (Hyacinthe de), de Valréas, servait à son prédécesseur une pension annuelle de trente écus. Il résigna en faveur de Bourre-Despréaux, son compatriote, et mourut, le 21 avril 1770, à Valréas où il s'était retiré.

1751 *Bourre-Despréaux* (Esprit-Joseph), donna sa démission.

1771 *Brémond* (Jean-Pierre), décéda en 1786.

1786 *Mauron* (Claude) de Saint-Remy, fut nommé au concours. Le 31 mai 1792, il célébra la messe sur « l'autel de la Patrie » dressé à la porte Soubeyran sur quatre tambours et environné de drapeaux tricolores. Il fut néanmoins et bientôt après porté sur la liste des suspects avec la mention suivante : « Il a corrompu l'esprit public en prêchant le « fanatisme et le fomentant sourdement et ayant été l'agent « secret des aristocrates. » Il avait quarante-huit ans lorsqu'il prit la fuite.

1797 *Reboul* (Antoine). (Voir Tome I, pages 435 et suivantes, et ci-après l'article *Reboul*).

1822 *Margaillan* (Charles), installé le 10 février 1822, se démit et fut remplacé par

1823 *Bérard* (Jean), de Sablet, installé le 19 janvier 1823. (Voir son article biographique).

1841 *Rigot* (Donat-Bernard), de Caromb, installé le 10 juin 1841. (Voir ci-après l'article *Rigot*).

Dalmas.

La famille *Dalmatius* (Dalmas, Daulmas, Daumas) était originaire du Dauphiné.

Dès l'année 1253, *Raybaud Dalmatius* était domicilié à Malaucène. En 1493 et 1496, *Bertrand Dalmas* était syndic de la noblesse. Sa veuve eut des difficultés avec la Communauté (1521) à propos d'un empiètement sur la voie publique (1). Les membres

(1) Pièces justificatives, N° XXXIV.

de cette famille sont fréquemment désignés dans les documents du XVI° siècle, soit comme ayant consenti de nombreuses reconnaissances en faveur du prieuré du Groseau, soit comme ayant rempli les fonctions de syndic de la noblesse. *Gabriel Daulmas*, prêtre agrégé, était procureur et économe de l'Agrégation en 1591. Vers 1620, *François Daulmas* épousa Raynaud de l'Espine et sa sœur *Isabeau* s'unit à Pierre Charrasse.

(Archives municipales et archives domestiques de la famille Brussett.)

DRUMMOND.

Drummond (Joseph), curé de Malaucène, était né en Ecosse et vint de ce pays éloigné, à la suite de Guillaume IV de Cheisolme, évêque de Vaison, son oncle. Il exerça d'abord auprès de celui-ci les fonctions de secrétaire particulier ou d'aumônier. Chargé ensuite de l'administration de la paroisse de Malaucène en qualité de curé, il remplit peu de temps par lui-même les devoirs de la charge pastorale (de 1612 à 1619), « le peuple n'entendant pas son langage.» Il quitta le pays après avoir pourvu au service paroissial jusqu'à l'arrivée de son successeur.

Nous avons trouvé dans l'intéressante bibliothèque de M. l'abbé Correnson, d'Avignon, un livre fort précieux, à notre avis. C'est un exemplaire des *Statuts du Comtat Venaissin*, imprimé, en caractères gothiques, à Avignon, le 15 juin 1511. Ce volume in-8° est enrichi de notes manuscrites qui occupent la plupart des marges et les feuillets de papier blanc intercalés dans le texte. Les notes ont pour but de mettre en rapport la législation générale de la province avec les statuts, droits et privilèges des évêques de Vaison, pour la plus grande commodité du juge local. L'acte le plus ancien, parmi tous ceux qui ont été recopiés sur ce livre, est l'accord passé à Paris (1251), entre Faraud, évêque de Vaison, et Alphonse de Poitiers, comte de Toulouse, par l'intermédiaire de Guy de Foulques *(Guido Falcadonis)*, abbé de Saint-Gilles et, plus tard, pape sous le nom de Clément IV. Toutes ces pièces ont été écrites ou au moins vidimées par Edouard Drummond, docteur en l'un et l'autre droit, juge ordinaire de Vaison et de son ressort (de 1580 à 1594), beau-frère de l'évêque Guillaume IV de Cheisolme et père de Joseph Drummond.

ARMES. *D'or, à trois fasces ondées de gueules, écartelé d'Ecosse.*

(GUINIER, *Hist.* manuscrite *de Malaucène*. — PITHON CURT, Tome I•r, page 335.)

Duron ou Duroni.

Duroni de Calvineto dont il est parlé plusieurs fois dans cet ouvrage et qui a donné son nom à une des portes de la ville, vivait à la fin du XIV° siècle et au commencement du XV°. Les minutes des notaires et en particulier celles de Girard Bermundi, de 1415 à 1418, fourmillent d'actes dans lesquels Duroni figure soit comme témoin, soit comme contractant (1). Ce sont des conventions passées avec des membres de la famille Ronin, avec Jean du Puy, etc. Duroni était syndic lors de l'occupation de la ville par Jean de Champétreux, en 1432. Il dut mourir cette même année, car sur le *Livre-Terrier* dressé par ordre du juge Rivet, la déclaration des possessions immobilières est donnée non point par Duroni, mais par ses héritiers *(juxta cedulam per heredes Duroni datam)*.

Cette déclaration, renfermant quinze articles, nous fournit l'occasion de faire quelques remarques. La porte de la ville actuellement appelée *Cabanette* et précédemment Duron, portait encore le nom de *Portale Ravalherii*. Le *Pont-Vieux*, dont quelques personnes semblent faire un mythe, existait encore. L'hôpital de Malaucène, dit plus tard *Hospitale antiquum*, existait aussi et percevait de Duroni une redevance annuelle.

(*Livre-Terrier*, verbo *Duroni*, et *Liber Regiminis*, aux dates indiquées ci-dessus.)

Espine (de l').

La terre de l'Espine, située dans le Dauphiné, après avoir appartenu à la famille dont nous allons parler, passa au pouvoir d'Agoult de Baux, seigneur de Brantes, Savoillans, Saint-Léger, etc. (1300), et fut ensuite cédée par lui en échange à Guy de Morges, seigneur de Châtelard, qui prit le titre de seigneur de l'Espine. Le nouveau propriétaire en rendit hommage au Dauphiné, le 28 octobre 1332.

Pithon Curt ne remonte pas au-delà de *Rican de l'Espine (de Spina)* qu'il qualifie de seigneur de l'Espine et d'Aulan, chevalier et pair du Dauphiné, marié à Philippine d'Argenton (1300). Chorier parle d'*Artaud de l'Espine* qui habitait le Diois (1274).

Dès les premières années du XIII° siècle les membres de la fa-

---

(1) Citons un exemple : Deux individus de Malaucène promettent à Duron de Calvineto de lui payer sept florins d'or *ratione precii cujusdam rossini pili rubei empti*. (Protocollum Girardi Bermundi, die 12° octobris 1415, f° 15 v°.)

mille de l'*Espine* étaient nombreux à Malaucène et y occupaient un des premiers rangs. Parmi les plus anciens nous citerons :

Raynoard et *Jean* qui, tous deux, prirent part à la croisade dite des *Albigeois* (1).

Pons et plusieurs autres membres de la même famille figurent quatre fois dans le polyptique des comtes de Toulouse, en 1253 (2).

Sept autres signent en qualité d'habitants actifs, ou chefs de famille, le procès-verbal du Parlement tenu à Malaucène en 1270 ; ce sont *Pierre*, *Raynoard*, *Bermond*, *Pons* ou *Ponset (Ponsetus)*, *Hugues* et deux *Guillaume* (3).

Raynoard, Ermandias sa femme, et *Lagier* leur fils, vendent à divers particuliers leurs droits sur les tasques des quartiers d'Arnoulx et de Vesc (1288). Leur but était de se débarrasser des vexations auxquelles les exposait la perception de leurs revenus de la part des fermiers de la cour de justice. L'acte de vente fut passé en présence de Hugues de Cavaillon, chevalier et viguier de Malaucène pour le pape (4).

Un nouvel acte public, sous forme de donation, complète ce contrat. En effet, *Raynoard de l'Espine* et ses enfants, *Guilhem*, *Lagier*, *Pons* et *Pierre*, tous majeurs de dix-huit ans, agissant avec l'autorisation de leur père, donnent à la Communauté, représentée par ses syndics Guilhem Galleti et Pons Hugonis, tous leurs droits sur les tasques de Vesc, Arnoulx et Veaulx et acceptent des mains des susdits syndics dix-huit émines de blé. L'acte de donation est dressé dans la maison de *Guilhem de l'Espine*, fils de feu *Pierre* de l'Espine, le III' jour des nones de mars 1296 (5).

Mais nous voici parvenus à l'année 1300, indiquée par Pithon Curt comme son point de départ. La famille de l'Espine continue à donner des preuves de son existence à Malaucène.

Nicolas Pellegrin, de Malaucène, procureur du cardinal de Pellagrue et administrateur de ses propriétés sises dans le territoire de cette ville, reconnaît à *Bodon de l'Espine*, procureur de Bertrand de Rémusat dans la même localité, une maison située au quartier de Saint-Raphaël (1328).

Dans un autre acte écrit à la suite de celui-ci, *Raynoard*, pour

---

(1) Tome 1er, page 100, note 2.
(2) *Pièces justificatives*, N° 11.
(3) *Pièces justificatives*, N° IV.
(4) *Pièces justificatives*, N° XIII.
(5) *Pièces justificatives*, N° XV.

lui et pour *Amédée,* son frère, reconnaît une terre au quartier de Parrum-Fumassa (1).

Le 22 janvier 1362, *Pons* fait son testament. L'acte en est dressé par Nicolas de Georgiis (2).

La famille de l'Espine forma plusieurs branches dont nous signalerons les principales :

DE L'ESPINE, SEIGNEUR D'AULAN, DU POUET-D'EMPERCI, DU POUET-SIGILLAT ET DE LA ROCHETTE.

Guy de l'Espiné, fils de Bertrand et de Bertrande de Tresque, hérita de son père des titres de Marquis de l'Espine et de Seigneur d'Aulan, du Pouët-d'Emperci, du Pouët-Sigillat et de la Rochette, dont les terres étaient situées dans le Dauphiné. Il possédait en outre sur le territoire de Malaucène des maisons, des terres et des droits féodaux dont l'énumération présente une longue série de cinquante-deux articles au *Livre-Terrier* (1433).

Il fut pendant quelque temps fondé de pouvoirs d'Alix de Baux, comtesse d'Avellin, de Fribourg, Neufchâtel, etc., et son capitaine de la place des Baux et autres terres. Le 26 mars 1420, il fut chargé par cette princesse, en présence de son mari, Conrad, de prêter hommage et serment de fidélité en son nom au prince Charles en sa qualité d'héritière de son oncle Bertrand de Baux d'Avellin, pour différentes terres et châteaux.

De retour dans son pays natal, le *marquis de l'Espine* fut nommé viguier de la cour de justice et conserva cette dignité durant l'espace de vingt ans (de 1425 à 1445) sans autre interruption que les quelques mois de l'occupation de la ville par Jean de Champétreux.

Son fils, toujours et partout appelé le *marquis de l'Espine*, sans qu'on puisse rencontrer son prénom, lui succéda dans la charge de viguier et dans ses droits seigneuriaux. Il s'unit en mariage à Magdeleine du Puy (1450).

Elzéar (Alziarius), fils et héritier du précédent, se maria avec Suzanne de Pracomtal, fille de Nicolas de Pracomtal, seigneur d'Ancone et Château-Sablier. Il mourut au mois d'octobre 1464.

Claudie, sœur d'Elzéar, se maria (1471) avec Guillaume Gaucelin, seigneur des Piles et de *Valouse.* Nous mentionnons ce fait, d'où il résulte que le nom de Valouse avait été porté à Malaucène

---

(1) *Pièces justificatives,* N° XVI.
(2) *Pièces justificatives,* N° XIX.

par une famille autre que les Boutin de *Valouse*, dont nous avons parlé plus haut.

Michel de l'Espine, fils d'Elzéar, était fort jeune encore à la mort de ce dernier. Il fut élevé par sa mère et par sa tante Claudie, pendant que ses nombreuses possessions étaient administrées par son oncle maternel, Nicolas de Pracomtal.

Michel atteignit, en 1471, l'époque de sa majorité. Cependant les comptes de tutelle ne furent rendus que dix ans après, à Malaucène, dans l'ancienne maison d'habitation d'Elzéar de l'Espine, seigneur d'Aulan, du Pouët-d'Emperci, du Pouët-Sigillat, de la Rochette.

Michel épousa Marguerite Artaud de Montauban (1500). Il fut témoin au codicile de Ferrand de Pracomtal, son beau-frère, à Montélimar (le 21 septembre 1516). Il testa à Carpentras, le 15 janvier 1540 (Romain Filleul, notaire) et mourut la même année, après avoir eu neuf enfants, parmi lesquels nous citerons :

1° *Foulquet* (qui suit).

2° *Raynaud* (qui suit).

3° *Louis*, reçu chevalier de l'ordre de Saint-Jean de Jérusalem en 1526, fut un des délégués de la Communauté pour traiter la grande question de *Loco vendendo et emendo*, en 1562. Il parvint à la commanderie de la Bastil-Dieu, dont il portait le titre, le 26 août de la même année *(Procuratio nobilis et religiosi viri Domini Ludovici de Spina, commendatoris Basteti)*. Il paraît même qu'il fut grand-prieur de Saint-Gilles. Nous avons déjà dit (Tome I, p. 299) que, après la première occupation de Malaucène par les Protestants (1560), ses concitoyens lui avaient confié la garde de leur forteresse et de leur ville.

4° *Louise*, mariée à Jean de Vesc.

5° *Susanne*, mariée d'abord à Claude de Guiramand et ensuite à Claude Parpaille.

6° *Marie*, mariée à François de Planchette.

DE L'ESPINE, SEIGNEUR D'AULAN, DU POUET-D'EMPERCI ET DE LA ROCHETTE.

Foulquet eut la part du lion dans la succession de Michel, son père, puisque il hérita de tous ses fiefs, à l'exception du Pouët-Sigillat. Il s'unit en mariage à Marguerite d'Urre (fille de Jean d'Urre, seigneur de Mollans, et de Tolon de Sainte-Jalle).

Hercule, fils du précédent, se maria avec Antoinette de Panisse (1573) et fit partie du Conseil de ville dans des temps difficiles

(1589). Sa descendance forma deux branches dont la première finit en la personne de *Marguerite-Geneviève de l'Espine* qui contracta mariage avec Esprit Boutin, seigneur de Valouse (1630) et qui mourut à Malaucène, le 23 août 1671. La seconde branche passa dans la maison de Suarez de Villabeille, par le mariage d'*Elisabeth de l'Espine*, dame d'Aulan, du Pouët-d'Emperci et de la Rochette (1635), laquelle décéda le 21 mai 1647, à Malaucène.

DE L'ESPINE DU PUY, SEIGNEUR DU POUËT-SIGILLAT.

I.— *Raynaud de l'Espine*, légataire de Michel, son père, prit pour femme Françoise du Puy (fille de Dalmas du Puy et de Catherine d'Urre de Berlion). Le contrat fut passé à Malaucène, le 12 juin 1565, devant le notaire Guintrandy. Raynaud fut plusieurs fois investi de la dignité de viguier de son pays natal, et testa le 4 mai 1599. (Faulquet Gaudibert, n° à Malaucène).

II.— *Jacques de l'Espine du Puy*, son fils, marié avec Marguerite de Panisse, le 22 novembre 1612, devant Faulquet Gaudibert.

III.— *Guillaume de l'Espine du Puy*, fils du précédent, naquit à Malaucène le 9 février 1614. Il épousa devant Chaulardi, notaire à Carpentras, le 29 novembre 1636, Caroline-Catherine d'Allemand.

Le marquis, un jour, courait le sanglier dans sa propriété de Brassetieux, encore couverte de chênes séculaires. Il avait pour compagnon de chasse Esprit-Joseph de Charrasse, le chevalier de Charrasse, frère du précédent, le seigneur Boutin de Valouse, Paul d'Anthoine et plusieurs serviteurs de ces gentilshommes. Dans le moment où l'animal devenu furieux s'était jeté sur le marquis de l'Espine, ce seigneur fut, paraît-il, blessé par un maladroit compagnon accouru à son secours (26 novembre 1688) et succomba peu de jours après des suites de sa blessure.

La seigneurie du Pouët-Sigillat fut partagée entre les deux fils de Guillaume : *Joseph-Philibert* et *François-Joachin*.

IV.— *François-Joachin* avait été reçu chevalier de Saint-Jean de Jérusalem (7 mai 1665); mais, dans la suite, il quitta la croix, épousa Spirite du Barroux (décédée à Malaucène, le 30 novembre 1690) et, plus tard, Jeanne-Marie d'Astier de Soubirats (21 juin 1691). Cette seconde femme mourut également à Malaucène, le 2 juin 1699. Parmi les enfants de François-Joachin nous citerons :

1° *Joseph-François de l'Espine du Puy* qui fut consul et viguier. Il signait *Dupouët*. Il vécut sans alliance et décéda, le 17 novembre 1748, à Malaucène.

2° *Antoine-Joseph*, religieux-profès de l'abbaye de Sénanque, mort en Bourgogne.

3° *Jean-Joseph*, chevalier de Saint-Louis, capitaine au régiment de Puy-Guyon.

4° Enfin trois autres qui tous furent chevaliers de Malte.

Tous ces descendants mâles décédèrent sans laisser de rejetons et les enfants de Joseph-Philibert recueillirent leur héritage.

V. — *Joseph-Philibert de l'Espine du Puy* s'était marié, en 1669, avec Françoise-Marguerite de Lopez de la Fare, de Carpentras, dont il eut :

VI. — *Guillaume de l'Espine du Puy*, seigneur du Pouët-Sigillat, né à Malaucène, le 25 mai 1670, et qui fit alliance avec Marie d'Aimini.

VII. — *Joseph-Antoine-Guillaume de l'Espine du Puy*, fils du précédent, s'unit à Eugénie-Lucie de Grille d'Estoublon. Dans les actes publics, il prenait, à l'exemple de ses aïeux, les titres de marquis et de chevalier. Il eut deux fils.

1° *Jean-Baptiste-Guillaume* (qui suit), et

2° *Gabriel-Jean-Joseph-Sylvestre*, connu sous le nom de *comte de l'Espine du Puy*, naquit vers 1754. Il était grand-croix de l'ordre des SS. Maurice et Lazare de Piémont, chevalier de Malte et de Saint-Louis, feld-maréchal dans l'armée d'Autriche, chambellan du souverain de ce pays, colonel et propriétaire du régiment de son nom dans cet Etat, commandant en 1821 et 1822 le corps des troupes autrichiennes auxiliaires en Piémont et gouverneur de la ville de Milan, où il est décédé vers 1827, sans laisser de postérité.

VIII. — *Jean-Baptiste-Guillaume*, marquis de *l'Espine du Puy*, frère aîné du précédent, chevalier, officier de dragons dans le régiment de Custine, né à Caromb vers 1750, se maria, le 25 janvier 1774, avec Marie-Françoise-Félicité Fallot de Beaupré de Beaumont. La cérémonie religieuse fut présidée, dans la chapelle du château de Beaumont, par l'abbé Fallot de Beaupré, qui devint dans la suite évêque de Vaison. Après s'être retiré du service, le marquis de l'Espine habita d'abord Malaucène, puis Carpentras, et enfin Avignon. Deux fils lui survécurent : Guillaume avec le titre de marquis, et L.-Etienne-Marie avec celui de comte.

IX. — *Louis-Etienne-Marie*, naquit à Malaucène, le 25 août 1783, et prit pour femme une demoiselle de Chaubry. Son frère qui avait épousé une fille du marquis de Donadez de Campredon, étant mort sans postérité, les titres et les biens de Guillaume devinrent sa propriété.

X. — L'unique représentant de la famille de l'Espine du Puy du Pouët-Sigillat est actuellement M. *le marquis de l'Espine*, fils d'Etienne, qui habite Avignon où il est né, le 31 décembre 1820. Ancien officier de marine, président de la Société d'agriculture de Vaucluse, chevalier de la Légion-d'Honneur, M. de l'Espine a épousé Mlle Emilie-Marie-Louise de Merles de Beauchamp, dont il a plusieurs enfants.

Armes : *D'argent, à la croix de gueules, adextrée en chef d'un aubépin arraché de sinople.*

(Titres et documents domestiques de la famille de l'Espine du Puy.— Archives municipales de Malaucène et de Beaumont.— Archives du département de Vaucluse, Chartier de Malaucène. — Guinier, *Hist.* mse. *de Malaucène.* — Dr Barthélemy, *Inventaire des Chartes de la maison de Baux*, n° 1764, etc.— D'Hosier, *Armorial général*, etc., Tome VI, article *Pracomtal*.— Pithon Curt, I, 164 et 397 ; IV, 348.— Guy Allard, *Dict. du Dauphiné*, II, 199.— Chorier, *L'Estat politique du Dauphiné*, III, 241 ; IV, 156 et 242, etc.)

ÉVÊQUES DE VAISON.

Les évêques de Vaison interviennent souvent dans cette histoire, et nous ne les désignons pas toujours par leur nom. Afin de faciliter au lecteur le moyen de s'y reconnaître, nous donnons la liste chronologique de ces prélats, d'après le Père Boyer :

1 *Saint* Albin	262	22 Humbert Ier	910
2 Dafnus	314	23 Ripert Ier	933
3 Emilien	347	24 Amalric Ier	982
4 Concordius	367	25 Humbert II	983
5 Julien	419	26 Benoît Ier	996
6 Auspice	439	27 Almérade	1003
7 Fonteïus	450	28 Humbert III	1005
8 Donidius	483	29 Pierre Ier	1007
9 Papolus	506	30 Pierre II de Mirabel	1009
10 Etilius	511	31 Benoît II	1059
11 Gemellus	517	32 Pierre III	1060
12 Eripius	524	33 Raimbaud Ier	1103
13 Aléthius	527	34 Rostang	1106
14 *Saint* Théodose	541	35 Bérenger Ier de Mornas	1142
15 *Saint* Quenin	555	36 Bertrand Ier de Lambesc	1178
16 *Saint* Barthus	575	37 Bérenger II de Reillane	1185
17 Arthémius	581	38 Guillaume Ier de Laudun	1190
18 Pétronius Arédius	644	39 Raimbaud II de Flotte	1193
19 Jean Ier	815	40 Ripert II de Flotte	1212
20 Simplicius	853	41 Guy Ier	1241
21 Hélie	855	42 Faraud	1250

43 Giraud I" de Libra	1271	67 Benoit III de Paganottis.	1485
44 Bertrand II	1279	68 Jérôme Sclède	1523
45 Giraud II	1280	69 Thomas Cortès.	1533
46 Raymond I" de Beaumont	1296	70 Jacques Cortès, patriarche d'Alexandrie	1544
47 Jean II	1330		
48 Bertrand III	1332	71 Guillaume III de Cheisolme, évêque de Dumbland, administrateur du diocèse de Vaison	1570
49 Gocio de Bataille, cardinal, patriarche latin de Constantinople	1335		
50 Ratier	1336	72 Guillaume IV de Cheisolme, recteur du Comtat	1593
51 Pierre IV de Casa, patriarche de Jérusalem	1341		
52 Pierre V de Bézet	1348	73 Michel d'Alméras	1629
53 Guy II de Perpignan, patriarche de Jérusalem	1353	74 Joseph-Marie de Suarès	1633
		75 Charles-Joseph de Suarès	1667
54 Laurent d'Albiac	1356	76 Ls-Alphonse de Suarès	1671
55 Jean III Maurel	1362	77 François Genet	1686
56 Pierre VI Boyer	1370	78 Joseph-Fçois de Gualtéri	1703
57 Eblon de Méder	1376	79 Joseph-Louis de Cohorne de la Palun	1724
58 Raymond II de Bonne	1380		
59 Radulphe	1395	80 P. L. de Sallières de Fosseran	1754
60 Guillaume II de Pesserat	1401		
61 Hugues de Theissiac	1412	81 C. F. de Pellissier de St-Ferréol	1774
62 Pons de Sade	1445		
63 Jean IV de Montmirail	1473	82 Fallot de Beaupré de Beaumont	1786
64 Amalric II	1479		
65 Odon Alziassi	1482	(Le siège épiscopal de Vaison fut supprimé au Concordat de 1801.)	
66 Roland	1483		

FABRE.

Plusieurs membres de l'ancienne famille *Fabre* (Faber) sont mentionnés dans les actes publics du XIII° siècle. Nous citerons en particulier *Guilhem* et *Rostang Fabre* qui vendirent, en 1286, à la Communauté, leurs droits seigneuriaux sur les tasques de Veaulx, Vesc et Arnoulx (1).

Jacques Fabre, habitant de Mollans, fixa son domicile à Malaucène en 1680 et devint la souche d'une nombreuse postérité qui subsiste encore aujourd'hui.

Hyacinthe-Etienne-François Fabre, né à Malaucène le 30 octobre 1767, descendant à la 5° génération du précédent, quitta le pays vers 1791, s'établit à Carpentras où il exerça les fonctions de juge de paix et où il finit ses jours, le 13 octobre 1846. Parmi

(1) *Pieces justificatives*, N° XII.

ses nombreux enfants, décédés pour la plupart en bas-âge, nous remarquons les deux suivants.

1° *Joseph*, né à Carpentras, le 28 avril 1804, ancien directeur de la *Nationale*, Compagnie d'assurances contre l'incendie, décédé à Carpentras, le 4 février 1883.

2° *Louis*, né à Carpentras, le 4 octobre 1806, décédé dans la même ville, le 22 mars 1880. Bien qu'ayant déjà dans son pays natal une maison d'horticulture et de gréneterie, il créa, près de l'aqueduc, en dehors de la ville, un établissement agricole, horticole et zoologique, et fut nommé directeur de la Ferme-Ecole du département de Vaucluse, à laquelle il adjoignit un dépôt d'étalons reproducteurs et une école de dressage.

Nous avons de lui :

1° *Nouveau système d'enseignement national considéré surtout au point de vue des intérêts agricoles*. Paris, Dentu et Masson, 1865, in-8° de 16 pages.

2° *Bon jardinier du midi de la France*, orné de 30 gravures. Montpellier, Gras, 1865, in-12 de 40 pages.

3° *Principes d'agriculture appliqués aux contrées méridionales de la France, à l'usage des écoles primaires*. Montpellier, Gras, 1861; in-12 de 270 pages.

4° *Cours élémentaire d'agriculture pratique, appliqué aux contrées méridionales de la France*, orné de 80 gravures. Montpellier, Gras, 1862, in-12 de 220 pages.

5° *Manuel du bon cultivateur pour le midi de la France*. Montpellier, Gras, 1861, in-12 de 312 pages.

6° *Manuel de l'éleveur de vers à soie et de vers à bourre de soie, pour le midi de la France*. Montpellier, Gras, 1861, in-12 de 150 pages.

Ces cinq dernières publications portent en premier titre: *Bibliothèque agricole du Midi*.

FALQUE.

Cette maison est originaire du Barroux. *Denis-Roch-Hypolite Falque*, tanneur, fut reçu habitant, le 23 septembre 1762.

ARMES : *D'azur, au faucon d'or*.

FARAUDI.

Ancienne famille, assez nombreuse à Malaucène dès le XIII° siècle, à laquelle appartenait sans doute *Faraudi*, quarante-deuxième évêque de Vaison dont on peut lire la biographie dans le P. Boyer.

Noble *Hugues Faraudi* figure, en 1359, avec la qualité de Damoiseau (*domicellus*), comme témoin dans la sentence arbitrale prononcée par Guillaume de Roffillac, recteur du Comtat, au sujet des montagnes de Beaumont et de Malaucène (1). Il fut nommé conseiller de la noblesse, au parlement annuel du 18 février 1375 (2).

Ferrat.

Famille originaire de L'Isle, dont un rejeton se transplanta vers le milieu de ce siècle à Malaucène. Elle y est actuellement représentée par M. Adolphe Ferrat, notaire, né à L'Isle, vers 1818. (Voir plus loin l'article *Notaires*).

Filiol.

La famille *Filiol (Filioli)* existe encore et fournit quatre électeurs à la commune de Malaucène. Elle est incontestablement une des plus anciennes.

Hugues Filioli servait au comte de Toulouse une redevance annuelle de sept sous *pro quodam stari quod est juxta carreriam Saunarie* (1253).

L'énumération des chefs de famille qui assistèrent au parlement général de 1270 donne les noms de sept ou huit d'entr'eux.

Etienne Filioli assistait au parlement de 1359.

Jean est porté au *Livre-Terrier* de 1433 pour une quinzaine d'articles à Malaucène et deux à Beaumont. Pour sa maison d'habitation il servait à la veuve du noble Sanchoandi une cense de un gros, et, pour une autre maison située dans la grand'rue, *prope ulmum* (3), il payait à la Tour de Baux une redevance égale.

Antoine fut syndic en 1458.

Firmin et ses frères figurent au livre du *Dénombrement des Reconnaissances du Grosel* à la date du 18 mars 1517.

(Archives municipales. — Archives du départ. de Vaucluse. *Malaucène*, tome 3, 51[4]. *Notre-Dame du Grosel*, tome 2, 3, 7 et 8.

Alexandre Filiol, curé de Malaucène, était né à Vaison. Le 9 avril 1673, il fut nommé au bénéfice curial de Malaucène par le

---

(1) *Pièces justificatives*, Nos XVII et XVIII.
(2) Tome I, page 120.
(3) C'est de cette maison désignée, en 1253, comme étant *près de la Rue de la Saunerie*, et en 1433, comme *voisine de l'Orme, dans la Grand'Rue* qu'était venue la dénomination de *Porte Filiol, Portale Filioli*. (Voir Tome 1er, page 226).

pro-légat (1) de Clément X, la résignation de Pierre Pérouse ayant été acceptée sous la charge d'une pension annuelle.

Homme sérieux, ami de l'ordre et du travail, il vérifia par lui-même tous les actes notariés et toutes les fondations de la paroisse et de l'Agrégation. Sa petite écriture fine et correcte se rencontre dans tous les registres, dans tous les papiers, dans toutes les archives du pays et même dans la plupart des documents qui ont été transportés aux Archives du département et à la Bibliothèque de Carpentras. Il fit beaucoup d'extraits et de copies des pièces relatives à l'histoire de la localité, sans cependant rien publier, et même sans avoir eu la précaution de réunir ses notes en volumes ou en cahiers. De la sorte, beaucoup de feuilles volantes ont dû s'égarer.

Parmi ses nombreux écrits, auxquels nous avons fait parfois de larges emprunts, nous mentionnerons ses deux *Mémoires contre les prétentions du Chapitre Métropolitain d'Avignon*, relatives à la collation de la cure (5 juin 1720).

L'évêque de Vaison J.-F. Gualtéri, en reconnaissance de son rare mérite, l'avait nommé « official forain pour la ville de Malaucène. »

D'après tout ce que nous avons eu occasion de dire dans le cours de cet ouvrage, on a pu facilement se convaincre de l'ardeur, du zèle du curé Fillol. Ce zèle se heurta parfois à des oppositions systématiques, suscita des difficultés et des ennuis à son auteur, et le détermina, pour en finir, à résigner son bénéfice (1728) qu'il possédait depuis cinquante-cinq ans environ. Il mourut, plus tard, dans un âge très avancé, après avoir fait de nombreuses fondations (2).

FLORENS (3).

Cette famille paraît être originaire de Bédoin.

Claude Florens, marié, le 9 février 1567, avec Marie Martinel (4) à Malaucène.

Charles de Florens, officier de cavalerie, épousa, le 13 octobre

---

1) « Debité provisus à pro-Legato Avenionensi. »

(2) Nous en avons mentionné quelques-unes, Tome Ier, pages 399 et suivantes.

(3) Pithon Curt a écrit d'abord *Florent* et *Florans*, puis s'étant ravisé dans ses notes de la fin du Tome Ier (page 534), il s'est arrêté à *Florens* qui est la vraie orthographe, d'après nos documents originaux.

(4) Ecrivant Jean Guintrandy, notaire à Malaucène.

1677, à Malaucène, Marie-Anne de Véry (fille de Jean-Louis de Véry et d'Hélène d'Astier de Cromessières).

Le 24 juillet 1682, *Isabelle de Florens*, sœur de Charles, s'unissait en mariage à René Flotte, seigneur de Saint-Martin d'Argens (dans le Dauphiné) (1).

Cette famille a laissé son nom à la *croix* dite *de Florens* (2), au bord du chemin vicinal qui conduit à la Madeleine, et la croix à son tour sert à désigner tout le quartier qui l'avoisine.

ARMES : *D'azur, au sautoir d'or, accompagné de trois étoiles de même, une en chef et deux en flancs et d'une fleur de lys d'or en pointe, soutenue par un croissant d'argent.*

(Archives municipales. — PITHON CURT. Tome Ier. page 418).

FRANCO.

Franco, Franconis aliàs *Linerii*. Ces noms indiquent une seule et même famille aborigène dont un membre laissa des fonds pour l'établissement, dans l'église paroissiale, d'une chapellerie en l'honneur de la Mère de Dieu ; chapellerie qui, du nom de son fondateur, fut communément appelée : Notre-Dame de Franconis (3).

GALAND.

La famille Galand ne parait pas s'être implantée à Malaucène avant le milieu du XIVe siècle. Elle a fourni des médecins, des prêtres agrégés et quelques syndics et consuls.

Barthélemy concourut à la rédaction des *Statuts municipaux* de 1500.

Plusieurs membres de la même famille sont inscrits au livre des *Reconnaissances du Grosel* pour des actes passés au XVIe siècle.

Leur tombeau, situé dans l'église paroissiale près de la chaire, est reconnaissable encore de nos jours à cette simple inscription gravée sur la dalle mobile : LES GALANDS.

GAUDIBERT.

Le document le plus anciens dans lequel apparait le nom des

---

(1) Le contrat fut passé devant Gaudibert, notaire à Malaucène.

(2) Elle fut erigée au milieu de terres incultes, à cent cinquante mètres environ du point qu'elle occupe de nos jours, sur l'emplacement d'un ancien oratoire dont parle le *Livre-Terrier*. Elle porte le millésime de 1661, époque de la grande restauration religieuse. Au témoignage des vieillards du pays, elle a été respectueusement conservée, même aux moments critiques de la Révolution.

(3) *Pièces justificatives*, N° XXXV.

Gaudibert est le *Livre-Terrier* de 1433. *Guillaume,* souche de cette famille à Malaucène, était un des plus riches habitants de la localité, puisqu'il était inscrit sur ce registre du cadastre pour vingt-cinq propriétés tant urbaines que rurales. Il était boucher (1). Or, le seul exercice de cette profession, interdite aux étrangers nouvellement admis à jouir des franchises municipales, est une preuve de son ancienneté dans le pays.

Les descendants de Guillaume furent pour la plupart notaires publics et secrétaires du Conseil (2).

Louis Gaudibert est l'auteur d'un ouvrage, resté manuscrit et conservé dans le cabinet de M. Félix-Brussett, intitulé *Cursus philosophiæ,* 1761 et 1762.

La maison Gaudibert a eu des syndics et consuls, entr'autres *Théoffre* (1581) et *Gabriel* (1763) et plusieurs prêtres agrégés.

ARMES : *D'argent, au chevron de gueules, accompagné de trois roses de même, et un chef d'azur, chargé d'un croissant d'argent, accosté de deux étoiles de même.*

(Archives municipales *passim* et spécialement dans la collection *Liber Regiminis*. — PITHON CURT, II, 371).

GAUFRIDI.

Les *Gaufridi* ou *Gaudofredi,* d'origine provençale, ne sont connus à Malaucène que depuis le commencement du XV° siècle. L'acte le plus ancien que nous possédions est de 1415 (3). Giraud Arnulphi (4), habitant de Mazan, vend à *Pierre Gaudofredi* présent, une vigne située au territoire de Malaucène dans le

---

(1) « Guilhelmus Gaudiberti macellarius habet quamdam apothecam
« macelli in carreria macelli, cum scamno sive banco ad vendendum
« carnes. »

(2) Tome Ier, page 152 et Tome II, article *Notaires*.

(3) « Pro Petro Godofredi emptio vinee. Die XXVII mensis decembris (1415),
« Giraudus Arnulphi habitator Masani vendidit dicto Petro presenti quam-
« dam vineam scitam in territorio Malaucene, loco dicto ad hospitale pontis
« de Ulmo, cum omnibus juribus, pretio decem et octo grossorum, de quibus
« fuit contentus ; salvo jure dominii et senhorie nobilis Guigonis de Spina,
« ad servicium trium eminarum vini musti percipiendarum annis singulis in
« vendemiis. » (*Protocollum* GIRARDI BERMUNDI, f° 23. Etude de M• Souchon, notaire à Malaucène).

(4) Ce Giraud Arnulphi, habitant de Mazan, ne descendait-il pas de l'ancienne famille Arnulphi qui possédait la partie montagneuse du territoire à laquelle elle a laissé le nom d'Arnoulx ? Nous serions tenté de le croire. Dans ce cas, Giraud Arnulphi, par l'acte dont nous donnons un extrait, terminait peut-être la liquidation de l'hoirie de ses nobles aïeux.

quartier appelé « l'hôpital du Pont de l'Orme, au prix de dix-huit gros, réservant le droit de domaine et de seigneurie de noble Guy de l'Espine, droit qui était de trois émines de vin moût à percevoir chaque année à l'époque de la vendange. »

Ce même Pierre Gaudofredi est porté au *Livre-Terrier* comme possesseur d'une maison située sous le château, dans la rue du Mauvais Conseil (*in carreria Mali Consilii, subtus castrum*), d'un jardin attenant aux remparts de la ville, du côté de la porte Soubeyran (*juxta et prope menia et juxta fossatum*), et de quelques terres pour lesquels il payait des redevances annuelles à différents seigneurs.

Après la mort de l'évêque de Vaison, Hugues de Theissiac, la partie de la seigneurie d'Entrechaux qui avait fait retour au Saint-Siège (1445) fut donnée par le pape à *Bernardin Gaudofredi*.

Nous trouvons deux *Gaufridi*, ayant l'un et l'autre le prénom de *Balthazar*, viguiers de Malaucène. Le premier, dont le nom patronymique de Gaufridi a été additionné de sa traduction française (*Jeoffreoid*), timidement écrite de la main du secrétaire, lettre après lettre, fut placé à la tête de la cour de justice de Malaucène, en 1555. Le second, viguier en 1691, fut confirmé dans sa charge pour une seconde année. Content de sa position, il voulut ensuite essayer de s'y maintenir, malgré les prescriptions de la bulle de Paul III (1). Une correspondance très-active s'établit entre les consuls de Malaucène et le procureur de la Communauté à Avignon et eut pour résultat le remplacement de Balthazar.

Armes : *Tranché d'argent et de gueules.*

(Archives municipales. — J. COURTET, *Dict. des Communes du Dépt. de Vaucluse*, article *Entrechaux*).

GEOFFROY.

Cette famille est originaire de Châteauneuf de Gadagne. *Jean Geoffroy*, fabricant de papier, s'établit à Malaucène à la grande usine située près de la chapelle du Groseau et fut reçu habitant de cette commune, le 15 décembre 1788. Son petit-fils, M. *Ferdinand Geoffroy*, fut maire en 1870 et fit paraître, dans le courant de l'année suivante, une *Etude sur la Réglementation des eaux du Groseau.* (Avignon, Gros, 1871, in-8°.) Il dirige lui-même la belle papeterie dont nous avons parlé dans le Livre III°.

(Archives municipales. — Registre du *Dénombrement des habitants*, etc.).

(1) *Pièces justificatives*, N° XXIX.

Ginoux.

La famille Ginoux est originaire de Saint-Ambroix (Gard). Elle possédait à un kilomètre de cette ville le domaine de la Liquière d'où elle avait pris le nom de *Ginhoux de la Liquière*. Il existe aux archives de la mairie de Saint-Ambroix de nombreux documents généalogiques sur la maison Ginhoux de la Liquière actuellement représentée par M. Chalmeton, à Marseille.

Un membre de la famille Ginhoux quitta le berceau de ses ancêtres pour se fixer à Mollans (Drôme), à une époque dont nous ne saurions préciser la date, la Mairie de cette commune n'ayant point d'archives. Les documents domestiques dont nous avons eu communication et les archives de Malaucène ne nous permettent de remonter qu'aux premières années du XVIIe siècle.

En changeant de pays, les Ginhoux modifièrent l'orthographe de leur nom qui devint *Ginoux*. Ils acquirent une partie des droits seigneuriaux du *Château Inférieur* (1) et portèrent le titre de co-seigneurs de Mollans jusque vers la fin du siècle suivant (2).

La famille Morénas qui représente aujourd'hui, à Mollans, la famille Ginoux, habite encore l'ancienne résidence seigneuriale, appelée la *Citadelle*.

L'auteur de la *Notice historique sur Mollans*, met en tête de la liste des citoyens qui honorèrent leur pays natal, les Consolin, les Morénas et les Ginoux qu'il appelle « Étoiles bienfaisantes d'où s'échappaient de bienfaisants rayons (3). »

Parmi ces derniers, nous nous bornerons à citer *Jean-Thomas Ginoux*, notaire royal, qui créa lui-même son étude (4) et la dirigea depuis 1703 jusqu'en 1745. Il contribua puissamment, avec Jean-Baptiste d'Urre, co-seigneur de Mollans, à la reconstruction de l'hôpital, en 1709, et rendit d'immenses services avec le marquis d'Autane pour épargner à son pays les horreurs de la peste de 1721 (5).

Pendant environ quarante-deux ans, il eut la persévérance de consigner dans ses protocoles les évènements quelque peu consi-

---

(1) Ainsi appelé par opposition au *Château Supérieur*, rasé par ordre de Louis XIII.

(2) Archives municipales de Malaucène, *Liber Baptisatorum*, à la date du 22 février 1771.

(3) Page 99.

(4) Cette étude, après avoir été jusqu'ici la propriété des familles Ginoux et Morénas, vient de passer aux mains de Me Chanu.

(5) Vincent, *Notice historique sur Mollans* pages 69 et suivantes.

dérables, relatifs à l'histoire locale, qui s'étaient accomplis dans le courant de l'année précédente. Thomas Ginoux a de plus laissé une monographie intitulée *Notre-Dame du Pont* (de Mollans), entièrement écrite de sa main et conservée dans les archives de la paroisse de ce bourg.

Léonard Ginoux, notaire à Malaucène, neveu du précédent, était fils de *Gabriel Ginoux*, chirurgien, et de Anne Dubois. Il naquit à Mollans vers 1708 et finit ses jours à Malaucène, le 25 août 1768. Il s'était établi dans ce dernier pays, à l'âge de vingt-cinq ans environ, n'étant encore que praticien. Devenu notaire, il contracta mariage avec Marie-Anne Astier. De cette union naquirent de nombreux enfants, dont deux seulement survécurent aux auteurs de leurs jours, savoir : Gabriel-François (qui suit) et Marie-Rose, épouse d'André-Michel Saurel.

Gabriel-François Ginoux, le dernier de sa famille qui ait été qualifié co-seigneur de Mollans, vint au monde à Malaucène, le 2 avril 1741, où il décéda chez son neveu, Etienne-Léonard Saurel, au mois d'avril 1829. Il était notaire public et greffier du Conseil.

Il eut huit enfants de Jeanne Canonge d'Avignon, avec laquelle il s'était uni, le 19 juillet 1764. Nous ne parlerons que des trois qui laissèrent de la postérité : Gabriel-Raymond, Hippolyte-César et *Marie-Anne-Thérèse*, épouse de François-Xavier-Marie Roche, notaire à Robions (Vaucluse).

Gabriel-Raymond Ginoux, directeur de l'Enregistrement et des Domaines à Genève, puis, chef de division au ministère des finances, chevalier de la Légion-d'Honneur, né à Malaucène le 7 mai 1769, décédé à Paris en 1850. Il s'était marié en 1805 avec *Marie Ginoux*, sa cousine, de Lyon, nièce de César Ginoux, ancien fermier-général de la Couronne, qu'on appelait *Ginoux de Sucy*, à cause de sa belle propriété de Sucy, près de Paris (3). La fille unique, issue du mariage de Gabriel-Raymond Ginoux avec Marie Ginoux, étant décédée sans postérité, cette branche est actuellement représentée par la famille Ginoux de Fermont, dont le chef, M. *César comte Ginoux de Fermont*, est né en 1826. Il est chevalier de la Légion-d'Honneur, ancien membre du Corps législatif et conseiller d'État.

Il porte : *De gueules, à trois tours d'or, à la bordure de sable.*

Hippolyte-César Ginoux de Lacoche, directeur de l'Enregis-

---

(1) C'est dans le château de Sucy que fut élaborée la loi actuellement encore en vigueur sur l'enregistrement, loi qui porte la date du 21 frimaire an VII.

trement et des Domaines à Grenoble. Vesoul, Nevers, Rodez et enfin à Montpellier, était né à Malaucène, le 27 novembre 1776. Il finit ses jours à Montpellier où il avait pris sa retraite, en 1852. Il était chevalier de la Légion-d'Honneur et avait obtenu d'être anobli par Louis XVIII, en 1816. Ginoux de Sucy, son frère ainé, qui préférait la fortune à la noblesse, se moquait volontiers de ces titres nobiliaires et lorsqu'il parlait du chevalier Ginoux de Lacoche, il l'appelait toujours : « Mon frère *le noble.* » Celui-ci s'était marié en 1805 avec Maria-Grazia de Lacoche, de Corte (Corse) dont il eut trois fils et une fille.

Ernest Ginoux de Lacoche, ancien conservateur des hypothèques à Meaux, né à Grenoble, en 1808, s'est marié deux fois: 1° en 1837, avec Marie Sabatier de Montpellier ; 2° en 1843, avec Gabrielle Perrin de Corval. Il habite présentement la villa delle Pergole, à Careggi, près Florence. Il est chef d'une nombreuse famille.

M. Ernest de Ginoux est connu par ses publications sur la musique, la littérature, la politique et l'histoire. Nous avons de lui : 1° *Un divorce sous l'Empire*, comédie en 2 actes représentée à Paris sur le théâtre du Gymnase, le 4 octobre 1850 ; 2° *Meyerbeer, son œuvre et les maitres classiques*, 1 vol. in-12°, édité par Faure, 1866 ; 3° *La République des honnêtes gens*, 1 vol. in-18, édité par Dentu, 1872 ; 4° *Annales musicales et littéraires*, 1 vol. petit in-8°, 1864 ; 5° *Le Quadruple d'Espagne,* roman publié dans le *Mousquetaire*, 1855 ; 6° *La Double vue*, étude publiée dans l'*Estafette*, 1856 ; 7° *La Soutane du Chanoine*, chronique publiée dans le *Courrier français*, 1856 ; 8° *Attila*, étude historique publiée dans le *Moniteur universel*, 1854 ; 9° *Le Voyage au coin du feu*, roman humouristique, paru dans le *Publicateur* de Seine-et-Marne,1856 ; 10° *Un Trésor épistolaire trouvé à Lizy-sur-l'Ourcq*, étude sur les origines de Saint-Cyr, publiée par le *Journal de Seine-et-Marne*, 1872 ; 11° *La République et les Républicains*, polémique parue dans le *Publicateur*, 1872 ; 12° *Biographies* publiées dans le *Plutarque français*, 1834-1835 ; 13° Articles divers publiés dans le *Panorama littéraire*, en 1834, dans la *Revue du XIX° siècle* et dans la *Revue départementale* ; 14° *Les Origines de l'opéra*, étude publiée par l'*Art musical* d'Escudier, 1865 ; 15° *Matinée de la musique des Guides*, études musicales parues dans le *Publicateur*, 1868 ; 16° *Le Jugement de Dieu*, poème lyrique pour le concours du prix de Rome (couronné).

Parmi les publications que l'auteur tient en préparation, nous pouvons citer : 1° *Entre deux paravents*, comédie, 1 vol. in-8°,

Tresse, éditeur; 2° *A travers l'Europe*, 2 vol. in-8°; 3° *Pétrarque, sonnets et stances*, traduction en collaboration avec M. J. Cazalis, 1 vol. in-12.

Les œuvres inédites de M. Ernest de Ginoux sont en outre bien nombreuses. Nous en citerons quelques-unes : 1° *Ulysse*, tragédie en cinq actes avec chœurs ; 2° *L'Othello de Shaskpeare*, traduction en vers ; 3° *Théâtre des familles*, 2 vol. in-12 ; 4° *Le Conquistador*, drame héroïque, en 5 actes avec prologue et épilogue ; 5° enfin plusieurs volumes, grands opéras, comédies, drames, opéras-comiques, poèmes et poésies diverses.

Edmond Ginoux de Lacoche, savant naturaliste, né à Annecy, le 11 juillet 1811.

Il fut quelque temps attaché à la rédaction du *National*, alors que ce journal était entre les mains d'Armand Marrast, mais il le quitta sur les instances de sa famille.

Amateur d'aventures, il sollicita et obtint du ministre Guizot une mission scientifique pour Taïti et se rendit aussitôt dans cette île avec l'expédition du commandant Bruat, récemment nommé gouverneur de cette colonie. C'était en 1845. Il y passa trois ans, pendant lesquels le gouverneur sut utiliser sa présence en lui confiant la création d'une imprimerie et la direction d'un journal officiel. De retour en France, il reçut du même ministre une nouvelle mission mieux définie que la première. Il s'agissait de faire connaître la situation des établissements religieux du Chili et de l'Océanie. Mais à peine arrivé à Taïti, sa mission se trouva n'avoir plus de but, par le fait des changements survenus dans l'état politique de la France. A la suite de la nouvelle de la révolution du 24 Février 1848, il repassa les mers et revint à Paris.

Au coup-d'État, il se retira à Nice et c'est dans ce pays hospitalier qu'il sentit les premières atteintes d'une attaque de paralysie (25 décembre 1866). Au mois de février de l'année suivante, il voulut être transporté dans la maison des Frères de Saint-Jean de Dieu, à Marseille, où il décéda, le 27 juillet 1870. Edmond Ginoux était célibataire.

Oswald Ginoux de Lacoche, marin distingué, naquit à Grenoble, le 13 février 1814. Élève de 2° classe, le 21 octobre 1829 et de 1re classe, le 16 juillet 1831 ; lieutenant de frégate, le 6 janvier 1834, lieutenant de vaisseau, le 1er novembre 1834 ; lieutenant de vaisseau de 1re classe, le 16 juin 1848 ; capitaine de frégate, le 2 décembre 1852.

Il prit part à l'expédition de Lisbonne (1831) à bord du vaisseau le *Suffren*, monté par l'amiral Roussin ; à l'expédition de Crimée où il commandait le vaisseau le *Valmy* et au siège de Sébastopol comme chef d'état-major de l'amiral Rigault de Genouilly.

Oswald de Ginoux quitta le service actif en 1856, après avoir couru presque toutes les mers. Il devint ensuite aide-de-camp de l'amiral Hamelin (ministre de la marine et des colonies) et enfin chef des corps organisés au ministère de la marine.

Admis à la retraite, sur sa demande, par décision ministérielle du 1er janvier 1866, à cette époque il comptait trente-cinq ans six mois douze jours de services actifs, dont dix-neuf ans six mois sept jours de services à la mer. Il avait été nommé chevalier de la Légion-d'Honneur, le 26 avril 1846, et officier du même ordre, le 30 décembre 1854. Il était compagnon de l'ordre du Bain (Angleterre), commandeur de l'ordre d'Isabelle-la-Catholique (Espagne), officier de l'ordre du Medjidié (Turquie), médaillé de la Médaille militaire (Italie) et de Crimée (Angleterre). Retiré du service, il vivait sans alliance, à Paris. Il décéda des suites d'une fluxion de poitrine, le 11 novembre 1874, au château de Castillon, commune du Beausset, près Toulon, chez sa sœur Madame Adèle Ginoux de Lacoche, veuve d'Etienne Ganteaume de la Rouvière de Castillon.

ARMES : *D'argent, à un globe d'azur cintré et croisé d'or, accosté de deux trefles de sable et soutenu d'un croissant de même ; au chef d'azur, chargé de trois étoiles d'argent.*

(Archives du bureau de l'état-major de la Flotte.)

GIRAUDY.

Cette famille doit être considérée comme aborigène, plusieurs de ses membres étant désignés dans nos documents les plus anciens. Elle appartenait à l'ordre de la noblesse. Ses descendants habitent Orange.

(Archives municipales, documents des années 1235, 1270, 1433, 1559 et 1768.)

GUILHEM.

Pierre Guilhem, chevalier *(Miles)*, un des seigneurs de Malaucène, vendit à la Communauté ses droits sur les tasques de la partie montagneuse du territoire (1286).

Jean Guilhem, damoiseau, *(domicellus)*, fut désigné par le Parlement pour régler les difficultés relatives au procès survenu au sujet des montagnes de Beaumont et de Malaucène, entre ces deux communes (1).

(1) *Pièces justificatives*, Nos XI, XVII et XVIII.

Guiméty.

Cette famille est originaire de Florence. Elle s'établit à Avignon en 1455 et à Malaucène en 1479, en la personne de *Jean-Bernardin Guiméty*.

Armes : Les Guiméty d'Avignon portaient : *D'azur, à deux épées d'or en sautoir.* — Les Guiméty de Malaucène ajoutèrent en brisure : *Une branche de chêne d'or* (Le gui).

(Guinier, *Documents sur les anciennes familles de Malaucène*, mss. de M. Félix Brussett. — Archives municipales, *passim*. — Archives du département de Vaucluse, série B, 386 (1440-1568).

Jean-Jacques Guiméty, curé de Saint-Martin, fils de Jean et de Elisabeth Joannis, naquit à Malaucène, le 12 novembre 1702. Ordonné prêtre, il fut aussitôt admis dans l'Agrégation de la paroisse (4 mai 1727). Il en sortit, le 14 juin 1743 (1), ayant été nommé par les chanoines-comtes de Lyon curé de S.-Martin-Lestra, près de Feurs (Loire). Il prit la direction de cette paroisse et se fit accompagner par son neveu Laurent-Bernard Guiméty, auquel il avait fait délivrer un titre de vicaire. Il vivait encore en 1792 (7 mars), puisque à cette époque il fut parrain d'un de ses neveux. Il dut mourir en émigration. Le curé de Saint-Martin-Lestra était docteur en théologie.

(Archives de la paroisse. — Bibliothèque de Carpentras, *Liber Massœ*. — *Almanach des provinces du Lyonnais*, de l'année 1775. — *La Gazette de Nîmes*, 2 et 3 avril 1883. — *Semaine religieuse d'Avignon*, 7 avril 1883.)

Laurent-Bernard Guiméty, prélat romain, fils de Jean-Marc et de Marie-Constance Camaret, né à Malaucène, le 13 avril 1739, se destina de bonne heure à l'état ecclésiastique. Il fut vicaire de son oncle Jean-Jacques dont nous venons de parler et lui succéda dans la cure de Saint-Martin-Lestra. Il était d'un caractère doux, bienfaisant et généreux. Par son testament daté du 27 novembre 1818, il légua la somme de 3,000 francs à la Fabrique de sa paroisse, à la charge pour celle-ci de distribuer annuellement aux pauvres de la localité 150 francs, représentant le revenu de la fondation au 5 0/0. Par le même acte, il léguait à la Fabrique une maison avec un enclos y attenant, à la condition que les Sœurs de Saint-Charles ou les Sœurs de la Retraite chrétienne feraient la classe aux jeunes filles de la paroisse et y admettraient gratuitement six enfants pauvres. Il décéda peu de jours après avoir pris ces disposi-

(1) Tome I*, page 265.

tions et fut inhumé dans le cimetière voisin de l'église. En 1846, on fit la translation de ses restes dans le nouveau cimetière. Sa soutane fut trouvée intacte, ainsi que ses bas violets et les boucles de ses souliers.

(Registres de la paroisse Saint-Martin Lestra. — Archives municipales. — *Almanach des Provinces Lyonnaises* pour l'année 1775.)

François-Gabriel-Léonard Guiméty, religieux capucin, sous le nom de Père Henri, était fils de Louis et de Thérèse Lambert, neveu du précédent et petit-neveu de Jean-Jacques. Il naquit à Malaucène, le 26 octobre 1764. Après avoir embrassé l'état ecclésiastique, il entra chez les Pères capucins de Marseille et fut un saint religieux. Nous manquons de détails sur son compte pour l'époque de la Terreur. Après la Révolution, il s'attacha au couvent des Religieuses capucines de Marseille et mourut dans cette ville, rue Sainte-Françoise, le 29 avril 1825.

(Archives municipales.— *Registres des décès* de la Mairie de Marseille et renseignements fournis par le couvent des Religieuses capucines de Marseille.)

Joseph-François Guiméty, chanoine de Nîmes, cousin germain du précédent, était fils de David-Joseph et de Marie-Rose Joannis. Il vint au monde, le 19 janvier 1760, à Malaucène.

Envoyé au collège de Carpentras, il y obtint de tels succès qu'après avoir terminé ses études et n'ayant encore que dix-huit ans, il fut nommé professeur de rhétorique dans ce même établissement. Deux ans plus tard, il quitta l'enseignement pour entrer au séminaire de Sainte-Garde, à Avignon.

Ses études théologiques étant terminées, il reçut l'onction sacerdotale, à Vaison, des mains de Mgr de Beaupré, son évêque diocésain, qui le nomma vicaire au Puyméras. L'abbé Guiméty avait alors vingt-quatre ans. Son séjour dans cette petite localité dura peu de temps. Il quitta ce pays et accepta de remplir les fonctions de vicaire à la Cathédrale de Nîmes, où il se fit remarquer par l'aménité de son caractère et son talent oratoire.

Peu avant la Révolution, il fut nommé à la cure de Milhaud. Nous avons trouvé dans ses papiers une lettre de Mgr Ballore, alors évêque de Nîmes, qui lui témoignait sa vive satisfaction de l'avoir pour curé dans un pays dont il était seigneur temporel.

Lors de la constitution civile du clergé, il refusa le serment, céda sa place à un intrus, après être monté en chaire pour faire une protestation publique et dire à ses paroissiens la ligne de conduite qu'ils auraient à suivre. Il s'arrêta quelques jours dans son pays natal, où l'estime de ses concitoyens lui servit momentanément de protection et de sauvegarde, et se rendit à Faucon, sur l'invitation qui lui en fut adressée par ses supérieurs. Mais l'orage gronda bientôt. Il fallut penser à quitter la France. Aidé par son beau-frère André-Michel Saurel, il entra dans l'administration des vivres et subsistances pour l'armée d'Italie et prit une commission pour Chambéry. Reconnu dans cette ville, sous son vêtement laïque, par un de ses concitoyens, il ne tarda pas à être dénoncé, arrêté et écroué dans les prisons de Chambéry, d'où il fut transféré à Grenoble.

Quelques mois plus tard, de concert avec trois autres prisonniers, il parvint à s'évader et se dirigea sur Lyon.

Afin de pouvoir se suffire à lui-même, il entreprit un petit commerce sous le nom d'un de ses paroissiens de Milhaud qui lui avait fait tenir tous les papiers nécessaires pour se constituer un état civil. Il devint le citoyen Badouin, négociant en vins ; mais, à ses heures, il reprenait l'exercice de ses fonctions sacerdotales et agissait de concert avec l'abbé d'Aviau, qui devint plus tard archevêque de Bordeaux.

Dès que la paix eut été rendue à la France, le curé de Milhaud, revint dans sa chère paroisse, où il se vit accueillir avec tous les transports de la joie d'une famille désolée qui retrouve le plus tendre des pères. Son unique occupation fut alors de réparer le mal des années précédentes. Il obtint ce résultat par la double prédication de la parole et de l'exemple.

Son évêque voulut le récompenser de tant de travaux et l'appela, en 1814, à remplacer l'abbé Mathieu à la paroisse Saint-Paul, de Nîmes.

Que de brebis égarées, ramenées par lui au bercail! Que d'infortunes soulagées ! Que de fois au moment de se mettre à table n'en a-t-il pas enlevé le pain pour le donner à des malheureux ! Il n'avait rien en propre. Tout ce qu'il possédait appartenait aux pauvres. Un jour, n'ayant plus le sou, il remit sa montre à une personne connue de lui et qui était pressée par le besoin. « Portez-la au Mont-de-Piété, lui dit-il, vous me la rendrez quand vous pourrez. » Cette générosité sans bornes lui avait donné le droit d'écrire ces mots dans ses papiers de paroisse : « Mon successeur à « Saint-Paul s'apercevra bientôt qu'on ne s'y enrichit que des bé- « nédictions des pauvres.»

Il trouvait cependant encore des ressources pour encourager le bien dans son pays natal, comme il le fit voir lors de l'érection du Calvaire et lorsqu'on lui proposa de devenir un des acquéreurs de l'ancienne maison de Notre-Dame de Sainte-Garde-des-Champs, pour la convertir en école secondaire ecclésiastique (1).

Si charitable dans ses actes, il ne l'était pas moins dans ses discours. Jamais, sur ses lèvres, on ne put surprendre une parole peu conforme à l'esprit de douceur dont il était animé. Ne l'a-t-on pas vu accueillir avec bonté, inviter même à sa table, celui-là même qui l'avait fait arrêter à Chambéry ?

Après dix-huit ans de séjour à la paroisse Saint-Paul, sentant ses forces défaillir et craignant de ne plus satisfaire pleinement aux devoirs de sa charge pastorale, il s'en ouvrit à Mgr de Chaffoy. La vieille église de Saint-Paul en appelait une nouvelle, car elle était peu convenable pour la célébration du culte divin. Le curé Guiméty avait préparé les voies à cette œuvre capitale, mais il ne se sentait plus d'âge à la mener à bonne fin. Sa demande ayant été exaucée par l'évêque, il fut nommé chanoine de la cathédrale.

Cette nouvelle position ne l'empêcha point de s'intéresser toujours à la construction de la nouvelle église. Il fit même, en compagnie de son successeur, les dernières démarches relatives au choix de l'emplacement de cet édifice. Il eut la consolation d'en voir jeter les fondements.

En quittant les fonctions curiales, l'abbé Guiméty reçut le titre de Chevalier de la Légion-d'Honneur, dont il ne porta la décoration qu'une seule fois. Il s'agissait de faire une visite officielle, en faveur d'une famille malheureuse.

Devenu chanoine, il se fit remarquer par son assistance régulière aux offices du Chapitre cathédral, consacrant le reste de son temps à la prière et se disposant à paraître devant Dieu. Brusquement tiré de son sommeil, dans la nuit qui suivit la fête de l'Ascension de l'année 1839 (du 9 au 10 mai), par un malaise dont il comprit toute la gravité, il prit ses dernières dispositions et rendit doucement le dernier soupir le matin du 10 mai, entre les bras de son cher neveu Félix Guiméty, alors vicaire de Sainte-Perpétue, de Nîmes. Il était dans la 80° année de son âge.

(Archives domestiques de la famille Guiméty.)

Joseph-André-François Guiméty, négociant, né à Malaucène le 30 novembre 1789. Son père, Hyacinthe-François, marié avec Marie-Rose-Thérèse Saurel, était frère du précédent.

Il quitta son pays natal, à peine âgé de 12 ans, pour aller à Lyon rejoindre son oncle qui, sous un nom d'emprunt, faisait le com-

(1) Dr BARJAVEL, *Notre-Dame de Sainte-Garde-des-Champs*, page 72.

merce des vins, comme nous l'avons dit plus haut. Lorsque ce dernier put rentrer dans sa paroisse, le jeune Joseph le suivit à Milhaud et fit ses études sous la direction de cet habile maître.

Placé plus tard dans une maison de Nîmes et peu après dans une maison de Paris, il s'adonna au commerce des vins et spiritueux, prit la suite de son patron et se maria avec Mlle Aglaé Canonge, de Nîmes, sœur du poète Jules Canonge.

Dans la suite, il quitta ses magasins et se mit à la tête d'une maison de banque, rue Aiguelongue, à Paris. Ses diverses entreprises avaient été conduites avec tant d'intelligence et de bonheur qu'il put, à l'âge de 56 ans, se retirer des affaires avec une honnête fortune. Il se fixa d'abord à Nîmes et, après la mort de sa femme, à Malaucène, son pays natal, où il fit l'acquisition de plusieurs immeubles.

Ses compatriotes l'avaient accueilli avec beaucoup d'empressement. Ils ne tardèrent pas à lui donner des marques nombreuses de leurs chaleureuses sympathies. L'ancien banquier se vit tout à la fois maire, membre du Conseil général, suppléant du juge de paix et administrateur de l'hospice.

Honoré de tant de confiance, J. Guiméty se dévoua sans réserve à ses concitoyens. Plusieurs faits importants pour la localité marquèrent son passage à la tête des affaires.

Il obtint par deux fois des rectifications à la route départementale de Malaucène à Carpentras; il fit classer l'antique chapelle du Groseau parmi les monuments historiques; il ouvrit dans sa propriété une rue, au nord de la ville, pour donner un passage plus facile aux habitants; il fut le promoteur de la création d'une compagnie de pompiers, payant de ses deniers la pompe à incendie et contribuant à l'équipement de plusieurs membres de ce corps. Grâce à sa générosité, l'on vit s'ouvrir une Salle d'asile et l'Hospice se transforma en quelque sorte par des réparations importantes. La Congrégation de la Sainte-Vierge de la paroisse lui doit une magnifique bannière et la balustrade en fer qui sert de clôture à sa chapelle.

Plusieurs fois il seconda son frère pour les restaurations et embellissements de l'église paroissiale Saint-Charles, de Nîmes. Nous citerons en particulier la chapelle de Saint-Joseph, les deux vitraux représentant Saint-Joseph et Saint-Charles, et le chemin de Croix inauguré pendant le carême de 1856 (1).

---

(1) M. l'abbé GOIFFON, *Notice historique sur la paroisse Saint-Charles de Nîmes*, page 38.

Au mois de mai 1848, il s'était remarié avec Sophie de La Pierre, de Nîmes, sœur du président de chambre à la Cour d'appel de cette ville, et peu après il eut la douleur de perdre son fils unique, *Chàrles Guiméty*. Ce jeune homme, d'une santé délicate, était doué d'une intelligence supérieure et d'un courage à braver tous les dangers.

Engagé dans la garde mobile il fut atteint d'une balle sur les barricades de Paris dans les journées de Juin, et succomba bientôt à sa glorieuse blessure. Il avait 23 ans !..

Après avoir opéré le bien et avoir recommandé à ses frères de consacrer à de bonnes œuvres une partie de la fortune qu'il leur laissait, J. Guiméty finit ses jours à Nîmes, le 17 mars 1868.

Alphonse-Casimir Guiméty, religieux des Ecoles Chrétiennes, né à Malaucène, le 10 octobre 1802, frère de Joseph, prit sa place au presbytère du curé de Milhaud, son oncle, qui voulut se charger de son éducation.

Celui-ci ayant été nommé curé de Saint-Paul, à Nîmes, il l'accompagna dans sa nouvelle résidence et habita sous le même toit que lui jusqu'en 1817, moment où il entra au noviciat des Frères de la Doctrine Chrétienne dont la maison-mère, à cette époque, était à Lyon.

Il reçut, en prenant l'habit religieux, le nom de *F. Hyacinthe*. Le temps de sa probation ne fut pas plus tôt achevé, qu'on le fit partir pour Marseille. A peine âgé de vingt-deux ans, ses supérieurs le nommèrent à la Flèche comme directeur d'un établissement naissant. Il fut ensuite successivement envoyé dans plusieurs autres maisons où il rendit de grands services et notamment au pensionnat de Béziers, où il professa la physique, et à l'école normale de Paris, dont on lui confia la direction. Placé plus tard à la tête de la province de Bourges, il créa bon nombre d'établissements dans les divers départements de son ressort. Rappelé à Paris, il fut chargé du quartier de Saint-Médard et ne quitta la capitale que sur l'avis des médecins : ceux-ci n'ayant pas trouvé de meilleur remède au rétablissement de sa santé, compromise par tant de travaux, que le climat du Midi.

La direction de l'importante maison de Beaucaire lui fut donnée en même temps que la faculté de faire de fréquentes visites à son frère l'abbé Félix Guiméty, curé de Saint-Charles, à Nîmes. Pendant les quelques années de son séjour à Beaucaire, le F. Hyacinthe donna tous ses soins à relever les études. Le succès couronna ses efforts : les élèves de ses classes remportèrent toujours les prix cantonnaux et parfois le prix départemental, et lui-même fut récompensé du succès de ses élèves : le ministre de l'instruction publique lui décerna la palme d'Officier d'Académie.

Atteint d'une fluxion de poitrine dans un voyage qu'il était allé faire à Paris, il mourut à Versailles, le 4 décembre 1871. Sa dépouille fut transportée à Nîmes où elle repose dans le tombeau de sa famille.

Joseph-Félix Guiméty, curé de Saint-Charles, à Nîmes, frère des deux qui précèdent, naquit à Malaucène le 12 décembre 1808 et fut baptisé le même jour. Il commença ses études sous la direction de son oncle, curé de Saint-Paul, n'étant âgé que de sept ans. Il fut dans la suite envoyé chez les Frères-Gris, à Aix, et, plus tard, au Grand Séminaire d'Avignon.

Ordonné prêtre à Nîmes, le 23 mars 1833, par Mgr de Chaffoy, il fut aussitôt nommé vicaire à Saint-Ambroix, où il demeura seulement jusqu'à la Noël de l'année suivante, et fut attaché à la paroisse de Sainte-Perpétue, de Nîmes, dont il édifia la population par la maturité de son zèle.

« L'heure était venue où le bon Pasteur devait être placé à la « tête de son troupeau. » Mgr Cart le nomma curé de la paroisse Saint-Charles, dans Nîmes. « Jamais, » dit Mgr Besson, « aucun « choix de l'autorité diocésaine ne fut mieux confirmé par l'ave- « nir. » La nomination épiscopale, signée le 6 décembre 1849, était agréée par le gouvernement le 4 février suivant.

Le 13 du même mois, jour de dimanche, avant la grand'messe, le chanoine Privat le mit en possession de sa paroisse, en présence du maire de Nîmes et d'une nombreuse assistance, heureuse de voir à sa tête le neveu d'un des vénérables prêtres qui ont laissé dans cette ville les meilleurs souvenirs.

Aussitôt après son installation, le nouveau pasteur s'occupa de faire aboutir un projet dont il était question depuis fort longtemps : l'agrandissement de l'église. Après bien des difficultés vaincues et une sage lenteur nécessitée par les précautions à prendre dans l'exécution des travaux, afin de ne point ébranler l'ancien bâtiment, les constructions nouvelles arrivèrent enfin à leur terme.

Elles donnèrent à l'église un chœur spacieux, de vastes sacristies, des salles pour les catéchismes de persévérance et un local pour emmagasiner les chaises.

La chapelle latérale où elles étaient entassées précédemment fut restaurée sous le vocable de Saint-Joseph, grâce à la générosité de Joseph Guiméty, frère du curé.

Enfin, par l'ouverture d'une rue, le monument tout entier se trouva dégagé des constructions voisines ce qui mit fin à divers procès anciens.

On profita de la solennité de l'Adoration perpétuelle pour inaugurer le nouveau sanctuaire (23 février 1867).

Le jour du centième anniversaire de la bénédiction de l'église, au prône de la grand'messe, les paroissiens eurent une agréable surprise. Le curé fit en chaire la lecture de quelques pages écrites par lui-même et dans lesquelles il avait groupé les détails historiques ayant trait à la paroisse Saint-Charles (19 novembre 1876). Les auditeurs demandèrent l'impression de ce travail qui parut dans la *Gazette de Nîmes* (25 novembre 1876) et puis en une petite brochure ayant pour titre: *Souvenir du centième anniversaire de la bénédiction de l'église Saint-Charles. Notice historique sur la paroisse Saint-Charles, tirée des documents fournis par M. Goiffon.* (Nîmes, Lafare, 1876, in-12, de 16 pages).

Une des œuvres de prédilection de l'abbé Guiméty, c'est le couvent de Saint-Charles, dont le commencement doit être rapporté à l'année 1856. Cette grande et belle maison a pour but principal d'offrir un asile aux personnes d'une certaine condition, que les circonstances laissent dans l'isolement, ou qui veulent vivre retirées du monde, sans cependant rompre avec leurs relations de société.

Le curé, habitué à ne pas compter, encouragé par la bienveillance de Mgr Plantier, agissant de concert avec une femme active et dévouée, Mme veuve Galon, ne craignit pas de donner des proportions considérables à son entreprise, ajoutant à sa maison de retraite un grand orphelinat et des classes pour les jeunes filles.

Il appela les Dames de Saint-Thomas de Villeneuve, d'Aix-en-Provence, pour diriger toutes ces œuvres. Par suite d'un heureux accord, ces religieuses acceptèrent dans leur Congrégation celles des compagnes de Mme Galon qui parurent avoir la vocation; les autres demeurèrent dans la maison qu'elles avaient contribué à fonder (1871).

L'ancien *Oratoire* dit *des Trois-Fontaines*, élevé sur le lieu même du martyre de saint Baudile, apôtre de Nîmes, est compris dans le périmètre de la paroisse Saint-Charles. A ce titre, et bien que situé en un quartier fort solitaire, il ne pouvait échapper à la douce influence du pasteur.

Nous nous bornerons à emprunter à ce sujet quelques lignes à l'ouvrage sorti de la plume de M. l'abbé Azaïs et qui est intitulé : *S. Baudile et son Culte* (1).

« M. l'abbé Guiméty, curé de Saint-Charles, dont le nom se
« retrouve dans toutes les bonnes œuvres, a pieusement restauré,
« avec le secours de quelques familles chrétiennes, l'ancien Ora-
« toire des Trois-Fontaines. Le sanctuaire primitif a été agrandi ;
« des embellissements faits d'une manière intelligente ont ré-
« pandu un peu de verdure et de vie sur ces rochers arides, et
« bientôt une large promenade, courant sur la cime des collines et
« reliant le Mont-Duplan à la Tour-Magne, rendra plus facile
« l'accès de ce pèlerinage devenu cher à la piété Nîmoise. »

La paroisse Saint-Charles possède actuellement une salle d'asile, de création toute récente, dirigée par les sœurs de la Charité de Besançon, avec le concours de quelques Dames patronesses. Elle a été inaugurée, le 28 mars 1883, par M⁸ʳ Besson. L'illustre évêque de Nîmes, répondant au compliment que venait de lui adresser à cette occasion l'abbé Guiméty, débuta par ces mots :

« M. le curé, vous n'avez oublié que vous-même dans les pa-
« roles que vous venez de faire entendre ; personne n'ignore,
« cependant, que l'on doit cet asile à votre générosité et que vous
« l'avez fondé et bâti, comme vous faites toutes choses, non pas
« pour un jour, mais pour des siècles. Vous mettez-là le sceau à
« toutes vos œuvres et vous achevez votre cinquantième année
« de prêtrise, non pas en vous reposant, mais en donnant des
« soins à un nouvel ouvrage. »

En effet, quelques jours après cette cérémonie, l'abbé Guiméty célébrait ses noces d'or. C'était le lundi, 2 avril. Les paroissiens et le clergé de Saint-Charles, à la tête desquels étaient venus se placer les évêques de Nîmes et de Montpellier, fêtaient le cinquantième anniversaire de l'ordination sacerdotale du curé. M⁸ʳ Besson et M⁸ʳ de Cabrières redirent tour à tour ses éminentes qualités et le R. P. Charrassé, de Malaucène, missionnaire de la Congrégation de Sainte-Garde, refaisait son éloge en une belle pièce de vers que nous avons le regret de ne pouvoir reproduire.

Malaucène a ressenti plus d'une fois les effets de la piété filiale de l'abbé Félix Guiméty. Sans revenir sur ce que nous avons dit ailleurs de l'établissement des missionnaires de Sainte-Garde et de l'école libre d'instruction secondaire, nous indiquerons en passant une œuvre de création toute récente (1882) : la salle d'asile libre, installée à ses frais, dans sa maison, ancien local des

(1) Nîmes, Lafare, in-18, 216 pages.

Gardistes et du collège, et dirigée par les religieuses du Saint-Sacrement de Romans.

M. l'abbé Joseph-Félix Guiméty est chanoine honoraire de la cathédrale de Nîmes (1850) et de la métropole d'Avignon (1866).

<small>(L'abbé GOIFFON, *Notice historique sur la paroisse Saint-Charles, de Nîmes*. Nîmes, Grimaud et Bedot, 1872, petit in-8°. — L'abbé AZAÏS, *Saint Baudile et son culte*. Nîmes, Lafare, 1871, in-18. — *Semaine religieuse de Nîmes*, N° du 8 avril 1883. — *Gazette de Nîmes*, N°° des 26, 27, 28, 29 mars, 2 et 3 avril 1883. — *Revue des Bibliothèques, Semaine religieuse d'Avignon*, N°° des 30 septembre 1859, 31 août 1863, 30 juillet 1881, 5 août 1882, 7 avril 1883).</small>

GUINIER.

Nous ne saurions préciser l'époque où la famille *Guinier (Guinerii)* s'est fixée à Malaucène, ni le pays d'où elle était venue. Toujours est-il qu'elle remontait à plusieurs siècles puisque elle est mentionnée au livre des *Reconnaissances du Grosel* pour des actes passés en faveur de ce prieuré, dans les années 1483 et 1493, devant le notaire Castelli. Plusieurs membres de cette famille ont été syndics de la noblesse, consuls, viguiers et prêtres de l'agrégation de la paroisse.

Nous devons mentionner :

I. L'abbé *Joseph Guinier*, auteur de l'*Histoire de Malaucène* si souvent citée par nous.

Cet écrivain rédigea son ouvrage en 1733. Le volume manuscrit, propriété de M. Félix Brussett, n'est point un autographe, mais une simple copie faite en 1754, par un de ses neveux, comme lui, prêtre de l'Agrégation. Que ce manuscrit ne soit pas un autographe de l'auteur, cela ressort du frontispice lui-même et de la préface dans laquelle celui qui tient la plume dit formellement n'être que « *simple copiste*. »

L'abbé Joseph Guinier finit ses jours à Malaucène, le 15 novembre 1736 (1).

II. — Les enfants issus du mariage d'*Etienne Guinier* avec Anne Fayard, reconnus dans le pays comme fondateurs de la Charité, convertie peu après en hôpital, savoir :

1° *Joseph Guinier* né à Malaucène, le 12 mars 1682, plusieurs

<small>(1) Die 15° novembris ; D. Josephus Guinier, presbyter aggregatus et « filius D. Stephani et Honorate Role, conjugum, obiit munitus omnibus « Ecclesiæ sacramentis et postridie fuit sepultus in Ecclesia in tumulo « DD. Presbyterorum. » (*Liber Mortuorum*, ad annum 1736).</small>

fois consul et viguier, décédé dans son pays natal, le 18 juillet 1766 (1).

2° *Pierre-Paul Guinier*, né le 27 janvier 1690. Aussitôt après son ordination, il fut admis parmi les prêtres de l'Agrégation. Dans la suite il fut curé de Séguret et rentra de nouveau dans l'Agrégation ; il y reprit rang en 1744, et termina ses jours à Malaucène, le 15 novembre 1769 (2).

La maison Guinier s'est fondue dans celle des de Merle.

Armes : *D'argent à la fasce de sable, à trois guignes doubles de gueules, tigées et feuillées de sinople, deux en chef et une en pointe.*

Guintrandy.

Les Guintrand ou Guintrandy appartenaient à la riche bourgeoisie et l'état de leur fortune leur permit plusieurs fois de s'allier à la noblesse.

Elle a fourni des notaires, un curé de Malaucène, des prêtres agrégés (entr'autres *Joseph* qui devint chapelain de la musique du roi et qui testa en 1703), des docteurs en médecine, maîtres en chirurgie, et quelques officiers.

Cette maison est actuellement représentée par M. *Emile-Marie-Félix Guintrandy*, employé des Contributions Indirectes à Vienne (Isère). Il est né à la Motte-du-Caire (Basses-Alpes) le 20 septembre 1846 et s'est marié, le 30 novembre 1875, avec Mlle Amélie Bonnat de Réaumont (Isère).

Guiramand.

La famille de Guiramand, connue en Provence depuis le XII. siècle, fixa son domicile à Malaucène à une époque dont nous ne saurions préciser la date. Admise à jouir des franchises et droits de cité, elle en supportait les charges.

Cette maison a donné deux évêques à la ville de Digne.

I. — *Antoine Guiramand*, 45° évêque de Digne, prit possession de ce siège en 1479. Peu après son élévation à l'épiscopat, il fut chargé par Charles III, comte de Provence, d'aller avec François

(1) « Die decima nona julii, anno 1766, D. Josephus Guinier fundator « Xenodochii quod vocant *la Charité*, octoginta quinque annos natus, « cunctis Ecclesiæ sacramentis munitus, pridie mortuus, sepultus est in « Ecclesia, in tumulo medii ordinis, versus altare majus. Bourre-« Despréaux (*Liber Mortuorum*).

(2) L'acte de décès porte cette mention : « Fundator Xenodochii quod vocant *la Charité*. »

de Luxembourg et le chancelier Jean de Jarente demander au pape Sixte IV le royaume de Naples. Il dressa des statuts pour son diocèse (1482) et les compléta dans la suite. Il obtint d'être prévôt commandataire de l'église de Barjols, au diocèse de Fréjus (1485). Il se fit représenter à l'assemblée de la Province tenue à Aix (1487) et fut délégué par le clergé pour prêter serment de fidélité à Louis XII au nom des trois états de Provence (1498). Le cardinal Georges d'Ambasia, légat du Saint-Siège, lui donna mission de travailler à la réforme de l'état religieux et monastique de concert avec Augustin de Grimaldi, évêque de Grasse et Serisier Maurini, abbé de Val-Sainte.

On doit à sa pieuse munificence la construction de la basilique Saint-Jérôme, devenue la cathédrale ; l'ancienne étant située hors les murs de la ville, dans un lieu solitaire. Il se démit de son siège épiscopal en faveur de son neveu, peu avant sa mort, arrivée le 21 octobre 1513.

Sa dépouille mortelle avait été inhumée dans l'église cathédrale, monument de sa pieuse générosité, en un mausolée situé entre la sacristie et le maître-autel. Elle en fut sacrilègement arrachée par les Calvinistes lors de leur seconde occupation de la ville, et sa tête... leur servit de jouet !... (1).

II. — *François Guiramand*, 46° évêque de Digne, fut d'abord

(1) « Antonius Guiramandus, nobilis Provincialis, antiqua Guiraman-
« dorum prosapia genitus, cujus plura supersunt documenta ab an. 1479
« usque ad 1512. Haud longe ab ipsa promotione delectus est a Carolo III,
« Provinciæ comite, ut cum Francisco Luxemburgico et Johanne de Jarente
« cancellario postulatum iret a Sixto IV, pontifice maximo, regnum Neapo-
« litanum beneficii jure possidendum. Statuta quædam confecit an. 1482,
« VII junii ; quibus plura adjecit diversis regiminis sui annis. Anno 1485
« præposituram Bariolensis ecclesiæ in diocesi Forojuliensi adeptus est. Ad
« comitia Provinciæ Aquis-Sextiis celebrata misit procuratorem Petrum
« Baudon an 1487, etc. — Ad Ludovicum XII regem deputatur an. 1498 ex
« ordine cleri, qui trium Provinciæ ordinum nomine fidem et obsequium
« eidem testaretur. Delegatur anno circiter 1503, a Georgio Card. de Amba-
« sia, sedis apostolicæ legato, ut una cum Augustino de Grimaldis, episcopo
« Grassensi et Serisio Maurini, abbate Vallis Sanctæ, statum monasticum
« collapsum ad severiorem disciplinam revocaret. Viget etiam nunc cara
« hujus optimi præsulis apud Dinienses memoria, ut insigne est ejus muni-
« ficentiæ monumentum basilica S. Hieronymi infra muros urbis ab ipso
« constructa quæ nunc est vice cathedralis ecclesiæ, ad quam priori quæ
« erat in burgo, deserta, translata sunt officia divina. Episcopatu aliquanto
« ante obitum abdicasse se conjicimus, quando quidem successoris ipsius
« documenta quædam extant anno 1513.
« Denique sic in martyrologii margine adscribitur ad II cal. Novembris.

précenteur de la cathédrale de cette ville, avant de succéder à son oncle. Il prit possession de ce siège du vivant même d'Antoine. (1513). Trois ans après son élévation à l'épiscopat, il partit pour Rome, se rendant au V° Concile général de Latran, présidé par Léon X. Il fut présent à la onzième session (19 décembre 1516) et à la douzième (16 mars 1517). Comme son oncle, il eut la commendite de la prévôté de l'église de Barjols. Il finit ses jours le 1er juin 1536 (1).

Si nous ne faisons erreur, le premier de ces deux prélats était fils de *Jérôme de Guiramand*, maître d'hôtel de Charles, comte de Provence et roi de Naples, et frère de *Jérôme de Guiramand*, seigneur d'Entrechaux. Ce que nous lisons dans la *Gallia Christiana* relativement à la mission confiée à l'évêque Antoine, par le comte de Provence, relativement à l'investiture du royaume de Naples et le prénom de Jérôme donné comme titulaire à l'église cathédrale de Digne, semble confirmer cette opinion.

III. — Quoi qu'il en soit, *Jérôme de Guiramand*, fils du maître d'hôtel de Charles de Provence, acheta de l'évêque de Vaison, Benoit de Paganottis, au prix d'une rente perpétuelle de trente florins, la moitié de la seigneurie d'Entrechaux. Le P. Boyer fixe cette vente à l'année 1500. Six ans plus tard, ce contrat reçut la haute approbation de Jules II. Dans la suite cependant, un des successeurs de Benoit, l'évêque Thomas Cortès, entreprit de le faire casser pour cause de lésion. Jérôme arrêta les poursuites en donnant, sur le conseil de ses amis, 700 florins et 50 écus d'or (1533).

Jérôme avait épousé Eustochie Des Astoauds (1508) dont il eut :

« Eodem die obiit Reverendus in Christo Pater Dominus Antonius Guira-
« mandi præsentis ecclesiæ Dignensi episcopus, qui construi fecit ecclesiam
« S. Hieronymi in præscripta civitate, necnon et alia plurima bona ecclesiæ
« fecit : cujus anima in pace quiescat. Anno 1514, die 21 octobris.
« Refert Gassendus corpus ejus jacuisse in eo sepulcro quod in medio
« pariete inter sacristiam et altare majus videbatur, donec Calvinistæ in
« secunda urbis direptione, usurpato etiam cranio, loco sphærulæ ad latrun-
« culorum ludum (*Gallia Christiana*, III, 1130).

(1) « Antonii ex fratre nepos Franciscus Ecclesiæ præcentor, patruo adhuc
« superstite, in episcopum assumitur... ab anno 1513. Triennio post ad La-
« teranense concilium proficiscitur, quod sub Leone X celebratum est : Ses-
« sione quippe undecima, quæ habita est anno 1516, die decembris 19^a, inter
« eos qui adfuere, legitur iste Franciscus Digniensis, et sessione duodecima,
« anno 1517, die 16^a martii, inter præsentes idem nominatur... E vivis exem-
« tus est calendis junii 1536, quo die et anno consignatur ejus obitus in mar-
« gine Martyrologii.» (*Gallia Christiana*, III, 1131.)

IV. *Claude Guiramand.* Ce seigneur eut la faiblesse d'écouter les propositions qui lui furent faites par Charles Du Puy-Montbrun, après que la ville eût été prise une seconde fois par les Calvinistes (2 mai 1563). Il permit à ceux-ci de s'établir sur ses terres. Indignés de tant de pusillanimité, les habitants d'Entrechaux chassèrent les hérétiques et massacrèrent leur seigneur (23 mai 1563).

Claude de Guiramand avait été marié, par contrat passé devant Chalandi, notaire à Malaucène (22 novembre 1546), avec Sancie dite *Susanne* de L'Espine, qui convola dans la suite à de secondes noces avec Claude Parpaille, de Mollans.

V. — Après le décès de ce dernier, Sancie de L'Espine fixa son domicile à Séguret, auprès des enfants qu'elle avait eus de son premier mari :

1° *Elisabeth de Guiramand*, mariée en 1581 avec Jérôme de Lopis de La Fare.

2° *Jean de Guiramand*, seigneur de Blauvac et d'Entrechaux, marié d'abord avec Louise de Sadolet (4 février 1582) et ensuite avec Augustine de Bonadona.

VI. — *Paul de Guiramand-Sadolet*, seigneur d'Entrechaux, fils du précédent, transigea devant Gabriel Mostéry, notaire à Malaucène (25 août 1632). Il mourut à Malaucène, le 28 juin 1638, et fut enseveli dans son tombeau de famille, situé dans la chapelle Sainte-Anne de l'église paroissiale.

Cette maison a fourni deux religieuses au couvent des Ursulines de Malaucène.

ARMES : *Au 1 et 4 d'or, à l'épervier de sable, langué de gueules, grilleté d'argent. Au 2 et 3 de gueules, à trois pals d'or, à une cotice de sable brochant sur le tout.*

(Titres et documents inédits sur les anciennes familles de Malaucène, appartenant à la famille Brussett.— BOYER, *Hist. de l'Eglise de Vaison*, Livre I, pages 180 et 186.— PITHON CURT, Tome II, page 128.— SAINTE-MARTHE, *Gallia Christiana*, Tome III, pages 1130 et 1131.— J. COURTET, *Dict. des Communes*, etc., verbo *Entrechaux.*)

HUGO ou HUGONIS.

Cette famille existait à Malaucène lorsque fut dressé, en 1253, le polyptique des comtes de Toulouse (1). Elle devait même être assez ancienne dans le pays, où elle se livrait à l'agriculture. Ceci

(1) Voir *Pièces justificatives*, N° II.

résulte non pas de ce que *Raymond Hugo* n'est mentionné dans ce document que pour une terre *(Raymondus Hugo tenet quamdam terram)* et une chétive maison *(pro casali);* mais du titre de roi qui accompagne son nom : *Hugo Rex*, sous entendu *Bubulorum*, — Roi des Boyers ou Bouviers. Il était à la tête des laboureurs ou agriculteurs. Evidemment le sceptre royal de la corporation n'eût pas été confié à un nouveau venu ni à un autre qu'un homme des champs.

Disons le en passant : ceci est une démonstration évidente de l'antiquité de la corporation dont nous avons parlé (Tome Ier, page 340).

Dans le même manuscrit est mentionné *Guillaume Hugonis* pour une terre *in Palude*. D'autres habitants du même nom, et de la même famille peut-être, sont portés sur d'autres documents jusque vers la fin du XVIe siècle ; mais tous nous paraissent avoir appartenu à la roture à l'exception du suivant :

Rostang Hugonis, domicellus de Malaucena, damoiseau, vendit à la Communauté (1) les droits qu'il avait sur les tasques des quartiers de Veaulx, Arnoux et Vesc par indivis avec d'autres seigneurs (1286 et 1291). Ce chevalier était-il parent avec la maison *Hugonis*, de Pernes ? — Nous laissons à d'autres le soin d'élucider cette question.

(Archives municipales, *passim*, et BARJAVEL.)

HUGUES (D').

Pierre-Joseph d'Hugues, de Sérignan, chevalier de Saint-Louis, dont nous avons parlé (2), fut reçu habitant de Malaucène le 6 avril 1774 et nommé premier consul en 1779. Il eut la douleur de voir incarcérer son fils (6 août 1792), et vendit ce qui lui restait de propriétés à Malaucène (17 floréal an VII) et notamment les dépendances du château de Cromessières qu'il tenait de la famille d'Astier (voir ce mot).

La maison d'Hugues est actuellement représentée par M. d'Hugues, notaire à Roquemaure.

ARMES : *D'azur, à un lion d'or, chargé de trois fasces de gueules brochant sur le tout, surmonté de trois étoiles d'or.*

ISNARD.

La famille *Isnard* (*Ysnardi*) est originaire de Malaucène. Son

(1) *Pièces justificatives*, N°s XI et XIV.
(2) Tome I, pages 379, 384 et 417.

nom est inscrit dans nos plus vieux documents et figure ensuite à toutes les époques de notre histoire. Elle était riche et possédait entre autres biens des terres labourables, dépendant de la commune du Barroux, et à Malaucène, le grand domaine du Bosquet, jadis appelé le Bosc des Ysnards, *Bosquetum Ysnardorum*, où fonctionnait une scierie (1) mise en mouvement par l'eau du Groseau. Elle avait encore une maison de ville, au quartier de Beauvoisin, d'où était venu à la porte supérieure le nom de *Porte des* Ysnards, *Portale Ysnardorum*. Cette maison fut vendue, en 1415, à un juif de Carpentras. Nous mentionnons ce fait comme tout-à-fait insolite, l'achat des propriétés bâties ayant été jusque-là défendu aux Israélites. L'acte de vente est fort curieux comme faisant connaître les mœurs de nos aïeux au XV° siècle (2).

I. — Parmi les descendants de l'antique famille Isnard, nous citerons *Christol*, marié avec Marie-Rose Béquier (4 septembre 1742). Il eut trois fils :

1° *Joseph*, né le 14 décembre 1748, prêtre agrégé, recommandable par son savoir et sa piété, refusa le serment à la Constitution civile du clergé et prit aussitôt le chemin de l'exil, malgré le mauvais état de sa santé. Il se rendit d'abord à Rome, où il ne s'arrêta pas longtemps, et puis à Bologne. Il sut se concilier l'estime et l'amitié de l'évêque de cette dernière ville, ainsi que le prouvent de nombreuses lettres de ce prélat conservées dans la

---

(1) *Pièces justificatives.* N° XXII ter.

(2) « Pro Semeleto Borini judeo de Carpentoracte.

« Die sexta mensis madii (1415), Cum dictus Semeletus acquisierit et in solu-
« tum recepit a Johanne et Petro Ysnardi fratribus quoddam eorum hospicium,
« scitum in loco Malaucene in carreria de Castronovo juxta suos confines,
« cujus hospicii in una parte dominus Belli Vicini servicium et etiam in illa
« parte Rouletus arrendator rerum papalium pro curia petit servicium, et
« etiam Davinetus Jacob judeus, nomine Domini Odonis de Vilariis petit
« servicium, et inter eosdem supradictos est debatum de habendo servicium
« in dicta parte dicti hospicii ; hinc est quod dictus Semeletus, in presentia no-
« bilis Johannis de Podio, viguerii curie Malaucene, requisivit ad salvandum
« jus illius vel illorum qui in dicto hospicio habet vel habent servicium
« ut possit intrare et illud reparare et alia in dicto hospicio necessaria et utilia
« seu reparabilia facere. Predicti vero, Dominus Belli Vicini non prejudicandi
« sibi et alii supramemorati, sibi dederunt licenciam supradicta faciendi pro
« utilitate dicti hospicii et in interim declarabitur de servicio inter eosdem.
« Actum Malaucené in dicta carreria, ante dictum hospicium, presentibus
« nobilibus Birmoneto Poyol, Bertrando Lireti et discreto Johanne Ysnardi,
« testibus. etc, — et me notario predicto, etc. » (*Protocollum Girardi Ber-*
« *mundi*, f° 8, v°. Etude de M° Souçhon, notaire à Malaucène).

maison Isnard. Rentré en France en 1796, il cessa de vivre à Malaucène le 30 thermidor an V (17 août 1797).

2° *Jean-André,* né le 30 novembre 1751. Arrêté comme suspect, en 1793 ; et détenu plusieurs mois dans la prison Saint-Bernard, de Carpentras, il fut sauvé par la réaction thermidorienne. Marié à Marie-Thérèse Brun, il en eut plusieurs enfants, et décéda à Malaucène, le 21 juillet 1833.

3° *Félix-Martin,* né le 6 mars 1763, fit ses études ecclésiastiques à Viviers. Ordonné prêtre peu avant la Révolution, il occupa successivement le prieuré de Veaulx et les cures de Puyméras et de Saint-Romain-en-Viennois, puis il fut nommé vicaire à Malaucène. Doué d'une âme fortement trempée, à l'émigration il préféra la lutte contre tous les dangers, demandant le jour un asile incertain aux forêts les plus sauvages, aux cavernes les plus ignorées ; errant la nuit à la recherche d'un toit hospitalier, où il trouvait la nourriture du corps et quelquefois le moyen de célébrer les saints mystères devant un petit nombre de fidèles attristés. Rendu à la vie commune par la fin de la persécution religieuse, il reprit ses modestes fonctions de vicaire et mourut, à Malaucène, aimé et vénéré, le 17 mars 1837.

II. — *Joseph,* fils de Jean-André Isnard, né le 12 octobre 1796, propriétaire à Malaucène, actuellement (1883) plein de vie, malgré son grand âge, est le père du docteur *Joseph-Achille Isnard,* médecin de la Faculté de Paris, qui lui-même a deux fils, MM. *Gabriel* et *Joseph* sur lesquels repose l'avenir de cette maison.

(Archives municipales, *passim,* et notamment *Livre-Terrier,* et archives domestiques de la famille Isnard).

JOANNIS.

Dès les temps anciens, les membres de cette famille étaient connus à Malaucène.

Jacques Joannis. Le père Columbi (1) rapporte que, « le jour
« de saint Barnabé, Jacques se rendait à une chapelle du Crestet
« connue sous le nom de Notre-Dame des Champs. Il venait de
« Vaison et avait fait à peu près la moitié du trajet lorsque, arrivé
« à un torrent qui se jette dans l'Ouvèze, la Sainte-Vierge lui
« apparut sur le flanc du rocher.

« Ses premières impressions furent l'étonnement et la frayeur ;

(1) P. Jean COLUMBI. *De rebus gestis Vasionensium Episcoporum libri quatuor.* Livre VI, n° 42.

« mais, tout aussitôt, l'apparition le rassura et lui ordonna d'aller
« de sa part recommander aux habitants du Crestet et de Vaison
« de se corriger de leurs vices, afin de ne pas attirer sur eux la
« colère et les châtiments du ciel, et de lui bâtir une petite cha-
« pelle en ce même lieu.

« Jacques, absorbé dans ses pensées, rentra chez lui se deman-
« dant ce qu'il avait à faire. Il fut bientôt tiré de son irrésolution
« par une seconde manifestation semblable à la première qui
« renouvela ses ordres. Cette fois il se mit en mesure d'obéir,
« raconta ce qu'il avait vu et entendu et obtint qu'une chapelle
« fût bâtie au lieu de la première apparition. Cette chapelle, au
« témoignage de l'historien Columbi, ne tarda point à être témoin
« de nombreux prodiges. »

Après avoir donné tous ces détails, l'auteur que nous venons de citer se demande si Jacques Joannis était du Crestet, de Vaison ou de Malaucène et s'il descendait de quelqu'un de ces Joannis qui, en 1206, rendirent hommage à l'évêque de Vaison. Sans oser se prononcer catégoriquement, cet auteur semble pencher pour Malaucène où habite, dit-il, une famille de ce nom. Puis, il ajoute :

« J'ai connu, dès ma plus tendre enfance, un nommé *Jean-*
« *Baptiste Joannis* qui entra chez les jésuites, un an après moi
« (c'est-à-dire en 1607), et avec lequel j'étais très lié au noviciat.
« Il se faisait remarquer par sa tendre piété envers la Sainte-
« Vierge. Il fut successivement attaché aux collèges de Tours,
« d'Avignon et de Lyon, et remplit aujourd'hui, après quarante-
« cinq ans de profession, l'emploi de procureur-économe à la
« maison de Lyon ».

Siméon Jehan ou *Joannis*, fils de *Michel* et de Catherine Martin, se maria, le 6 mai 1618, avec Claire Rolle ou Rol. Trois enfants issus de cette union formèrent souche :

1° *Jean-Baptiste,* marié à Suzanne Thomas ;

2° *Vincent,* marié à Marthe Messier ;

3° *Claude,* marié à Marie-Thérèse Bilhon.

1re BRANCHE. — Joannis (*Gabriel*), né à Malaucène en 1657, était fils de Jean-Baptiste et de Suzanne Thomas. Prêtre agrégé et sous-prieur de l'église Saint-Michel, il mourut, plein de jours et de mérites, le 3 avril 1740 (1).

(1) « Die 4ᵉ aprilis (1740). — Hodie, hora meridiana, defunctus est Dominus
« Gabriel Johannis, ætatis suæ 83, vice-prior nostræ Ecclesiæ parochialis
« Malaucenæ plenus dierum et bonorum operum, vir prudens et venera-

— 219 —

Joseph Joannis, doyen du Chapitre de la cathédrale de Nîmes, petit-neveu du précédent et arrière-petit-fils de Jean-Baptiste et de Susanne Thomas, était fils de Joseph et de Marie-Rose Charrasse. Il vint au monde, le 3 avril 1744.

Il fut durant l'espace de cinquante-deux ans, curé de la paroisse de Marguerites, en comptant les longues années qu'il dut passer en Italie, à l'époque de la Révolution.

A Ferrare d'abord et ensuite à Rome, sa vie tout entière fut consacrée à l'étude des sciences ecclésiastiques. Nous pouvons le dire hardiment d'après les nombreux manuscrits qu'il a laissés et dont les uns appartiennent au R. P. Charrasse, prêtre-missionnaire de N.-D. de Sainte-Garde, à Orange, et dont les autres sont notre propriété personnelle. Nous citerons le titre de quelques-uns de ces manuscrits : 1° *Résolution des cas de conscience* proposée par le cardinal Mathei, archevêque de Ferrare, aux prêtres français réunis à la maison de la Mission, sur la constitution civile du clergé, le schisme, la juridiction, le mariage fait par les prêtres intrus, etc. — 2° *Analyse des discours et conférences*, prêchés à Ferrare et à Rome par les orateurs le plus en renom à cette époque, sur les articles principaux du dogme et de la morale. — 3° *Lettres spirituelles*, sortes d'instructions familières sur les dimanches et fêtes de l'année chrétienne.

D'autres cahiers sont joints à ceux que nous venons de mentionner et ont rapport à des sujets qui ne sont point sans intérêt, tels que les écrits relatifs à la mission donnée à Marguerites (1779) et à Nîmes (1825).

Le curé de Marguerites avait rapporté de Rome plusieurs diplômes, devenus notre propriété et qui établissent les grades et les titres qu'il avait obtenus pendant les années laborieuses de son exil. Docteur en théologie et en philosophie (19 avril 1801), protonotaire (1) apostolique (3 septembre 1801), docteur en l'un et l'autre droit (5 octobre 1801), vicaire-général et official du diocèse de

« bilis, verè fratrum amator, qui meritò dicere poterat : *Zelus domus tuæ*
« *comedit me*.

« Pro illo, ut mos est erga presbiteros et clericos defunctos, hora quarta
« po-meridiana decantatum est officium defunctorum, quod cum missa so-
« lemni illius officii solvitur sex libris francicis ; de quibus, demptis quinque
« assibus pro missâ et quatuor pro cereis D. parocho ipsi datis, remanent
« quinque libræ et quinque solidi, quæ divisæ undecim presbiteris præ-
« sentibus dabunt unicuique 10 s. 1 d.

(Bibliothèque de Carpentras, Fonds de Malaucène, *Liber Massœ*, n° 7.

(1) Le bref porte cette mention : « Ob catholicæ fidei deffensionem in exi-
« lium acto et Romæ per novem circiter annos commoranti. »

la Louisiane et de la Floride, pour l'évêque François Porro (24 novembre 1801), missionnaire apostolique, chapelain de Saint-Blaise et des Onze mille Vierges (1), etc.

Après la Révolution, il fut réintégré dans sa cure de Marguerites, sa nomination officielle par l'évêque diocésain ayant été agréée par le 1er consul, le 8 pluviose an XI, et notifiée par Portalis, le 10 germinal de la même année.

Il desservait cette paroisse lorsque, apprenant que l'on s'occupait du rachat de l'ancienne maison des prêtres missionnaires de Notre-Dame de Sainte-Garde-des-Champs, pour la convertir en petit Séminaire, il offrit de contribuer à cette bonne œuvre et demanda que son nom fut porté sur la liste (2) des co-acquéreurs (1er août 1817).

Les deux diocèses de Nîmes et d'Avignon étant alors réunis en un seul, sous l'évêque J.-F. Périer, il fut nommé chanoine honoraire d'Avignon, comme étant *le plus ancien curé du diocèse* (27 juin 1821). Mgr de Chaffoy, évêque de Nîmes, le nomma chanoine titulaire de sa cathédrale (25 novembre 1821).

De mœurs irréprochables, avec un caractère un peu dur et caustique, une taille avantageuse et des traits accentués, il s'attirait facilement le respect des personnes qui l'approchaient.

Tous les matins, même au gros de l'hiver, il se levait de très bonne heure et consacrait à l'étude tous ses moments de loisir. Il écrivait ses instructions, même les plus familières, qu'il mettait ensuite à la portée de ses auditeurs, les traduisant dans leur langue, et les émaillant de traits historiques. Etant chanoine et parvenu à un âge très avancé, sans avoir perdu ni ses cheveux ni aucune de ses dents, il consentit à monter dans la chaire de la cathédrale et, d'une voix vibrante, prêcha son grand sermon sur la Grâce; ses auditeurs ne sachant ce qu'ils devaient le plus admirer en lui : la doctrine, la diction, la mémoire ou la verte vieillesse.

Il finit ses jours à Nîmes, le 16 avril 1830, étant doyen du Chapitre.

(Archives domestiques et documents fournis par son neveu, M. l'abbé F. Guiméty, curé de Saint-Charles, à Nîmes.)

Joseph-Lambert Joannis, curé-archiprêtre de Saint-Agricol, petit-neveu du précédent, fils d'Ignace-Joseph-Marie Joannis et de Marie-Louise de Lô, naquit pendant l'émigration, le 4 octobre 1801,

(1) « Possessor Capellaniarum Sancti Blasii et undecim millium virginum. »
(2) Barjavel, *Notre-Dame de Sainte-Garde*, page 72.

à Godizt (Haute-Carniole) et non point à Trente (Tyrol), ainsi que l'avance par erreur le Dr Barjavel. Nous sommes sûrs du fait puisque nous avons en main son acte de naissance bien et duement légalisé.

Il arriva tout petit enfant à Malaucène, berceau de sa famille, et fit ensuite ses études classiques sous la direction de son oncle Joseph Joannis, curé de Marguerites, et ses études théologiques au grand Séminaire d'Avignon. Il était encore diacre lorsque la direction du petit Séminaire de Sainte-Garde lui fut confiée (23 septembre 1826). Il fut élevé au sacerdoce, le 23 décembre suivant.

Le diocèse avait alors besoin de prêtres pour remplir les fonctions du ministère dans les paroisses. L'abbé Joannis se vit rappelé de Sainte-Garde où le remplaça l'abbé Didier, et envoyé à Bollène en qualité de vicaire (1827), et, le 30 septembre 1830, à la paroisse Saint-Siffrein de Carpentras.

Supérieur du petit Séminaire d'Avignon (29 juin 1832) et chanoine honoraire de la Métropole la même année, il servit peu après au sacre de Mgr Rey, évêque de Dijon, en vertu d'une permission spéciale de Rome, à défaut d'évêque-assistant, et fut à cette occasion nommé chanoine honoraire de la cathédrale de Dijon (13 octobre 1832).

Après avoir successivement essayé de l'enseignement et du ministère, l'abbé Joannis se tourna définitivement du côté de l'administration des paroisses pour laquelle il éprouvait un attrait tout particulier et dont aucun des détails les plus munitieux n'échappait à son attention. Recteur de Notre-Dame de l'Observance à Carpentras (26 juillet 1833), curé-doyen de Mormoiron (8 juin 1838), il eut beaucoup à souffrir pour la justice. Curé-doyen de Vaison (16 juillet 1849), il fonda dans cette ville un musée lapidaire dans lequel il réunit une foule de pièces antiques trouvées dans le pays. Curé-archiprêtre de Saint-Agricol, première paroisse du diocèse (29 novembre 1855), il décéda à Avignon, le 12 mars 1873.

Homme aux convictions politiques ardentes, fortement attaché à la chaire de Saint-Pierre, le zèle de la maison de Dieu le portait à ce qu'elle fût constamment exempte de souillure et à ce que les offices fussent célébrés avec autant de pompe que d'exactitude.

(Documents originaux provenant du cabinet de l'abbé Joannis.— *Revue des Bibliothèques paroissiales de la province d'Avignon.* — Dr BARJAVEL, *Notre-Dame de Sainte-Garde-des-Champs*, pages 47, 49 et 72.)

Irma-Rose Joannis, supérieure des Dames de Saint-Joseph

des Vans à Barbentane, nièce du précédent et sa légataire universelle. Née à Malaucène, le 19 juin 1825, elle a fait profession le 8 septembre 1846 et a pris le nom de sœur *Marie-Louise*.

2° Branche. — Beaucoup moins considérable que la première, elle ne nous donne lieu qu'à une seule mention.

Alexis Joannis, prêtre, né à Malaucène, le 9 septembre 1746, était arrière-petit-fils de Claude et de Marthe Messier et fils d'autre Claude et de Marie-Anne Mouret. Il décéda dans le pays de sa naissance, le 23 juin 1815.

On lit à cette date sur le registre des sépultures de la paroisse la note suivante :

« Ce prêtre avait été vicaire à Paris et instituteur du prince
« d'Enghien, qui fut massacré dans la Révolution. M. Joannis
« refusa le serment impie et, pour sa fidélité à notre sainte Reli-
« gion il vécut dix ans dans l'exil, principalement dans la Répu-
« blique de San-Marino, en Italie. Homme instruit et bien bon
« prêtre. »

3° Branche. *Joseph Joannis*, carme déchaussé, fils aîné de Claude et de M.-Th. Bilhon, né le 29 février 1660, il reçut à sa prise d'habit le nom de F. *Philippe-Joseph du Saint-Sacrement* (1677).

François Joannis, « apothicaire, » frère du précédent, né à Malaucène, le 29 novembre 1673, décédé en 1752. Il s'était marié avec Marie-Rose Clop, de Bédoin. Il en eut plusieurs enfants, entr'autres :

1° *Joseph*, docteur en médecine, né à Malaucène, le 30 juillet 1708. Il fut médecin de Louis XV, ce qui lui valut la noblesse et le titre de citoyen de la ville de Parme. Ses concitoyens l'élevèrent trois fois à la charge de premier consul. Il s'unit en mariage à Gabrielle Bibiane Rua, de Marseille, et mourut dans son pays natal, le 19 novembre 1779.

2° *Esprit-Claude*, vicaire-général de l'évêque de Vaison, et docteur en théologie, né à Malaucène, le 1ᵉʳ novembre 1710, avait été admis dans l'Agrégation des prêtres de son pays (1734) et en était même devenu vice-prieur (1740) ; mais, le 1ᵉʳ mai 1746, il se retira de l'agrégation pour devenir coadjuteur du chanoine de Guiramand, d'Entrechaux, à Vaison. Il ne tarda pas à être nommé chanoine titulaire, vicaire-général et official du diocèse.

Il finit ses jours à Vaison (24 juin 1767) et fut inhumé dans la chapelle de la Croix de l'église cathédrale, où, de son vivant, il s'était fait construire un tombeau.

(Bibliothèque de Carpentras, *Liber Massæ*, n° 7.)

3° *Joseph-Marie*, carme déchaussé du couvent de Marseille, appelé en religion F. *Philippe-Joseph de Saint-François* ; né à Malaucène, le 27 septembre 1716. A l'exemple de son oncle le P. *Philippe-Joseph du Saint-Sacrement*, qui appartenait également au Carmel, il avait adopté le nom de Philippe en souvenir de leur illustre compatriote *Philippe* de la Sainte-Trinité, général de leur ordre, décédé depuis peu d'années. (Voir au mot *Jullien*.)

Joseph de Joannis, docteur en médecine, époux de G.-B. Rua, eut plusieurs enfants.

1° *Marie-Rose Emmélie*, mariée (9 mai 1769) à Jean-Joseph Marchand.

2° *Marie-Léontine*, mariée (27 août 1782) à Jean-François-Gaspard de Saint-Bonnet, docteur ès-droits et avocat au parlement d'Aix, juge héréditaire de Lambesc.

3° *Geneviève-Thérèse-Adélaïde*, mariée (en 1778) à Jean-Victor-Alphonse de Merle.

4° Enfin, *François*, propriétaire, né à Malaucène, le 25 juillet 1784, marié le 27 août 1622 à Thérèse Joannis. Il fut juge de paix et maire de son pays natal, et mourut sans postérité, le 8 septembre 1838, instituant pour son légataire universel son neveu Antoine-Balthazar-Guillaume de Saint-Bonnet, inspecteur de l'enregistrement et des domaines.

ARMES : *D'azur, à trois étoiles d'or surmontées d'un cœur de même.*

(Archives municipales, *passim*. — Archives domestiques de M. Chastel Saint-Bonnet et de la famille Saurel.)

JUGES DE PAIX

Depuis l'institution de ces magistrats (23 ventôse an III) jusqu'à ce jour (1er juillet 1883)

NOMS DES JUGES DE PAIX	DURÉE DE LEUR MANDAT	
1 Amondieu (Jean-Jacques)...	Depuis l'an III jusqu'à l'an IV	
2 Rolland (Paul-Antoine).	— IV	— V
3 Brémond (Charles-Victor)...	— V	— VI
4 Joannis (François)...	— VI	— VII
5 Bergier (Antoine-Edouard)...	— VII	— X
6 Aubéry (Joseph-Etienne-Augustin-Sébastien)	— X	— 1824
7 Anselme (Joseph-Toussaint)...	— 1824	— 1825
8 Aubéry (Etienne-Jean-François-Casimir)	— 1825	— 1829

NOMS DES JUGES DE PAIX	DURÉE DE LEUR MANDAT	
9 Anselme (Pierre-Martin)	depuis 1829	jusqu'à 1831
10 Brémond (Charles-Guillaume-Hilarion)	— 1831	— 1833
11 Souchon (Denis-Antoine-Marie)	— 1833	— 1845
12 Chastel (Joseph-Marie-Casimir)	— 1845	— 1864
13 Gautier (Léon)	— 1864	— 1865
14 Ripert (Jules)	— 1865	— 1877
15 Merle (Alphonse de)	— 1877	— 1878
16 Arnoux (Henri)	— 1878	(*en exercice*)

JULLIEN.

Esprit Jullien, Supérieur général des Carmes déchaussés, naquit à Malaucène le 28 juillet 1603 (1) d'une famille établie depuis longtemps dans ce pays et qui subsiste encore de nos jours.

Il passa une partie de son enfance chez un ami de son père, Paul de Fortia, gouverneur des Iles et du Château-d'If. Il eut pour compagnon de jeux et d'études le chevalier Paul qui parvint aux plus grands honneurs de la marine française sous Louis XIV.

A peine âgé de dix-sept ans, il entra chez les Carmes de Lyon et reçut à sa prise d'habit le nom de *Philippe de la Sainte-Trinité*.

De Lyon, il fut envoyé à Paris et à Rome. Il passa dans la capitale du monde catholique trois années pendant lesquelles il habita le séminaire des missions étrangères de son ordre.

Il partit ensuite pour Ispahan et Bassora, où il apprit le persan et l'arabe. Il professait la théologie à Goa lorsqu'il fut élu prieur du couvent de cette ville.

En 1639, le P. Philippe se rendit à Rome, porteur des actes du martyre de deux de ses religieux auxquels il avait lui-même donné l'habit. Peu après, il reprit le chemin de l'Orient, parcourut les trois Arabies, la Syrie, la Mésopotamie, la Chaldée, l'Arménie, une partie de la Médie et la montagne du Carmel, revint en France et gouverna successivement plusieurs maisons de la province de Lyon.

Elu supérieur général de son ordre (1665) et confirmé pour une nouvelle période de trois ans (1668), il visita tous les couvents

(1) « Fuit baptisatus, die 28ᵉ julii 1693, Spiritus *Julliani*, filius Johannis « Julliani et Mariæ Bardonnæ. Patrinus Anthonius de la Font, Matrina Bap-« tistina de la Pierre. » — (Archives municipales. Registres de la paroisse antérieurs à 1792.)

d'Europe soumis à sa juridiction, laissant partout des traces de sa rare piété et de son profond savoir. Usé de travaux, ce religieux, dont le zèle égalait, dit-on, celui des apôtres, mourut à Naples, le 28 février 1671.

On a de lui : 1° *Summa philosophiæ*, ouvrage dans lequel il a suivi la même méthode que saint Thomas dans sa Somme de Théologie. Lyon, 1648, in-f°; traduit en français, Paris, Petit, 1675. — 2° *Itinerarium orientale*, Lyon, 1649, in-8°; traduit en français par J.-A. Rampalle, Lyon, 1659 et 1669, in-8°. — 3° *Summa Theologiæ*, Lyon, 1653, 5 volumes in-f°. — 4° *Summa Theologiæ mysticæ*, 1656, in-f°. — 5° *Chronologia ab initio mundi*, 1663, in-8°. — 6° *Decor Carmeli* : c'est l'histoire des hommes illustres de son ordre ; 1665, in-f°. — Enfin plusieurs autres ouvrages, tous écrits avec beaucoup de clarté et d'érudition.

(Archives municipales. — L'abbé DANIEL, *Le Chevalier Paul*, Marseille, Chauffard, 1883, page 2, brochure in-8ᵉ de 16 pages. — ACHARD, *Histoire des hommes illustres de la Provence*. — BARJAVEL, *Bio-bibliogr. Vauclusienne*.)

LEMOYNE.

Cyprien-Sainte-Foy-Firmin-Antide-Emilien Lemoyne, docteur en médecine, naquit à Mirabel (Drôme) le 17 septembre 1808. Il fit ses études médicales à la Faculté de Montpellier et soutint sa thèse en 1831. Elle avait pour titre : « *Dissertation sur les tempéramens* » et fut remarquée non point seulement au point de vue doctrinal, mais encore pour les formes littéraires que l'auteur avait su lui donner.

Sans ambition, il eût volontiers fixé sa résidence dans son pays natal ; mais un de ses frères y exerçant déjà la médecine, la pensée lui vint de s'établir dans une petite ville voisine. Son choix se porta sur Malaucène. Il y transporta sa résidence dès 1832 et s'y maria, le 12 juin 1839, avec Mᵐᵉ Marie-Louise-Sophie-Olympe de Merle.

Doué d'une intelligence rare et d'une activité prodigieuse, il avait du temps pour tout. La visite à domicile des malades, la propagation de la vaccine, les consultations dans son cabinet, l'étude professionnelle, les soins donnés à ses propriétés rurales, la lecture des grands maîtres de la littérature, la culture des fleurs même, etc., rien n'était oublié ; chaque chose se faisait en son temps.

C'est ainsi qu'il avait su trouver des loisirs pour nous aider dans la rédaction de notre *Histoire de Malaucène;* nous fournissant, sur la fin de ses jours, le long mémoire dont nous avons fait mention dans notre *Avant-Propos.*

Le docteur Sainte-Foy Lemoyne était l'ami des pauvres pour lesquels son dévouement était sans bornes. Il puisait ces généreux sentiments dans la foi catholique dont il était chaud partisan et zélé défenseur. Malaucène a eu la douleur de le perdre le 19 avril 1882.

(Article nécrologique, signé des initiales de M. MARIUS SOUCHON, dans *le Comtat*, journal de Carpentras, N° du 23 avril 1882.)

LOPEZ OU LOPIS (DE).

Garcias de Lopez de Villanova quitta l'Espagne, sa patrie, vers 1440 et s'établit avec toute sa famille dans l'Etat Venaissin, où son nom ne tarda pas à prendre une désinence italienne et à devenir Lopis au lieu de Lopez.

Jean de Lopis, un de ses petits-fils, reçut, par provision du 19 septembre 1533, le titre de vice-recteur du Comtat et se maria, l'année suivante, avec Françoise de La Salle. Celle-ci fit, le 9 novembre 1560, l'acquisition de la seigneurie de La Fare.

Jérôme de Lopis de La Salle, seigneur de *La Fare*, fils du précédent, marié à Malaucène, en 1581, avec Isabelle de Guiramand, fille du seigneur d'Entrechaux, fut capitaine d'une compagnie d'infanterie, sous le connétable de Montmorency, par commission du 7 septembre 1588.

Hector de Lopis, un de ses fils, entra chez les religieux Minimes d'Avignon, sous le nom de *François*. Il fit ses études théologiques à l'Université de Salamanque et se rendit célèbre par ses prédications. Nommé provincial de son ordre et destiné au généralat, il fut appelé au siège épiscopal de Riez, par Louis XIII, en 1625, à la demande du cardinal Bentivoglio qui s'était démis de cet évêché. Les prélats de la province d'Aix le députèrent (1628) à l'Assemblée du clergé de France, tenue à Fontenay-le-Comte, où son éloquence lui mérita les applaudissements et les grâces du roi qui s'y trouvait avec sa cour, à l'occasion du siège de La Rochelle. Cet homme de talent mourut à Estival (diocèse du Mans), le 28 septembre de la même année, à l'âge de 45 ans.

Louis, frère du précédent et fils de Jérôme, rendit de grands services à la France. Il reçut de Louis XIII[1], comme récompense nationale, plusieurs pièces de canon. Ces instruments de guerre passèrent dans la famille d'Astier, par le mariage de *Gaspard de Lopis de La Fare* avec Elisabeth d'Astier (21 novembre 1706), et par héritage dans la famille d'Hugues. Cédés à la ville de Malaucène par le chevalier Pierre d'Hugues, ils furent pris par les Avignonais à la bataille de Sarrians (1791).

Armes : *De gueules, à un château à deux tours d'argent, rondes et crénelées, et au loup de sable passant et appuyé au pied du château.*

(D'Hosier, *Armorial général de la France*, 1er registre, page 345. — Sainte-Marthe, *Gallia Christiana*.— Pithon-Curt, II, pages 45 et 210. — Cottier, *Notes historiques*, etc., page 185. — Achard, *Dict. des hommes illustres de la Provence*.— Barjavel, *Dict. bio-bibliogr.*)

LUYNES ou LOYNI.

Les biographes et les généalogistes de la Provence et du Comtat donnent les de Luynes comme venus de Florence en 1415. Cette famille, qui possédait plusieurs seigneuries (Voir au mot d'*Albert*), nous paraît beaucoup plus ancienne dans nos pays.

Plusieurs de ses membres figurent en effet dans le polyptique des comtes de Toulouse dressé en 1235 (1).

Girard Loyni sert de témoin à l'acte de délimitation des territoires de Malaucène et de Bédoin (2).

Hugues Loyni, damoiseau, clavaire pour le Saint-Siège, assiste au prononcé de la sentence, rendue dans sa propre maison (1359) à Malaucène, par le recteur Guillaume de Roffillac au sujet des montagnes de Malaucène et de Beaumont (3). Il meurt à un âge très avancé (1416), ne laissant qu'une seule fille, nommée *Siffrède*, mariée à Giraud *de Vallosis*, habitant de Malaucène et dont il est plusieurs fois question dans les minutes du notaire Girard Bermond.

Nous mentionnerons seulement deux de ces actes, dans lesquels Siffrède agit avec l'autorisation et l'assistance de son mari.

Par le premier de ces contrats, Siffrède donne en accapit perpétuel à Bertrand, Hugues et Pierre Arnulphi, frères, habitants de Bédoin, divers immeubles situés sur le territoire de cette commune (4).

Par le second elle transige avec la famille de Rémusat à propos de différentes sommes d'argent dues par les Rémusat au père de Siffrède, en sa qualité de fermier des revenus pontificaux, notam-

---

(1) *Pièces justificatives*, N° II.
(2) *Pièces justificatives*, N° V.
(3) *Pièces justificatives*, N°s XVII et XVIII.
(4) L'acte porte la date du 15 janvier 1415. La fille de Luynes y est qualifiée comme il suit : « Honesta ac discreta Syffreda, filia et heres nobilis Hugonis
« Loyni alias Hupeti quondam, uxorque domini Giraudi de Vallosis, jurispe-
« riti, ibidem presentis, etc. » (Minutes du notaire G. Bermond.)

ment pour des amendes infligées du temps que Martin de Liroti gouvernait le château et la ville de Malaucène (1).

Dans la suite, nous ne rencontrons plus qu'un seul (2) de Luynes, parent sans doute d'Hugues, c'est *Guillaume de Luynes (nobilis Guillelmus Loyni)* désigné comme syndic de la noblesse (1434) et remplissant les fonctions de lieutenant du Viguier (de 1446 à 1450).

(Archives municipales, *passim.*)

MAIRES ET ADJOINTS

MAIRES	DATES des nominations.	ADJOINTS
Bonnéty,...............	11 juillet 1790	
Guintrandy (Jean-Félix)..	29 décemb. 1791	
Bergier (Edouard).......	13 juin 1792	
Barnoin (Joseph)........	1793	
Guintrandy (Jean-Félix).	16 nov. 1794 / 26 brum. an II	
Cornet (Alexis)..........	29 décemb. 1794 / 9 nivôse an III	
Brémond (Charles), président de la Commission municipale..........	16 octobre 1795 / 26 vend. an IV	
Joannis (François).......	17 février 1796 / 28 pluv. an IV	
Brémond (Charles)......	13 mars 1797 / 23 vent. an VI	
Joannis (François).......	Juin 1880, an VIII	Guintrandy (Pierre).
Brémond (Joseph).......	1804 et 1805 / an VIII	Amondieu (Jean-Jacq.). / Brusset (Félix-Hilarion).
Le même	1er janvier 1808	Brusset (Félix-Hilarion). / Bonfils (Charles).
Ginoux (François-Gabriel)	1er janvier 1813	Ripert (Ant.-Gédéon-A.) / Bonet (Alphonse).
Amondieu (Jean-Jacques)	1814	*Les mêmes.*
Brémond (Charles-Victor)	3 juin 1816	Ripert (Ant.-Gédéon-A.). / Brusset (Félix).
Anselme (Jos.-Toussaint).	1821	*Les mêmes.*
Le même...............	1823	Brusset (Félix). / Chastel (Joseph-Marie-C.).

(1) *Pièces justificatives*, N° XXII bis.
(2) Tome I, page 237.

MAIRES	DATES des nominations		ADJOINTS
Aubéry (Jean-Fr.-Casim.)	14 nov.	1824	Les mêmes.
Anselme (Pierre-Martin).		1826	Blanc (Antoine). Souchon (Denis-Ant.-M.).
Aubéry (Jean-Fr.-Casim.)	15 août	1828	Souchon (Denis-Ant.-M.). Monrosier (Jean-Baptiste).
Barnoin (Joseph-Albert)..	2 sept.	1830	....
Le même............	14 sept.	1830	Amondieu (Casimir). Blanc (Jean-Bernard).
Le même............	26 février	1831	Chastel (Jean-Arnould). Fabre (Michel).
Brémond (Charles-Vict.).	31 juin	1832	Chastel (Jos.-Marie-Cas.). Blanc (Jean-Bernard).
Le même............		1832	Chastel (Jos.-Marie Cas.). Monrosier (Jean-Baptiste).
Merle (Xavier de)........	22 mars	1835	Ripert (Auguste-Gédéon). Siaud (Jean-Joseph).
Le même............	1er nov.	1837	Barnoin (Joseph-Marie). Fabre (Michel).
Chastel (Jos.-Marie-Cas.).	23 nov.	1843	Bergier (Louis-Ch.-Dom.). Brémond (Jean-Godefroy).
Guiméty (Jos.-André-Fr.)	24 sept.	1846	Les mêmes.
Le même............		1847	Brémond (Jean-Godefroy). Brusset (Félix) fils.
Merle (Alphonse de).....	6 mai	1848	Milan (Alexis). Bègue (Etienne).
Le même............	23 janvier	1850	Vinon (André). Arnaud (Casimir).
André (Jean-Jacques)....	22 janvier	1851	....
Anselme (Léonard)......	22 janvier	1852	Charrasse (Casimir). Barnoin (Joseph-Marie).
Merle (Alphonse de).....		1860	Brémond (Jean-Godefroy). Cornillac (Jos.-Jacques).
Le même............		1865	Brémond (Jean-Godefroy). Blanchard (Jean-Franç.).
Geoffroy (Ferdinand)....	29 août	1770	Charrasse (Casimir). Gaudibert (Joseph)
Chastel St-Bonnet (Arn.)	28 février	1874	Barbeirassy (Jules). Blanc (Léopold).
Ripert (Jean-François)...	19 décemb.	1876	Gaudibert (Joseph). Bègue (François-Théop.).

MAIRES	DATES des nominations	ADJOINTS
Chastel St-Bonnet (Arn.)	5 sept. 1877	Barbeirassy (Jules). Beinet (Auguste).
Ripert (Jean-François)...	28 décemb. 1877	Gaudibert (Joseph). Bègue (François-Théop.).
Le même.............	6 janvier 1878	Les mêmes.
Le même.............	27 avril 1880	Bègue (François-Théop.). Baussan (Félix-Valentin).
Le même..	9 janvier 1881	Bègue (François-Théop.). Bouteille (Fortuné).
Bègue (François-Théop.).	30 avril 1882	Bouteille (Fortuné). Estève (Adrien-Pierre).

Marchand ou Marchant

La famille Marchand était originaire de Camaret. Deux frères, *André*, cardeur en laines et *Jean*, tanneur, s'établirent, en 1683, à Malaucène, où un de leurs descendants exerça la profession de notaire. Les Marchand sont actuellement représentés par la maison Chouvion, de Malaucène.

Martin

M. l'abbé *Auguste* Martin, curé de Lacoste, naquit à Entrechaux le 6 décembre 1835. Dès l'année suivante, il fut transporté à Malaucène, pays natal de sa mère, ses parents ayant fixé leur domicile dans cette ville. Il fit ses études à Sainte-Garde et au grand Séminaire d'Avignon. Ordonné prêtre le 18 juin 1859, pendant qu'il était professeur au petit Séminaire d'Avignon, il fut successivement vicaire à La Palud, Caderousse et l'Isle. Depuis le 21 avril 1882, il est curé de Lacoste, près de Bonnieux.

Martinel (de)

Les de Martinel, originaires de Carpentras, s'établirent à Malaucène dans le XIV° siècle et s'allièrent aux premières familles du pays.

Jacques Martinelli, syndic de la noblesse en 1500, fut désigné par ses concitoyens pour travailler aux statuts municipaux.

Cette maison, jadis très-importante, se divisa en plusieurs branches et disparut peu à peu vers la fin du siècle dernier. Après *Jean Martinel*, porté sur la *Liste supplétive* des émigrés du 9 ventôse an II, il n'est plus question de cette famille. Elle a donné à Malaucène un nombre très-considérable de syndics et de consuls, surtout pendant le XVI° siècle, un curé et plusieurs prêtres agrégés. Le Marché aux Herbes portait autrefois le nom de *Place des Martinels (1)*.

Armes : *D'azur, au demi-vol d'argent et au chef d'or chargé d'un croissant de sable, accosté de deux étoiles de même.*

(Archives municipales, *passim* et archives du département de Vaucluse. Chartier de Malaucène.)

Maulsang ou Maussan (de).

La famille de *Maulsang* ou *Maussan* (Malisanguinis), qu'on dit originaire de Loriol, près de Carpentras, était connue à Pernes dès le XIe siècle (2).

Deux de ses membres interviennent dans notre histoire.

1° *Rostaing*, chevalier de la suite du comte de Toulouse, assiste dans le château de Malaucène à l'ouverture du testament d'Ermessinde de Melgueil, épouse de Raymond VI (3).

2° *Raymond*, chevalier *(Miles)* natif et habitant de Pernes, est présent à différents actes publics et d'une importance majeure pour la commune. D'abord il se trouve en qualité de témoin à la restitution de la ville et de son territoire faite, en 1274, par les représentants de Philippe-le-Hardi, roi de France, aux fondés de pouvoir du pape Grégoire X (4). Ensuite, en sa qualité de délimitateur du Comtat, il intervient, en 1279, dans l'acte séparatif des territoires de Malaucène et de Crillon (5). Enfin, il agit, en 1281, comme délégué du Saint-Siège avec le titre de Vicaire-Général (*Vicarius Generalis pro Domino Papa*), dans la sen-

---

(1) Les descendants de cette famille habitent actuellement le bourg de Visan (Vaucluse) : c'est à cette branche qu'il faut rattacher les Martinels de Saint-Estève qui ont donné à la ville de Grignan (Drôme) un curé du plus grand mérite. (Voir : *Essai historique sur les Adhémar et sur Madame de Sévigné*, par l'abbé Nadal, pages 222 et suivantes. Valence, Marc-Aurel, 1858).

Il existe une autre branche de Martinel, qui sont originaires du Dauphiné tout comme ceux de Malaucène et de Carpentras, et dont l'unique représentant serait M. de Martinel, chevalier de la légion-d'honneur, résidant à la Motte-Servole (Haute-Savoie). On peut, à ce sujet, consulter : Charles Poplimont, *La France Héraldique*, tome VI, page 68, Paris, Jules Boyer, 1874, et N. Chorier, *l'Estat politique du Dauphiné*, III, 357 et IV, 264.

(2) Pithon Curt, I, 29. — Giberti, *Hist*. manuscrite *de la Ville de Pernes*, I, 4 et 10. — Barjavel. Bio-Bibl., v° *Malsang*.

(3) Tome I, page 79.

(4) *Pièces justificatives*, N° VI.

(5) Tome I, page 5, en corrigeant la faute d'impression par laquelle on nous a fait dire *Reynard*, au lieu de *Raymond*.

tence arbitrale rendue par Guillaume de Villaret, prieur de Saint-Gilles, au sujet des pâturages de Malaucène et de Beaumont et des procès survenus entre les habitants de ces deux pays limitrophes (1).

ARMES : *De gueules, treillissé d'argent, les claires-voies semées de croissants renversés de même.*

(Archives municipales).

MEDICI OU MEDICIS (DE).

Quelques membres de cette famille habitèrent Malaucène dès le XIII° siècle.

Albert Medici, frère utérin de Guillaume du Puy, possédait déjà Mérindol et quelques autres fiefs lorsqu'il obtint de Raymond de Mévouillon la cession de sa part de seigneurie de la terre de Mollans (1293).

Suivant la remarque de M. l'abbé Vincent, les Médicis du moyen-âge préparaient la voie aux Médicis de la renaissance.

(Archives municipales. Charte du 18° jour des calendes d'octobre 1270. — A. VINCENT, *Notice historique sur Mollans*, page 11. — D' BARJAVEL, *Bio-bibliogr. Vauclusienne.* — P. BOYER, *Histoire de l'Eglise de Vaison* Livre I, page 139).

MERLE (DE).

Cette maison, d'après M. Charles Poplimont, descend des de Merles de Rébé et des de Merles de Beauchamp.

Le comte de Blégier-Pierregrosse, natif de Vaison et ancien bibliothécaire du Musée Calvet, affirme dans ses *Mémoires* que *Pierre Merle*, notaire à Séguret, après s'être marié avec Marie-Anne Guinier, de Malaucène (21 octobre 1713), obtint du Saint-Siège un bref de noblesse pour lui et ses descendants.

De Merle (Joseph-Alphonse) fils du précédent, écuyer, co-seigneur de Vénasque et Saint-Didier, docteur ès-droits, fut reçu habitant de Malaucène et, à deux reprises, nommé viguier (1764 et 1777). Il laissa trois fils :

1° *Jean-Victor-Alphonse* qui suit.

2° *Pierre-Paul-Guillaume*, prêtre-agrégé, décédé à Malaucène vers 1821.

3° *Pierre-Paul-Joseph*, né à Séguret, le 14 janvier 1741. Il servit comme mousquetaire sous Louis XV et fut garde du corps de Louis XVI, chevalier de Saint-Louis, premier consul (1782),

(1) *Pièces justificatives*, N° IX.

viguier de Malaucène (1789) et lieutenant des maréchaux de France. Il émigra et fut porté sur la liste des suspects comme étant fuyard, noble et frère d'émigré et lié d'amitié avec les familles Aubéry, d'Hugues et Bonnéty. Il mourut en 1829, sans postérité, laissant sa fortune à son neveu *Joseph-Louis-François-Xavier de Merle*.

Jean-Victor-Alphonse, né à Séguret, le 22 juin 1754, marié à Geneviève-Thérèse Adélaïde de Joannis, de Malaucène, où il décéda, fut premier consul en 1789.

Son fils *Joseph-Louis-François-Xavier*, maire en 1835, se maria, à Avignon, avec Elisabeth-Sophie Croze.

Trois enfants naquirent de cette union :

I. — *Paul-François-Xavier-Marie-Alphonse*, né à Avignon le 14 août 1818, marié à Malaucène, le 22 juin 1844, à Léonie Brémond, chevalier de la légion-d'honneur, ancien conseiller général et juge de paix de son canton, deux fois maire, a publié :

1° *Traité de Chasse au Filet pour le département de Vaucluse et les pays circonvoisins*, orné de plusieurs tableaux et suivi de diverses poésies. Carpentras, Proyet, 1852, petit in-8°, 143 pages.

2° *La Chasse au Chien d'Arrêt et au Chien Courant, dans le Midi de la France*, suivi du *Chasseur au Groseau* (poésie). Carpentras, Grivot-Proyet, 1859, in-12, 216 pages.

3° *Fantaisie historique sur Pétrarque et Laure*. Avignon, Seguin, 1874, in-12, 12 pages.

4° *Les Bergers à l'étable de Bethléem* (noël). Tournon, Parnin, 1876, in-8°, 4 pages.

5° *La Première Communion* (poésie). Tournon, Parnin, 1875, in-8°, 8 pages.

6° *Pensées politiques et religieuses*, suivies de deux poésies sur les pèlerinages à *N.-D. de Lourdes et du Groseau*. Avignon, Seguin, 1873, in-12, 113 pages.

II. — *Marie-Louise-Sophie*, née le 13 mai 1820, épousa le Docteur Sainte-Foi Lemoyne. (Voir au mot *Lemoyne*).

III. — *Paul-Marie-Théophile*, né le 13 juin 1823, marié en 1846 à Louise Roman. Il est décédé dans la commune de Grambois, pays de sa femme, où il avait fixé son domicile. Il laisse un fils unique qui habite Marseille.

Armes : *D'azur, au pal d'argent, chargé de trois merles de sable, becqués et membrés d'or.*

(Archives municipales de Séguret et de Malaucène. — Ch. Poplimont *La France héraldique*, Tome VI, page 117. Paris, J. Boyer, 1874. — Ch.

Laurent : *Archives biographiques et nécrologiques.* 35° volume, page 71. Paris, 1860. — Titres et documents domestiques de la famille de Merle de Malaucène. — Pithon Curt, II, 249.

Merles (de).

Hyacinthe de Merles, fils d'un juge de Valréas, qui descendait d'une maison sans relation aucune de parenté avec les de Merle-Guinier dont nous venons de parler, naquit à Valréas. Il devint curé de Malaucène par suite de la résignation faite en sa faveur par Jean Chaix d'Avignon (1732) auquel il payait une pension annuelle et viagère de trente écus. Après avoir longtemps desservi la paroisse Saint-Michel, il la résigna lui aussi, en la confiant à Bourre-Despréaux, son compatriote, que nous pensons avoir été son neveu. Retiré dans son pays natal, il y finit ses jours (21 avril 1770).

Il ne faudrait pas le confondre avec son frère, curé de Valréas et official de Vaison.

Mévouillon (de)

Les seigneurs de *Mévouillon (Medullio* ou *Medulho)*, désignés sous le nom générique de *Raymond*, nés de la féodalité, se hâtèrent de consolider leur indépendance usurpée sur la faiblesse et l'incapacité des derniers carlovingiens et se fortifièrent sur les crêtes de la rive droite de l'Ouvèze, presque en face des montagnes de Malaucène. Leur donjon, bâti sur une plate-forme, ne tarda pas à être environné de tenanciers et fut connu dans le pays sous le nom de *Castrum de Mollanis* (Mollans).

Longtemps les barons de Mévouillon et de Montauban, seigneurs de Mollans, ne relevèrent que de Dieu et de leur épée, étendant leur juridiction jusqu'à Mérindol d'un côté et de l'autre jusqu'à Plaisians (1).

Grands seigneurs dans leurs domaines, simples particuliers dans la petite ville de Malaucène qu'ils habitèrent pendant longtemps, à cause sans doute de leurs relations de famille, ils jouissaient des droits de cité dont ils remplissaient les obligations.

Ainsi, nous voyons un *Raymond de Mévouillon*, syndic de Malaucène, prêter serment entre les mains des fondés de pouvoirs du comte de Toulouse (2) pour la confection du registre sur lequel

(1) « Cette famille tenait un rang de souverain dans les baronnies et ne « reconnaissait que l'empereur, suivant le pouvoir que lui en avait cédé « Frédéric 1er dit Barberousse, par bulle du 7 août 1178. » (Guy Allard, *Dictionnaire du Dauphiné*, Tome II, page 132).

(2) Voir *Pièces justificatives*, N° II.

furent inscrits les propriétés, feudes, hommages et revenus auxquels ce souverain avait droit à Malaucène et dans son territoire (1253).

Ce même Raymond, qui agissait au nom des habitants comme citoyen de la ville, était exposé à leurs attaques en tant que seigneur souverain d'une localité voisine.

Le 18 des calendes d'octobre 1270, dans un parlement général tenu pour la nomination de quatre syndics, on s'explique bien et l'on spécifie que ces délégués ne devront point s'arrêter dans l'exécution de leur mandat par la considération de la dignité dont pourront être revêtues les personnes contre lesquelles il faudra se prononcer. Lors même qu'il s'agirait du révérend Evêque de Vaison, du seigneur Raymond de Mévouillon et du seigneur ou de la dame de Caromb ; mais ce qui est encore plus curieux c'est que le seigneur de Mévouillon est inscrit un des premiers sur la liste des habitants qui ont pris part à cette grande délibération ; il la signe même comme témoin avec Bertrand de Plaisians, Tacite de Plaisians et quelques autres (1).

Rostang, autre membre de la même famille, dont le nom a été orthographié à l'italienne *(Meduglio)* par le secrétaire de la Cour romaine, et qui exerçait à Malaucène la profession de notaire, fut le premier des trois notaires du pays à prêter serment de fidélité au pape Grégoire X, lors de la restitution de la terre de Malaucène faite au Saint-Siège par le roi de France Philippe-le-Hardi, en 1274 (2).

Dans la suite Raymond de Mévouillon devint co-seigneur de Brantes, par cession de Bertrand de Baux, comte d'Avellin (1284).

Avec un autre membre de sa famille, *A. de Mévouillon*, il parut comme témoin dans la longue enquête relative à la franchise de péage du Col d'Aulon et sa déposition se trouva être favorable aux intérêts de la communauté de Malaucène (3).

Raymond ne sut pas conserver le rang et la puissance qu'il tenait de ses aïeux, et se vit dans la dure nécessité de reconnaître le Dauphin Jean pour suzerain (1293), d'engager sa terre de Mollans à Bertrand de Baux, son créancier, de faire un emprunt considérable à Albert de Médici et de passer avec ce dernier un contrat qui était le résultat et la preuve de l'amoindrissement de sa maison.

(1) *Pièces justificatives*, N° IV.
(2) *Pièces justificatives*, N° VI.
(3) *Pièces justificatives*, N° X.

Les Mévouillon cédèrent enfin leurs baronnies au fils du roi de France, Dauphin Charles, qui prit le titre de baron de Mévouillon (1349).

Armes : *D'hermine, chapée de gueules*.

(Archives municipales, *passim*. — A Vincent, *Notice historique sur Mollans*, page 6. — P. Boyer, *Histoire de l'Eglise de Vaison*, Livre I, page 138 et suivantes. — C.-F. Achard, *Histoire des hommes illustres de la Provence*, 1re partie, page 513. — Pithon Curt, Tome IV, page 44. — Dr L. Barthélemy, *Inventaire chronolog. et analyt. des chartes de la maison de Baux*, nos 638, 1016 et 1306. — Guy Allard, Chorier).

Michel.

La famille Michel est originaire de Roquemaure (Gard), où elle s'est perpétuée.

Elle fut anoblie par le roi de France Charles IX, en récompense du dévouement et du courage dont elle fit preuve en ouvrant les portes de la ville à son roi légitime. Il existe encore dans le territoire de Roquemaure une tour appelée *la Michelle*, bâtie par un des membres de cette famille, et sur laquelle (au-dessus de la porte) sont gravées les armes des Michel avec la date de 1609.

Un descendant de cette maison s'établit à Carpentras au milieu du XVIIIe siècle et un des petits-fils de celui-ci fixa sa demeure à Malaucène.

Jean-Baptiste-Casimir Michel, prêtre, est né à Malaucène, de Louis-Antoine-Michel et de Pierrette-Praxède Montrosier. Il fit ses études au petit et au grand séminaires d'Avignon. Aussitôt après son élévation au sacerdoce, il fut envoyé à Sérignan comme vicaire (17 mars 1850), puis nommé curé de Mérindol (16 juin 1851), de Ménerbes (18 mars 1856), d'Entraigues (16 mars 1861), de Sérignan (16 mai 1867) et de Sarrians (29 juin 1877).

Armes : *D'azur, à trois anneaux d'or, au chef de gueules chargé d'une croix d'or entre deux étoiles d'argent*.

(Documents fournis par M. Félix Brussett.)

Miraillet.

Roulet Miraillet, dont nous avons parlé à différentes reprises (1), après avoir quitté le service du comte de Savoie

---

(1) Tome Ier, page 231.

Amédée VIII, habita et administra lui-même son *Hôtellerie de l'Ecu de France*, située dans la Grand'Rue (1).

Nommé syndic en 1413, il intervint au nom de ses concitoyens dans la transaction passée au château de Malaucène, entre les représentants du Saint-Siège et les hoirs du seigneur Bernardon de Serres, au sujet de l'inféodation de la ville et de son territoire.

Il devint ensuite fermier des revenus pontificaux (*Arrendator rerum papalium, Arrendator de trezeno*), et procureur de la Communauté.

Les minutes des notaires de la localité, pendant trente-sept ans environ, à partir de 1408, renferment une multitude d'actes dans lesquels Miraillet agissait tant au nom de ses commettants qu'au sien propre, car il était fort riche.

Le *Livre-Terrier* consacre dix pages et soixante-onze articles à l'énumération de ses propriétés. Le dernier alinéa, de date postérieure, fait mention d'un testament par lequel Miraillet avait légué les sommes nécessaires à la fondation d'une chapellenie dans l'église paroissiale, à l'autel et en l'honneur de sainte Marie-Magdeleine. Ses héritiers devaient à perpétuité fournir, toutes les années, cinq florins, cinq émines d'huile et trois salmées d'annone et, de plus, verser entre les mains des ouvriers ou marguilliers de l'église, une fois seulement, la somme de 25 florins pour l'achat d'une lampe.

(*Pièces justificatives*, N°⁸ XXI, XXII et XXXV. — Archives municipales : *Liber Regiminis*, « Die dominica, 23ᵉ octobris (1446), — et *Livre-Terrier*, Vᵒ Rouletus Miralheti.)

Mostéry.

Depuis la fin du XVᵉ siècle jusque vers le milieu du XVIIᵉ, cette famille a fourni beaucoup de notaires, de syndics et de consuls.

Bertrand fut l'un des rédacteurs des statuts municipaux de 1500.

Gabriel, par son dévouement aux intérêts de la Communauté, conduisit à bonne fin la grande affaire de la transaction de 1575, ayant pour but l'affranchissement de la ville et de son territoire (2).

Nègre.

Cette famille nous paraît avoir pris naissance dans le pays même.

---

(1) « Rouletus Miralheti possidet quoddam hospicium in quo habitat ubi « faciunt hostellaria *ad signum Scuti Franciæ*, in carreria recta. » (*Livre-« Terrier.*) »

(2) Tome Iᵉʳ, pages 200 et suivantes.

En 1270, *Rican Nigri* fut témoin à l'acte de délimitation des territoires de Malaucène et de Bédoin.

Guillaume Niger figure également dans les actes publics de la même année avec Barbanegra qui nous semble appartenir à une autre famille. Guillaume Nigri testa le 7 mai 1415 (1).

Bertrand Nigri est désigné par le *Livre-Terrier* de 1433 comme étant un des plus riches propriétaires de la localité, ayant une boutique pour la vente de la viande, dans la rue de la Boucherie (*in carreria Macelli*). C'est dire qu'il exerçait la profession de boucher, profession que les règlements de la petite république ne laissaient point à la portée du premier venu (2).

Peu après les guerres de religion, la maison Nigri disparut de Malaucène.

(Archives municipales.)

Nous savons par le registre ouvert en 1768, sur l'ordre du Conseil, pour y inscrire les nouveaux habitants, que deux frères, originaires de Provence, *Paul* et *André Nègre*, furent admis, le 5 mai 1780, à jouir des droits de cité. Ces deux étrangers descendaient-ils de l'antique famille Nigri ? Nous ne savons. Dans tous les cas, ils avaient perdu les franchises municipales. Après un séjour de moins d'un siècle à Malaucène, cette seconde famille Nègre s'est éteinte comme la première. Elle a fourni :

Joseph-Théodore Nègre, curé de Mondragon, naquit à Malaucène, le 16 juin 1817, et fit ses études dans les deux séminaires d'Avignon. Aussitôt après son ordination, il fut envoyé vicaire à Mormoiron et ensuite curé à Lafare, au Crestet, à Violès et enfin à Mondragon. Il était dans cette dernière paroisse depuis cinq ou six ans, s'y livrant à toutes les ardeurs de son zèle, lorsque, atteint de douleurs rhumatismales et devenu incapable de remplir par lui-même les devoirs de la charge pastorale, il appela dans sa paroisse un religieux récollet de la maison d'Avignon et se rendit dans cette ville, chez sa sœur, pour y suivre un traitement. C'est là que la mort vint le frapper, mais non le surprendre. Le curé Nègre avait 45 ans.

(*Revue des Bibliothèques paroissiales d'Avignon*, N° du 28 février 1862, page 74.)

(1) Nous mentionnerons deux articles de ce testament : « *Item* lego XL
« missas dicendas et celebrandas in presenti ecclesia quatuor annis proxime
« futuris post obitum meum, videlicet X quolibet anno, dando cuilibet cele-
« branti XII denarios.

« *Item* lego Jacobo Nigri, nepoti meo, unam bruscam cum apibus, in
« vinea scita in Clarerio ».

(2) Tome Ier, page 401 et suivantes.

Notaires (1).

1. — Etude Ferrat.

NOMS DES NOTAIRES	ANNÉES DE LEUR EXERCICE				Nombre de protocoles
Castelli (Théoffre)....	Du 1er mai	1477	au 16 mai	1524	26
Rabasse (Matthieu)...	» 26 juillet	1504	» 15 mai	1552	14
Chalandi (Nicolas)...	» 29 décembre	1530	» 18 décembre	1563	33
Guitrandy (Jean)....	» 10 août	1545	» 18 novembre	1608	33
Gaudibert (Guillaume)	» 6 février	1552	» 18 décembre	1590	22
Gaudibert (Théoffre).	» 28 décembre	1571	» 21 décembre	1593	13
Gaudibert (Jean)....	» 24 août	1587	» 4 décembre	1590	1
Gaudibert (Théoffre)..	» 22 décembre	1591	» 10 décembre	1617	17
Gaudibert (May).....	» 4 janvier	1618	» 24 août	1662	10
Mostéry (Gabriel)....	» 11 novembre	1560	» 29 décembre	1596	28
Mostéry (Antoine)....	» 6 janvier	1596	» 19 août	1597	2
Mostéry (Esprit).....	» 28 décembre	1650	» 6 avril	1702	15
Giraudy (André)....	» 25 décembre	1560	» 11 juin	1584	10
Giraudy (Charles)....	» 19 novembre	1590	» 24 décembre	1621	26
Giraudy (Charles)....	» 27 décembre	1622	» 21 décembre	1638	17
Giraudy (Antoine)...	» 28 décembre	1639	» 21 décembre	1652	14
Giraudy (André).....	» 28 décembre	1653	» 27 décembre	1679	18
Giraudy (Antoine)...	» 26 décembre	1685	» 17 décembre	1697	9
Giraudy (André).....	» 26 décembre	1696	» 24 juin	1713	16
Guitrandy (Olivier)..	» 4 décembre	1586	» 13 août	1614	8
Anthoine (Jacques)...	» 5 janvier	1605	» 26 mars	1651	23
Maille (Jean de).....	» 6 janvier	1605	» 10 décembre	1641	6
Martinel (Faulquet)..	» 10 mai	1616	» 24 mars	1631	2
Chauvet (Thomas)..	» 15 juin	1639	» 20 janvier	1662	5
Anthoine (F. de Paule)	» 5 janvier	1656	» 10 septembre	1681	23
Jacquet (Louis)......	» 12 février	1688	» 24 décembre	1719	4
Brémond (André)....	» 16 mai	1689	» 19 février	1735	30
Brémond (Jean-Fr.)...	» 29 septembre	1713	» 31 mars	1762	15
Gaudibert (Jos.-Marie)	» 2 janvier	1715	» 17 décembre	1726	3
Jacquet (Alexis)......	» 17 février	1720	» 29 avril	1759	14
Ginoux (Léonard)....	» 21 avril	1739	» 13 août	1768	16
Camaret (Jean-Fr.)...	» 24 octobre	1741	» 13 juin	1785	24
Ginoux (Gabriel-Fr.).	» 11 avril	1763	» 3 décembre	1792	19
Marchant (Jean-Jos.).	» 2 avril	1768	» 20 mars	1781	1
Chastel (Louis)......	» 14 août	1781	» 10 février	1815	19
Boyer (Antoine).....	» 17 août	1782	» 2 juillet	1797	10
Chastel (J.-Marie-Cas.)	» 10 février	1815	» 17 juin	1846	31
Ferrat (Adolphe).....	» 17 juin	1846	-» (en exercice)		37

(1) Dans cette nomenclature ne sont point compris les notaires dont les protocoles surannés, si précieux au point de vue historique, ne présentent aucun intérêt aux familles.

II. — Etude Souchon.

NOMS DES NOTAIRES	ANNÉES DE LEUR EXERCICE				Nombre de protocoles
Gaudibert (Faulquet).	Du	 1590	au	16 mai 1618	27
Gaudibert (Jean).....	»	 1629	»	31 décembre 1660	23
Gaudibert (Jean)..... Gaudibert (Jos.-Marie)	»	 1661	»	 1671	12
Gaudibert (Jos.-Marie)	»	 1672	»	 1714	41
Maille (Jean de)......	»	 1642	»	 1645	1
Charrasse (Pierre)....	» 29 juin	1696	»	31 décembre 1735	10
Charrasse (François)..	» 1 janvier	1736	»	9 février 1759	14
Charrasse (Pierre-Fr.)	» 18 avril	1763	»	24 avril 1767	1
Aubéry (Lély-Joseph).	» 1 janvier	1737	»	7 juillet 1762	8
Aubéry (J.-E.-A.-Séb.)	» 13 novembre	1762	»	31 décembre 1782	13
Aubert (Joseph)......	»	 1783	»	.... an IV	8
Rolland (Paul-Antoine)	» 13 mai	1775	»	 1826	27
Bayle (Jos.-Fr.-Tous.)	»	 1781	»	 1827	20
Souchon (D.-A.-Marie)	» 1 novembre	1814	»	1 août 1834	20
Souchon (Ant.-Louis).	» 1 août	1834	»	18 août 1859	51
Souchon (L.-Fr. Mar.)	» 18 août	1859	»	(*en exercice*)	47

PASQUIN.

La famille *Pasquini*, venue d'Italie dans le Comtat, vers 1412, s'établit à Malaucène en 1440 et forma plusieurs branches. Elle était très florissante au XVIᵉ siècle. Elle a donné au pays bon nombre de syndics et de consuls et un viguier.

Le dernier descendant de cette maison légua des fonds à l'église paroissiale en faveur du maître-autel.

(Arch. municip. et paroiss. et notamment : *Registre de délibérations du Conseil de Fabrique*, à la date du 20 septembre 1826).

PELLEGRUE (DE).

Arnaud de Pellegrue, cardinal-diacre du titre de Sainte-Marie *in Porticu*, était des environs de Bordeaux (1) et parent du pape Clément V, ce qui lui valut d'être revêtu de la pourpre, à Lyon, dès l'année 1305.

Ce prince de l'église avait suivi son bienfaiteur à Malaucène et fixé sa résidence au quartier Saint-Raphaël. Sa maison, qui relevait du domaine direct de Bertrand de Rémusat, seigneur de

(1) Pellegrue est un bourg chef-lieu de canton, arrondissement de la Réole (Gironde).

Beauvoisin, figure en première ligne parmi les deux cent cinquante-quatre articles du polyptique de ce damoiseau (1).

Arnaud de Pellegrue fut un prélat guerrier. C'est la première de toutes les qualités que reconnaît en lui l'historien Pierre Frizon. « Qui n'admirerait, dit-il, les vertus guerrières de cet illustre cardinal? » *(Quis mortalium bellicis virtutibus illustrem Cardinalem Arnaldum de Pelagrua non miretur?).*

Le 23 avril 1309, il partit d'Avignon pour Ferrare, avec le titre de légat, afin de soumettre cette ville tombée au pouvoir des factions. Il convoqua une croisade à laquelle accoururent les Lombards, les Boloniens et les Florentins, se mit à la tête des troupes, attaqua les Vénitiens sur les bords du Pô, leur tua 6,000 hommes, soumit la ville de Ferrare au Saint-Siège et revint à Avignon le 10 décembre 1310.

Quelques auteurs prétendent que Pellegrue fit partie de la députation composée de cardinaux envoyée par le pape à Rome, pour y couronner Henri de Luxembourg en qualité d'empereur : ces auteurs ont fait erreur, ayant confondu *Arnaldus de Pelagrua* avec *Arnaldus de Falgueriis* (1311-1313).

Comme nous l'avons déjà dit (Tome I*er*, page 109), la grande affaire des Frères-Mineurs, relative à l'observance plus ou moins stricte de la pauvreté, avait décidé le Souverain-Pontife à convoquer à Malaucène les principaux chefs de l'ordre et à confier à une commission composée de trois cardinaux la pacification entre les dissidents. Les difficultés ne trouvant pas de solution, les envoyés Franciscains demandèrent le cardinal de Pellegrue comme protecteur de leur ordre. Clément, flatté de cette démarche faite en faveur de son parent et ami, se rendit à la demande des religieux mendiants. Par la médiation de leur nouveau cardinal-protecteur, les envoyés obtinrent que le pape écrirait aux évêques d'Italie pour forcer ceux des Frères-Mineurs qui avaient quitté leurs maisons à y rentrer et à se soumettre de nouveau au respect et à l'obéissance dûs à leurs supérieurs.

Cette même année, Pellegrue envoya aux Florentins les reliques de l'apôtre saint Barnabé, présent qui fut reçu en grande solennité, avec les marques de la joie la plus vive. Le corps fut placé sous l'autel de saint Jean-Baptiste, dans l'église cathédrale.

Arnaud de Pellegrue cessa de vivre en 1335, première année du pontificat de Benoît XII.

(1) *Pièces justificatives*. N° XVI.

Armes : *D'Azur, à la grue d'argent.*

(P. Frizon, *Gallia Purpurata*, page 267. — Grandmaison, *Dictionnaire héraldique*, page 460).

Pellet de Melgueil (de).

Ermessinde de Pellet, comtesse de Melgueil, avait accompagné Raymond V, comte de Toulouse, son beau-père, dans un de ses voyages à Malaucène. Elle tomba malade dans le château de cette ville où son mari Raymond VI vint la rejoindre. Elle y fit son testament et décéda peu de jours après (1).

Elle avait ordonné que sa dépouille mortelle serait transportée à Toulouse, pour être inhumée dans le tombeau des comtes, et que son cœur serait déposé dans l'église paroissiale Saint-Pierre.

Les volontés de l'illustre défunte furent accomplies et son cœur fut placé dans un superbe mausolée en marbre blanc. La princesse y était représentée en une statue de grandeur naturelle, debout et tenant son cœur à la main. Après la reconstruction de l'édifice paroissial sous Clément V, le monument funéraire fut rétabli et subsista jusqu'à l'époque de l'invasion de la ville par les Huguenots qui le détruisirent.

(Guinier, *Histoire* manuscrite *de Malaucène*. — Fornéry, *Hist. eccl. et civile du Comté Venaissin*. — Pithon Curt. *Hist. de la noblesse du Comtat*, etc., Tome IV, page 410).

Piotons (les).

Ce nom, de nos jours encore porté par un des quartiers ruraux situé au nord-ouest de la ville, est celui d'une ancienne famille qui vivait au XIIIe siècle et dont il est fait mention plusieurs fois dans le polyptique de Raymond VII (2).

Pontayx.

Ancienne famille de Malaucène qui n'existe plus aujourd'hui, du moins dans ce pays. Elle a donné deux curés à la paroisse Saint-Michel.

I. — *Edouard Pontayx*. — Il était d'un caractère ardent et ne savait pas toujours maîtriser son langage. Nous en avons la preuve dans le fait suivant rapporté par l'historien Guinier (3).

« C'était l'usage que le pasteur de la paroisse réunissait, à certains

---

(1) Tome Ier, page 99.
(2) *Pièces justificatives*, N° II.
(3) *Histoire* manuscrite *de Malaucène*.

jours, ses ouailles pour leur adresser des instructions familières sur la doctrine chrétienne sous forme de catéchisme. Le curé Edouard Pontayx n'était peut-être pas d'une exactitude exemplaire à remplir ce devoir de sa charge. Le premier consul s'en plaignit à l'évêque de Vaison et celui-ci fit des remonstrances au curé, l'invitant à se conformer avec plus de zèle aux règlements diocésains.

« Le jour où devait avoir lieu le catéchisme suivit malheureusement de trop près les reproches de l'évêque, de sorte que le curé parut en chaire avant d'avoir eu le temps de calmer son émotion. » Il y avait plus de six cents personnes dans l'église d'après ce qu'assure Guinier.

« Après avoir fait de vives réprimandes à ses paroissiens au sujet des plaintes formulées sur son compte, le curé débuta de la sorte : « Je vais m'adresser aux grands, comme étant les plus ignorants... A vous, M. le Consul Joannis !.. Qu'est-ce que Dieu ? »

« La question ainsi formulée était assurément une injure. Tout le monde le comprit dans l'auditoire ; on sut pourtant se contenir ; mais celui qui avait oublié la mansuétude évangélique ne tarda pas à être puni par son supérieur. »

Pour être justes à l'égard du curé Edouard Pontayx, nous devons ajouter qu'il s'empressa de réparer sa faute et de la faire oublier par le dévouement qu'il apporta dans la suite aux devoirs de sa charge pastorale.

Il fit bâtir, en 1639, une maison curiale sur l'emplacement acheté par son prédécesseur Buxi.

Nous lui devons un manuscrit aussi précieux qu'intéressant, conservé dans les archives municipales sous la rubrique : *Série G G.*, 1634. En voici le titre que nous donnons *in extenso* : *Livre des censes, pensions et fondations, tant antiques que modernes et autres notes nécessaires tant pour l'aggrégation que pour la Cure de l'Eglise de Saint-Michel de Malaucène, transcrit de l'originel de nos documens par moy* Edouard Pontayx, *prebtre originère, et curé dudict Malaucène dès l'an 1634 et le 18 febvrier.*

II. — *Marc Pontayx*, devenu curé de Malaucène par résignation d'Edouard, son frère (1646), reçut la visite pastorale du grand évêque de Vaison J.-Marie de Suarès. Celui-ci fit transporter à son évêché les registres de la paroisse qui dût se contenter de faire copier les livres de décès, de naissance et de mariage.

Deux ou trois ans après cette spoliation, faite par le célèbre écrivain dans un but de recherches sans doute, Marc rendit le bénéfice curial à son frère Edouard, dont on connaît déjà le caractère ardent. Sur la garde du registre intitulé : *Liber Baptisatorum*, 1649, Edouard Pontayx transcrivit la décision rendue le 3 juin 1604 par la *Congrégation des Evêques et Réguliers*, en vertu de laquelle il est défendu aux évêques d'enlever les registres des paroisses ; les ordinaires ayant seulement le droit de faire faire des copies de ces registres pour assurer la conservation des actes. »

(Archives paroissiales et municipales, série BB, de 1643 à 1651, série GG., etc.)

Pracomtal (de).

Noble et illustre famille originaire de Montélimar. Elle emprunta son nom de *Prato Comitali* à un *pré* acheté au *comte* de Valentinois et le donna plus tard à une terre importante, située entre Montélimar et le Rhône, dont une partie était appelée autrefois *Château-Sablier*, à cause des sables charriés par la rivière du Roubion.

Les titres authentiques de cette maison remontent à l'an 1290.

Le premier Pracomtal dont il est fait mention dans nos annales est *Elzéar*, que les généalogistes appellent Alzias ; mais son vrai nom latinisé est Alziarius qui correspond à Elzéar. Il fut institué l'héritier de *François*, son père, (1374) et de *Pons*, son oncle, (1402). Il mourut sans enfants (1450), laissant ses biens à Guillaume de Vesc, son frère utérin, au détriment de ses neveux.

Nicolas de Pracomtal, seigneur de Château-Sablier, qualifié de noble et puissant seigneur et damoiseau, neveu du précédent, disputa sa succession conjointement avec un autre membre de sa famille. Il s'était marié : 1° avec Agnès de Précie (30 janvier 1449 (1450), et 2° avec Jeannette Fournier (31 octobre 1470), veuve de noble Fouquet Burgondion, de l'Isle. Par son testament du 21 juillet 1474, il déclara que s'il décédait à Malaucène, il voulait être inhumé dans la chapelle Saint-Jacques, en l'église paroissiale de cet'e ville. Il vivait encore le 19 septembre 1481, mais il mourut avant le 28 janvier 1486 (1487).

Suzanne de Pracomtal, fille de Nicolas et d'Agnès de Précie, se maria avec noble Elzéar (Alziarius) de l'Espine, seigneur d'Aulan, de la Rochette et du Pouët.

Un des frères de Suzanne, nommé *Michel*, donna, par acte passé entre vifs, à *Giraud de Pracomtal*, leur frère commun, tout ce qu'il possédait à Malaucène et en d'autres lieux au delà du Rhône, le 18 janvier 1500 (1501). Il testa le 21 février 1518

(1519) et mourut le 29 janvier 1523 (1524). De son mariage, contracté le 20 février 1503 (1504) avec Françoise de Vesc, il eut neuf enfants.

Jacques de Pracomtal, un de ses fils, céda, dans la ville de Malaucène, une partie de sa maison d'habitation à la Communauté, moyennant une cense annuelle de six deniers, autorisant la Ville à construire sur cet emplacement une tour qui supporterait l'horloge. (Voir plus haut, page 103, aux *Edifices publics*.)

Jacques épousa Hugone d'Aulan de l'Espine, dont il n'eut qu'une fille nommée *Catherine*. Celle-ci se maria avec le comte de Bruce de Brussett et n'eut point d'enfants.

Ainsi finit la branche des Pracomtal de Malaucène, laissant son nom à une impasse de la ville et à la portion du territoire où étaient situés ses domaines. De nos jours encore, le quartier de Piochier est parfois appelé Pracomtal.

L'antique maison de *Château-Sablier* subsiste toujours, aujourd'hui représentée par M. le comte de Pracomtal qui habite le Nivernais. Il s'est marié, en juillet 1882, avec Mlle Louise de Suarez d'Aulan, fille aînée du marquis de Suarez d'Aulan, ancien député de la Drôme.

Armes : *D'or, au chef d'azur, chargé de trois fleurs de lys.*
Cri de guerre : *Pracomtal.*

(Archives municipales. — Archives domestiques de la famille Brussett. — Guinier, *Histoire* manuscrite *de Malaucène*. — Coston, *Etymologies des noms de lieux de la Drôme*, dans le *Bulletin de la Société archéologique de la Drôme*, Livre 20e, 1871. — Rochas, *Biographie du Dauphiné.* — D'Hozier, *Armorial général*, VI. — Guy Allard, *Dictionnaire du Dauphiné*, I, 620 et II, 395; *Armorial du Dauphiné* et *Recueil de Généalogies*. — Chorier, *L'Estat politique*. III, 465 et IV, 279. — *L'Union de Vaucluse*, journal d'Avignon, N° du 21 juillet 1882.)

Puy (du).

La famille du Puy, très-ancienne dans le Haut-Comtat et le Dauphiné, s'était divisée en deux branches principales et établies l'une à Malaucène et à Caromb, l'autre à Carpentras. Le nom latin de la première était *de Podio* ; celui de la seconde, *de Puteo*.

Ripert du Puy fut témoin, le troisième jour des nones de novembre de 1176, au testament d'Ermessinde de Melgueil, femme du comte Raymond VI de Toulouse, fait au château de Malaucène.

Raymond du Puy, seigneur de Saint-Roman, rendit hommage aux commissaires du pape Grégoire X, dans le monastère de Saint-André des Ramières, pour Saint-Roman et pour une partie de la terre de Valouse, le 5 février 1274. Le même Raymond, qualifié de damoiseau, étant syndic d'Entrechaux, en 1281, assista aux opérations du bornage entre Malaucène d'une part et Entrechaux et le Crestet de l'autre. (1)

Jean du Puy, co-seigneur d'Entrechaux, s'était marié à Malaucène avec noble Alix (Helisia) Sanchoande. Les protocoles des notaires du pays, durant le premier tiers du XVe siècle, fourmillent d'actes passés par lui, tant en son nom privé qu'au nom de sa femme (2). En 1419, il vendit au prix de 2024 florins d'or, à Hugues de Theissac, évêque de Vaison, sa part de seigneurie d'Entrechaux ; le reste de la seigneurie appartenait à la mense épiscopale de Vaison.

A la mort d'Hugues, la portion du fief nouvellement acquise par lui fut dévolue au pape qui prescrivit au cardinal Pierre de Foix de la vendre. Elle fut en effet aliénée à Bernard de Gaufridi.

Nous avons déjà parlé de Jean du Puy (3), à propos du secours demandé par le recteur du Comté Venaissin, en faveur du bourg de Chateauneuf.

Ce chevalier était syndic de Malaucène en 1429 (4). Il vivait encore en 1435.

Guy du Puy (*Guigonetus* et ensuite Guigo) que nous croyons son fils, fut lieutenant du viguier (1458-1460).

Raybaud du Puy, viguier, autorisa la copie de l'instrument de la division des territoires de Malaucène et d'Entrechaux, faite en 1281 par un de ses ancêtres et la vidima (5).

Son lieutenant, maître Théoffre Castelli, notaire, approuva en son nom les *Statuts municipaux de* 1500 (6).

De sa femme, Anne de Vassadel, de Caromb, Raybaud du Puy eut plusieurs enfants et entr'autres deux filles :

1° *Lucie du Puy*, mariée à Jacques de Guillem de Clermont (1483).

2° *Françoise du Puy*, qui, par contrat passé à Malaucène, devint l'épouse de Claude d'Alleman, de Carpentras, seigneur de Châteauneuf de Redourtier.

---

(1) *Pièces justificatives*, N° VIII.
(2) Voici de quelle formule se servent ces actes pour le désigner : « *Nobilis Johannes de Podio, condominus de Intercallis*, ut maritus et conjuncta persona nobilis Helisie, filie et heredies nobilis Ludovici Sanchoandi. »
(3) Tome I, page 237.
(4) *Pièces justificatives*, N° XXVI.
(5) *Pièces justificatives*, N° XXXII.
(6) *Pièces justificatives*, N° XXXIII.

3° *Gaucher du Puy* épousa Polixène Geoffroy dont il eut deux filles : *Marguerite*, mariée à Malaucène (12 avril 1497) avec Girard de Tillia, capitaine de cent hommes de pied dans la guerre d'Italie sous Louis XII et François Ier, et *Françoise* qui passa dans la famille de l'Espine en 1540 (4).

Le dernier membre de cette famille dont il est question dans nos archives est *Daumas du Puy* (*Dalmassius de Podio*). C'était le 15 octobre 1564 ; Malaucène, sur le qui vive à cause de la peste qu'on croyait dans les environs, refusait d'admettre dans son sein non seulement les étrangers, mais encore les habitants qui venaient de lieux suspects. Daumas du Puy se présenta à la porte demandant à pénétrer dans son domicile. Le bureau de santé l'y autorisa en considération de sa probité, de la loyauté de son caractère et aussi par la raison qu'étant du nombre des habitants et fort riche, il pourrait se rendre utile à ses concitoyens.

La maison du Puy a fourni deux évêques à la ville d'Agde :

1° *Raymond du Puy* (1296) qui fut présent au concile de Vienne où fut traitée l'affaire des Templiers. Il mourut en 1327.

2° *Bernard du Puy* (1583) qui présida les Etats de Languedoc tenus à Béziers en 1606, assista au concile de Narbonne en 1609 et au concile de Trente. Il mourut en 1611.

Le fameux baron *Charles du Puy de Montbrun* dont il est plusieurs fois question dans cette histoire appartenait à cette même famille. Ses armes ne diffèrent de celles des du Puy de Malaucène que par les hachures.

Armes (des du Puy de Malaucène) : *D'argent, au lion de Sinople, armé et langué de gueules.*

(Des du Puy de Montbrun) : *D'or, au lion de gueules, armé et langué d'azur.*

(Archives municipales, *passim*. — Pithon Curt, I, 28 ; II, 111 ; et III, 406 et 407. — Barjavel, *Bio-Bibliographie Vauclusienne*, article *Du Puy*. — Guy Allard, *Dictionnaire du Dauphiné*, II, 440. — Chorier, *L'Estat politique du Dauphiné*, III, 470. — Jordan, *Histoire de la Ville d'Agde*. Montpellier, Tournel, 1824, in-8°).

Ravailler.

En tête de ce IV° livre, nous avons parlé des changements survenus dans les noms patronymiques. La famille *Ravalherii* peut être donnée en exemple de ce qui se passait ordinairement en pareille occurrence.

Laugier (*Laugerii*) était le vrai nom primitif de cette famille

(1) Voir au mot *Espine* (de l').

dont la maison d'habitation était la première à droite, en entrant dans la ville par la porte Duroni ou Cabanette et qui, après avoir appartenu aux de Robin, est actuellement la propriété de la famille de Merle.

Sur la fin du XIV° siècle, les Laugier commencèrent à être surnommés Ravalherii, par le fait de quelque alliance ou de toute autre circonstance dont la recherche nous paraît inutile.

Au début du siècle suivant, on disait : *Laugierii* aliàs *Ravalherii*.

Enfin, dès l'année 1417, le fils de Bertrand Laugier n'était plus appelé que Jean *Ravailherii*.

Celui-ci quitta peu après la localité, laissant son nom à un quartier du territoire et à un chemin qui l'avoisine. Quant à la porte de la ville dite *Portale Ravalherii*, elle ne tarda pas à perdre le nom de son voisin de droite, pour prendre celui de son voisin de gauche et devenir la porte Duron.

(Archives municipales. *Livre-Terrier*, article *Duroni*. — Minutes de G. Bermond, protocole de 1415-1418, f°⁵ 15, 59 et 63, en l'étude de M° Souchon.)

RAYMOND.

Le procès-verbal du parlement tenu sur la place publique, le dix-huitième jour avant les calendes d'octobre de l'an 1270, pour la nomination de quatre syndics, donne la liste des chefs de famille qui prirent part à cette réunion populaire (1). Or, cette liste débute de la sorte :

« Nomina hominum Malaucene et dicte Universitatis qui Sin-
« dicos predictos creaverunt sunt hec : Dominus Arnaudus *Re-*
« *mondi*, Dominus Remondus de Sancto Michaele, *milites*, etc. »

Un des derniers contreforts du Mont-Ventoux, compris entre Veaulx et Championnes, connu dès les temps anciens sous le nom de *Podium Remundi* (2), est de nos jours encore appelé le *Puy-Raymond*. Ce nom est le seul souvenir du séjour fait à Malaucène par les membres de cette ancienne famille dont Pithon Curt parle fort longuement et dont il donne l'arbre généalogique.

ARMES : *D'argent, à la croix de gueules, chargée de cinq coquilles d'argent.*

(PITHON CURT, III, 1. — J.-L. PROMPSAULT, *Histoire de Modène du Comtat Venaissin*; Carpentras, Tourette, 1883).

(1) Voir aux archives municipales, la charte dont nous avons donné le texte (à nos *Pièces justificatives*, N° II), moins la longue série des noms des votants.

(2) *Pièces justificatives*, N° I.

Reboul.

Antoine *Reboul*, curé de Malaucène, naquit à Mornas, en 1746. Durant les mauvais jours, il demeura caché dans la maison de sa sœur, en son propre pays natal, avec un de ses frères, prêtre comme lui et curé de Rochegude.

Après avoir pris la direction de la paroisse Saint-Michel de Malaucène (1), il ne tarda pas à être secondé dans les fonctions du ministère sacré par deux prêtres recommandables : le P. Lautier (Jean-Joseph) et l'abbé Isnard (Félix-Martin) ; ce qui dura jusqu'à la nomination de deux vicaires (1804).

Le curé Reboul poursuivit toujours un double but dans son administration pastorale : la restauration du vaisseau de son église et l'instruction religieuse de ses paroissiens.

Néanmoins, ces travaux intérieurs ne présentant point aux ardeurs dévorantes de son zèle un aliment suffisant, il se mit à la tête d'une troupe de missionnaires qu'il recruta dans les rangs du clergé séculier et parmi lesquels on remarquait les abbés de Prilly, devenu peu après évêque de Châlons; Jouvent, ancien membre de la Congrégation de Notre-Dame de Sainte-Garde; Gardet, curé de la paroisse Saint-Didier d'Avignon, etc. Avec le concours de ces hommes de bonne volonté, l'abbé Reboul prêcha de grandes missions dans beaucoup de paroisses des arrondissements d'Avignon, de Carpentras et d'Orange. Partout les travaux de ces ouvriers évangéliques furent couronnés des plus heureux succès.

Une œuvre diocésaine puissamment encouragée par le curé de Malaucène fut le rachat de l'ancienne résidence des missionnaires de Sainte-Garde. Il y prit une part des plus actives, en qualité de membre de la commission (1817).

Brisé de travaux, il finit paisiblement ses jours au milieu de ses paroissiens éplorés, le 17 janvier 1821.

(Documents originaux fournis par MM. Rigot, curé de Malaucène, et Ulpat, curé de Mornas. — Archives paroissiales, Registres de catholicité et des délibérations du Conseil de Fabrique.— GRANGET, *Histoire du diocèse d'Avignon*, Tome II, page 603. — BARJAVEL, Notre-Dame de Sainte-Garde des Champs, pages 35, 36, 37 et 72).

Rémusat (de).

Les de Rémusat étaient seigneurs de Beauvoisin et de Roche-

---

(1) Tome, I, pages 135 et suivantes.

brune. Cette maison, dont nous avons eu plusieurs fois occasion de parler, était originaire du Diois.

Elle forma deux branches :

L'une continua d'habiter le Dauphiné (1). Après avoir contracté de nobles alliances et duré plusieurs siècles, elle s'éteignit dans la famille d'Agoult, par le mariage de *Françoise de Rémusat* (fille de Claude, seigneur d'Aulan et de Rochebrune, et de Marguerite de Tolon de Sainte Jalle) avec Barthélemy d'Agoult (19 octobre 1542).

L'autre branche est celle de Malaucène. Les dates de son arrivée dans le pays et de son départ sont indiquées par deux actes importants.

Le premier est la longue charte dressée en 1328 et dont nous avons donné des extraits à nos *Pièces justificatives* (N° XVI). Par l'organe du crieur public, le notaire Rostang Constancii avait invité tous les habitants de la localité qui étaient tenus à payer quelque redevance annuelle au noble *Bertrand de Rémusat*, damoiseau, seigneur de Beauvoisin, à venir en faire la reconnaissance officielle. Deux cent cinquante-quatre actes furent écrits à la suite les uns des autres et constituèrent un énorme rouleau de parchemin, mesurant quatorze mètres de long. C'est le polyptique des seigneurs de Beauvoisin.

Quant à l'acte qui fixe le départ de cette famille, il est consigné dans les registres des délibérations du Conseil, à la date du 11 janvier 1584 (2). La Communauté achète à *Gabriel de Rémusat*, seigneur de Beauvoisin et de Rochebrune, tous ses droits seigneuriaux sur la ville et le territoire de Malaucène.

Dans ce laps de temps de plus de deux siècles et demi, les de Rémusat agissent comme tous les autres habitants, jouissant des droits et franchises, remplissant les obligations de citoyen, acceptant les fonctions de conseillers et de syndics de la noblesse et très fréquemment celles de lieutenant du viguier.

Ainsi, *Bertrand* dont nous avons parlé plus haut, est délégué en 1359 pour régler l'affaire pendante entre les habitants de Malaucène et ceux de Beaumont, à propos des montagnes (3), et nommé conseiller de la noblesse (1375), dans le parlement tenu

---

(1) Elle portait : *De gueules, à la gerbe d'or, surmontée de deux étoiles d'argent.*

(2) Tome I, page 212.

(3) *Pièces justificatives*, N° XVII.

pour la première désignation annuelle des syndics et des conseillers (1).

Sans entrer dans de plus grands détails sur ce te famille, nous dirons qu'elle apparaît dans tous les documents originaux comme ayant constamment joui de l'estime et de la confiance de la population. Ce que nous avons dit de Bertrand, nous pourrions le répéter (avec variantes) de *Rostang* (1406), de *Jacques* (1425), marié à Béatrix, fille de Guy de l'Espine, d'*Antoine* (1433-1450), etc.

Nous donnons à nos *Pièces justificatives* (2), une transaction passée entre la famille de Rémusat et les ayant-droit d'un ancien clavaire ou fermier des revenus pontificaux (1416). Ce document, très curieux à plus d'un titre, rappelle en particulier la façon toute primitive dont se terminaient souvent les difficultés survenues entre nos ancêtres.

Armes : *D'azur, au chevron accompagné en chef de deux roses et en pointe d'une hur: de sanglier, le tout d'or.*

(Archives municipales, *passim*. — Guy Allard, *Dictionnaire du Dauphiné*, Tome II, page 469. — Minutes du notaire Girard Bermond (1415-1418) f** 1 R°, 71 V°, etc.

Reynier.

Ancienne famille dont il est parlé dans les vieux documents et qui n'a laissé d'autre souvenir dans le pays que son nom. On appelle encore Champs-Reynier (*Campus Reyneriorum*) un quartier du territoire situé au sud-ouest de la ville (3).

Rigot.

Donat-Bernard Rigot, curé de Malaucène, naquit à Caromb le 5 février 1803 et fit ses premières études dans son propre pays natal, sous la direction de son oncle paternel, prêtre et vicaire dans cette paroisse.

Puis, il entra au Grand Séminaire d'Avignon, alors situé dans la rue Dorée et dirigé par des hommes d'un mérite reconnu : MM. Sollier, Justamond, Frizet et Meirieu (ce dernier devenu évêque de Digne). L'abbé Rigot n'avait pas encore terminé ses études théologiques lorsque M. Chameroy, accompagné de quelques prêtres de Saint-Sulpice, vint prendre la direction de cette maison.

(1) *Pièces justificatives*, N° XX.
(2) N° XXII bis.
(3) Voir au mot d'*Aubergue*.

Ordonné prêtre par Mgr Maurel de Mons, le 9 juin 1827, il fut, trois jours après, envoyé à Beaumont-de-Pertuis en qualité de vicaire et, le 23 mai 1832, il recevait le titre de curé dans la même localité.

Mgr du Pont jeta les yeux sur lui pour lui confier la paroisse de Malaucène. (L'ordonnance royale qui approuva cette nomination porte la date du 31 mai 1841). Mgr Dubreil lui conféra le titre de chanoine honoraire de la métropole d'Avignon, en lui annonçant cette nouvelle par une lettre très flatteuse (3 mai 1865).

M. le curé Rigot célébra ses noces d'or en 1877 et reçut à cette occasion des témoignages nouveaux de l'affection de ses paroissiens.

Sa longue administration lui a permis de mener à bonne fin plusieurs entreprises utiles à la paroisse et à la commune de Malaucène, parmi lesquelles nous indiquerons les suivantes :

La conservation des arbres séculaires de l'esplanade de la porte de Roux, arbres qui, pris en écharpe par un nouvel alignement de route, devaient disparaître en grande partie. L'abbé Rigot fit l'acquisition du sol de la promenade et le donna par acte public à la Ville, à la condition expresse que ces beaux platanes ne seraient point enlevés (1). — Le rachat de la chapelle de Notre-Dame de Salut et Saint-Alexis, donnée ensuite à la Paroisse et rendue au culte. — Le don fait à la Fabrique de l'ancienne chapelle des Pénitents. — Le rétablissement des pèlerinages au sanctuaire de Notre-Dame du Groseau. — La reconnaissance de cette chapelle, par l'Etat, comme chapelle de secours et son classement parmi les monuments historiques. — L'érection de l'annexe de Veaulx en église paroissiale, etc., etc.

RIPERT.

Il existe de nos jours à Malaucène plusieurs familles de ce nom qui remontent pour le moins au XIIIe siècle et qui ne paraissent pas avoir une origine commune avec la suivante.

Ripert. — Famille venue de Saint-Léger, et dont voici la filiation.

1. *Balthazar* Ripert, de Saint-Léger, père de

2. *Antoine* Ripert, artiste renoueur (chirurgien remettant en place les membres disloqués), reçus tous deux habitants de Malaucène, le 28 février 1691. Ce dernier, père de

3. *Joseph-François* Ripert, maître chirurgien, artiste re-

(1) Voir plus haut page 116 et *Pièces justificatives*, N°s XLIV et XLV.

noueur, admis au nombre des habitants de Malaucène le 1ᵉʳ février 1737 et premier consul en 1761, père de

4. *Joseph-Balthazar* Ripert, docteur en médecine, qualifié de noble dans les registres de la Municipalité, mourut à Malaucène en 1808. Il fut père de

5. *Antoine-Gédéon-Auguste* Ripert, docteur en médecine. Il exerça sa profession à Malaucène où il décéda en 1864, père de

6. *Charles-Louis-Jules* Ripert, docteur en médecine et juge de paix à Malaucène, où il finit ses jours le 29 décembre 1880, à l'âge de 57 ans, père de

7. *M. Hippolyte* Ripert, docteur en médecine à Orange.

ARMES : *Coupé, d'azur au lion d'argent, et d'argent à un dauphin de gueules.*

(Archives municipales, *Dénombrement des habitants de Malaucène avec la date de leur réception*, etc. —).

ROBIN (DE).

Bien que cette famille fût ancienne à Malaucène, nous n'avons pas trouvé de document antérieur à l'acte de mariage (1) de noble *François Robini*, damoiseau, (*domicelli*), fils de Noble *Robert, seigneur de Rochefort (Penaforte)*, damoiseau de Malaucène (*domicelli hujus loci*), avec noble Marie, fille de noble Raymond de Beaumont, chevalier (*militis*) du même lieu (1362).

Cette famille forma deux branches dont la première demeura dans la localité, tandis que la seconde se transplanta en Provence.

1ʳᵉ *Branche*. — *Bertrand Robini*, par disposition testamentaire (2) fit don à l'œuvre de Notre-Dame, fondée dans l'église paroissiale, de deux brebis suitées (1451).

Le document officiel intitulé *Liber Regiminis*, de l'année 1542, reconnaît au chef de cette famille le titre de marquis, *Marquisius de Robini*, et toutes les fois qu'un des membres de cette même famille est désigné dans un des actes subséquents, son nom est toujours précédé de la qualification de *noble*.

Leur noblesse n'empêcha par les de Robin d'être « apothicaires » de père en fils. Plusieurs furent docteurs ès-droits. Cette

(1) Ecrivant de Georgiis, notaire à Malaucène.
(2) *Item* do et lego operi capelle Nostre Domine fundate infra ecclesiam « parochialem, in qua est assuetum mulieres in eorum puerperiis audire « missas, videlicet duas oves cum eorum incrementum. (Archives paroissia-« les, *Liber fundationum*.)

maison a fourni en outre à son pays d'origine des viguiers, des consuls, des prêtres agrégés et des religieuses ursulines.

2° *Branche.* — *César Nostradamus* (1) et, après lui, M. Louis de la Roque (2) donnent *Pierre Robin* comme étant venu d'Angers à la suite de René d'Anjou, roi de Naples et de Sicile, comte de Provence, et comme ayant formé souche pour les *Robin de Graveson et de Barbentane*. Premier médecin de René et de Charles, son successeur, il aurait reçu sa terre de Graveson de René et la noblesse de Charles.

Il y a ici plusieurs erreurs qu'il importe de redresser.

D'abord le point de départ de Pierre de Robin ne fut pas Angers, mais Malaucène.

En second lieu, la terre de Graveson ne fut pas donnée à Pierre par le comte de Provence. Elle passa dans la famille de Robin par un échange consenti avec Pierre de Cabanes (3), échange dans lequel on dut faire entrer la seigneurie de Rochefort, mentionnée en tête de cet article.

Enfin, le testament du roi Charles, postérieur de quatre ans (4) à l'acquisition de la seigneurie de Graveson, n'établissait que la reconnaissance du testateur en faveur du légataire (5).

Quelle conclusion tirer de ces faits sinon que les deux branches de Robin partent d'un même tronc ? Du reste, les blasons des Robin de Malaucène et des Robin de Graveson sont presque identiques.

ARMES ; (1re Branche). — *D'or, à la fasce de gueules, à trois merlettes de sable posées 2 et 1, à la champagne de gueules.*

(2° Branche). — *Fascé d'or et de gueules de quatre pièces, l'or chargé de trois merlettes de sable, posées 2 et 1.*

DEVISE (commune aux deux branches): *Più forte nell'avversità.*

(Archives du département de Vaucluse, *Chartier de Malaucène*. — Archives municipales et notamment les *Registres du Conseil*. — PITHON CURT, Tome III, page 84.

(1) *Histoire et chronique de Provence*, etc.
(2) *Armorial de la noblesse de Languedoc*, Tome I, page 428 et Tome II, page 52.
(3) Acte passé devant Bertrand Borelli, notaire, à Aix, le 8 mai 1477.
(4) 10 décembre 1481.
(5) « Egregio et nobili viro Domino Petro Robini, de Gravisione Domino, « Artium et Medicinæ Magistro ac phisico ; pro quampluribus gratis et « acceptis servitiis per ipsum Dominum de Gravisione, etc. »

Rochier.

Jean-Antoine Rochier, curé de Saint-Pierre à Avignon, né à Malaucène, le 12 septembre 1745, du mariage de Luc Rochier, tourneur (1), avec Françoise Guintrandy, fut admis après son élévation au sacerdoce dans l'Agrégation des prêtres de son pays natal. Il fut ensuite nommé curé de la paroisse Saint-Pierre de la ville d'Avignon. Sa signature se trouve dans les registres de cette église, depuis le mois de Juillet 1786 jusqu'au 31 décembre 1790 (2). Il prêta serment à la Constitution civile du clergé et fut du nombre de ces prêtres que l'on vit célébrer les saints mystères avec la ceinture tricolore. En 1790, monté sur une mauvaise haridelle, il partit pour Monteux avec l'armée « des braves brigands Avignonnais ». Plus tard il rentra dans le devoir et finit ses jours à Malaucène en 1819 (3).

(Archives municipales de Malaucène et d'Avignon, Registres de l'état civil antérieurs à 1792. — *Ordo du diocèse d'Avignon pour l'année* 1820, au tableau des prêtres décédés en 1819.)

(1) Luc Rochier avait été nommé consul, pour la 3ᵉ main, en 1737.
(2) Sur ces registres on trouve écrit de la main du curé Rochier l'acte de baptême du fils de Sabin Tournal auquel Pierre Minvielle avait servi de parrain : Minvielle et Tournal, son ami, deux hommes qui ont joué dans la révolution Avignonnaise un rôle mémorable. Après l'acte rédigé en latin, Rochier a écrit ce qui suit :
« La cérémonie du baptême achevée, le parrain et la marraine m'ont
« requis de recevoir le serment civique. Ils l'ont prononcé en ces termes :
« Pierre-Agricol Tournal, nous tes parrain et marraine jurons en ton nom,
« sur l'autel du Sauveur du monde, que tu seras à jamais fidèle à la Nation
« à la Loy, au Roy des François, et que tu maintiendras de tout ton pouvoir
« la Constitution décrétée par l'Assemblée Nationale et acceptée par le Roy.
« A l'instant, le parrain et la marraine ont levé la main en signe de ser-
« ment.
« Rochier, *curé.* — Minvielle. »

(Archives municipales d'Avignon. *Liber baptisatorum ecclesiæ parrochialis et insignis collegiatæ S. Petri Avenionensis, ab anno* 1787 *ab annum* 1790.)

(3) « Décès de M. Jean-Antoine Rochier.
« 1819. Le 13 août a été enseveli M. Jean-Antoine Rochier, prêtre, décédé
« hier soir à onze heures, âgé de 75 ans, muni des sacrements.
« Reboul, *curé.* »

Au dessous de cet acte, on lit la note suivante écrite de la main même du curé Reboul, bien qu'elle ne porte point sa signature : « Il a fait écrire à Rome et a fait sa rétractation avec édification. » (Archives paroissiales. *Registre des sépultures.*)

Rolland.

Venue de la Bourgogne ou de la Franche-Comté, à la fin du XIV° siècle ou dans les premières années du XV°, cette famille appartenait à la bourgeoisie, comme l'indiquent les expressions dont se servent les notaires de cette époque (1).

François-Pierre-Antoine Rolland, prêtre, après avoir étudié la théologie au séminaire Saint-Charles d'Avignon, devint chanoine-archidiacre de Troyes et mourut étant prévôt de la cathédrale de Tours (1784).

Joseph-Henri-Antoine Rolland, neveu du précédent, fit profession chez les Minimes d'Avignon et reçut la prêtrise vers 1758. Il s'appliqua de bonne heure à l'étude des mathématiques et de l'astronomie. En 1780, il se rendit à Paris où il fit la connaissance de son quasi-compatriote l'abbé Maury, de Valréas. Celui-ci lui procura quelques prédications dans les grandes chaires de la capitale, où il se fit remarquer. Il finit ses jours vers 1801, n'ayant voulu consentir à livrer à l'impression aucun de ses nombreux manuscrits.

Cette famille s'est éteinte à Malaucène, en 1807, par le décès de *Paul-Antoine Rolland*, notaire. Elle est représentée par les maisons Brussett et Brémond du Paroir.

ARMES : *De sinople, à trois roues de neuf rayons d'argent.*
DEVISE : *Rolland-Rolland.*

(Archives municipales et archives domestiques de la famille Brussett.)

Ronin.

Nous n'avons aucune particularité digne d'être signalée sur cette famille qui existait à Malaucène dès les temps les plus anciens. Au XIII° siècle, elle avait déjà donné son nom au chemin qui va de la route départementale actuelle au quartier de la Boissière, *Collum Ronini* (2), Col ou passage de Ronin. Au XV° siècle cette dénomination commençait à se transformer : on disait *Collum Danronini*. Le cadastre écrit aujourd'hui : *Col* d'ENRONIC (3).

Roux.

Roux, Ruffi, Ruphi ou de Rupho. — Dès le XIII° siècle, cette

---

(1) « Juxta terram *Domini* Petri Rollandi. » (Minutes du notaire G. Bermond, ad an. 1415, f. 23 V°. Etude de M° Souchon.)
(2) Minutes de Rostang Constant, notaire à Malaucène : Etude Souchon.
(3) Voir plus haut, pages 57 et 58.

famille était fort nombreuse dans le pays. Cinq ou six chefs de maison sont nommés dans les chartes de 1270.

Guillaume Ruffi servit de témoin à la donation faite en faveur de la Communauté par la famille de l'Espine (1), de ses droits sur les tasques de Veaulx, Arnoulx et Vesc (1296).

Les Roux figurent sans interruption dans les documents officiels conservés à l'Hôtel-de-Ville (2) et dans les minutes des notaires jusqu'au 11 janvier 1655. A cette date *Antoine Roux* vend, au prix de 160 florins, aux frères Jean-Baptiste-Vincent et Claude Joannis, la maison que ses aïeux avaient possédée de père en fils durant l'espace de quatre ou cinq cents ans et qui avait donné son nom à la *Porte de Roux*. L'identité de cet immeuble est parfaitement établie dans l'acte de vente (3). Cette maison, y est-il dit, est « sise
« dans la rue Chaberlin, confrontant le rempart et une rue non
« passante. »

Il existe actuellement plusieurs familles à Malaucène portant le nom de *Roux*. Nous ignorons si elles descendent où non des anciens *Ruffi*.

Saluces (de).

Saluces était un marquisat, ancien fief du Dauphiné et qui avait pour limites le Dauphiné et les états de Savoie. *Guillaume* en était souverain, l'an 910.

Frédéric II de Saluces, un de ses descendants, épousa Béatrix de Genève, sœur de Clément VII, et en eut entr'autres enfants : *Thomas*, marquis de Saluces, *Pierre*, archevêque de Vienne et *Amédée*, créé cardinal en 1383.

Après avoir mentionné ce membre du sacré-collège et *Frédéric de Saluces*, recteur du Comtat (1474) et évêque de Carpentras (1475) décédé en 1483, le Dr Barjavel ajoute, parlant de ce dernier : « Il
« dut amener avec lui quelques uns de ses parents, *puisque l'on*
« *voit un cadet de cette maison qui s'établit à Malaucène* et un
« *Jacques de Saluces* qui fut élu syndic de Carpentras en 1479. »

Les membres de la famille de Saluces n'avaient pas attendu jusqu'alors pour s'implanter dans nos pays, et certes les occasions ne leur en avaient pas manqué autour d'eux : Clément de Genève, pape d'Avignon ; Odon de Villars, son parent par alliance,

---

(1) *Pièces justificatives*, N° XV.
(2) Voir en particulier le *Livre-Terrier* et le *Livre des Reconnaissances du Grosel*.
(3) Minutes d'Esprit Mostéry, notaire à Malaucène, étude Ferrat.

marié avec Alix de Baux, tous deux domiciliés à Carpentras; celle-ci remariée avec le prince Conrad de Genève, etc.

Sans en avoir la certitude, nous pensons que les *de Saluces* de Malaucène étaient issus du mariage contracté à Avignon, le 18 avril 1418, entre *Galéas de Saluces* et Jeanne de la Plane.

Galéas Saluces fils du précédent, chevalier, épousa Françoise Adhémar, veuve d'André du Puy, de Carpentras. Nous avons longuement parlé de lui dans notre Tome I, page 272.

Jean, que nous croyons frère du précédent, fut son lieutenant à la cour de justice de Malaucène.

Antoine, qualifié de *noble*, *nobilis*, contracta devant Antoine de Ruffo, notaire à Malaucène, en 1497, et fut présent en qualité d'habitant-reçu au parlement général, tenu dans cette ville pour la rédaction des *Statuts municipaux* de 1501.

Isabelle, mariée depuis peu de jours avec Barthélemy de Brancas, fut conduite par celui-ci à Malaucène (30 septembre 1460). Elle tint à visiter en détail les archives municipales et demanda qu'on voulût bien lui communiquer les vieilles chartes et les pièces originales où étaient consignées les libertés et les franchises de la localité. Le premier syndic consacra toute une journée à l'exhibition de ces précieux parchemins. Nous connaissons ce fait par les registres municipaux. Isabelle, peu après la mort de son mari, fonda une chapelle en l'honneur de Notre-Dame de Pitié, dans l'église paroissiale Saint-Pierre d'Avignon.

ARMES : *D'argent, au chef d'azur*

GUY ALLARD, *Dictionn. du Dauphiné*, au mot *Saluces*. — PITHON CURT, *Hist. de la Noblesse du Comtat*. II, 442. — CH. COTTIER, *Notes historiques concernant les Recteurs*. pages 98 et 138. — Dr BARJAVEL, *Dict. historiq. du Dép[t] de Vaucluse*, v° *Saluces*. — Archives municipales et minutes des notaires, aux époques indiquées.)

SANCHOANDI OU SANCHOANT (1)

Le nom de cette famille se rencontre dans nos plus vieux documents, et disparait dans les premières années du XV° siècle. Les Sanchoandi sont toujours qualifiés de nobles, damoiseaux ou chevaliers. Plusieurs d'entr'eux furent syndics et représentèrent leurs concitoyens dans des circonstances graves où les intérêts de la Communauté se trouvaient engagés.

Cette maison finit (2) par le mariage d'Alix, fille de noble

---

(1) *Pièces justificatives*, N°[s] II, V, VIII, IX et XII.
(2) *Livre-Terrier*, V° *Helisia Sanchoande* et *Protocollum G. Bermundi*, ad an. 1415 et 1416, étude Souchon.

Louis Sanchoandi, avec Jean du Puy de Malaucène, co-seigneur d'Entrechaux.

SAUREL.

Les *Saurelli* ou *Saurel* tirent leur nom patronymique du mot *Saur*, emprunté à la vieille langue gothique, conservé dans le français, l'italien, le provençal, et indiquant une variété du *blond* ou du *roux*.

Cette famille existait à Inspruck. Un de ses membres, *Bozini Saurelli*, passa d'abord à Verceil et s'établit ensuite à Mallemort-du-Comtat peu avant le milieu du XV° siècle. Sa descendance très-nombreuse se répandit dans plusieurs localités de l'état pontifical.

Les recherches faites en 1766, par le chevalier de Charrasse de Brassetieux, dans les archives privées de la famille de Bonadona de Mallemort, également originaire d'Inspruck, amenèrent la découverte de plusieurs actes notariés portant la date de 1477 et 1499 et dans lesquels il est fait mention de plusieurs Saurelli et notamment de Bozini, souche de cette maison dans nos contrées (1).

A la même époque (1477) *Etienne Saurelli*, fils de Bozini, figure sur le *Livre des Propriétaires* de la communauté de Beaumont (2), et après lui on y trouve *Jean Saurelli*, son fils aîné (3). Les archives de cette localité présentent les membres de cette famille comme ayant fait en peu de temps de nombreuses acquisitions (4).

Les Saurelli, avec les Blanc, les Bremond et les Charrasse, formaient autrefois la grande majorité des habitants de Beaumont et conservèrent longtemps cette prédominance du nombre par suite des alliances fréquemment renouvelées entr'eux.

Michel Saurel ou *Saureau*, dit Thiès (5), arrière-petit-fils de Bozini, laissa plusieurs enfants, entr'autres Michel et Esprit.

Ces deux frères épousèrent le même jour deux sœurs qui appartenaient à la famille du Col de Malaucène (29 septembre 1636).

---

(1) Notes manuscrites sur la *Famille Saurel de Saurelli*, par le chevalier DE CHARASSE DE BRASSETIEUX, cabinet de M. F. Brussett.

(2) Archiv. municip. de Beaumont. *Livre des Propriétaires*, de 1477 à la fin du XV° siècle, n°° 2, 77 et 86.

(3) Arch. municip. de Beaumont, *Actes du Cadastre*, de 1513 à 1542, 2 vol. in-4.

(4) *Actes du Cadastre*, de 1598 à 1605.

(5) *Actes du Cadastre* de Beaumont, de 1598 à 1605.

Michel continua d'habiter Beaumont, tandis qu'*Esprit* tansporta son domicile à Malaucène.

Dans les archives de ces deux communes le nom de Saurelli est écrit de différentes manières : Saurel, Sorel, Soreau, Sourel, Sourrel, Saurèou, Saurèu. Les actes rédigés en latin lui donnent les désinences d'un adjectif déclinable.

Etienne Saurel, médecin, arrière-petit-fils d'Esprit et descendant de Bozini à la huitième génération, naquit à Malaucène le 18 avril 1713 et décéda dans cette ville le 28 mars 1777. Nommé consul pour la bourgeoisie, en même temps que J. de Joannis pour la noblesse et J. F. Reynaux pour les artisans et ménagers (1ᵉʳ mai 1749), il avait entrepris, de concert avec ses collègues, la création des belles promenades qui bordent la ville depuis la porte du Théron jusqu'à celle de Roux et dont nous avons parlé ailleurs.

Le vice-légat Pascal Aquaviva, craignant que l'œuvre ne vint à échouer si ces hommes d'initiative étaient remplacés à la fin de leur gestion annuelle, les confirma pour une seconde année : fait unique dans les annales locales. Cette mesure obtint le résultat désiré ; ces premiers travaux furent terminés avant l'expiration de la seconde année, c'est-à-dire avant le 1ᵉʳ mai 1751 (3).

Etienne Saurel eut trois enfants :

1° *Marie-Amable*, née à Malaucène (15 mars 1742), mariée avec Mathias Accarie, orfèvre de Valréas (7 décembre 1773), dont elle eut deux fils : — Mathias-Vincent Accarie, l'aîné, qui s'établit à Valence et dont le petit-fils, M. le docteur Henry Accarie, exerce présentement la médecine dans la même ville, — et Alexis-Raymond Accarie qui se fixa dans la commune de Venterol (Drôme) et chez lequel elle décéda (1815).

2° *André-Michel* (qui suit).

3° *Etienne-Alexis*, greffier de la justice de paix de Malaucène. Né le 8 février 1753, il décéda dans son pays natal au mois de février 1832.

Il avait épousé Marguerite Salomon, de Montélimar (15 février 1779), dont il eut une fille unique *Marie-Marguerite* (10 juillet 1780). Celle-ci contracta mariage avec Jean-Joseph-Balthazar Gleize, du Buis (18 mars 1804). Le seul fils né de cette union les précéda dans la tombe (1826).

André-Michel Saurel, fils d'Etienne, médecin à Malaucène,

---

(1) Archives municipales, *Registres des Délibérations du Conseil*, de 1749 à 1751.

où il était né (19 février 1744) et où il décéda (20 septembre 1815), s'était marié deux fois dans son pays natal. D'abord avec Marie Charrasse, fille de François Charrasse, notaire, et de Gabrielle Rolland (24 février 1767), et, après le décès de celle-ci, avec Marie-Rose-Ginoux, fille de Léonard Ginoux, notaire, et de Marie-Anne Astier (27 août 1776).

Il eut trois filles de sa première union et deux fils de la seconde :

1° *Marie-Rose-Thérèse-Claire-Amable*, née le 28 février 1768, mariée à Jean-Arnoux Guintrandy (20 juin 1786);

2° *Marguerite-Sophie*, née le 20 mai 1774, mariée avec Jean-Joseph Galand (2 décembre 1788);

3° *Marie-Rose-Thérèse*, née le 20 mai 1774, mariée avec François-Hyacinthe Guiméty (19 janvier 1789); décédée à Nîmes, chez son fils l'abbé Félix Guiméty, alors vicaire à la paroisse Sainte-Perpétue (21 mai 1849);

4° *Etienne-Léonard*, médecin dans l'armée française pendant les guerres d'Italie, était né à Malaucène le 19 avril 1777; praticien longtemps très occupé dans son pays; retiré ensuite à Avignon, où il finit ses jours sans laisser de postérité (28 décembre 1866);

5° *André-Ferdinand*, receveur des Douanes à Montpellier, né à Malaucène, le 7 septembre 1783, décédé à Montpellier le 1ᵉʳ avril 1860, a eu cinq fils de son union avec Rosalie Touchy de Saint-Sauveur, de Montpellier (8 avril 1813).

I. — *André-Ferdinand-Charles*, né à Cette, le 28 janvier 1814, reçu docteur en médecine à Montpellier, le 23 décembre 1837 (1), y a collaboré à la *Clinique*, au *Journal de médecine pratique*, à la *Gazette médicale de Montpellier*, à la *Revue thérapeutique du Midi*, éditée par son frère Louis; a collaboré activement, plus tard, à la *Tribune médicale* de Paris, fondée et dirigée par Marchal de Calvi; a publié, en 1845, sous le titre de *Mémoires de Chirurgie et de Physiologie pratiques*, la traduction des premiers *Practical Essays* du savant physiologiste écossais Charles Bell (2); avait été embarqué, un an avant, comme chirurgien des Paquebots-poste de la Méditerranée, dépendant du Ministère des Finances; naufragé sur le *Périclès*, un de ces navires, à Cività-

---

(1) Sa thèse inaugurale a pour titre: *Essais sur la Révulsion et la Dérivation*. Montpellier, Vᵉ Avignon, 1837, in-4° de 28 pages.

(2) *Mémoires de Chirurgie et de Physiologie pratiques, par sir* Charles Bell, *professeur à l'Université d'Edimbourg, traduits de l'anglais*. Montpellier, Castel; Paris, Baillère, 1445.

Vecchia, en 1848; a assisté peu après, jusqu'à la fin, seul étranger avec un Espagnol, à la violation du Quirinal qui détermina la retraite de Pie IX à Gaëte; démissionnaire et marié à L'Isle (Vaucluse), en 1849, à Mélanie Védèche; médaillé pour services rendus dans cette localité et aux environs à l'occasion du terrible choléra de 1854; a participé à la rédaction du journal espagnol *Las Vides Americanas* et de la revue française *La Vigne Américaine*, où il a donné des traductions d'articles italiens relatifs au phylloxera; médaillé à Carpentras, en 1881, pour un procédé facile et pratique d'écussonnage de la vigne, exposé d'abord par lui dans une conférence au même lieu (1) et encore à Avignon, en 1882, à l'occasion du concours régional, sous le patronage de la Société d'Agriculture et d'Horticulture de Vaucluse (2); membre correspondant de cette société; auteur de nombreux articles non signés ou signés d'un pseudonyme. Secrétaire du Conseil municipal de l'Isle, il en rédigea le dire dans l'enquête à propos de l'embranchement de chemin de fer qui devait desservir Apt par Cavaillon ou par l'Isle (3). Cavaillon eut gain de cause, mais la question n'est pas jugée définivement, en ce sens du moins qu'Apt devra être relié directement avec L'Isle par un tronçon de 10 hilomètres allant de cette dernière localité à la gare dite de Maubec. Le Conseil général de Vaucluse l'a déjà demandé et cette solution s'imposera dès que la voie entre L'Isle et Orange par Carpentras sera construite. Le dire de L'Isle sera ainsi justifié.

II. — *Auguste-Gabriel-Raymond*, né à Agde, le 1er juin 1816. Il fit ses études de latinité à Sainte-Garde qu'une ordonnance royale toute récente avait permis d'ériger en petit séminaire. Il avait été attiré par un des co-acquéreurs de cet établissement, son parent, l'abbé Maurin (Joseph-Denis-Xavier), de Mollans, ancien chanoine et capiscol de Vaison, alors aumônier de la succursale de l'Hôtel des Invalides, à Avignon.

Au mois de juillet 1832, le jeune Raymond terminait ses hu-

---

(1) *Conférence sur l'écussonnage aérien de la vigne*, faite le 18 septembre 1881, au Palais-de-Justice, à l'occasion de l'Exposition du Comice agricole. — Bulletin du Comice agricole de l'arrondis ement de Carpentras, 1881.

(2) *Conférence sur le greffage de la vigne* (lundi 8 mai 1882). Extrait du Bulletin de la Société départementale d'Agriculture et d'Horticulture de Vaucluse, in-8°.

(3) *Embranchement d'Apt*. — Observations et délibérations introduites dans l'enquête pendante relativement à cet embranchement par le Conseil municipal de L'Isle. Avignon, Gros, 1866, in-4° de 24 pages.

manités et figurait sur le *Programme de la distribution des prix*, comme le premier élève de sa classe (1).

Sur la fin des vacances qui suivirent, une ordonnance de M⁰ʳ d'Humières régla qu'à Sainte-Garde les études ne seraient plus poussées désormais que jusqu'à la quatrième inclusivement. Lorsque, peu après, cette mesure malencontreuse eut été rapportée, Raymond Saurel était déjà reçu au petit séminaire de Montpellier pour y faire sa rhétorique, sous le costume ecclésiastique.

Il passa l'année suivante au grand séminaire de la même ville, fit ses études philosophiques et théologiques, reçut les ordres mineurs et se disposait à partir pour les missions étrangères.

Rentré dans sa famille à l'époque des vacances, il se rendit un jour avec quelques-uns de ses condisciples à la rivière du Lez, qui passe près de la ville de Montpellier. Il était déchaussé et prenait son bain de pieds (2), lorsque, entendant des cris de détresse poussés par un de ses amis en danger de se noyer, bon nageur et n'écoutant que son courage, il se précipita dans l'eau, sans même prendre le temps de quitter sa soutane. Paralysé tout aussitôt dans ses efforts par le poids de son long vêtement, il ne tarda pas à disparaître!... Les courses lointaines dans les pays de mission n'avaient pas été nécessaires pour donner au ciel un nouveau martyr de la charité fraternelle (7 juillet 1838).

Ce tragique évènement fut un deuil général pour la ville comme on peut en juger par la solennité donnée aux funérailles. Ses condisciples voulurent faire à eux seuls les frais de sa tombe, dans le cimetière du séminaire.

Sur la pierre sépulcrale, ils gravèrent ces trois inscriptions tirées de nos Livres Saints et qui se rapportaient : la première, aux vertus de celui qu'ils pleuraient ; la seconde, à l'affection qu'ils lui avaient vouée durant sa vie et qu'ils lui continuaient après sa mort ; la troisième, à la douleur de sa famille éplorée.

PUER ERAM INGENIOSUS,
SORTITUS SUM ANIMAM BONAM,
VENI AD CORPUS INCOINQUINATUM (*Sap.* VIII, 19).

IN VITA SUA DILEXERUNT SE ;
IN MORTE QUOQUE NON SUNT DIVISI (*Reg.*, I, 23).

FILIUS FUI PATRIS MEI TENELLUS,
UNIGENITUS CORAM MATRE MEA. (*Prov.* IV, 4).

(1) Imprimé à Carpentras...
(2) *Le Courrier du Midi*, journal de Montpellier, N° du 10 juillet 1838.

III. — *Paul-Léonard-Ferdinand*, prêtre, né à Agde (Hérault), le 28 août 1821, fit ses études à Sainte-Garde, au petit séminaire de Montpellier et au grand séminaire d'Avignon. Ordonné prêtre dans cette dernière ville, avec dispense d'âge, le 19 janvier 1845, il exerça longtemps le ministère paroissial dans le diocèse d'Avignon. Forcé de donner des soins à une santé fortement ébranlée, il donna sa démission de la cure d'Entraigues (23 mars 1874) et se rendit à Montpellier où il est aujourd'hui aumônier de l'hôpital Saint-Eloi.

Durant les sept années de son séjour à Avignon, comme vicaire ou aumônier (1851-1858), il dirigea l'œuvre de Saint-Maurice pour les militaires de la garnison (1) et c'est à cette occasion qu'il fit paraître *Le Livre du bon Soldat* (2) et les *Saints Soldats* (3).

Après avoir travaillé plus de quatre ans à la présente *Histoire de Malaucène*, il donnera une *Notice historique sur le Sanctuaire de Notre-Dame du Groseau de Malaucène*.

IV. — *Louis-Jules*, né à Montpellier, le 1ᵉʳ février (4) 1825, manifesta de bonne heure une ardeur extrême pour l'étude, jointe à une intelligence facile, nette, pénétrante.

La science médicale avait pour lui un attrait spécial. Il l'embrassa avec passion (5) et ne tarda pas à cueillir, comme élève, de nombreux lauriers, présage certain de succès ultérieurs (6).

La médecine navale, les longs voyages maritimes avec leurs

---

(1) Cf. *L'Univers*, édition quotidienne, n° du 24 juillet 1852. — Société de la Foi. Séance annuelle du 11 décembre 1853. *Rapport général*, page 30 (Avignon, Aubanel, 1854, in-8° de 40 pages). — *Mémorial de Vaucluse*, journal d'Avignon, n° du 18 mai 1854. — *Annuaire du département de Vaucluse* pour 1863 et années suivantes.

(2) Première édition, vol. in-32 de 192 pages. Avignon, Seguin, 1854. — Deuxième édition, vol. in-32 de 224 pages, Paris, Paulmier, 1856. — Voir, dans la *Revue des Biblioth. paroiss. de la province eccl. d'Avignon*, le n° du 18 février 1854, pages 57-64, l'article signé J. ROUMANILLE et ayant pour titre: L'*Œuvre de Saint-Maurice. A propos du Livre du bon Soldat*, par l'abbé F. SAUREL, *aumônier des Prisons et Directeur de l'Œuvre des Militaires* d'Avignon.

(3) Vol. in-12 de 192 pages. Carpentras, Devillario, 1854.

(4) Et non le 28, ainsi que l'avance par erreur le docteur Girbal dans le *Montpellier Médical* (Tome V).

(5) « Louis Saurel, étudiant en médecine, est entré à l'hôpital Saint-Eloi, « comme élève externe le 5 septembre 1842. Il a été premier externe de droit « depuis le 1ᵉʳ octobre 1842. Il a cessé le 29 février 1844.

(6) Nommé, le 30 mai 1844, chirurgien sous-aide requis, à la suite d'un concours dans lequel il fut classé le second sur un grand nombre de candidats, il n'accepta pas cette position.

péripéties souriaient à cet esprit avide de science, de poésie et d'émotions, et s'offraient à lui comme un idéal à poursuivre.

Après de brillants concours, il était nommé, le 1ᵉʳ avril 1845, Chirurgien entretenu de 3ᵉ classe de la Marine, à Toulon (1), et, le 1ᵉʳ octobre 1848, Chirurgien entretenu de 2ᵉ classe de la Marine, à Brest (2).

C'est dans le premier de ces grades qu'il fit sur l'*Aube*, le *Caraïbe* et l'*Elan* une campagne importante sur les côtes occidentales d'Afrique dont le climat faillit lui être fatal. C'est dans le second qu'il fit, en qualité de Chirurgien-major, une station de vingt-deux mois dans le Rio de la Plata, à bord de l'*Alcibiade*.

Quelques années plus tard, après avoir subi avec distinction ses divers examens, l'élève de Montpellier demanda à la Faculté de sa ville natale le diplôme de docteur en médecine. Sa thèse inaugurale, soutenue le 25 février 1851, sur la *Climatologie médicale de Montevideo* et de la république orientale de l'Uruguay fut accueillie avec une faveur méritée. Elle brille à la fois par la richesse des documents et la légitimité des appréciations.

Rentré au sein de sa famille après huit années d'absence, Louis Saurel renonça, quoique à regret, aux avantages d'une position rapidement acquise et au séduisant prestige d'un avancement assuré et se maria.

Il avait apporté de ses longues excursions un bagage médical qui aurait pu suffire à d'autres ; mais il parut incomplet à ses yeux. A bord des divers bâtiments qui l'avaient transporté dans des plages lointaines, des maladies de tous genres s'étaient offertes. Plusieurs étaient de nature à piquer sa curiosité scientifique ; aussi ne se borna-t-il pas à prodiguer à ses malades les ressources de sa science et de son dévouement. Doué d'une très grande activité, il trouvait au milieu d'occupations sans fin, parfois même en face de périls imminents, assez de temps et de calme d'esprit pour consigner dans des notes l'historique des cas rares, et rédiger avec un soin scrupuleux une masse d'observations précieuses. Tels furent les éléments de son *Traité de Chirurgie navale*.

Loin de faiblir, cet amour des investigations scientifiques, cette ambition d'être utile qui tourmentaient sans relâche sur les flots de l'Océan le jeune chirurgien de marine, n'ont fait que s'accroître dans un milieu plus calme. Dès l'instant qu'il eut renoncé à la mer, il ne rêva rien moins que le professorat. Il s'engagea résolu-

(1) Nommé le 1ᵉʳ sur 19 concurrents.
(2) Nommé le 1ᵉʳ sur 20 concurrents.

ment dans la triple et difficile carrière du concours, du journalisme et de la pratique.

Son talent d'écrivain ne tarda pas à se faire jour. Malgré les mille obstacles qui entravent en province la réussite d'une publication scientifique de longue haleine, la *Revue thérapeutique du Midi*, dirigée par lui avec une persévérance louable de 1852 à 1860, a constamment maintenu sa place élevée dans la presse médicale. Ce précieux recueil bi-mensuel n'a pas peu contribué a répandre les principes féconds d'un vitalisme hippocratique, à la fois traditionnel et progressif; il a mis en relief une foule d'utiles applications thérapeutiques; il a battu en brèche, par une critique parfois acérée, les faux systèmes, les théories dangereuses et le charlatanisme plus ou moins déguisé. Ajoutons que les droits, les devoirs et la dignité de la profession médicale y sont parfaitement compris.

Un concours pour l'agrégation, dans la section chirurgicale, est ouvert à Montpellier en 1855; Saurel se met sur les rangs et dispute vivement la palme. Contre l'attente presque générale, et à cause de ses opinions politiques, il ne sort pas vainqueur de la lice, aussi après la proclamation du jugement, les membres du jury sont-ils accompagnés par les sifflets et les huées des étudiants.

La lutte a mis en lumière la variété des connaissances, la remarquable facilité d'élocution, la verve et le talent d'exposition du candidat.

Deux ans après, il descend de nouveau dans l'arène. Le débat n'est ni moins chaleureux, ni moins brillant; la décision du jury lui est, cette fois, favorable : il est élu agrégé stagiaire. Son entrée en exercice date du 1er janvier 1860.

Les efforts prolongés d'une intelligence toujours en éveil altérèrent peu à peu l'énergie d'une constitution délicate, et Louis Saurel succomba brusquement à la suite d'une longue maladie, le 9 juin de la même année. Sa dépouille mortelle, accompagnée par un nombreux cortège, fut transportée au cimetière de l'hôpital général de Montpellier.

Le docteur Louis Saurel était membre correspondant de la Société de Chirurgie de Paris (21 mars 1855), membre titulaire de l'Académie des Sciences et Lettres et de la Société de Médecine pratique de Montpellier, membre correspondant de l'Académie royale de Médecine et de Chirurgie de Madrid, de la Société des Sciences médicales et naturelles de Bruxelles, des Sociétés de Médecine de Paris (19 juin 1856), d'Anvers, de Bordeaux, de Bruges, de Gand, de Marseille, de Nîmes, de Poitiers, etc.

Parmi les publications du Dʳ Louis Saurel, nous citerons les suivantes :

1° *Chirurgie navale* ou *Etudes cliniques sur les maladies chirurgicales que l'on observe le plus communément à bord des bâtiments de guerre*, 1 vol. in-8° de 320 pages. Paris et Montpellier, 1853.

Le succès de cet ouvrage et les félicitations qu'il valut à son auteur l'engagèrent à lui donner de plus grands développements, à le compléter pour arriver à en faire un traité classique de chirurgie navale. Dès l'année 1857 il s'était entendu avec la maison Baillère, de Paris, pour les détails relatifs à l'impression. Sa mort prématurée ne lui permit point de mettre la dernière main à cette œuvre de longue haleine. Les éditeurs firent appel au savoir et à l'obligeance de deux professeurs des écoles de médecine navale. Tous deux comprirent qu'il s'agissait d'un livre utile, et, se rappelant que Saurel avait été un des leurs, ils acceptèrent cette tâche imposée en même temps à leur savoir et à leur cœur. L'un d'eux, M. Leroy de Mirécourt, voulut bien se charger du soin de revoir le manuscrit sans en modifier le fond, ni la forme. Le second, M. Brochard, ajouta comme appendice un mémoire qui a pour titre : *Du Service chirurgical en temps de guerre*.

Ce livre, revu et complété par des hommes compétents, illustré de 106 planches intercalées dans le texte, est devenu le manuel des médecins de la marine. Il a pour titre : *Traité de Chirurgie navale*. Paris, J.-B. Baillère et fils, 1861. in-8° de 600 pages.

2° *Note sur les Conditions sanitaires des possessions de la France au Gabon*, in-8° de 38 pages. Montpellier, 1847.

3° *Du Goître et du Crétinisme*, in-8° de 164 pages. Montpellier, 1851.

4° *Recherches d'Hydrographie médicale*, in-8° de 51 pages. Montpellier, 1851.

5° *Observations sur le Priapisme et l'Impuissance*, in-8° de 15 pages. Montpellier, 1851.

6° *Essai d'une Climatologie médicale de Montevideo et de la République orientale de l'Urugay*. (Thèse inaugurale pour le doctorat en médecine qui obtint de la Faculté de médecine la mention *très-bien*), in-8° de 164 pages. Montpellier, 1851.

7° *Exposé historique et critique de la Vaccination syphilitique et de la Syphilisation*, in-8° de 32 pages. Montpellier, 1852.

8° *Observations de Chirurgie pratique*, traduites de l'espagnol et accompagnées de notes, in-8° de 38 pages avec figures. Montpellier, 1852.

9° *Lettre sur l'Anatomisme et le Vitalisme*, adressée à M. le D' Amédée Latour, rédacteur en chef de l'*Union médicale*, in-8° de 16 pages. Montpellier, 1852.

10° *De la rigidité du col de l'Utérus dans les cas d'eclampsie, avant ou pendant l'accouchement, et du traitement qui lui convient*, in-8° de 24 pages. Paris, 1852.

11° *Notice historique, topographique et médicale sur les bains de mer de Palavas, près Montpellier*, in-8° de 51 pages. Montpellier, 1851.

12° *Mémoire sur les luxations des Cartilages costaux*, in-8° de 48 pages. Paris et Montpellier, 1854.

13° *Observation clinique suivie de réflexions sur un cas de Paralysie musculaire atrophique, guérie par l'usage de l'électricité et les eaux minérales de Balaruc*, in-8° de 32 pages. Montpellier, 1854.

14° *Des Fluxions au point de vue chirurgical* (thèse de concours pour l'agrégation en chirurgie), in-8° de 154 pages. Montpellier, 1855.

15° *Mémoire sur les Fractures des membres par armes à feu, suivi d'observations, pour servir à l'histoire des blessures par armes de guerre*, in-8° de 148 pages. Paris et Montpellier, 1856.

16° *Du traitement de la Pourriture d'hôpital au moyen des applications topiques de teinture d'iode*, in-8° de 16 pages. Montpellier, 1856.

17° *Du microscope au point de vue de ses applications à la connaissance et au traitement des Maladies chirurgicales*, in-8° de 148 pages. Paris et Londres, 1857.

18° *De l'importance de l'Ophthalmologie*, in-8° de 36 pages. Paris et Montpellier, 1858.

19° *Mémoire sur les Tumeurs des gencives connues sous le nom d'épulies*, in-8° de 58 pages. Paris et Montpellier, 1858.

Nous mentionnerons aussi quelques écrits divers, publiés dans les journaux de médecine, et entr'autres :

1° *Mémoire sur les applications de la Méthode anesthésique au traitement des maladies internes* (*Gazette médicale* de Paris 1854, n°° 6, 7, 11, 12 et 13).

2° *Quelques mots sur la thérapeutique des Fièvres de la côte occidentale d'Afrique* (*Gazette médicale de Montpellier et Gazette des Hopitaux*, 1848).

3° *Note sur une variété du Pian* (*Annales de Thérapeutique et de Toxologie*, 1848).

4° *Luxation du coude en arrière et en dehors ; réduction sans le secours d'aides et par un procédé particulier (Annales de Thérapeutique et de Toxocologie*, 1848).

5° *De la Médecine et des médecins en Espagne (Gazette médicale de Montpellier*, 1852).

6° *Effet du Coït après une amputation (Presse médicale Belge* 1852).

7° *Oblitération complète par adhérence des Parois du vagin chez une femme âgée (Journal de médecine de Bruxelles et Gazette des Hôpitaux*, 1854).

8° *Lettre sur les Viandes de la Plata, au point de vue de leur préparation et de leurs usages (Journal de médecine de Bruxelles*, 1854).

Nous négligeons, pour en finir, d'indiquer nombre d'articles insérés soit dans la *Gazette médicale de Montpellier*, soit dans la *Revue thérapeutique du Midi*, reproduits pour la plupart dans d'autres journaux de médecine. On en trouvera la longue liste, dans l'*Exposé des titres, des services et des travaux scientifiques du Dr Louis Saurel*, in-8° de 16 pages. Montpellier, 1857.

La famille Saurel possède plusieurs manuscrits du même auteur et en particulier le recueil des lettres qu'il lui adressa pendant ses courses lointaines et qui forment deux volumes in-8°.

(*Montpellier Médical*, Tome V. et Archives domestiques de la famille Saurel).

V. — *Auguste-Marie-Alfred*, né à Montpellier (Hérault), le 7 Octobre 1827.

Habitué par son père, dès sa première enfance, à l'idée qu'il ne serait jamais qu'un employé d'administration publique, comme lui, il s'attacha peu à obtenir des succès scolaires et après avoir été un élève médiocre dans diverses institutions, il se mit en mesure de subir ses examens pour entrer dans les Douanes.

A peine âgé de dix-huit ans, il enleva au concours le titre de surnuméraire, et dix-huit mois après, il était nommé Receveur à Port-Cros, l'une des îles d'Hyères.

L'avancement s'obtenait alors très difficilement dans cette administration ; aussi pour arriver à la position qu'il occupe encore aujourd'hui, dut-il subir des changements nombreux. On l'a vu courir de poste en poste : Mèze, Béziers, Agde, Cette, Aigues-Mortes, Septèmes, Marseille, Cassis, Port-de-Bouc, Marseille une seconde fois, Perpignan, Marseille une troisième fois, Lorient, Le Hâvre, Marseille une quatrième fois.

Contrairement à l'horoscope de son père, Alfred Saurel aurait été apte à faire tout plutôt qu'un employé des Douanes, car il cultiva les Beaux-Arts : la sculpture, la peinture, la musique, la littérature devinrent ses occupations favorites, d'autant mieux que la raideur de son caractère l'éloigna de ces actes de servilisme qui, pour le plus grand nombre des fonctionnaires publics, sont les seuls titres qu'ils puissent présenter pour arriver aux emplois supérieurs.

Tout en remplissant avec honneur et dignité toutes ses obligations, Alfred Saurel collabora d'abord à un grand nombre de petits journaux, puis, livré à lui-même et forcé de vivre dans des villages, il s'adonna à la statistique, à l'histoire et à l'archéologie.

Mais ses goûts purement littéraires ont repris plusieurs fois le dessus et c'est ainsi qu'il a fait représenter sur divers théâtres plusieurs des pièces dont voici l'énumération :

1° *Une écriture indéchiffrable*, comédie-vaudeville en deux actes, 1859.

2° *Les démolisseurs de la rue Noailles*, vaudeville en un acte, 1860.

3° *Le Temple de Janus*, vaudeville en un acte, 1860 (Gymnase de Marseille).

4° *Le Petit Argus*, vaudeville en un acte, 1860.

5° *Le Bourgeois de la Plaine*, vaudeville en un acte, 1860 (Théâtre-Chave).

6° *Le poste à feu*, comédie en un acte, 1861.

7° *Il a les cheveux rouges*, comédie en un acte, 1861.

8° *Le Désespoir de la Bôve*, revue Lorientaise en deux actes et 5 tableaux de l'année 1864-1865 (Théâtre de Lorient).

9° *Le Pardon de la Victoire*, drame historique en trois actes et en prose, 1865 (Théâtre de Lorient).

10° *Spartacus*, monologue en un acte et en vers, 1866 (Théâtre de Lorient).

11° *Les Caquets de la rue des Fontaines*, revue Lorientaise de l'année 1866, en 4 actes et 5 tableaux et un prologue en vers, 1867 (Théâtre de Lorient).

12° *Tête rouge mauvais cœur*, comédie en un acte, 1868 (Théâtre du Hâvre).

13° *Pierrot Gendarme*, pantomime en un acte. 1870.

Alfred Saurel n'a peut-être pas dit son dernier mot en fait de théâtre, car il détient en portefeuille :

14° *Les Femmes et la Bourse*, comédie de mœurs, en un acte et en prose.

15° *Le Rubis de Syrie*, féerie en six actes et vingt sept tableaux.
16° *Henriot et Fleurette*, opérette en trois actes.
17° *Une boite à mariages*, vaudeville en un acte.

Voici la liste des ouvrages historiques, statistiques et archéologiques d'Alfred Saurel, présentée par ordre alphabétique :

1° *Almanach-Guide de Marseille et du Département des Bouches-du-Rhône*, 3 vol. in-32 de 170 pages chacun. Années 1870, 1871, 1872.

2° *Annuaire de Lorient et de son arrondissement*, vol. in-32 de 132 pages. Lorient, 1867.

3° *Catalogue raisonné des objets contenus dans le musée d'Archéologie de Marseille*, avec un plan et deux gravures (en collaboration avec *M. Penon*), broch. in-12 de 72 pages. Marseille, 1876.

4° *Constructions romaines. — Anciennes églises des Bouches-du-Rhône. — Grottes préhistoriques des Bouches-du-Rhône*, broch. in-8° de 68 pages. Tours, Paul Bousrez, 1883.

5° *De la culture de l'oranger en Provence et du commerce des oranges à Marseille*, broch. in-8° de 44 pages. Marseille, 1873. (Médaille d'argent.)

6° *Des réformes à apporter à la législation des annonces judiciaires et légales*, broch. in-8° de 20 pages. Marseille, 1872.

7° *Dictionnaire des villes, villages et hameaux du Département des Bouches-du-Rhône*, avec cartes, plans, dessins et gravures, publié sous le patronage du Conseil général (Médaille d'or).

Tome I, grand in-8°, à 2 colonnes, de 390 pages. Marseille, 1877. — *Tome II*, grand in-8°, à 2 colonnes, de 416 pages. Marseille, 1879. — *Tome III*. (Sous presse.) — *Tome IV*. (En préparation.)

8° *Du rôle que joue le chien dans la société et de l'influence qu'il exerce sur la civilisation*, broch. in-12 de 24 pages. Marseille, 1871.

9° *Fossœ Marianœ ou Recherches sur les travaux de Marius aux embouchures du Rhône*, brochure in-8° de 52 pages, avec cartes et plans. Marseille, 1865. (Médaille d'or.)

10° *Géographie du Département des Bouches-du-Rhône*, vol. in-18 de 64 pages, avec cartes, plans et gravures, publié par la Maison L. Hachette. Paris, 1878. — 5 éditions.

11° *Guide de l'Etranger à Lorient*, avec une carte du département du Morbihan, vol. in-16 de 138 pages. Lorient, 1871.

12° *La Banlieue de Marseille*, ornée de cartes et dessins, vol. grand in-8°, à 2 colonnes, de 212 pages. Marseille, 1878.

13° *La consommation des Fraises à Marseille*, broch. in-8° de 12 pages. Marseille, 1872.

14° *La Penne, la Pennelle et le général Pennelus*, broch. in-8° de 28 pages, avec cinq photographies par le même. Marseille, 1872.

15° *La Vallée de l'Huveaune*, broch. in-8° de 44 pages. Marseille, 1872.

16° *Les Bains de Mer*, la Plage de Trouville et la Plage du Prado, broch. in-8° de 24 pages. Marseille, 1871.

17° *L'Hôpital n'est pas fait pour les chiens*, boutade, broch. in-8° de 8 pages. Marseille, 1871.

18° *Lorient et les Lorientais*, vol. in-18 anglais de 153 pages. Lorient, 1867.

19° *Manuel de l'Etranger dans la ville d'Aix*, broch. in-32 de 36 pages. Marseille, 1871.

20° *Manuel de l'Etranger dans la ville d'Arles et son territoire*, vol. in-32 de 116 pages. Marseille, 1873.

21° *Manuel de l'Etranger dans la ville de Tarascon et son territoire*, broch. in-32 de 48 pages. Marseille, 1873.

22° *Manuel de l'Etranger dans les rues de la ville et de la banlieue de Marseille*, vol. in-32. — 11 éditions.

23° *Maritima Avaticorum* ou *Recherches sur une ville morte dans la commune de Saint-Mitre (Bouches-du-Rhône)*, broch. in-8° de 48 pages, ornée de gravures. Tours, 1877.

24° *Marseille contemporaine* (extrait du *Tour-de-France*), in-4° de 160 pages, illustrée de gravures. Paris, 1876.

25° *Marseille et sa banlieue*, vol. in-32 de 140 pages. Marseille, 1870.

26° *Marseille et ses environs*, vol. in-32 de 312 pages, 28 vues, 2 plans. Paris (Collection Joanne), 1" édition, 1870 ; 2"" édition, 1875 ; 3"" édition, 1878 ; 4"" édition, 1880 ; 5° édition 1881 ; 6° édition 1883.

27° *Marseille visitée en 24 heures*, broch. in-12 de 22 pages, avec plan. Marseille, 1875. — 2° édition, 1879.

28° *Mémoire à propos d'une inscription romaine*, broch. in-8° de 20 pages. Marseille, 1857.

29° *Notice historique sur le Château-Borély*, ornée de vues et de plans, broch. in-8° de 40 pages. Marseille, 1876.

30° *Notice sur la commune et sur les eaux minérales de Propiac (Drôme)*, broch. in-12 de 64 pages. Avignon, 1862.

31° *Notice historique sur Saint-Jean-de-Garguier, l'abbaye de Saint-Pons et Gémenos*, broch. grand in-8° de 76 pages. Marseille, 1863. (Mention honorable.)

32° *Petites Notices sur tous les Monuments et les Edifices publics de Marseille*, broch. in-32 de 36 pages. Marseille, 1879.

33° *Raolin* ou *Aperçu historique sur la République marseillaise au XIII° siècle*, broch. in-8° de 32 pages. Marseille, 1877.

34° *Rapport sur le tableau général du commerce de la France* avec ses colonies et les puissances étrangères, pendant l'année 1868, suivi d'un rapport sur le Cabotage, broch. in-8° de 20 pages. Marseille, 1871.

35° *Répertoire de l'histoire de Cassis*, broch. in-8° de 76 pages. Marseille, 1857.

36° *Roux de Corse* ou Notice historique et biographique sur Georges de Roux, marquis de Brue, négociant et armateur marseillais (1703-1792) broch. in-8° de 58 pages. Marseille, 1870.

37° *Statistique de la commune de Cassis*, vol. in-8° de 252 pages. Marseille, 1857. (Médaille de Vermeil.)

38° *Venise en Provence*, Histoire de Martigues et de Port-de-Bouc, volume de 164 pages, petit in-8°. Marseille, 1862. (Mention honorable.)

Alfred Saurel a collaboré en outre à la présente *Histoire de Malaucène* et a prêté son concours à son frère l'abbé Ferdinand Saurel, en ce qui concerne surtout la topographie, les époques celtique et romaine et le dessin des plans de la commune et de la ville.

Après s'être essayé dans plusieurs petites feuilles littéraires depuis longtemps disparues et avoir été rédacteur en chef de la *Publicité*, journal littéraire de Marseille, et avoir fourni de nombreux articles à *l'Égalité*, au *Citoyen*, au *Petit Marseillais*, à la *Gazette du Midi*, etc., de la même ville, Alfred Saurel a créé à Marseille les premiers journaux illustrés qu'on y ait vus :

1° *La Provence à travers champs* (Juillet 1880.)

2° *La Provence illustrée* (Novembre 1880.)

Au moment où nous écrivons ces lignes, Alfred Saurel est à la tête d'une autre publication littéraire qu'il a fondée au mois de Mars 1883 :

3° *La Provence poétique, biographique et littéraire*, journal bi-hebdomadaire, organe des *Petits Jeux Floraux de Marseille* et Moniteur des concours poétiques et littéraires de France.

Il fait paraître en outre par séries, format in-32, une suite d'*Excursions* sous le titre de :

52 Dimanches et 4 fêtes chômées autour de Marseille et dans le département des Bouches-du-Rhône, avec cartes, plans et armoiries.

Collaborateur assidu de M. Adolphe Joanne et de M. Paul Joanne, son fils et successeur, Alfred Saurel est chargé de la rédaction de tout ce qui est relatif au département des Bouches-du-Rhône, dans les divers ouvrages publiés par la maison L. Hachette et C¹ᵉ.

Membre titulaire ou correspondant d'un très grand nombre de Sociétés savantes et littéraires, Alfred Saurel a remporté dans les concours académiques ou régionaux où il a présenté des travaux :

Deux diplômes d'honneur, deux médailles d'or, une médaille de vermeil, une médaille d'argent, diverses mentions, etc.

En 1882, il a fondé la *Société des Petits Jeux floraux de Marseille* dont le succès est désormais assuré et qui ouvre chaque année deux grands concours poétiques et littéraires.

Auguste-Marie-Alfred Saurel a épousé, le 28 septembre 1858, *Justine-Louise Rey*, de Marseille, arrière-petite-fille de Léonard Ginoux, notaire, de Malaucène.

ARMES : *D'argent à une tour maçonnée de sable.*

SAUVAN.

La famille Sauvan ou Salvan (*Salvanhi*) était fort ancienne dans le pays et y jouissait d'une grande considération. Elle prospéra surtout dans les XV° et XVI° siècles (1), et donna son nom à tout un réseau de voies publiques dans la partie sud-est de la ville.

SEGUIN OU SEGUINS (DE).

Ce nom (en latin *Seguinus*) est dérivé de la langue germanique et signifie *victorieux*. Comme tous les surnoms, qu'ils expriment des qualités morales ou physiques, bonnes ou mauvaises, celui-ci s'est rapidement propagé. M. Auguste-Edmond, comte de Seguins, marquis de Vassieux, dont tout le monde reconnaît la haute compétence en fait de science héraldique, a trouvé en France vingt-et-une familles nobles de Seguin ou Seguins.

Nous rencontrons cette appellation patronymique à Malaucène vers le milieu du XIII° siècle et un peu plus tard sur les deux rives du Rhône, dans le Vivarais, le Comtat et la Provence.

(1) *Pièces justificatives*, N° II.

Antoine Seguini est désigné comme conseiller du clergé de Malaucène, dans le grand parlement tenu le 18 février 1375 (1).

Vital Seguin, de Villeneuve-de-Berg, en Vivarais, fonde et dote richement une chapelle dédiée à Sainte-Madeleine, dans l'église cathédrale de Viviers, en 1360 (2).

Jacques Seguin ou des Seguins, Damoiseau, conseiller pour l'ordre des nobles, est nommé consul de Tarascon, en 1387 (3).

Antoine Seguin, un des petits-fils du précédent, s'établit à Valréas, vers 1460, et un autre fixe son domicile à Carpentras, en 1502 (4).

D'où sont venues dans le Sud-Est de la France toutes ces différentes familles ? Pithon Curt et le docteur Giberti les croient d'origine vénitienne, mais ne donnent aucune preuve de leur sentiment. M. de Laffore au contraire dit et démontre qu'elles sortent de la Réole, en Guienne. Ceci nous paraît au-dessus de toute constestation, M. le marquis de Seguins-Vassieux ayant en mains de nombreux documents qui remontent jusqu'à une époque très-reculée et qui s'arrêtent à *Vital Seguin*, créé par Charlemagne, comte de Bordeaux et de Saintes, duc des Gascons Navarrais, en 778.

Le blason des Seguins de la Réole, conforme à celui des Seguins des bords du Rhône, figurait à Fontainebleau dans la salle où Henri IV avait fait peindre les armes des maisons alliées à la famille royale de Navarre.

ARMES : *D'Azur, à la colombe* (5) *huppée, d'argent, essorante becquée et onglée de gueules, accompagnée de sept étoiles d'or, quatre rangées en chef, trois en pointe.* DEVISE : *Tendit ad sidera virtus;* Alias : *Sola salus servire Deo.*

(Archives municipales de Malaucène, de la Réole et de Bordeaux. — Archives domestiques de M. le marquis A.-E. de Seguins-Vassieux, de Carpentras. — PITHON CURT. — GIBERTI, *Histoire de la ville de Pernes.* manuscrit de la bibliothèque de Carpentras. — BARJAVEL. — FANTONI. — EXPILLY. — Le P. ANSELME. — D'HOZIER. — LA CHENAYE DES BOIS. — CHORIER. — ALLARD. — BOREL D'HAUTERIVE, *Annuaire de la Noblesse*, 1858. — *Revue d'Aquitaine*, N° du 20 juillet 1862, etc., etc.)

(1) *Pièces justicatives*, N° XV.
(2) L'abbé MOLLIER, *Hist. de la ville de Villeneuve-de-Berg.* Avignon, Aubanel, 1866, in-8° de 450 pages.
(3) DE LAFFORE, *Nobiliaire de Guyenne et de Gascogne*, T. III. Paris, Dumoulin, 1863, in-4°.
(4) BARJAVEL, *Bio-Bibliographie Vauclusienne*, II, 400.
(5) Ce symbole ne saurait être identifié avec les oiseaux mal gravés ou mal peints, dans lesquels les généalogistes ont vu une poule, une cane, une huppe.

Serre de Saunier (de)

La maison de Serre est originaire d'Orange. Elle fit preuve de noblesse en 1620.

Le 24 mai 1694, *Aymard de Serre* épousa, à Malaucène, Elisabeth de Saunier (fille de Philippe et de Gabrielle de Martinel). Elisabeth avait un seul frère, *Sébastien de Saunier*, lequel, après s'être marié le 2 février 1707 avec Marie de Joannis (fille d'Alexandre et de Spirite-Magdeleine de Bonadona), mourut sans postérité, désignant pour héritier de ses biens et de ses titres *Joseph-Sebastien de Serre,* son neveu.

Sébastien de Saunier était baron de Violès, seigneur de Saint-Marcel et Saint-Mantoul, marquis de Gras, grand bailli du Vivarais, chevalier de Saint-Louis et citoyen de la ville du Bourg-Saint-Andéol (1).

L'hôtel des *Serre de Saunier* était situé, à Malaucène, en face de la mairie actuelle et servit assez souvent de pied-à-terre aux évêques de Vaison et aux grands dignitaires de la légation et de la rectorerie.

Leur tombeau, placé dans la chapelle Saint-Michel, à la paroisse, était indiqué par une pierre sculptée aux armes de cette famille. Lors des derniers dallages des chapelles on fit disparaître cet écusson. M. Chastel Saint-Bonnet le réclama pour le conserver dans son musée lapidaire.

Armes : *D'Argent, à trois chevrons de gueules posés 2 et 1, surmontés d'une étoile de même, entre deux demi-vols de sable.*
Supports : *Deux aigles tenant dans leurs serres deux drapeaux.*

(Archives municipales, anciens registres de la paroisse. — Archives domestiques de la famille Brussett.)

Serres (de)

Bernardon de Serres, seigneur de Malaucène dont nous avons longuement parlé (2) était, à ce que l'on dit, originaire de Gênes et natif d'Agen.

Il s'était marié, vers l'an 1412, avec Romaine de Baschi, fille de Guichard de Baschi, d'une ancienne famille d'Ombrie. Il survécut

(1) Voir les actes passés, le 5 janvier et le 27 juin 1758, devant J.-F. Camaret, notaire à Malaucène ; étude de M° Ferrat.
(2) Tome I**er**, page 233.

peu de temps à la célébration de son mariage et ne laissa point de postérité.

La descendance des Serres fut continuée par Garciot ou Garcias, frère de Bernardon. Pithon Curt en a donné l'arbre généalogique (1).

Quant à Romaine de Baschi, devenue veuve, elle ne tarda pas à se remarier et prit pour époux Guilhem de Forcalquier, seigneur de Viens (2). En 1425, elle fit cession à Jean d'Urre co-seigneur de Vinsobres de tous ses droits sur la seigneurie de Mollans (Château-supérieur), droits que Bernardon de Serres avait acquis au prix de 4,000 florins d'or, en 1407 (3).

ARMES : *D'Argent, à la fasce de sable.*

(A. VINCENT, *Notice historique sur Mollans,* passim. — *Gallia Christiana,* aux Evêques de Vaison. — P. COLUMBI. — P. BOYER. — PITHON CURT. — FANTONI.)

SIAUD.

L'abbé *Joseph-Andéol Siaud* était né en 1818, à Malaucène, d'une famille grenobloise, établie dans le pays au commencement du XVIII° siècle. Il reçut les premiers éléments de latinité de l'abbé Pellegrin, alors vicaire de la paroisse, et plus tard chanoine à la métropole d'Avignon. Après des études ecclésiastiques parcourues dans toute leur étendue avec les plus grands succès au petit et au grand séminaire d'Avignon, l'abbé Siaud fut nommé vicaire à Caromb, où il créa un cercle religieux pour les jeunes gens, et

(1) *Hist. de la Noblesse du Comté Venaissin,* Tome III, page 264.
(2) Sede vacante. Pro Andrineto de Platea, accapitum.

« Die secunda mensis madii 1416, nobiles et potentes Domini Dominus
« Guillelmus de Folqualquerio dominus de Viens, et Domina Romana de
« Baschi, condomina de Mollanis, *conjuges* ; ipsa cum auctoritate... ambo
« eorum dederunt dicto Andrineto presenti ad accapitum et emphiteosim
« perpetuam quoddam planterium vinee scitum in territorio Malaucene, loco
« dicto ad collum Ronini ; juxta vineam et viridarium olivariorum Petri
« Ariberti, et juxta et subtus nobilem Arnaudi Soucherii, et juxta iter pu-
« blicum, pro accapito unius cabridi de quo fuerunt contenti... Salvo tamen
« dominio et senhoria... et census et servicii trium denariorum currentium
« solvendorum... Promiserunt accedere... et dictus Andrinetus promisit
« meliorare... Obligantes dictum planterium et ejus melioramentum...
« Actum Mollanis in castro predictorum dominorum *conjugum*. Presentibus
« Domino Johanne Mercerii, monacho monasterii de Casa-Deo, in Alvernhia
« et Marino Alberti, dicti loci de Mollanis, testibus... et me Girardo Ber-
« mundi, notario predicto ».

(En l'étude de M° Souchon, notaire à Malaucène.)
(3) A. VINCENT, *Notice hist. sur Mollans,* page 13.

ensuite à Saint-Didier d'Avignon où il se fit aimer par la douceur de ses manières, la rectitude de son jugement et la solidité de ses prédications. Atteint depuis longtemps d'une affection laryngée, ses supérieurs pensèrent que l'air pur de la campagne et un demi-repos suffiraient au rétablissement de sa santé et le nommèrent à la petite succursale de Modène, tout à côté de Caromb où il avait laissé de nombreux amis. Bientôt on crut la maladie enrayée ; on se trompait. Placé à la tête de la succursale de Jonquières dans des circonstances critiques, il lutta contre les obstacles et les surmonta ; mais il ne tarda pas à succomber (16 janvier 1858), avant d'avoir atteint la quarantième année de son âge. Son éloge est tout entier dans ces quelques mots sortis de la bouche des habitants de Jonquières : « Nous ne regrettons que de l'avoir connu. »

(*Revue des Biblioth. Paroiss. d'Avignon*, N° du 31 janvier 1858.)

Soubirats ou Sobirats (de).

Pithon Curt donne l'arbre généalogique de cette famille (1) établie à Malaucène en la personne de Denis de *Subeirassio*, en 1572.

On peut voir à notre article d'*Astier* ce qui a rapport à la famille d'*Astier de Soubirats*.

Armes : *D'or, au coq de sable, crêté et barbelé de gueules, posé sur une montagne de six copeaux de sable.*

Souchière Soucherii.

Dès le milieu du XIII° siècle, la noble famille de Souchière occupait dans le pays un des premiers rangs.

Gauffridi Souchière, damoiseau, *domicellus*, assista comme syndic de la noblesse à l'acte de délimitation des territoires de Malaucène d'une part et d'Entrechaux et du Crestet de l'autre (1281). Il intervint en la même qualité au prononcé de la sentence de Guillaume de Villaret, premier recteur du comté Venaissin, au sujet des pâturages de Malaucène et de Beaumont et des procès survenus entre les habitants de ces deux communes relativement à leur usage (1282).

Pierre Souchière, fils de *Raymond de Saint-Michel* (2), chevalier, céda par acte public à la Communauté tous les droits qu'il

---

(1) *Hist. de la Noblesse* etc. Tome III, page 342.
(2) « Petrus Soucherii filius quondam D. Raymundi de sancto Micahele, militis. »

possédait par indivis avec d'autres seigneurs, sur les tasques de Veaulx, Arnoux et Vesc (1286).

Raymond fut désigné par ses concitoyens pour être syndic de la noblesse, lors de la première nomination de deux syndics et de huit conseillers annuels (1375), conformément à ce qui avait été réglé par Philippe de Cabassole.

Arnaud, syndic de la noblesse en 1426, nous paraît avoir été le dernier rejeton mâle de l'antique maison des Souchière de Malaucène. Il eut une fille, nommée Marguerite, mariée vers 1417 avec Siffrein du Puy. Un grand nombre d'actes notariés présentent Arnaud et Siffrein agissant de concert et solidairement; ce dernier comme époux de Marguerite Souchière (1).

(Voir nos *Pièces justificatives* aux dates ci-dessus indiquées. — Les minutes de Girard Bermond de 1415 à 1418, f⁰⁸ 32, 72, 74, 79, 80. — Archives du département de Vaucluse, Fonds de Malaucène, *Chartier*.)

Souchon.

Famille originaire d'Orange et transplantée à Malaucène en 1814 en la personne de *Souchon* (*Denis-Antoine-Marie*), licencié en droit. Il fit l'acquisition d'une étude de notaire qu'il géra pendant vingt ans et qu'il transmit à son fils *Antoine Louis*.

Cette étude, fort riche en vieux manuscrits, est actuellement entre les mains de M. *Souchon* (*Louis-François-Marius*), fils du précédent. Elle nous a été d'une très grande utilité pour nos recherches relatives aux XIIIe XIVe, XVe et XVIe siècles. Les nombreux protocoles dans lesquels il nous a été permis de fouiller ne sont point catalogués et ne figurent point sur la liste que nous avons donnée plus haut, à l'article Notaires.

M. *Souchon* (Auguste), frère du précédent, greffier en chef près le tribunal civil de Carpentras, est propriétaire du beau domaine de la Madeleine, ancien prieuré de Bénédictins. Nous lui devons des remerciements pour le concours obligeant qu'il a bien voulu prêter à notre œuvre.

La poésie et la musique sont en grand honneur dans la famille Souchon.

(1) « Die VII novembris (1417). Nobiles Arnaudus Soucherii et Siffredus de
« Podio ut vir et conjuncta persona nobilis Margarite ejus uxoris, filie dicti
« nobilis Arnaudi, tam conjunctim quam divisim, dederunt etc. » *(Protocollum Girardi Bermundi*, f⁰ 59. En l'étude de M⁰ Souchon.)

Syndics et Consuls

I. — Syndics.

1253 Chaberlin. — Mévouillon, *Medulho* (Raymond) *Nobilis*. — Syméon (Pierre). — Sauvan, *Salvanhi*.
1270 Amic, *Amici*, (Pierre) *Nobilis*. — Sanchoandi (Bertrand), damoiseau, *domicellus*. — Olivier, *Oliverii*, (Guilhem). — Audubert (Raymond).
1279 Ambert (Raymond).
1281 Sanchoandi (Bertrand). — Souchière. *Soucherii*, (Gauffride), damoiseau. — Olivier (Guilhem). — Gerin, *Girini*, (Raymond).
1296 Galleti (Guillaume). — Hugonis (Pons).
1359 Faraudi (Hugues) *Nobilis*. — Constant (Rostang) *Magister Rost Constancii, notarius.*
1375 Souchière (Raymond) *Nobilis*. — Tonne (Guillaume) *Magister G. Tonna, notarius.*
1406 Poyol (Bermond) *Nobilis*. — Alboïn (Pierre).
1413 Romey de Cavaillon (Elzear) *Nobilis*. — Miraillet (Roulet).
1417 Châteauneuf (Antoine de) *Nobilis A. de Castronovo*. — Buxi (Etienne).
1426 Souchière (Arnaud) *Nobilis A. Soucherii*. — Berbiguier (Rican), *Ricanus Berbigerii.*
1427 Garini (Pierre), remplacé par Dya (Antoine). — Tonne (Etienne).
1428 Poyol (Bermond) *Nobilis*. — Laurent (Guillaume).
1429 Puy (Jean du) *Nobilis J. de Podio*. — Bonéti (Jean).
1430 Chauvelli (Jean). — Buxi (Etienne).
1432 Duroni de la Calvinette. — Gaymar (Antoine).
1433 Rémusat (Antoine de) *Nobilis*. — Linerii (Jacques).
1434 Luynes (Guillaume) *Nobilis G. Loyni*.
1435 Clément (Guillaume). — Michel (Pierre).
1436 Girard (Pierre). — Fornéry (Guillaume).
1437 Berbigier (Rican). — Charrasse (Baudon) fils. — Charrasse (Antoine) père.
1438 Fornéry (Guillaume). — Nègre, *Nigri*, (Antoine). — Astaud (Guillaume).
1444 Bonéti (Amédée). — André (Hugues).
1445 Jausserand (Guillaume). — Bélissard (Louis).
1446 Méyr (Jean) *alias Chalancon*. — Giraud (Antoine), *Sabbaterius*.
1447 Rémusat (Antoine de) *Nobilis*. — Franconis (Antoine) *alias Linerii*.
1448 Gaudibert (Guillaume). — Michelier (Hugues) *Hugo Micheleti*.
1449 Gaymar (Antoine). — Sauvan (Guillaume) *Guillelmus Sauvanhi*.
1450 Nègre (Antoine). — Comte (Pons) *Poncius Comitis*.
1457 Gaymard (Antoine). — Joannis (Monet) *Monetus*.
1458 Boneti (Jean) dit *Bigaudi*. — Filiol (Antoine).
1459 Comte (Pons). — Charbonnel (Jean).

1460 Girard (Jean). — Albert (Gaspard), remplacé par Giraudi (Antoine).
1480 Dalberte (Antoine).
1493 Daulmas (Bertrand) *Bertrandus Dalmatii*.
1496 Daulmas (Bertrand). — Girard (Jean).
1500 Martinel (Jacques) *Martinelli*. — Buffanturi (Thomas) *Magister Buffanturi*.
1518 Augier (Jean) *Augerii*. — Astier (Gautier) *Gauterius Asterii*.
1520 Sigaudi (Antoine). — Martinel (Denis).
1528 Espine (Michel de l'), seigneur d'Aulan. — Gaudibert, notaire.
1529 Charrasse (Jacques). — Hugonis (Ambroise).
1530 Chabrier (Jacques). — Martin (Guillaume).
1547 Messier (Antoine) *Messerii*. — Hugonis (Ambroise).
1548 Pasquin (Jean. — Testut (Jean).
1558 Astier, *Asterii*, (Christol). — Messier (Bertrand).
1559 Augier, *Augerii*, (Théoffre). — Quartelli (Claude).
1560 Joannis (Antoine). — Valserre (Antoine) *Noble*.
1561 Augier (Théoffre). — Dalmas (Jean). — Galand (Jacques).
1562 Vilhet (Théoffre).
1563 Pasquin (Gabriel). — Camaret (Christol).
1565 Mosteri (Gabriel). — Vilhet (Isoard). — Joannis Christol.
1566 Astier (Vesquini) *Vesquinus Asterii*. — Valentin (Jacques). — Beaumont (Pierre de) *Petrus de Bellomonte*.
1567 Augier (Jean). — Astier (Matthieu). — Camaret (François).
1568 Vilhet (Théoffre). — Martinel (Faulquet). — Sauvan (Matthieu).
1569 Giraudy (André). — Daulmas (Jean). — Pasquin (Etienne).
1570 Testud (Jean). — Marson (Laurent). — Pasquin (Victor).
1571 Augier (Théoffre). — Martinel (Jean). — Pic (Christol).
1572 Astier (Vesquin). — Martinel (Gabriel).
1573 Jehan (Antoine). — Hugo (Guillaume).
1574 Mostier (Gabriel). — Vilhet (Théoffre). — Galand (Jacques).
1575 Giraud (André). — Astier (Jean). — Barret (Etienne).
1576 Augier (Jean). — Anthoine (Jaumes). — Martinel (Guilhem).
1577 Vilhet (Isoard). — Pasquin (Anthoine). — Beaumont (Pierre de).
1578 Mostéri (Gabriel). — Pasquin (Victor). — Astaud (Claude).
1579 Jean (Antoine). — Beaumont (André de). — Sauvan (Matthieu).
1580 Vilhet (Théoffre). — Daulmas (Paul). — Barret (Etienne).
1581 Beaumont (Isoard de).—Gaudibert (Théoffre).—Martinel (Guillaume).
1582 Giraud (André). — Vilhet (Isoard). — Martinel (Joseph).
1583 Augier (Jean). — Mostier (Gabriel) *Magister Mosterii*, notaire. — Martinel (Jean) dit *Besson*.
1584 Augier (Pierre). — Astaud (Claude). — Beaumont (Pierre de).
1585 Beaumont (André de). — Martinel (François). — Galand (Spirit).
1586 Daulmas (Paul). — Martinel (Joseph). — Pasquin (Victor).
1587 Pasquin (Antoine). — Barre (Estève). — Brochet (Claude).
1588 Mostier (Gabriel). — Martinel (Jean) dit *Besson*. — Martinel (Jean) fils de Denis.

1589 Anthoine (Jaumes) — Charrasse (Gabriel). — Mancip (Nicolas).
1590 Beaumont (Maître André de). — Johan (Théoffre). — Camaret (Pierre).
1591 Astaud (Claude). — Galand (Spirit). — Brusset (Antoine).
1592 Martinel (Jean). — Charrasse (Loys). — Bonet (Janicot).
1593 Augier (Pierre). — Martinel (Jean). — Anthoine (François).
1594 Astier (Alexandre). — Martinel (Guilhem). — Anthoine (Bertrand).
1595 Mosteri (Gabriel). — Brachet (Claude). — Messier (Antoine).
1596 Charrasse (Gabriel). — Brusset (Antoine). — Vilhet (Guillaume).
1597 Martinel (Jean) dit *Besson*. — Messier (Jean). — Martinel (Siméon).
1598 Joannis (Théoffre). — Martinel (Jean). — Augier (Jean).
1599 Anthoine (François). — Bonet (Janicot). — Jean (Michel).
1600 Augier (*Noble* Pierre). — Galand (*Maître* Sprit). — Peytier (Sire Christol).
1601 Astaud (Claude). — Martinel (Jean). — Barret (Jean).
1602 Brachet (Claude). — Martinel (Siméon). — Vilhet (Guillaume).
1603 Augier (Jean). — Brusset (Antoine). — Vilhet (Jean).
1604 Anthoine (François). — Bonet (Janicot). — Barret (Nicolas).
1605 Charrasse (Gabriel). — Peytier (Christol). — Astier (Christol).
1606 Martinel (Jean). — Barret (Jean). — Anthoine (Ambroise).
1607 Martinel (Siméon). — Vilhet (Guillaume). — Charrasse (Benjamin).
1608 Martinel (Jean) dit *Besson*. — Brusset (Antoine). — Martinel (Antoine).
1616 Balme (Gabriel de).
1621 Camaret (..........). — Gaillardon (Sébastien).
1624 Florens (Jean). -- Amic (François). — Dumas (Isoard)
1626 Dumas (Isoard). — Guintrand (Jacques).
1628 Desplans (Jean).
1629 Florens (Jean).
1630 Anthoine (François). — Barre (Jean). — Astaud (Etienne).
1638 Florens (Jean). — Brachet (Christol)
1642 Guinier (Jean). — Desplans (Paul). — Robin (François).
1643 Anthoine (François). — Desplans (Jean) fils de Pons. — Messier (Louis).

II. — Consuls (1651).

1655 Isnard (Antoine). — Billon (Isoard).
1656 Charrasse (Gabriel), médecin. — Dumas (Guillaume). — Barnoin (Isoard).
1660 Demonteulx (Laurent).
1666 Guinier (Etienne).
1674 Guinier (Etienne). — Bremond (André). — Charrasse (Jacques).
1700 Robin (*Noble* Pierre), docteur ès-droits. — Vilhet (Alexandre). Peyre (Etienne).
1719 Guinier (Etienne). — Couturier (Arnoux).
1722 Anthoine (Joseph-Marie d'). — Sauveur (Jean-Joseph). — Barnoin (Antoine).

1723 Bonnéty (Joseph-Antoine). — Demonteulx (Laurent). — Fabre (François).
1732 Guinier (Joseph-Paul).
1735 François de Robin.
1736 Lafont (..........).
1737 Brémond (Jean-François). — Barnoin (Antoine). — Rochier (Luc).
1738 Giraudi (Félix-André). — Guiméty (Jean-Marc). — Barnoin (Christol).
1739 Espine (Joseph-François de l'), seigneur du Pouët. — Guintrandy (Jean-François). — Barnoin (Jean-François).
1740 Anthoine (Joseph-Marie d'). — Astoud (Angelin). — Thomas (Esprit).
1744 Guinier (Joseph). — Desplans (Jean) fils de Pons. — Messier (Louis).
1746 Liotard (Jean-François). — Couturier (Jean-Antoine). — Mercier (Jean-Baptiste).
1749 Joannis (*Noble* Joseph de). — Saurel (Etienne). — Reynaud (Joseph-François).
1750 *Les mêmes que l'année précédente.*
1754 Charrasse (*Noble* Joseph-Marie). — Brémond (Charles-Hilarion).
1760 Ripert (Joseph-François). — Peyre (Joseph). — Beynet (Michel).
1761 Joannis (Joseph de). — Thomas (Jean-Joseph). — Amondieu (François).
1762 Gaudibert (Gabriel). — Camaret (François). — Daumas (Esprit).
1763 Cottier (Philippe-Pierre). — Fabre (..........).
1764 Charrasse (Alexis-François). — Amondieu (Jean-Louis).
1765 Giraudy (Jean-Ange-Marie).
1767 Filiolet (Joseph-Marie). — Brun (Joseph-Louis).
1768 Camaret (Joseph-François). — Amondieu (François).

Remplacés sous l'occupation française par :
id. Robin (Pierre-Etienne de). — Brusset (Jean-François).
1769 Aubéry (Joseph-Etienne-Augustin-Sébastien). — Falque (Denis-Roch-Hippolyte).
1771 Charasse (Pierre). — Peyre (Etienne).
1772 Camaret (Jean-François). — Guintrand (Jean-Baptiste).
1775 Brémond (François de).
1776 Falque (Denis-Roch-Hippolyte).
1778 Astier (Joseph-Ignace-Aristophile-Siffrein d') baron de Montfaucon. — Brun (Joseph-Louis).
1779 Hugues (Pierre-Joseph d'), chevalier de Saint-Louis. — Rochier (Jean-Baptiste), remplacé par Barnoin (Joseph-Marie).
1780 Charrasse (*Noble* Pierre), gradué ès-droits. — Amondieu (François).
1781 Rolland (Paul-Antoine). — Brémond (Charles-Antoine).
1782 Merle (Pierre-Paul-Joseph de) lieutenant des maréchaux de France. — Guiméty (Joseph).
1784 Filiolet (Joseph-Marie). — Joannis (Esprit-Ignace).
1786 Saurel (Etienne-Alexis).

1787 Hugues (Pierre-Joseph d') chevalier de Saint-Louis. — Amondieu (Jean-Louis).

1788 Charrasse (*Noble* Pierre), docteur ès-droits. — Rolland (Joseph-Charles).

1789 Merle (Noble et illustre seigneur Jean-Victor-Alphonse de). — Guintrandy (Jean-Félix). — Beaumont (François).

Taborer.

Il est question de cette famille dans la plus ancienne de toutes nos chartes municipales, qui porte la date du 17 des calendes de juin (16 mai) 1230 (1), à propos des tasques du quartier de Vescia ou Vesc. Ce document parle des aïeux, de Taborer comme jouissant depuis longtemps de certains droits seigneuriaux sur la partie montagneuse du territoire. Le polyptique des comtes de Toulouse, fait aussi mention de cette famille (2). La porte de la ville désignée en dernier lieu sous le nom de Théron s'appelait dans le principe *Porte Taborer*.

Tardieu.

Jean-Gabriel-Alexandre Tardieu de Saint-Aubanet, né aux Piles (Drôme), le 22 mars 1781, était fils de Jean-François Laurent avocat, de Valréas, et de Anne-Marguerite Liotard, de Malaucène.

Entré au service, à l'âge de vingt-trois ans, comme vélite des grenadiers à pied de la garde impériale, il rejoignit ce corps au camp de Boulogne et s'y trouva en compagnie du vélite Bugeaud, futur maréchal de France. A force de services rendus, il s'éleva péniblement jusqu'au grade de général de brigade.

Etant colonel du 64° régiment de ligne, en garnison à Cherbourg le 16 août 1830, il protégea l'embarquement du vieux roi Charles X, et, à la tête de ses hommes rangés le long des grilles du port, lui rendit les derniers honneurs militaires.

Le général Tardieu de Saint-Aubanet, fut décoré le 4 février 1822, du titre de Baron. Il était commandeur de la légion d'honneur, chevalier de Saint-Louis, chevalier croix d'or de Saint-Ferdinand d'Espagne et chevalier de l'ordre de la Réunion. Il comptait dans ses brillants états de service 15 campagnes et 2 blessures.

Il mourut à Amiens, le 28 février 1864.

(*Journal d'Amiens*, N°° des 29 février et 2 mars 1864. — *Moniteur de l'Armée*, N° du 11 mars 1864.)

(1) *Pièces justificatives*, N° I.
(2) *Pièces justificatives*, N° II.

Torcat.

Cette famille originaire de Saint-Benoît, petit village des Basses-Alpes, habitait Mollans lorsqu'elle s'établit à Malaucène par le fait du mariage contracté dans notre ville par *Raphaël Torcat* avec Thérèse-Rose Fabre (16 mai 1756).

Peu après, *Benoît Torcat*, professeur d'humanités (*Litterarum humaniorum professor*), frère de Raphaël, vint rejoindre celui-ci et remplit d'abord l'emploi de régent en second dans les écoles, dont il ne tarda pas à recevoir la direction supérieure.

Il fut ensuite nommé secrétaire du Conseil et chargé, conjointement avec Aubéry père et fils (1), de dresser l'inventaire des archives municipales (avril 1761). En reconnaissance de cet important service rendu au pays, Torcat fut admis à jouir de tous les droits de cité, sans exception aucune. On lit en effet au livre du *Dénombrement des habitants* cette note unique en son genre dans nos annales : « Benoît Torcat, *reçu avec grâce entière*, le 16 novembre 1767. » En rapprochant les dates, on remarquera qu'il n'avait été rien retranché sur la durée du stage qui règlementairement était de six ans ; mais le moment de l'admission étant arrivé, on n'avait pas mis les fameuses clauses restrictives (2). L'exercice de toutes les professions était livré au bon plaisir du nouveau citoyen, auquel on accordait même le droit d'être député à l'assemblée du tiers-état siégeant à Carpentras.

(Archives municipales.)

Treille (de la).

Constantin de la Treille, de Pergula, prieur du Groseau, était d'origine italienne.

Ce fut sous son administration que les bénédictins de sa dépendance quittèrent peu à peu et définitivement le pays. Il assista, le 11 mars 1413, à la transaction passée au château de Malaucène entre les délégués du Saint-Siège et les héritiers de Bernardon de Serres, au sujet de la seigneurie de cette ville et de son territoire (3).

Il était archidiacre d'Aquilée, collecteur général des deniers apostoliques en Provence et référendaire de la cour romaine. Elu évêque d'Apt, en 1415, il conserva son titre de prieur du Groseau

---

(1) Tome Ier, pages ix et 152.
(2) *Ibidem*, pages 402 et suiv.
(3) *Pièces justificatives*, n° XXII.

et en toucha les revenus. Aussi, le voyons-nous, le 16 octobre 1417, ratifier l'acte de vente d'un jardin situé au quartier de Châteaufer(1).

Au mois d'août 1419, Constantin fut désigné pour faire partie de la députation envoyée par Yolande, duchesse d'Anjou, comtesse de Provence, au prince Amédée VIII qui avait depuis peu fait ériger son duché en Comté de Savoie. Le but de cette ambassade était la cession définitive et officielle à la Savoie de tout le Comté de Nice et de quelques places et châteaux de Provence (2).

Constantin de la Treille mourut en 1430, au mois d'octobre.

(Archives municipales, *Liber Regiminis.* — M. JULES TERRIS, *Les Evêques d'Apt*. Avignon, Seguin, 1877).

URRE (D').

Cette ancienne et noble famille du Valentinois, dont Guy Allard fait remonter l'arbre généalogique à l'an 1200, s'établit à Mollans en la personne de Jean d'Urre, co-seigneur de Vinsobres. Ses droits sur la seigneurie de Mollans lui furent transmis en 1425 par Romaine de Baschi, veuve de Bernardin de Serres, seigneur de Malaucène, qui lui-même les avait achetés en 1407.

Un des descendants et héritiers de ce Jean d'Urre, que nos archives appellent « *Esprit d'Urre*, capitaine de Mollans, » avait fui devant la peste et s'était réfugié à Malaucène, où il avait acquis une maison adossée aux remparts. Heureux de se voir en lieu sûr, il voulut se donner une installation agréable afin de pouvoir y attendre la disparition du fléau, jouissant tout à la fois du soleil, de l'air et de la liberté ! Dans cette pensée il entreprit

---

(1) Cet acte de vente avait été passé le 3 mars 1417 par « Andrineto de « Platea, arrentatore bonorum prioratus Grauselli, pro Reverendissimo in « Christo Patre domino domino Constantino, Episcopo Attense *(sic)*, Priore « dicti prioratus » (*Minutes du notaire G. Bermond*, étude Souchon.)

(2) « Anno 1419, mense augusto. Constantinus de Pergula, legatione fun-« gens pro Iolanda Jerusal. et Sicil. Regina, Ducissa Andegavense, Comi-« tissa Provinciæ, cum Cardinali à Sancto-Marco et Petro d'Acigné, Provin-« ciæ Senescallo, Sabaudiæ Ducem adiit, ipsi cessionis jurium omnium Re-« ginæ in Comitatum Nicensem et quædam alia Provinciæ castra faciendæ « causa.» (*Gallia Christiana*, Paris, 1716. Tome I, col. 367.)

Cette négociation, même abstraction faite de la participation du Prieur du Groseau, nous a paru devoir être mentionnée ; car (avec ce que nous avons dit dans ce IV° livre en parlant d'Alix de Baux et d'Odon de Villars) elle jette quelque lumière sur un fait dont nous avons été les seuls à parler, savoir : que Malaucène s'était mise en 1408 sous la protection d'Amédée VIII, alors *comte* de Savoie.

de pratiquer des ouvertures dans l'épaisseur des murs de la ville.

Seigneur et maître dans son fief, le capitaine de Mollans dut s'incliner devant la volonté des édiles de Malaucène et des représentants de l'autorité supérieure. Le Conseil ayant fait opposition, l'avocat fiscal et le trésorier de la Révérende Chambre lui défendirent de toucher au mur d'enceinte, sauvegarde des habitants. (2 janvier 1565).

Nous avons rapporté dans notre livre III°, sur la foi du P. Columbi, la légende de Pierre d'Urre, fils ou petit-fils du précédent, dont les manifestations d'outre-tombe hâtèrent la construction de la chapelle de Notre-Dame la Blanche, dans le quartier de Veaulx (1640).

La famille d'Urre de Mollans contracta de nombreuses alliances à Malaucène. La dernière fut celle de *Marie-Geneviève-Pauline d'Urre* (fille d'Alexandre-Joseph-François comte d'Urre et de Thérèse-Françoise-Caroline de Serres, de Carpentras) qui s'unit à Joseph-Guillaume de Boutin de Valouse (30 novembre (1748).

Les d'Urre avaient leur tombeau de famille à Mollans, dans l'église du prieuré de Saint-Michel.

Armes : *D'argent, à la bande de gueules chargée au chef d'une étoile du champ.* (Quelques cadets mettent sur la bande *trois etoiles d'or.*)

(L'abbé A. Vincent, *Notice historique sur Mollans.* passim. — Archives municipales, *Registres des délibérations.* — L. de la Roque, *Armorial de la Noblesse de Languedoc,* Tome II. — Guy Allard, *Dictionnaire du Dauphiné,* Tome II, pages 704 et suivantes, et *Nobiliaire du Dauphiné.* — D' Barjavel, *Bio-Bibliogr.,* Tome II. page 463. — Chorier, *L'Estat politique,* Tome II, page 602. — Grandmaison, *Diction. héraldique,* page 56 et 60.)

VALABRÈGUE.

Davinetus (1) *Jacob de Valobriga* était juif. Son nom seul l'indique. Il avait son domicile à Malaucène et remplissait, pour les territoires de cette ville et de Beaumont, les fonctions de clavaire ou de receveur des revenus d'Alix, dame de Baux, comtesse d'Avellin, mariée à Odon de Villars (2). Il était aidé dans son emploi par son fils *Méyr de Valobriga* alias *Senhe Magi* (3).

(1) C'est-à-dire : *petit David.*
(2) Voir ci-dessus au mot *Baux* et aux *Pièces Justificatives,* N° XXII ter.
(3) « Davinetus Jacob de Valobriga, judeus, et Meyr de Valobriga, alias
« *Senhe Magi,* ejus filius, habitatores Malaucene, clavarii, levatores, admi-
« nistratores et recuperatores bonorum, serviciorum et emolumentorum

Les possessions d'Alix étant fort considérables dans notre pays, les actes passés par Davinet et Méyr, au nom de la comtesse d'Avellin et de son mari Odon, se rencontrent bien fréquemment aux minutes des notaires, dans le premier quart du XV° siècle.

Les biographes de Provence et du Comtat font mention d'un *Joseph Méyr*, savant rabbin, né à Avignon en 1496, auteur d'une *Grammaire hébraïque* et d'un ouvrage imprimé en hébreu (1554) ayant pour titre : *Annales des Rois de France de la maison Ottomane*. Les noms et les dates que nous rencontrons de part et d'autre ne présentent aucune dissonnance, nous croyons devoir poser cette question : Ce Méyr ne serait-il point notre *Senhe Magi?*

(*Dictionn.* d'ACHARD et de BARJAVEL. — M. D*** Le *Voyageur François* Tome XXX, page 319. — Archives municipales, *Livre-Terrier et Liber Regiminis.* — Etude de M° Souchon, minutes de G. Bermond.)

VAUSSERRE ou VALSERRE (DE).

Noble *Antoine de Valserre*, second syndic en 1560, appartenait à une famille originaire du Dauphiné. Il était allié à François de Beaumont, fameux baron des Adrets.

ARMES : *D'azur, à trois coqs d'or, becqués, crêtés, oreillés, barbelés et onglés de sable.*

(Archives municipales. — FELLER et SIMONIN, *Biographie universelle.* Article *des Adrets*. — GUY ALLARD, *Dictionn. du Dauphiné et Vie de F. de Beaumont, baron des Adrets*. — N. CHORIER, *L'Estat politique*, T. IV, page 293 — GRANDMAISON, page 181.)

VAYSSE.

Le P. *Vaysse*, de la congrégation des prêtres séculiers de Notre-Dame de Sainte-Garde, est né à Malaucène, le 9 septembre 1838. Il a fait ses études dans les deux séminaires d'Avignon et a reçu l'onction sacerdotale, le 30 mai 1863. Le 16 juillet suivant il était désigné pour remplir un vicariat dans la paroisse Notre-Dame d'Orange, dirigée par les PP. Gardistes qui l'admirent dans leur institut.

Le P. Vaysse a publié le *Livre de Chœur des Fidèles*. Avignon, Aubanel, 1870, in-12.

« quorumcumque pro Nobili Helisia comitissa Avellini, domina de Baucio,
« et pro nobili et potenti viro domino Odone de Villariis, milite etc.,
« tam in loco Malaucene quam Bellimontis et eorum territoriis et distric-
« tibus. » (*Protocollum Girardi Bermundi*, 1415-1418.)

Au Congrès des Œuvres Eucharistiques, il présenta un travail fort remarquable ayant pour titre : *Préparation prochaine à la première Communion* (1), dont le vœu final fut adopté par les membres du congrès réunis en assemblée générale (2).

VERDET.

Le P. *Jean-Casimir-Maurice Verdet*, missionnaire, était fils de *Jean-Baptiste* et de Adélaïde Cornet. Il naquit à Malaucène, le 22 septembre 1825, entra fort jeune au petit séminaire d'Avignon et passa ensuite au grand séminaire de la même ville (1844). N'ambitionnant que les travaux des missions étrangères, et avant même d'avoir terminé ses études théologiques, il partit pendant les vacances de 1847, presque à l'insu de ses parents, et se rendit à N.-D. de l'Osier, demandant d'être admis au noviciat des missionnaires Oblats de Marie-Immaculée. Son temps de probation étant fini, le F. Verdet fut ordonné prêtre à Marseille, par Mgr de Mazenod, fondateur de l'ordre, puis envoyé à N.-Dame de Bon-Secours (Ardèche) comme directeur des travaux de la chapelle du pèlerinage.

Ses supérieurs le choisirent quoique jeune encore (juin 1853) pour aller aux Etats-Unis d'Amérique fonder un établissement de missionnaires et un pensionnat de jeunes filles dont la direction devait être donnée aux religieuses du Verbe-Incarné, de Lyon. Deux mois après, il arrivait à Brownsville, sur le Rio-Grande, but de son voyage.

Organiser le service des missions, bâtir une église paroissiale, une maison de résidence pour les missionnaires, un couvent pour les Sœurs, créer des ressources afin d'assurer ses nombreuses entreprises et surtout gagner la confiance des indigènes, telle fut la rude tâche imposée au P. Verdet. Son caractère énergique, son zèle infatigable purent suffire à faire marcher de front tant d'œuvres importantes. Les difficultés et les épreuves ne lui manquèrent pourtant pas. La mort fit des vides autour de lui : un de ses meilleurs ouvriers évangéliques et deux de ses frères convers lui furent enlevés par la fièvre jaune.

Rappelé en France pour le Chapitre général de 1855, il profita de l'occasion pour visiter ses parents et ses amis qu'il ne devait

---

(1) *Congrès des Œuvres Eucharistiques, tenu à Avignon du 14 au 17 septembre 1882*; pages 211 à 224. Lille, Lefebvre-Ducrocq, 1883, in-8° de 758 pages.

(2) *Ibidem*, page 733, 23° vœu.

plus revoir et repartit aussitôt pour sa chère mission. Dans le golfe du Mexique, une tempête fit sombrer *le Nautilus*, bâtiment de transport sur lequel il avait pris passage. Au moment où le navire allait disparaître dans les flots, il adressa quelques paroles pathétiques à l'équipage, puis il lui donna l'absolution générale (10 août 1856). Un jeune mousse parvint seul à se sauver et c'est de lui que l'on apprit cette catastrophe. Ce fut une désolation à Brownsville et les protestants eux-mêmes témoignèrent hautement combien ils regrettaient ce jeune missionnaire.

(*Notice* inédite *sur le R. P. Verdet*, par le R. P. Bovis, du Crestet, Oblat de M. I., ancien vicaire à Malaucène, actuellement supérieur de la Maison et du Sanctuaire de N.-D. de la Garde, à Marseille. — *Revue des Bibliothèques paroissiales d'Avignon*, Année 1856, N° du 1er décembre).

Vesc ou Vaesc (de).

L'ancienne maison de Vesc, ainsi appelée d'une terre située dans le bas Dauphiné, aurait eu pour tige Guy, seigneur de la Bâtie de Vesc (1170).

Elle a fourni un grand nombre d'hommes célèbres dans l'armée (1), l'église (2) et la magistrature (3), et s'était alliée aux plus anciennes familles du pays et de la contrée et notamment aux d'Astoauds, d'Agoult de Sault, de Baschi, du Puy, de l'Espine, de Genève, de Baux, de Mévouillon. Le connétable François de Bonne, seigneur de l'Esdiguières, se faisait un honneur d'en descendre (par les femmes) et portait leurs armes écartelées avec celles de sa famille (4).

Elle possédait dans la commune de Malaucène une vaste étendue de terrain (5) connue sous le nom de Vescia, Vesce ou Vesc dont il est souvent question dans cette histoire.

Armes : *Palé d'argent et d'azur de six pièces, au chef d'or.*

(Archives municipales. — Nadal, *Essai historique sur les Adhemar, etc.*, page 242. Valence, Marc-Aurel, 1858. — Guy Allard, *Armorial* et *Dict. du Dauphiné*. — Pithon Curt. — Chorier, *L'Estat politique*. — Grand-maison.)

(1) P. Anselme, *Hist. des grands Officiers de la Couronne*, passim et plus particulièrement, II, 651 ; VII, 342 et 792 ; VIII, 919 ; IX, 94.

(2) *Jean de Vesc*, évêque d'Agde (1494), présida plusieurs fois les Etats de Languedoc. Il résigna son siège en faveur de *Jean-Antoine de Vesc*, son cousin (1525). Celui-ci permuta cet évêché contre celui de Valence avec François-Guillaume de Castelnau de Clermont-Lodève (1530). (Jordan, *Hist. de la Ville d'Agde*, pages 375 et 376. Montpellier, Tournel, 1824).

(3) Papon, *Hist. de Provence*, I, 433. — Barjavel et P. Anselme.

(4) *De gueules, au lion d'or, au chef d'azur chargé de trois roses de gueules.*

(5) Tome I, page 102.

Vicaires.

Les deux vicariats furent créés par suite de la délibération du Conseil municipal du 9 juillet 1803.

1	Isnard (Félix-Martin)...	Du 4 janvier	1804 au	17 mars	1837
2	Merle	» 3 février	1804 »	16 juin	1805
3	Bonnet................	» 26 octobre	1808 »	14 avril	1821
4	David (Joseph).........	» 15 juillet	1821 »	24 janvier	1822
5	Besset (Camille-Germ.)..	» 18 juillet	1826 »	.. mai	1828
6	Thibaud (Jean-Pierre)..	» 2 juin	1828 »	20 janvier	1833
7	Pellegrin	» 20 janvier	1833 »	11 mai	1839
8	Thibaud...............	» 2 octobre	1833 »	.. décembre	1836
9	Sabon (J.-B.-Augustin)..	» 20 avril	1837 »	1 février	1839
10	Lambert (J.-B.-Cyrille)..	» 1 février	1839 »	11 juin	1850
11	Malachane (David-J.-B.).	» 11 mai	1839 »	14 novembre	1839
12	Bovis (J.-M.-A.-H.).....	» 14 novembre	1839 »	15 septembre	1848
13	Blanc (Jean-Joseph)....	» 15 septembre	1848 »	1 octobre	1861
14	Blanc (Joseph-Léandre)..	» 11 juin	1850 »	1 mars	1855
15	Tamisier (Denis)........	» 1 mars	1855 »	15 octobre	1856
16	Allamelle (Denis-M.)...	» 15 octobre	1856 »	1 juillet	1858
17	Paris (Léon-Jean-Bte)...	» 1 juillet	1858 »	16 novembre	1874
18	Audibert (Henri).......	» 1 octobre	1861 »	1 mai	1866
19	Raymond (Henri-Joseph).	» 1 mai	1866 »	16 décembre	1874
20	Giraud (Louis-Gonzague).	» 16 novembre	1874 »	(Présent. en exercice)	
21	Rougon (Henri-S.-L.)....	» 16 décembre	1874 »	6 octobre	1876
22	Durbesson (François-X.).	» 6 octobre	1876 »	26 juillet	1877
23	Durand (Alphonse-Louis).	» 26 juillet	1877 »	21 juin	1880
24	Jouvent (Daniel-Félix)..	» 21 juin	1880 »	(Présent. en exercice).	

Viguiers.

1270 Vaugrigneuse (Guy de), sénéchal du comte de Toulouse, chevalier.
1279 Sencier (Guillaume de Senacios), viguier, *vicarius*, damoiseau.
1281 Ayli (Guilhem d'), viguier.
1284 Auriol (Pierre d'), viguier. — Grassi (Giraud), lieutenant du viguier.
1286 Chateau-Neuf (Guillaume de Castro Novo), viguier, chevalier.
1288 Cavaillon (Hugues de), viguier, chevalier.
1328 Aymette, viguier, damoiseau.
1359 Luynes (Hugues Loyni), régent, noble.
1375 Carburio (Robert de), camérier de Grégoire XI, viguier, noble.
1408 Raymond (Mignonet), viguier. — Tour (Louis de la), châtelain et viguier pour Bertrandon de Serres (au mois de février). — Place (Andrinote de Plateá, de la), viguier (14 août), noble.
1410 (?) Liori (Martin), châtelain, gouverneur et administrateur du château et de la ville.

1415 Puy (Jean du), viguier, noble.
1425 Espine (Marquis Guy de l'), seigneur d'Aulan, viguier.
1433 Champétreux (Jean de), gouverneur et viguier, noble.
1434 Epine (Marquis Guy de l'), seigneur d'Aulan, viguier.
1445 Luynes (Guillaume), lieutenant du viguier, noble.
1457 Saluces (Galéas de), viguier, noble.— Saluces (Jean), noble, lieutenant du viguier. — Joly (Richard), noble, lieutenant du viguier.
1459 Sicaudi (Elzéar), viguier, noble. — Gaudibert (Rostang), lieutenant du viguier. — Puy (Guy du), noble, lieutenant du viguier.
1493 Puy (Raybaud du), noble, viguier.
1527 Puy (Etienne du), noble, viguier.
1530 Puy (Jean du), noble, viguier. — Rabasse (Matthieu), lieutenant du viguier.
1555 Gaufridi (Balthazar de), noble, viguier.
1559 Vilaret-Salvagi (Laurent de), noble, viguier.
1561 Astier (Christol), viguier.
1586 Espine (Raynaud de l'), seigneur du Pouët, viguier.
1593 Astier (Alexandre d'), viguier.
1596 Espine (Raynaud de l'), seigneur du Pouët, viguier.
1597 Astier (Alexandre d'), viguier.
1630 Joannis (Théoffre), viguier.
1638 Espine (Guillaume de l'), seigneur du Pouët, viguier.
1641 Astoauds (Pierre des), seigneur de Velléron, viguier.
1644 Joannis (Antoine), viguier.
1663 Charrasse (Gabriel), docteur en médecine, viguier pour Louis XIV (4 août).
1664 Astier (César d'), viguier pour le pape Alexandre VII (10 septembre).
1674 Robin (Paul), docteur ès-droits, viguier.
1691 Gaufridi (Balthazar), viguier.
1700 Pasquin (Charles), viguier.
1703 Robin (Ignace), viguier.
1738 Camaret (Jean-François).
1740 Espine (Joseph-François de l'), chevalier du Pouët.
1755 Robin (François de).
1761 Aubéry (Lély-Joseph).
1762 Robin (Pierre-Etienne de).
1763 Charrasse (Gabriel), viguier pour le roi (15 août).
1764 Merle (Joseph-Alphonse de), écuyer.
1768 Brun (François), viguier pour le roi (1ᵉʳ mai).
1777 Merle (Joseph-Alphonse), viguier.
1789 Merle (noble et illustre seigneur messire Pierre-Paul-Joseph de), lieutenant des maréchaux de France.

VILHET OU VILLET.

Théoffre Villet est le premier membre de sa famille dont il soit parlé avec quelques détails dans nos archives. En sa qualité de premier consul, il reçut, en 1562, la notification officielle de l'intention où était le gouvernement pontifical de vendre la ville et le territoire de Malaucène. L'année suivante, bien qu'ayant été remplacé dans ses fonctions municipales, il fut désigné par ses concitoyens pour conserver la direction de cette grande affaire. On sait que ces négociations furent couronnées de succès. Dans la suite et à différentes reprises la confiance des habitants l'honora de la première magistrature locale.

Marthe Villet, nièce du précédent, née vers 1622 et décédée à Malaucène, le 3 novembre 1702, fut une des grandes bienfaitrices de la Charité.

VINON.

André Vinon, originaire de Barbentane (Bouches-du-Rhône), s'établit à Malaucène au commencement du siècle et y décéda peu après, le 22 nivôse an XI (12 janvier 1803).

Son fils, portant également le prénom d'*André*, fut appelé comme conscrit en 1812. Il fit les dernières campagnes de l'Empire, puis servit dans la gendarmerie jusqu'au moment où il prit sa retraite. Il finit ses jours à Malaucène, le 31 janvier 1881.

Il avait un frère utérin plus âgé que lui et nommé *Louis Petit*. Celui-ci, conscrit en 1808, prit part à toutes les campagnes jusqu'à 1815. Blessé trois fois, il reçut la décoration de la Légion d'Honneur (3 avril 1815). Embarqué comme adjudant à bord de la *Méduse* (7 juin 1816), il assista au naufrage de ce navire. Sous-lieutenant (1816), il fit la campagne du Sénégal et rentra en France avec le grade de lieutenant. Il prit part ensuite comme capitaine aux expéditions de Madagascar et de Bourbon (1830 et 1831) et aux campagnes d'Afrique (1838 et 1839). Nommé chef de bataillon (1840), il partit pour la Plata, où il fut promu officier de la Légion d'Honneur (1841). Nommé lieutenant-colonel au 1er régiment d'infanterie de marine (3 juillet 1842), il tint garnison à la Guadeloupe, du 17 mai 1841 au 24 décembre 1844, époque à laquelle il obtint sa retraite et rentra en France. Il est décédé à Paris, le 5 janvier 1846.

André a eu deux fils qui, comme lui, ont embrassé la carrière militaire.

I. — L'aîné, *Henry*, engagé volontaire en 1848, a passé cinq années en Algérie et fait les campagnes 1870-71. Nommé capitaine et chevalier de la Légion d'Honneur, en 1870, sous Metz, il a pris sa retraite en 1879 et s'est retiré à Malaucène. Il est actuellement chef de bataillon au 117° régiment territorial d'infanterie.

II. — Le plus jeune, *Frédéric*, engagé volontaire en 1861, a passé quatre années en Afrique et fait la campagne de 1870-71. Blessé grièvement, sous Metz, à la bataille de Servigny, il fut nommé chevalier de la Légion d'Honneur pour sa belle conduite dans cette affaire. Il est aujourd'hui (1883) capitaine adjudant-major au 55° de ligne, à Nîmes.

APPENDICE

EXCURSIONS

I. — La Fontaine du Groseau et Brassetieux.

Le chemin qui conduit à l'antique chapelle et à la fontaine s'ouvre sur le Cours, en face de la porte du Théron.

A peine y a-t-on fait quelques pas, on voit à gauche l'écluse du moulin et la grande fabrique et filature de soie de M. Léopold Blanc, et à droite le chemin qui conduit aux moulins à farine et à la grande papéterie Geoffroy.

Bientôt on se trouve en face du Château-Vert, habitation de M. Chastel Saint-Bonnet, ancienne propriété de la famille d'Hugues, puis on franchit sur une passerelle le limpide ruisseau du Groseau, à l'endroit où existait autrefois un pont qui déjà, dans les Archives, est appelé le Pont-Vieil.

La pente du chemin s'accentue ; à gauche, le rocher surplombe d'une manière effrayante au-dessus de la toiture d'une ferme ; à droite, le vallon du Vabre s'incline vers le Nord, couvert de verdure et arrosé par les eaux de la petite rivière. Quel beau coup d'œil s'offre au touriste à cet endroit ! Ici l'horizon se développe. On aperçoit, au-delà du vallon, la papéterie de M. Geoffroy, et bientôt après l'antique sanctuaire, qu'on laisse à droite, au milieu des prairies aux mille fleurs.

Quelques pas encore et l'on occupe le centre d'un immense cirque formé par des rochers taillés à pic, mesurant plus de cent mètres de hauteur, au pied desquels s'échappe l'eau de la fameuse source.

Nous ne saurions trop engager le touriste à abandonner le chemin vicinal et à interrompre sa promenade pour visiter la chapelle qui touche presque à ce chemin.

Muni des renseignements relatifs à ce sanctuaire, que nous avons consignés tout au long dans le cours de cet ouvrage (voir surtout Tome I, p. 84 et 386 et Tome II, p. 97), il s'intéressera à la conservation de ce monument tant de fois remanié, et emportera de cette excursion les plus agréables souvenirs.

Les religieux Bénédictins et, après eux, le pape Clément V s'occupèrent peu ou point de l'embellissement de l'avenue de la fontaine. Ils préférèrent la belle nature à tout ce que les arts peuvent inventer de plus gracieux. La main de l'homme n'a guère commencé qu'au milieu du XVII° siècle à vouloir transformer et agrémenter ce site agreste et sauvage, pour en faire un lieu de promenade en harmonie avec la fraîcheur des eaux.

A cette époque l'Administration municipale, en vertu d'un rescrit du vice-légat, fit creuser devant la fontaine un bassin peu profond et tapissé de cresson.

Tous les alentours furent complantés d'arbres de diverses essences, et cette promenade dite du *Pesquier* demeura durant plusieurs années interdite au public, afin de donner aux petits poissons le temps de grossir et d'empêcher les chèvres de s'attaquer aux jeunes arbres.

Avant 1753, l'eau s'échappait naturellement du pied de la montagne, par une simple fissure du rocher. Cela parut trop prosaïque, et voulant arriver à quelque chose de plus grandiose et de plus digne des visiteurs, on imagina d'augmenter le volume d'eau en élargissant son étroit passage. On fit, dans cette vue, une ample provision de poudre de mine. Le mineur, qui était du Barroux, déploya un grand zèle et une grande habileté à faire sauter les rochers ; mais la poudre se volatilisant trop vite au gré des conseillers, ceux-ci se ravisèrent et chargèrent les consuls de congédier le terrible mineur, les priant de prendre eux-mêmes la direction des travaux.

On voulut ensuite préserver la source du gravier que les vents et la pluie détachaient parfois des flancs du rocher.

Dans ce but on construisit au pied une voûte de cinq à six mètres de profondeur.

Pour faire face à cette dépense, le Conseil se fit autoriser par le vice-légat à contracter un emprunt de 4,000 livres. Afin d'aller plus vite en besogne et d'économiser, on imagina d'utiliser une des voûtes du sous-sol du palais des Papes, et on transporta celle qui était à l'Est de la chapelle.

Cette voûte ou nymphée fut démolie en 1863, cent dix ans après sa construction, en vertu d'une délibération du Conseil municipal du 9 novembre 1862 et approuvée par l'autorité supérieure.

Cette démolition a trouvé de nombreux approbateurs. Citons en particulier Henri de la Madeleine (1). Cet auteur critique à bon

---

(1) Dans son roman : *Germain Barbe-Bleue*, pages 49 et 59, édition de 1855.

droit, selon nous, l'administration qui avait dérobé, sous une voûte en pierres de taille, la naissance de l'eau sortant bouillonnante et libre du roc escarpé.

Avant lui, Maxime Pazzis, parlant de cette source, avait écrit :
« Des curieux la visitent souvent et ils voient avec peine qu'on se
« soit cru obligé de la recouvrir d'une longue voûte, pour la
« préserver, dit-on, d'être ensevelie sous des éboulements de
« gravier. Ils regrettent surtout qu'au lieu de laisser au moins
« apercevoir, au fond de cette voûte, le rocher d'où jaillissent les
« eaux, on ait imaginé d'y bâtir, masquant ainsi le rocher, un
« gros mur percé seulement, dans son milieu, d'une espèce de
« fenêtre de trois ou quatre décimètres d'ouverture, et par où
« l'eau semble être jetée dans le bassin prolongé et inabordable
« que forment les murs latéraux de cette voûte (1). »

Maintenant que les choses ont été remises presque en l'état primitif, l'œil est bien plus agréablement surpris en voyant l'eau sortir fraîche et limpide du rocher que lorsqu'elle se cachait au fond d'une caverne obscure, jaillissant ensuite d'une misérable cascade d'un mètre de hauteur.

A l'époque où l'on fit disparaître cette voûte de mauvais goût, on fit des plantations d'arbres verts et on agrandit le bassin, le disposant de façon à lui donner l'aspect d'une œuvre de la nature : point de pierres de taille ni de parapet. Le cresson en tapisse les bords, et le plafond est garni de plantes vivaces qui empruntent un vif éclat à la fraîcheur et à la limpidité de l'eau courante.

Il y avait du poisson (2) dans le vivier ou réservoir et même dans la petite rivière. Toutes les années, les consuls, au nom de leurs concitoyens, en envoyaient en présent au vice-légat, au recteur et au juge de la Chambre apostolique (3). Le poisson a disparu par suite des abus que voulurent empêcher les statuts de 1762-63 (4) et aussi par suite des produits chimiques introduits dans la fabrication du papier.

(1) *Mémoire statistique sur le département de Vaucluse*, page 105, ouvrage imprimé en 1808.
(2) Nous ne saurions dire quelle était la qualité de ces poissons. Dans le pays, on les appelait les poissons d'*argent*.
(3) Nous trouvons (CC. 8, en 1440) une indemnité de 2 gros payée par la Commune à André Forti qui avait fait la pêche pour donner du poisson au recteur.
(4) L'Art. 72 des Statuts municipaux portait : « Que personne ne puisse
« mettre aucune espèce de poison, soit drogues ou herbes, dans les rivières
« et eaux passant dans le terroir de Malaucène, à dessein d'empoisonner le

C'est à peine si l'on trouve aujourd'hui dans les dérivations du Groseau quelques anguilles dont la chair est délicieuse.

Le touriste qui sait choisir ses points de vue pour se rendre compte de l'ensemble d'un paysage, fera bien pour terminer cette excursion de faire l'ascension de la colline de Brassetieux qui domine la source du Groseau du côté de l'Est.

On voyait jadis sur le sommet de ce monticule un tout petit castel dont l'architecture n'offrait rien de bien remarquable et ne remontait pas au-delà du XIV° siècle.

L'intérieur était loin d'être gracieux, car on ne saurait le mieux comparer qu'à une prison ; aussi l'accusait-on d'avoir été construit pour servir de lieu de détention. Les nombreuses fenêtres, en effet, garnies de barreaux de fer, en rendaient les appartements tristes et sombres. La maison était en outre défendue par trois tours dont la plus considérable occupait le centre de l'édifice.

Les soldats de Montbrun le ravagèrent et le pillèrent en 1560. Il fut démoli en 1774 et les pierres servirent à la consruction de l'hospice et de diverses maisons particulières.

II. — LE MONT VENTOUX.

« Ce n'est point au mois d'avril, lit-on dans les excellents ouvrages d'Adolphe Joanne, qu'il faut, comme le chantre de la belle Laure, s'aventurer sur les flancs du Ventoux; on courrait risque d'être obligé de rebrousser chemin, à cause de la température. Au cœur de l'été, l'expédition est plus aisée et plus intéressante. De Malaucène à la cime du Mont-Ventoux on compte 20 kilomètres et cinq heures de trajet ; un guide est nécessaire.

« Au levant de Malaucène s'ouvre une combe que l'on traverse et qui débouche dans la plaine de Suel, d'où l'on gravit successivement, par un chemin escarpé, les montagnes des Roussaillettes, du Collet-Rouge et de l'Usclade, au-delà du Clapier de la Femme-morte, du bois de la Pignère, du Ravin de Baou, on atteint les prairies du Mont-Serein, qui s'étendent à 2 kilomètres sur les flancs du Mont-Ventoux.

« Arrivé là, c'est-à-dire à 1,424 mètres au-dessus du niveau de la mer, il faut, si l'on a fait le trajet à dos de mulet, renoncer à sa monture, car il n'y a plus de chemin.

« Après avoir franchi la combe du Pas-du-Loup et celle des Pins,

---

« poisson, sous la peine de 12 livres pour chaque contrevenant et, à chaque
« contravention de nuit ou aux jours de fête, le double ; et du dommage et
« les frais en cas que quelque bête, venant à y boire, s'empoisonne. »

on gravit ou l'on tourne ? la dernière cime, à pente roide et caillouteuse. Sur la crête s'élève en dos d'âne une chapelle rustique, dite de la *Sainte-Croix*.

« Une crête tranchante sépare les deux versants principaux, l'un méridional qui vient mourir dans la plaine du Rhône et l'autre septentrional. De son sommet, quand le temps est clair, on jouit d'une vue des plus magnifiques. Au Nord, ce sont les Alpes du Dauphiné, au-dessus desquelles s'élèvent à l'horizon les cimes neigeuses du Mont-Blanc. Au Nord-Est, les Hautes-Alpes. Au Sud-Est, les Basses-Alpes qui vont, en mourant, vers Nice. Au Midi, confondus avec la plaine, les monts de Vaucluse, le Luberon et les Alpines. Plus loin, au-delà de la plaine d'Arles, la mer. A l'ouest, les Cévennes, le Mont-Lozère, avec son vaste plateau. Puis, le long du Rhône, les montagnes de l'Ardèche, s'élevant en amphithéâtre; le Coiron, la Dent-de-Rez, le Tauargue, et le Mazen. »

Il est à supposer qu'à diverses époques, des savants, botanistes ou autres, ou même de simples curieux ont cherché à atteindre le sommet de la montagne ; mais les récits de ces diverses courses ne sont pas parvenus jusqu'à nous.

La première ascension dont on trouve trace dans les auteurs, est, au dire des Membres de la Commission météorologique du département de Vaucluse, celle de l'illustre Pétrarque.

Si l'on nous demande la raison pour laquelle il choisit son chemin par Malaucène, nous répondrons que, en vrai touriste, le grand poète fut sans doute désireux de voir le plus de choses possibles dans sa course et de visiter, en passant, la fontaine du Groseau et le palais papal. Toujours est-il que, après bien des hésitations, il partit d'Avignon, avec son frère Gérard et deux domestiques, le 24 avril 1336, et vint coucher à Malaucène, où il passa la journée du 25, pour se reposer. Le 26, il fit l'ascension avec beaucoup de peine. Heureusement pour lui, un beau clair de lune favorisa son retour à Malaucène, où il passa la nuit.

Voici du reste en son entier la lettre que l'illustre poète écrivit à son directeur spirituel, le père Denis, pour lui rendre compte de son excursion (1).

« Ayant passé ma jeunesse dans le Comtat-Venaissin, j'ai toujours eu envie de voir une montagne qu'on y découvre de tout côté et qui porte à juste titre le nom de Mont-Ventoux. Je viens enfin de satisfaire cette envie, que la lecture de Tite-Live avait redoublée.

---

(1) *Mémoires pour la Vie de François Pétrarque*. Tome 1ᵉʳ, page 286 et suiv. Amsterdam, 1764. (3 vol. in-4°.)

J'y ai lu que Philippe, Roi de Macédoine, qui fit la guerre aux Romains, était monté sur le Mont Hémus, en Thessalie, parce qu'il avoit entendu dire qu'on voyoit de là la mer Adriatique et le Pont-Euxin. (Je ne sçais si cela est vrai. Pomponius Mela l'affirme; Tite-Live le nie. S'il n'y avoit pas si loin, je sçaurois bientôt à quoi m'en tenir.)

« J'ai cru qu'on pardonneroit à un jeune homme un mouvement de curiosité qu'on n'a pas blâmé dans un vieux roi.

« J'ai cherché d'abord un compagnon de voyage et, ce qui paraîtra singulier, parmi un grand nombre d'amis que j'ai, je n'en trouvois point qui me parût tout-à-fait propre à cette expédition; tant il est vrai qu'il est rare de rencontrer parmi les gens qui s'aiment le mieux un parfait rapport de goût, de façon de penser et de volonté; l'un me paroissoit trop vif; l'autre trop lent; je trouvois celui-ci trop gai; celui-là trop triste; en voilà un, disois-je en moi-même, trop fluet et trop délicat pour soutenir cette fatigue; en voilà un autre bien gros et bien pesant, il ne pourra jamais monter si haut; celui-ci trop pétulant, trop bavard; celui-là taciturne et morne.

« Tous ces défauts, que l'amitié fait tolérer dans les villes et à la maison, sont insupportables en voyage. Enfin si je trouvois des camarades qui me convinssent en tout point, ou ils avoient des affaires qui ne leur permettoient pas de faire ce voyage, ou ils n'avoient pas la même curiosité que moi, ou je ne voulois pas mettre leur complaisance à l'épreuve.

« Tout bien pesé, je me suis déterminé à prendre avec moi mon frère Gérard, que vous connoissez. Il était bien aise d'y aller et comblé de joie de sentir qu'il tenoit auprès de moi la place d'un ami.

« Nous sommes partis d'Avignon le 24 avril (1), pour venir coucher à Malaucène, qui est auprès de la montagne du côté du nord; nous y avons passé le 25 tout entier à nous reposer.

« Le 26, nous sommes montés, mon frère et moi, suivis de deux domestiques, avec beaucoup de peine et de fatigue, quoique le temps fût fort doux et le jour très-beau. Nous avions de l'agilité, de la force, du courage; rien ne nous manquoit; mais cette masse de rochers est d'une roideur extrême, et, en vérité presque inaccessible.

« Vers le milieu de la montagne nous avons trouvé un vieux pâtre, qui a fait tout ce qu'il a pu pour nous dégoûter de notre

---

(1) Les auteurs de la Notice sur *le Mont-Ventoux* disent le 27.

projet. Il y a environ cinquante ans, nous a-t-il dit, que j'eus la même fantaisie que vous ; je gravis jusqu'au sommet de la montagne, et voici ce que j'en rapportai : mon corps et mes habits déchirés par les ronces, beaucoup de lassitude, un grand repentir et un ferme propos de n'y plus retourner. Depuis ce temps-là et même avant, je n'ai pas ouï dire que personne ait fait la même folie.

« Les jeunes gens n'aiment pas les représentations. Plus le berger nous exageroit les difficultés de l'entreprise, plus nous sentions croître le désir de les vaincre. Quand il a vu l'effet qu'avoit fait sur nous ce qu'il venoit de nous dire, il nous a montré un sentier fort roide, à travers les rochers : Voilà, nous a-t-il dit, par où il faut que vous passiez.

« Après lui avoir laissé nos habits et tout ce qui pouvoit nous embarrasser, nous nous sommes mis à gravir avec une ardeur incroyable : mais (ce qui arrive ordinairement en pareil cas) nos premiers efforts ont été suivis d'une lassitude extrême. Nous avons trouvé un rocher sur lequel nous nous sommes reposés quelque temps ; après quoi nous avons repris notre marche ; mais ce n'étoit plus avec la même ardeur. La mienne surtout étoit extrêmement refroidie ; pendant que mon frère suivoit un sentier fort roide, qui paroissoit tendre à la cime du mont, j'en prenois un autre qui avoit de la pente. Où allez-vous ? crioit mon frère de toutes ses forces, ce n'est pas le chemin, suivez-moi donc. Laissez-moi faire, lui disois-je, j'aime mieux prendre un chemin plus long et plus aisé. C'étoit un prétexte pour colorer ma foiblesse ; j'ai erré quelque temps dans des vallons, pendant que je voyois les autres monter toujours. Enfin la honte m'a pris ; j'ai été rejoindre mon frère, qui s'étoit assis pour m'attendre.

« Nous avons marché de front pendant quelque temps ; mais comme la lassitude me foisoit toujours chercher un chemin plus doux, je me suis retrouvé encore dans un vallon. La même chose m'est arrivée trois ou quatre fois ; mon frère se mocquoit de moi. Enfin, accablé de honte et de fatigue, je me suis assis pour prendre haleine.

« Alors abandonnant mon esprit aux réflexions, j'ai comparé l'état de mon âme, qui désire d'arriver au ciel et n'en prend pas le chemin, à celui de mon corps qui avoit tant de peine à atteindre le sommet du Mont-Ventoux, malgré la curiosité qui m'y foisoit monter. Ces réflexions m'ont donné plus de force et de courage.

« Le Mont-Ventoux est partagé en plusieurs collines, qui s'élèvent les unes sur les autres. Les gens du païs appellent la plus haute de toutes *Filléul* ; je crois par antiphrase, car elle domine sur toutes les montagnes voisines. On trouve au sommet une petite plaine, où nous nous sommes assis en arrivant (1).

« Saisi par la grande vivacité de l'air, et par l'immensité de l'espace que j'avais devant les yeux, j'ai resté quelque temps étourdi et sans mouvement. Ensuite revenu à moi, je n'ai pas plutôt ouvert les yeux, que mes regards se sont portés d'eux-mêmes vers cette belle contrée où mon penchant m'entraîne.

« J'ai vu, couvertes de neige, ces montagnes où le fier ennemi du nom romain s'ouvrit un passage avec le vinaigre (s'il faut en croire la renommée). Quoique elles soient fort éloignées du Mont-Ventoux, il me sembloit pouvoir y toucher avec la main. J'ai senti d'abord un violent désir de revoir cette chère patrie, que je voyois plutôt des yeux de l'âme, que de ceux du corps. Sa vue m'a fait pousser quelques soupirs, dont je n'étois pas le maître : je me suis reproché une foiblesse que j'aurois pu justifier par l'exemple des plus grands hommes.

« Ensuite, rentrant en moi-même et examinant de plus près l'état de mon âme, je me suis dit : Il y a aujourd'hui dix ans que tu as quitté Bologne ; combien de changement dans tes mœurs depuis ce temps-là ?

« N'étant point encore dans le port, je ne dois pas occuper mon esprit de ces tempêtes dont je me sens toujours agité. Le temps viendra peut-être, où je pourrai dire avec votre saint Augustin : « Si je me retrace mes faiblesses passées : ces passions honteuses auxquelles je me suis livré, ce n'est pas qu'elles me soient chères ; mais parce que je veux vous aimer, ô mon Dieu (2) ».

« Il me reste encore beaucoup à faire : je n'aime plus ce que j'aimais, que dis-je ? je l'aime encore ; mais d'un amour triste, combattu, et je rougis. Je voudrois pouvoir haïr ; mais je sens quelque chose qui me porte à aimer. J'en suis honteux, désespéré. J'éprouve cet état de l'âme qu'Ovide avoit peint si bien dans ce vers :

Si je ne puis haïr, j'aimerai malgré moi (3).

« Il n'y a pas encore trois ans que cette passion qui régnoit seule dans mon âme et sans contradiction, a trouvé une ennemie qui

---

(1) On y a bâti une petite chapelle où l'on va dire la messe tous les ans le 14 septembre. Il y a un grand concours.

(2) Recordari volo transactas fœditates meas et carnales corruptiones animæ, non quod eas amem, sed ut amem te, Deus meus. (*Aug. Conf.* l. X.)

(3) Odero, si potero ; si non, invitus amabo. (*Ovid.*).

lui a déclaré la guerre et fait tout ce qu'elle peut pour la détruire. Si tu vivois encore deux lustres, me disois-je, et que dans cet espace tu fisses autant de progrès dans la vertu que tu en as fait pour te tirer de l'abîme où tu étois, ne pourrois-tu pas mourir alors avec un peu de confiance ?

« Livré à ces réflexions, d'un côté, je m'applaudissois du changement qui s'étoit fait en moi, de l'autre, je déplorois l'imperfection de mon état et l'instabilité des choses humaines. Je ne savois ni où j'étois, ni pourquoi j'y étois.

« En sortant de cette profonde rêverie, j'ai vu que le soleil alloit se coucher, et qu'il seroit bientôt temps de descendre. Je me suis tourné alors vers le couchant, où j'ai cherché en vain cette longue chaîne de montagnes qui séparent la France de l'Espagne. Rien que je sache ne la déroboit à mes regards ; mais la nature ne nous a pas donné des organes, qui portent leur action si loin. A droite, je découvrois les montagnes de la province Lyonnoise, et à gauche les flots de la Méditerranée, qui baignent d'un côté Marseille et de l'autre viennent se briser contre Aigue-Morte. Je les voyois très-distinctement quoiqu'il y ait plusieurs journées de distance.

« Le Rhône couloit sous mes yeux ; les nues étoient à mes pieds. Jamais spectacle plus étendu, plus varié, plus imposant n'a frappé mes regards. Ce que je voyois me rendoit moins incroyable ce qu'on publie de l'Olimpe et du Mont Athos.

« Après avoir rassasié pendant quelque temps mes yeux de ce spectacle qui élevait mon esprit et me foisoit faire des réflexions pieuses, j'ai pris le livre des Confessions de saint Augustin, livre que je tiens de vous et que je porte toujours avec moi. (Il m'est cher par lui-même, et les mains de qui je l'ai reçu me le rendent encore plus cher.)

« En l'ouvrant, le hazard m'a fait tomber sur ce passage du Xe livre. Les hommes vont pour admirer les sommets des montagnes, les flots de la mer, les embouchures, le cours des fleuves, l'étendue de l'Océan ; et ils se négligent eux-mêmes (1).

« Je prends Dieu et mon frère à témoins que ce que je dis est vrai. Je fus surpris de la singularité de cette rencontre, dont l'application étoit si aisée à faire. Après avoir fermé le livre, et prié mon frère qui vouloit que je continuasse de faire cette lecture, de ne pas m'importuner d'avantage, je me suis rappelé ce que saint

(1) Eunt homines admirari alta montium, et ingentes fluctus maris, et latissimos lapsus fluminum, et oceani ambitum, et gyros siderum, et relinqunt se ipsos. (*Aug. Conf.* l. X.)

Augustin dit lui être arrivé de semblable et ce que saint Athanase raconte dans la vie de saint Antoine (1).

« Croyant n'avoir rien de mieux à faire que d'imiter ces grands saints, j'ai cessé de lire et me suis livré à une foule d'idées, qui se sont présentées à mon esprit, sur la folie des hommes, qui négligent la plus noble partie d'eux-mêmes, se repaissent de vains spectacles, et vont chercher au-dehors ce qu'ils pourraient trouver au-dedans. A chaque pas que je foisois, je disois : Si j'ai tant sué, tant fatigué pour que mon corps approchât du ciel de quelques toises, que ne devrois-je pas faire et souffrir, pour que mon âme y parvienne ?

« Au milieu de ces réflexions, je suis arrivé insensiblement au pié de la montagne dans cet hospice rustique d'où nous étions parti le matin. Un beau clair de lune a favorisé notre retour. Pendant qu'on nous préparoit à souper, je me suis renfermé dans un coin de la maison, pour vous faire part de cette course et de tout ce qui m'est venu dans l'esprit.

« Vous voyez, mon père, que je n'ai rien de caché pour vous. Je voudrais pouvoir vous dire non-seulement tout ce que je fais, mais même tout ce que je pense. Priez Dieu que mes pensées toujours vagues et errantes, se fixent à la fin sur le seul vrai bien, solide et immuable.

A Malaucène, ce 26 avril (1336.)

Dès la fin du XVI° siècle ce ne sont plus seulement des bandes de touristes qui gravissent les pentes abruptes du Ventoux : des populations entreprennent cette ascension par un pieux motif de pénitence et de gratitude. Heureuses d'être délivrées des Huguenots, elles se rendent en procession à la chapelle de la Sainte-Croix, au sommet de la montagne, et c'est par Malaucène qu'elles dirigent leur course. Valréas, Bollène, Visan, Sainte-Cécile s'y portent ; on y va même des pays voisins du Comtat : le Pont-Saint-Esprit, etc.

Les savants n'arrivent qu'après : Peiresc d'abord, et le P. Kircher, puis, Laval, Guérin, Requien, MM. Martin, Fabre, Achard, et en dernier lieu : MM. Bouvier, Giraud et Pamard.

Avant d'aller plus loin qu'on nous permette de transcrire le compte-rendu d'une procession religieuse faite dernièrement

(1) Saint Augustin, ouvrant le nouveau testament, tomba sur ce passage de saint Paul : Non in comessationibus et ebrietatibus, non in cubilibus et impudiciciis et emulatione, sed induite Dominum Jesum Christum. — Et saint Antoine sur ce texte de l'Evangile : Si vis perfectus esse, vade et vende omnia quæ habes et da pauperibus, et veni, sequere me.

par une population éminemment comtadine, la population de Bédoin.

« Le 13 septembre. Départ à 9 heures du soir. — Halte à la chapelle de *Notre-Dame du Moustier* (sanctuaire antique). — On se remet en marche, par groupes, en montant jusqu'au *Jas*. — Les premiers arrivés font grand feu en attendant les retardataires. Après s'être réchauffé, on se range en procession. On gravit la rude montagne, lentement, par un sentier en lacets, en faisant le chemin de la Croix. Cet exercice de dévotion ne dure pas moins d'une heure et demie. Il est à peine terminé que l'horizon commence à s'éclaircir des premières blancheurs de l'aube. Les étoiles scintillent encore sur les têtes. Les pèlerins marchent péniblement sur un sentier raide, à peine indiqué sur un sol pierreux. On approche enfin du sommet.

« Là, plus de végétation, de loin en loin seulement quelque mousse qui s'étale en tâches noires sur la surface blanc-grisâtre des pierres lavées par les orages ; le solitaire sommet, sur lequel se déchaînent des tempêtes d'une furie sans égale, présente, en ce moment de calme, un aspect à la fois désolé et majestueux qui remplit l'âme d'une mystérieuse tristesse. C'est la nostalgie des montagnes. Au dessous, les vallées et la plaine sont couvertes encore par l'obscurité, comme un abîme sans fond.

« Mais le courage revient vite. On veut, coûte que coûte, arriver à la *Santo-Crous*. La procession termine enfin son ascension ; les messes se succèdent dans cette chapelle ; mais comme l'enceinte en est étroite, les divers groupes de pèlerins y assistent les uns après les autres.

« Une particularité marque le retour. Chaque pèlerin descend emportant sur l'épaule une branche d'arbre plus ou moins lourde, suivant ses forces, sans doute en souvenir du bois sacré de la Croix. Le cortège rentre ainsi triomphant dans le pays, puis à l'église, qui, pendant quelques instants, prend l'aspect d'une forêt. » (1)

Et maintenant laissons raconter à un membre du Club Alpin Français de Marseille, comment en l'année 1880, cette Société put faire l'ascension du Mont-Ventoux.

« Le dimanche 27 Juin 1880, nous nous trouvions à la gare Saint-Charles pour mettre à exécution ce projet depuis longtemps préparé.

« Un train nous entraîne assez prosaïquement vers Carpentras.

---

(1) (*Semaine religieuse du diocèse d'Avignon*, N° 42, — 15 octobre 1881.

« Et nous arrivons rapidement à cette charmante ville où un bon déjeûner nous attend à l'hôtel d'Orient.

« L'omnibus commandé ne doit nous emmener à Bédoin que vers 4 heures. Nous visitons la proprette ville de Carpentras; l'hôpital, la statue du trappiste, promu plus tard à l'épiscopat M⁵ʳ Malachie d'Inguimbert, son charitable fondateur, dont le nom est encore conservé avec vénération dans Carpentras, la cour d'assises, la mairie, etc., mais le tout rapidement.

« A Bédoin, après un dîner assez abondant, nous entrons en grande discussion avec les muletiers. Touristes, mes amis, quand vous viendrez à Bédouin dans le but d'ascendre le Ventoux, souvenez-vous de ceci : Ne vous mettez en route qu'après avoir définitivement arrêté les prix avec les muletiers, car écorcher le voyageur ne leur coûte guère. Après avoir eu six mulets à notre disposition, dans le seul but de porter nos bagages, il nous en est resté deux et c'était plus que suffisant.

« Onze heures sonnent enfin et nous partons par une nuit noire, mauvais signe. Dix minutes ne s'étaient pas écoulées que majestueuse et belle, la lune dans toute sa splendeur venait jeter ses éclats lumineux sur le sommet du Ventoux.

« L'ascension de la montagne de la Provence, car nous la revendiquons comme nôtre, ne présente ni aspérité, ni découpure, ni profonde crevasse, si ce n'est en un seul endroit; mais n'anticipons pas.

« La montée est d'abord très douce : nous marchons pendant une petite heure au milieu de terres cultivées; quelques arbres de montagne, le pin d'Alep et le chêne, nous annoncent enfin la limite des cultures. Nous entrons alors dans des terres rocailleuses parsemées çà et là d'arbres rabougris, tourmentés par cet affreux et inévitable mistral. Ce fléau de la Provence, qui ne manque pourtant pas d'amateurs, vient de se lever et chasse en un instant les derniers nuages; le ciel est pur, les étoiles brillent et l'air se rafraîchit considérablement; la pente devient de plus en plus escarpée; plus nous montons, plus le vent redouble; nous avons à la fin une véritable tempête, mais notre ardeur ne s'arrête pas; nos chants, cet excellent moyen de réchauffer les retardataires cessent; on n'entend plus que mugir le mistral dans toute son énergie. Nous sommes heureusement tous de vieilles connaissances avec ce maudit vent, impuissant à ralentir notre marche.

« Nous nous engageons dans un vallon, sorte de long couloir très pittoresque, dont les murailles naturelles nous garantissent un moment de la tempête. Le spectacle devient décidément splendide. C'est là le seul endroit découpé que nous offre le Ventoux ; des rochers nus, isolés, se dressant comme de véritables tours, le tout éclairé par la lune nouvelle. Devant nous la nuit profonde et le vallon, qui, quoique montant, semble toujours se creuser davantage.

« La route devient de plus en plus rapide et reprend son accentuation primitive.

« Nous atteignons le bois composé de chênes, de pins et de hêtres ; les broussailles commencent à nous piquer désagréablement les mollets ; heureusement que bon nombre se sont munis de guêtres ou de pantalons de velours pour se garantir des vipères qui, disait-on, devaient fuir devant chacun de nos pas. — Or, nous n'avons pas vu l'ombre d'une seule.

« Nous marchions en trois bandes, précédés par les muletiers ; les plus intrépides, et j'avoue à notre honte qu'ils n'étaient pas très nombreux, allaient en avant, puis le gros du bataillon, enfin, non pas les traînards, nous n'en comptions aucun dans nos rangs, mais ceux doués d'une obésité plus ou moins précoce et pour lesquels la route ou plutôt l'escalade était un peu plus pénible. Ce n'est donc que par groupes que nous arrivons au Jas, ou refuge.

« Le silence règne sur la nature, quand les premiers rayons de l'aurore, qui viennent dorer les sommets des contreforts du Ventoux et l'horizon tout entier, sont salués par les rares oiseaux qui habitent ces hauteurs. Nous allumons un grand feu dans le refuge, qui est très étroit et nous cassons une croûte. Malheureusement nous oublions qu'il est 3 heures 1/2 et que le soleil se lève à 4 heures.

« Nous repartons et nous sortons du bois. Nous nous trouvons enfin en vue du sommet ; nous croyons déjà le toucher de la main... ami lecteur, détrompez-vous ; il nous reste à franchir un dernier obstacle d'une raideur extraordinaire. Toute végétation a disparu ; entre les maudits cailloux roulants, sur lesquels on fait un pas en avant et deux en arrière, poussent seuls les lichens et quelques modestes plantes dont les fleurs rappellent la violette.

« Nous quittons les muletiers, qui doivent arriver au sommet, en faisant de grands lacets ; nous préférons la route directe et quelle route, mon Dieu ! mais quelle ne sera pas notre stupéfaction, de les voir arriver avant nous ; ils ont trois fois plus de chemin à parcourir, mais ils prennent la route la plus facile et la plus sûre. Nous parvenons enfin jusqu'à l'oratoire qui occupe le sommet. Essoufflés, nous constatons avec surprise que le thermomètre marque + 3°. Quoi d'étonnant, nous sommes à 1927 mètres au-dessus du niveau de la mer. Inutile de dire qu'un petit point d'amour-propre nous fait monter sur le toit délabré de la chapelle qui à elle seule forme la superficie totale de la plate-forme.

« Le spectacle le plus imposant se déroule à nos yeux, l'horizon est sans borne. Nous portons d'abord nos regards sur le chemin parcouru. O stupeur! ce n'est plus Bédouin que nous apercevons, ce n'est plus même Carpentras, qui s'offre à nos yeux, c'est un océan de montagnes parmi lesquelles nous pouvons distinguer au dernier plan, le sommet de Marseilleveire, notre point de départ.

« On nous avait assuré que l'on distinguait la mer; d'autre part plusieurs capitaines marins m'ont affirmé qu'ils avaient très souvent vu le Ventoux en arrivant dans la rade; moins heureux que d'autres touristes, nous ne pûmes toutefois découvrir cette Méditerranée qui eût si bien complété ce tableau grandiose.

« Vient ensuite la chaîne de l'Etoile, le Pilon du Rouet, si extraordinairement découpé, le pic escarpé de Sainte-Victoire au pied duquel nous voyons en souvenir la cité romaine de Sextius, la vieille capitale de la Provence, détrônée par l'industrie et les ports de notre grand Marseille.

« A l'Ouest, le Rhône, comme un interminable lacet d'argent, se précipite vers la Camargue, arrosant dans son parcours Avignon, la cité des papes, le château féodal de Beaucaire, celui de Tarascon, la ville de Sainte-Marthe et l'antique Arelate, la rivale de Nîmes dont nous apercevons la Tour Magne. Toutes deux restent debout pour témoigner de la grandeur de cette nation de héros qui fut jadis maîtresse du monde.

« Presque à nos pieds la capricieuse Durance va mélanger ses eaux bourbeuses avec notre grand fleuve, qui descendu bleu des glaciers de la Suisse va, après un parcours de 800 kilomètres, ternir un moment l'azur de la Méditerranée.

« Au Nord-Ouest on devine, dans un pâle éloignement, les derniers contreforts des Cévennes, le Gerbier des Joncs, le Mont Lozère, les montagnes du Gévaudan et la grande ligne de partage des eaux.

« Au Nord, l'horizon est sans borne, et s'étend sur la grande vallée aussi loin que le regard peut se porter.

« A l'Est, le spectacle change, ce n'est plus le bassin du Rhône, ce n'est plus le large lit de la Durance, ce sont les Alpes-Maritimes, le massif du Viso, les Basses et Hautes-Alpes, puis les Alpes Dauphinoises, le grand et majestueux Pelvoux couronné de neiges, les immenses glaciers, ce monde nouveau que le jeune alpiniste brûle de visiter, de parcourir, d'admirer, ces crêtes découpées, ces aiguilles, qui, orgueilleuses, menacent le ciel ou, conscientes de leur beauté, semblent vouloir se rapprocher du Créateur.

« Quel spectacle !

« Hélas ! il faut descendre. Le soleil monte et l'heure du départ est sonnée.

« Quelle n'est pas notre terreur quand nous voyons le chemin à parcourir. Nous devons pourtant nous y engager, notre plan étant de retourner par Malaucène. A notre ébahissement, car c'est à peine si nous pouvons faire deux pas sans perdre notre centre de gravité, un de nos mulets caracole et lance force ruades. Nous arrivons sur un petit plateau d'où la vue continue à s'étendre sur le Rhône d'un côté et les Alpes Dauphinoises de l'autre, une source limpide (Font-Filiole, 1790 mètres), mais d'une fraîcheur néfaste, nous invite à des ablutions bien nécessaires.

« Il est onze heures, on boucle de nouveau les sacs et l'on descend alors par une pente rapide rappelant un peu le casse-cou du début à travers un petit bois ravissant.

« Comme bien l'on pense, la température n'est plus précisément la même ; on commence par ôter la veste, puis se dépouiller du gilet nous paraît indispensable, et c'est dans cette équipage que nous atteignons Malaucène, jurant bien que s'il est bon de descendre du Ventoux par cette route, il serait insensé d'entreprendre l'ascension de ce même côté.

« La fatigue nous cloue sur un banc du café ; impossible de voir la ville ; disons toutefois en passant que la place sur laquelle nous attend le véhicule qui nous a menés à Bédoin, est d'une élégance et d'une propreté charmantes.

« Chacun s'installe en voiture, car le temps presse, il est une heure et demie, il faut retourner à Carpentras d'où le train part à quatre heures pour Marseille (1). »

Désormais il ne faudra plus considérer comme un tour de force l'ascension du Ventoux. Le touriste qui voudra voir lever le soleil et respirer l'air à 2000 mètres au dessus de la mer, n'aura plus qu'à suivre un chemin carrossable aux pentes et aux contours habilement ménagés et il arrivera au but désiré presque sans effort et assurément sans le moindre danger.

(1) Club Alpin Français — Bulletin de la Section de Provence, numéros 3 et 4. page 98.

On verra par le récit suivant emprunté au *Comtat*, journal de Vaucluse n° 1158 du 18 mai 1882, comment un ministre escorté d'un cortége assez nombreux a pu aller poser la première pierre d'un observatoire pour lequel, le 1" décembre suivant, la Chambre des Députés refusait un crédit de 5000 fr. qui lui était demandé par M. Naquet, alors député de l'arrondissement d'Apt.

« Nous avouons que l'excursion du Mont-Ventoux a été intéressante et surtout fort bien organisée sous les ordres de M. Bouvier ingénieur en chef du département et président de la commission météorologique de Vaucluse, et par M. Morard, ingénieur à Carpentras.

« A six heures du matin, le train ministériel arrivait en gare des Carpentras.

« A six heures et demie, les excursionnistes montaient dans le omnibus qui devaient les conduire jusqu'au hameau de Sainte-Colombe situé au pied du Ventoux.

« Parmi eux on remarquait, avec M. de Mahy, ministre de l'agriculture, Madame la baronne de Pages, petite nièce de Philippe de Girard, M. Assiot, préfet de Vaucluse et son secrétaire général, M. le général de division Frémont, MM. Naquet et Poujade, députés, M. Philippe, chef du service hydraulique au ministère de l'agriculture, M. Tisserand, chef de section au même ministère, M. Verdet, président du tribunal de commerce d'Avignon, M. Bouvier, ingénieur en chef, et quelques employés de son administration, M. le docteur Pamard, vice-président de la commission météorologique, l'administration des Eaux et Forêts représentée par le conservateur, l'inspecteur et les sous-inspecteurs, M. l'ingénieur en chef des Bouches-du-Rhône, M. Poncet, ancien maire d'Avignon, MM. Cabane et Gleizal, conseillers généraux du Gard, etc., etc.

« La plupart des journaux du département et de la région avaient envoyé leurs reporters à cette fête scientifique.

« A huit heures et demie, à Sainte-Colombe, toute cette caravane, composée d'environ quatre-vingts ascensionnistes, montait en jardinières et commençait à gravir la route carrossable, si rapidement construite, qui conduit aujourd'hui du pied au sommet du Ventoux. Cette longue suite de carrioles traînées par des mulets et s'échelonnant à travers les lacets de la route présentait un coup d'œil des plus pittoresques. Les gardes forestiers assuraient la marche. Dans les combes, on apercevait des groupes de paysans escaladant les flancs escarpés de la montagne. Notre beau soleil s'était mêlé de la fête et plusieurs excursionnistes en ont rapporté les marques. Le mistral en était, lui aussi, comme de juste, mais il n'y avait pas trop à s'en plaindre. Les nombreux étrangers qui faisaient partie de l'excursion et tous ceux qui entreprenaient pour la première fois cette ascension étaient émerveillés du magnifique panorama dont l'horizon s'élargissait à chaque pas. Le contraste surtout des flancs arides du Ventoux avec la riche campagne et la luxuriante verdure qu'on remarque au pied de cette masse imposante, frappait leurs regards. On admirait en même temps ces travaux de reboisement que l'administration forestière a entrepris et la création de cette belle route qui conduit tout-à-fait au sommet du Ventoux par des rampes à pentes douces offrant un développement de plus de vingt kilomètres.

« L'enchantement général n'a pas décru lorsque, après quatre heures d'ascension, près de la fontaine de la Grave, on s'est trouvé tout-à-coup en face d'une baraque en planches, dressée et pavoisée par les soins de l'administration des Ponts et Chaussées, sous laquelle se trouvait servi un déjeuner froid préparé par l'hôtel Camille de Carpentras, avec le concours de M. Thomas, du café du Siècle.

« Au dessus de la table d'honneur se trouve une inscription portant ces mots: *Patriâ viribus unitis colenda*. Tout autour prennent place les excursionnistes dont l'appétit s'est aiguisé au souffle du mistral et qui font honneur au repas.

« Au dessert, M. Naquet se lève et porte un toast aux organisateurs de cette fête et en particulier à l'administration des Ponts et Chaussées. M. Poujade dit ensuite qu'il veut combler une lacune de son collègue en proposant la santé des fonctionnaires des Eaux et Forêts qui ont pris une si large part à cette organisation.

« M. le ministre de Mahy prend ensuite la parole et boit à la santé des curieux qui ont suivi l'excursion scientifique et sont là en face de la table ministérielle.

« On arrive enfin au point culminant du Ventoux, après en avoir traversé les diverses zones où l'on rencontre successivement le pin et le genévrier, le hêtre, le chêne blanc et vert, le thym et la lavande; puis enfin la partie supérieure où le sol est complètement nu, recouvert seulement d'une épaisse couche de pierres comme d'un immense camail blanc. Alors, du haut de Sainte-Croix, on découvre le versant septentrional avec les gorges sauvages du Toulourenc et de la Nesque, avec ses roches taillées à pic et d'une hauteur vertigineuse qui vont en s'étageant, d'un côté, jusqu'aux montagnes dentelées de Beaumes, et, de l'autre, jusqu'au défilé de Montbrun. Ce spectacle imposant et sombre n'est plus du tout le même que celui offert par le versant que nous venons de gravir au bas duquel on voit une immense plaine d'un sol fertile, parsemée d'habitations, de villages et de hameaux, et bordée au loin par le Rhône et la Durance.

« Après avoir admiré ce magnifique coup d'œil, on procède à la pose de la première pierre de l'Observatoire du Ventoux.

« M. Bouvier, président de la commission météorologique, prend le premier la parole et, dans une allocution émue, il rappelle les peines et les travaux de ceux qui se sont dévoués à la création de cet observatoire qui va enfin entrer dans la période d'exécution. L'émotion s'empare tout-à-coup de cet homme de labeur et d'études en face de l'œuvre accomplie et lui coupe la parole. Cet attendrissement se communique à l'auditoire qui prouve à M. Bouvier par ses applaudissements combien on comprend et on partage sa légitime satisfaction.

« M. le Ministre, en quelques mots, parle ensuite de l'utilité des observatoires météorologiques et des services qu'ils sont destinés à rendre à la navigation, en permettant d'annoncer les cyclones et les orages. Il promet de s'intéresser à la création de celui du Mont-Ventoux.

« Après M. le Ministre, c'est le tour de M. Naquet ; ensuite, lecture du procès-verbal est donnée par le docteur Pamard ; puis, M. le Ministre s'empare de la truelle d'honneur et, aux sons de la *Marseillaise*, scelle la première pierre où les assistants ont déposé des cartes ou d'autres souvenirs.

« Le retour des excursionnistes s'opère sans encombre, malgré la descente rapide des jardinières à travers les rampes de la montagne. Pas le moindre accident à relater, sauf la mort d'un chien piqué par une vipère.

« Le soir, vers huit heures, le cortège arrive aux portes de Bédoin où M. le maire de la commune attend le ministre et lui souhaite la bienvenue. Un banquet a lieu ensuite à l'hôtel Dumas. M. le Ministre boit à la santé du maire de la commune et donne le signal du départ.

« A dix heures et demie, les excursionnistes étaient de retour à Carpentras.

III. — La Magdeleine.

Les bâtiments de cette antique institution religieuse dont nous avons donné l'historique (Tome 1er, page 254), ont été convertis depuis longtemps en maison de ferme. Ils forment un rectangle assez régulier dont les grands côtés sont tournés vers le Nord et le

Sud, avec une cour carrée dans l'intérieur. Une sorte de petit boulevard ou chemin de ronde, régnait tout à l'entour et était défendu par une assez forte muraille. Celle-ci a disparu vers la fin du siècle dernier. On a également hélas! fait disparaître les vieux chênes qui donnaient tant de charmes à cette belle résidence!... Quant aux pierres, elles ont été utilisées en partie pour de nouvelles constructions adossées aux anciennes.

La grande muraille du Nord, mieux conservée que tout le reste, mérite un coup d'œil du visiteur, et rappelle les vieilles constructions du moyen-âge. La chapelle existe encore en son entier, coupée dans sa hauteur par un plancher. Elle mesure environ cinq mètres de largeur sur dix de longueur, non compris le sanctuaire. Celui-ci est séparé de la nef par un arc triomphal à plein cintre, aux formes plus que modestes. Partout ailleurs ce ne sont que lignes et angles droits. A voir la pauvreté de la structure, on dirait une ancienne église de Capucins.

Lorsque nous visitâmes cette maison, nous y cherchâmes vainement des restes de son glorieux passé. Nous eûmes de la peine à découvrir quelque chose digne de remarque. Pas un reste de sculpture, pas une inscription, pas une pierre tumulaire. Nous dûmes nous contenter de la rencontre de deux vieux tableaux à peu près d'égale dimension et mesurant environ un mètre de hauteur, délaissés dans un coin du grenier à foin. Ils étaient couverts d'une splendide poussière dont nous eûmes de la peine à avoir raison par d'abondantes affusions. Nous finîmes par y reconnaître saint Joseph et sainte Marie-Magdeleine.

Les terres de l'ancien prieuré sont plus riches en souvenir que l'intérieur des constructions. Les environs même participent à cette richesse archéologique. D'après Guinier, « les propriétaires « de ce quartier ont trouvé à différentes dates des objets qui re- « montaient à plusieurs siècles. Les tombes sont assez nombreu- « ses. En 1675, un nommé Pierre Fantin, faisant des fouilles dans « sa terre, découvrit une longue dalle, à cinq pieds de profon- « deur.: il la souleva tout doucement et avec précaution et se « trouva en face d'un squelette cuirassé et armé de pied en cap. « Ces restes furent achetés la modique somme de trois livres, par « un amateur du pays, M. d'Anthoyne. La chapelle renfermait « plusieurs tombeaux, ornés de bas-reliefs. »

Le touriste fera bien de ne pas en rechercher les restes, car tout a disparu.

IV. — La grotte de Notre-Dame des Anges.

Elle est située près de Mollans, mais sur le territoire de Malaucène. Elle a son entrée dans le lit même du Toulourenc, au quartier des Championnes. Son nom lui vient du voisinage d'une petite chapelle rurale, distante de quelques pas et bâtie sur la rive droite.

Pour s'y rendre, il faut nécessairement arriver jusqu'à Mollans, remonter le cours du torrent qu'on traverse facilement en temps ordinaire. Mais le trajet est fort court. Nous voici en face de la grotte... Avez-vous les reins souples?... Quittez la position verticale pour prendre les modestes allures d'un animal marchant à quatre pattes. Méfiez-vous des mouvements brusques, sinon vous allez donner de la tête contre les concrétions pierreuses et les belles stalactites, aux formes variées et bizarres. Maintenant que vous voilà dans l'intérieur, redressez-vous tout doucement et éclairez vos pas, car le sol est fort raboteux, et arrêtez-vous à temps pour contempler le petit lac dont l'eau sans cesse renouvelée s'échappe sous terre, par des conduits invisibles et naturels, et va se jeter dans le Toulourenc. A votre sortie, remarquez la quantité d'eau qui se perd inutilement dans le lit du torrent et voyez si cette source n'est pas plus abondante que celle du Groseau. Evidemment l'historien Guinier n'avait pas visité la grotte. S'il avait pris la peine de faire cette excursion intéressante, il n'aurait pas dit que la source du Groseau est la plus considérable après celle de Vaucluse (1).

(1) *Histoire* manuscrite *de Malaucène*, chapitre XIII, page 143.

ADDITIONS ET CORRECTIONS

AU TOME I"

Page 25 et 55. Offidum de Vitrone.

Au début de nos études sur Malaucène, nous avions cherché à remonter aussi haut que possible dans un passé oublié. Les documents écrits nous faisant défaut, nous nous étions adressés à la tradition. Celle-ci nous avait timidement désigné un quartier du territoire, bordé par l'ancienne voie romaine de Carpentras à Vaison, comme ayant pu être occupé par un centre primitif de population auquel on donnait, disait-on, le nom de Vitrone, Mitrone ou quelque chose d'analogue.

On a vu comment, conduits sur les flancs de Clairier, nous avons trouvé des débris très nombreux, témoignage irrécusable d'une occupation ancienne, et ensuite à Saint-Martin, sommet de cette montagne, sur lequel existe encore un système très apparent de défense dont nous avons donné la description.

De patientes recherches ont fini par dissiper, en partie du moins, ces épaisses ténèbres. En effet, dans les manuscrits du moyen-âge, soit aux archives municipales; dans le *Polyptique de Bertrand de Remusat* et dans le *Livre-Terrier* de 1433, soit dans les vieux protocoles des notaires, dressés dans les XIII°, XIV°, XV° et XVI° siècles, nous avons rencontré des indications telles que celle-ci : « *Loco dicto ad* Sanctum Martinum de Clarerio (1). — *Loco dicto ad* Sanctum Martinum *sive in* Venteronem. — *In* Venterone, *justà iter publicum quo itur de Carpentoracte ad Vasionem.* — *In* Venterone *juxtà iter quo itur ad Nostram Dominam Blancam.* »

Ces expressions et beaucoup d'autres de même nature sont employées comme désignations d'héritages ou de « confronts » dans les actes publics. Nous les avons remarquées si fréquemment sur notre chemin que nous croyons devoir nous dispenser d'en préciser la provenance.

Il résulte avec évidence de ces indications multiples que *Ven-*

---

(1) On disait saint Martin de Clairier, afin de différencier avec saint Martin des Près (*ad sanctum Martinum de* Pratis, situé sur les bords du Groseau, du côté de Vaison.

teron, Clairier et *Saint-Martin* sont synonymes en tant que désignant le même quartier rural, savoir : la montagne comprise entre le territoire du Barroux au Sud-Ouest, le Col Saint-Michel au Sud-Est, l'ancienne voie romaine au Nord-Est, et le chemin vicinal de Suzette au Nord.

De ces trois noms, Venteron est le plus ancien. A propos de celui-ci, nous ne ferons pas le rapprochement des deux dénominations : *Mont-Ventoux* et *Mont-Venteron* ; il s'impose. D'après les savants, Ventoux viendrait du celte : *ven* (cime) et *top* (neige), sommet couvert de neige (1). Nous savons combien il est prudent de se méfier des étymologies celtiques ; cependant, s'il est vrai que *ven* doive se traduire par *cime*, l'origine de Venteron ne serait-elle pas VEN-TERO, cime-source : *Tero*, nous l'avons déjà dit, exprimant l'idée de source ou de fontaine ? Cette appellation de Venteron serait d'ailleurs pleinement justifiée par l'altitude de la montagne (507 mètres) et par l'abondance des eaux qui s'échappent ne ses flancs et dont la présence est révélée non loin du sommet par des plantes aquatiques.

Le mot *Clairier* est d'origine latine, postérieur par conséquent à la défaite des Allobroges et des Alvernes par les Romains (122 ans avant J.-C.).

Quant à la dénomination de *Saint-Martin*, elle n'a pu être donnée ni avant le commencement du V° siècle, l'illustre évêque de Tours étant mort en 399, ni avant les invasions des barbares, survenues peu après.

Le flot dévastateur ayant passé, le christianisme prit possession de la montagne de Venteron, sur les flancs de laquelle se formèrent, s'ils n'existaient déjà, des débris de l'antique *oppidum*, plusieurs petits centres de population, dont les principaux occupaient le voisinage du Col Saint-Michel, s'étendant jusqu'au Puy Saint-Raphaël et à Malaucénette (2), petite colline comprise entre la Tour, Sainte-Anne, le Bosquet, le Groseau, le Pont et le chemin de l'Orme.

Un pareil éparpillement ne méritait-il pas à cette localité la qualification de *longue* conservée dans la tradition, mais dont nous n'avons jamais trouvé qu'il fût fait mention dans aucun document écrit.

Nous avons dit que les habitants de ces hameaux se réunirent,

(1) Voir BULLET, *Dictionnaire celtique* et BOUVIER, GIRAUD et PAMARD : *Le Mont-Ventoux*, page 8 ; et ce que nous avons dit, Tome Ier, page 16.
(2) Archives municipales, *Polyptique de Bertrand de Rémusat* et *Livre-Terrier*, passim.

vers la fin du VI· siècle, sous la protection des seigneurs du pays, évêques de Vaison, au Puy Malaucène et y formèrent la petite ville dont nous avons écrit l'histoire.

Saint-Raphaël, seul et dernier survivant des débris de l'antique ville gallo-romaine, bien qu'ayant perdu de son importance, est toujours debout !

Jusqu'ici nous n'avons rien dit du nom que portait la ville établie sur la montagne. Cette antique cité avait pourtant un nom !... Quel était-il ?

Avant l'arrivée des Romains dans la Gaule celtique, la langue grecque était parlée dans ce pays concurremment avec la langue gauloise. C'est un fait qui est au dessus de toute discussion et dont nous n'avons pas à donner la preuve.

Nous nous sommes donc demandé si la langue grecque n'aurait pas laissé dans nos pays un nom d'*oppidum* ou de cité traduisant en quelque sorte le sens du mot *Venteron* et ayant servi de transition au mot Clairier, *Clarerium*, qui désignent l'un et l'autre un point élevé et découvert.

Ce nom grec nous n'avons pas eu à le chercher longtemps ; il s'est en quelque façon présenté de lui-même, se détachant presque spontanément du groupe des villes mortes si nombreuses dans le Sud-Est. La ville gallo-romaine, bâtie au sommet de Venteron ou de Clairier, ne serait autre que la légendaire et introuvable Aéria.

Aéria !... dont s'occupent l'Académie de Vaucluse et la Société d'Archéologie de la Drôme ; Aéria dont il fut grandement question dans le Congrès Archéologique tenu, en 1882, dans la ville d'Avignon ; Aéria que les savants se disputent dans leurs découvertes contradictoires, comme on peut le voir dans tous les livres de géographie relatifs à la Gaule Narbonnaise et notamment dans l'ouvrage de M. Ernest Herzog, de Tubingen (Wurtemberg). Cet érudit profite de sa qualité d'étranger et de la langue latine, qu'il manie avec aisance, pour se moquer agréablement de nous (1).

Nous ne donnerons pas ici les preuves qui militent en faveur de notre sentiment. Ne serait-ce pas vouloir grossir outre mesure ce Tome II et en retarder encore la publication ? Il nous semble qu'il vaut mieux prendre du temps et renvoyer à un autre mo-

---

(1) .... « Qui regionis illius gnari sunt, omnes prope Rhodanum colles et
« quidquid montium inter Druentiam et Isaram est perquisiverunt, ubi op-
« pidum illud commodo collocarent, sed suum quisque locum invenit. »
(HERZOG, *Galliæ Narbonensis provinciæ Romanæ historia, descriptio, institutorum expositio.* Lipsiæ, Teubneri, 1864. in-8°.

ment l'impression de ce nouveau travail dont la rédaction est déjà pourtant très avancée.

Page 107. ARMOIRIES DE CLÉMENT V.

On nous a fait observer que nous avons eu tort de surmonter le blason de ce pape de la tiare à la triple couronne, la troisième couronne n'ayant été ajoutée que par Benoît XII, second successeur de Clément V.

Ce n'est point par mégarde que nous avons agi de la sorte. En donnant à ce pontife les attributs modernes de la dignité papale, nous avons voulu suivre l'exemple de P. *Frizon*. Dans son bel ouvrage *Gallia Purpurata*, tous les papes français antérieurs à Benoît XII, y compris Sylvestre II, ont leurs armes enchassées dans une sorte de passe-partout, le même pour tous, composé de la tiare à la triple couronne et des deux clefs passées en sautoir.

Page 308. « VILE CLERE. »

Le général Martinengo, comte de Vaucler ou *Vile Clere*, dont il est plusieurs fois question à propos des opérations militaires contre les Huguenots, signait : LE CONTE *(sic)* DE VILLECLAIRE. M. le marquis de Seguins-Vassieux, de Carpentras, possède de lui une collection de quinze lettres, qui toutes sont des ordres de service ayant trait à son gouvernement de Villedieu. Les descendants du général Martinengo sont présentement domiciliés à Milan et possèdent encore le château de *Villa Chiara* dont ils portent le nom.

Page 349, ligne 9. CONFRÉRIE DU SAINT-SACREMENT.

« La confrérie du Saint-Sacrement *existait déjà*, mais non point d'une manière officielle et canonique lorsque les recteurs de cette association pieuse adressèrent une supplique à l'évêque Guillaume de Cheisolme, sous la date du 2 décembre 1623. »

En effet, dans les actes qui datent des premières années du XV° siècle, elle est appelée la confrérie de Dieu (*Confreria Dei*), mais plus habituellement la confrérie ancienne (*Confreria Vetus*). Elle était donc de beaucoup antérieure à la reconnaissance officielle faite par l'évêque diocésain (1) ; ce qui donnerait à penser

---

(1) Dans un protocole, qui comprend à peine une période de quatre années (1415-1418), nous trouvons plusieurs actes relatifs à cette *ancienne confrérie de Dieu*.

Nous y lisons en particulier ce qui suit :

« Die quarta mensis novembris (1415). Jacobus Robaudi, Guillelmus Cle-

que l'approbation demandée à ce prélat était moins pour la confrérie elle-même que pour ses statuts et règlements.

Page 352. CONFRÉRIE DE N.-D. DU SUFFRAGE.

« La piété envers les fidèles trépassés était l'objet principal de cette œuvre. »

Cette confrérie, fort ancienne dans le pays, est mentionnée dans la plupart des testaments antérieurs au XIV° siècle sous le nom de *Confreria pro animabus Purgatorii* (1).

Page 440, ligne 41. MISSION.

A la suite d'une mission, prêchée à l'occasion d'un jubilé par le chanoine Girolet et l'abbé Musicien, curé de Puyméras, la croix en bois de la promenade Soubeyran fut remplacée par une autre en fer, achetée à Lyon. L'inauguration se fit le dimanche de Passion 13 avril 1851.

ERRATA

Page	ligne	AU LIEU DE :	LISEZ :
2	19	de Malaucène	de Malaucène, par Beaumes,
—	32	d'Orange	d'Orange, par Vaison,
5	9	Reynard	Raymond
28	26	*optima*	*opima*
33	9	cuison	cuisson
52	25	Quelques	Quelque
64	10	Devoye	Deloye
115	12	indiquées	désignées

« mens, Ricanus Borninus et Ludovicus Balbi, bajuli confrerie Dei, et nobilis
« Bermonetus Poyolis, procurator dicte Confrerie, dederunt ad accapitum,
« etc. » (G. BERMOND, f° 17, en l'étude Souchon).

« *Pro Confreria Veteri.* — Die penultima mensis madii (1416). Jacobus
« Robaudi, habitator Malaucene, promisit solvere collectoribus nomine dicte
« Confrerie Veteris quinque florenos auri, etc. » (*Ibidem*, f° 47, V°).

« *Pro Jacobo Robaudi.* — Dicta die, cum... dictus Jacobus tehuerit et
« tenet quoddam hospicium scitum in Malaucena subtus plateam publicam,
« in transversia ante vel quasi hospicium turris Chapussiorum, juxta hospi-
« cium Anthonii de Gorgiis et juxta hospicium seu casale Rostagni Seguini
« etc. Promiserunt sex grossos argenti annis singulis solvendos Confrerie
« Veteri, etc. » (*Ibidem*, loco citato).

(1) Voir la note 2 de la page 170, à l'article *Charrasse*.

Page	ligne	AU LIEU DE :	LISEZ :
126	7	notamment d'une	notamment celui d'une
208	17	Rougon	Rougerii
231	3	le récit	la suite
281	27	Devenu	Montbrun étant devenu
312	35	*Laneois*	*Lanaeis*
366	33	presouve	esprouve
391	24	n'autro	n'autri

CORRECTIONS AU TOME II

Page	ligne	AU LIEU DE :	LISEZ :
80	28	6 décembre 1684	6 décembre 1764
217	39	Livre VI	Livre IV
223	21	27 août 1622	27 août 1822
267	20	M. Brochard	M. Rochard
286	7	duché en comté	comté en duché
XIV	11	11°	IV
XVI	1	dimosines	diuisiones
—	36	Judicem	Judicis
XVII	25	Durandi	Arnaudi
XXXVI	20	Lingoni	Hugoni
XLVII	1	vellibus	Vellibus
XLVIII	4	renunciantibus	renunciationibus

TABLE DES MATIÈRES

LIVRE III. STATISTIQUE 1
  CHAP. I MOUVEMENT DE LA POPULATION 1
  CHAP. II. NOSOLOGIE. — HÔPITAUX. — ASSISTANCE PUBLIQUE ... 8
    § 1er. Maladies... 8
      I. Maladies anciennes... 8
        1° La Peste.. 8
        2° La Lèpre... 15
      II. Maladies contemporaines..................................... 17
    § 2. Etablissements affectés au soin des malades............ 20
      I. Anciens hôpitaux.. 20
      II. Hôpital actuel.. 24
    § 3. Assistance publique... 32
      I. Enfants trouvés... 32
      II. Secours de route aux voyageurs........................... 33
      III. Œuvre des pauvres Filles à marier....................... 33
  CHAP. III. INSTRUCTION PUBLIQUE.. 39
  CHAP. IV. AGRICULTURE.. 47
    § 1er. Irrigations.. 47
    § 2. Engrais et amendements.................................... 50
    § 3. Exploitation et productions................................ 51
    § 4. Voies de communication.................................... 55
    § 5. Troupeaux... 61
    § 6. Forêts et pâturages.. 64
    § 7. Chasse et animaux nuisibles............................... 72
    § 8. Témoignages en faveur de Malaucène................... 74
  CHAP. V. COMMERCE... 75
    § 1er. Anciens péages.. 75
    § 2. Foires et marchés... 79
  CHAP. VI. INDUSTRIE.. 84
  CHAP. VII. REVENUS PUBLICS... 87
  CHAP. VIII. ÉDIFICES PUBLICS.. 89
    § 1er. Edifices religieux... 89
      I. Eglise paroissiale... 89
      II. Presbytère... 96
      III. Calvaire... 96
      IV. Chapelle du Groseau... 97
      V. Cimetière.. 101

§ 2.	Edifices civils	102
I.	Hôtel-de-Ville	102
II.	Tour de l'horloge	103
III.	Fontaines	104
IV.	Lavoirs	105
V.	Abattoir	105
CHAP. IX.	PLACES, RUES, IMPASSES, BOULEVARDS ET PROMENADES	107
CHAP. X.	LE HAMEAU DE VEAULX	120
LIVRE IV.	BIOGRAPHIE	129
	APPENDICE	295
I.	La Fontaine du Groseau et Brassetieux	295
II.	Le Mont Ventoux	298
III.	La Magdeleine	313
IV.	La grotte de N.-D. des Anges	314

ADDITIONS ET CORRECTIONS

Tome Iᵉʳ	315
Tome II	318

PLANS ET GRAVURES

Vue de Malaucène	1
Plan à six couleurs de la ville de Malaucène avec ses agrandissements successifs	89

FIN DE L'HISTOIRE DE MALAUCÈNE.

PIÈCES JUSTIFICATIVES

I

Sentence judiciaire relative aux tasques de Vescia (1).

(1230)

Anno Domini MCCXXX, XVII kalendas julii.
Controuersia uertebatur inter Petrum Taborerium et Ripertum et Rostagnum, pro se et fratre suo Petro, nepotem eiusdem Petri Taborerii ex una parte;
Et Bertrandum etc., etc., etc., ex altera parte.
Petebat siquidem Pe. Taborerius pro dimidia et R. pro se et fratre suo Pe. pro quarta parte et Ripertus pro una quarta parte omnes taschas omnium fructuum tocius territorii de Vescia omnium posssessionum quas possident omnes homines supradicti in supradicto territorio de Vescia, infra hos terminos, scilicet a collo de Chambeta usque ad collum de Bonosett et usque Rocam Rubram, sicut aqua de Tolorenc descendit et protenditur territorium predictum usque ad pennas de Arno et remittitur ad collum de Arno et Alescaleta et ad collum sancti Sebastiani et ad collum Podii Ramundi superiorem et remittitur ad collem de Lachambeta. Dicebant etiam, in predictis territoriis, se uel antecessores suos taschas fructuum infra supradictos terminos longissimo tempore percepisse et in futurum debere percipere que post litem contestatam et sacramentum calumpnie omnes supradicti et nominati confitebantur. Tandem super hijs auditis confessionnibus, negacionibus et policitationibus et ad maiorem rei firmitatem contestationibus, ad collusionem uitandam, habito prudentium consilio, conclusione facta inris et facti, et facti, et hinc inde nauato iudicio, Ego Hugo Rammij, Iudex in Venaycino et Ecclesia Romana, ad universitatem causarum constitutus, condempno te Pe. Parlerium et te Cocum ad recipiendum iudicium ab omnibus homnibus supradictis constitutis apud acta et coram etiam de omnibus territoriis infra supradictos terminos comprehensis et petitis in omnes taschas Petro Taborerio pro medietate et Rostagno pro se et fratre suo Petro

---

(1) Extrait des archives municipales. — Ce parchemin mesure 0m,19 sur 0m,27. Il ne porte aucune signature. Les deux sceaux en plomb en ont disparu.

santo pro quarto parte et Riperto pro alia quarta parte in futurum prestandas.

Acta fuerunt hec in platea Malaucene sub domo Petri Salvetti, presentibus etc., etc., et multis aliis.

Et Ego Gull. Angerii, Iudex et cancellarius domini comitis Tholose in partibus Uenayssini, presentem cartam iussi bulla domini comitis roborari.

II

Polyptique du comte de Toulouse (1).

(1253)

Liber continens proprietates, feuda, homagia et redditus Domini Comitis Tholose que habet et percipit in Comitatu Venaissini et etiam illa quæ ad jus ejus pertinere dicuntur, per nomina locorum cujuslibet episcopatus, etc. (2).

Anno quo s. silicet VIII id. novembris, Chabarlinus et Raymundus Medulho et Petr. Symeon et Salvan, pbi hom. de Malaucena, promiserunt et Sc. sancta Dei evangelia corporaliter tacta, juraverunt Guilelmo Bermundo, not. Domini G. Carp. episcopi, recipienti sacramentum p. Dno Alfonso, comite Pictavie et Tholose, quod ipsi dicent ei veritatem, de omnibus proprietatibus, juribis et jurisdictionibus et redditibus et de omnibus hiis que dictus Dominus Comes habet vel habere debet in villa de Malaucena et in tenimento ejusdem ville, qui requisiti per sacramentum, dixerunt quod dictus Dominus Comes habet castrum suum proprium infra villam de Malaucena et quodam stare seu hospitium quod vocatur Saunaria quod est juxta barrium et juxta correriam.

Item dixerunt quod dictus Dominus Comes habet et tenet totam jurisdictionem ville de Malaucena et ea que ad majorem jurisdictionem noscuntur pertinere.

Item habet duos furnos proprios infra villam predictam de Malaucena.

Item dixerunt quod dictus Dominus Comes habet quandam terram propriam in palude juxta terram Guilielmi Hugonis et juxta terram Fulcheriorum.

Item quodam pratum ibidem prope quod est juxta terram predictam.

Item quamdam condaminam seu terram que est ad podium Trabuc juxta terram vel aquam Grauselli et juxta terram Fulcheriorum.

Item aliam terram que est ad pratum Granet juxta pratum Richavi de Insula et juxta pratum Fulcheriorum.

(1) Bibliothèque d'Inguimbert, à Carpentras.
(2) 1 vol. p. in-f° de 148 f. chiffrés, vel., rel. v.
(Les recherches furent faites au proﬁt d'Alphonse, comte de Poitiers et de Toulouse, par Guillaume Beroardi, évêque de Carpentras. — L'enquête, commencée le 17 octobre 1253, fut terminée l'année suivante.)

Item alia terra que vocatur Condamina de Rascassac juxta terram Raymundi Hugonis et juxta terram Raymundi Socolli.

Item aliam terram ad Malas Fossas juxta terram Piotonorum et juxta vineas Domini Comitis.

Item habet quandam vineam propriam que est ad Roquetam juxta terras del Salaves et juxta terram Pontii Boaterii.

Item aliam vineam propriam que est ad Rochetam Limosam juxta vineam Guilielmi Guigonis et juxta vineam Petri Gili.

Item percipit dictus Dominus Comes in vinea dels Penchenans quartonem, que est juxta vineam predictam.

Item percipit quartonem in vinea Laurentii, que est juxta vineam predictam.

Item percipit quartonem in vineis que sunt in Gras. Quarum unam tenet Petrus Symeon et Laugius Affors aliam, et Loynus aliam, que vinee sunt juxta vineam Pontii Clavelli et juxta viam.

Item percipit quartonem in vineis quas tenent Guilielmus Berengarius et Guilielmus Pelliparius, que sunt ad Peirosas juxta terram Raymundi Giraudi et juxta viam.

Item habet quartonem in clauso de Balma, quod clausum tenent Petrus Symeon et Bellone et quidam alii, quod clausum est juxta vias publicas a tercio et a vento.

Item habet Dominus Comes quartonem in vineis que sunt ad Rascassac, quas tenent Chabarllinus et Benedictus et Petrus Grolerii et Petrus Aymo et Petrus Febroarius, que vince sunt juxta terram Rayneriorum et juxta terras Domini Comitis.

Item habet quartonem in vinea Petri de Avinione et Petri Scriptoris, que vinee sunt juxta vineas Petri Symeonis.

Item percipit dictus Dominus Comes in tenimento de podio Trabuc tascam et percipit quartonem in terra Raymundi Bolonna et Rost. curaterii et Guilielmi Turc et Guilielmi Randoni, que terre sunt juxta viam publicam et juxta terram Socollorum.

Item habet quartonem in prato Chaballini que est juxta terram Piotonorum et juxta terram Rayneriorum.

Item percipit quartonem in quadam terra que est juxta pratum predictum quam tenent Viguerii.

Item Petrus Medullio tenet quodam pratum quod est juxta pratum predictum et Pontius Benedictus quandam terram que est juxta pratum predictum et de predictis rebus tenetur reddere quartonem dicto Domino Comiti.

Item Raymundus Hugo tenet quandam terram ad fontem de Charumbel que est juxta terram Piotonorum et juxta viam publicam, de qua terra predicta tenetur reddere quartonem dicto Domino Comiti.

Item percipit quartonem in terra Johannis de Dia que est ibidem juxta terram predictam.

Item percipit quartonem in terra Petri Ysnardi qui est juxta pratum Pontii de Spina et juxta viam.

Item percipit quartonem in vineis quas tenent Petrus Scriptor et Petrus Essarterius que sunt juxta terram de Spinis et juxta viam publicam.

Item Nicolaus de Fara tenetur servire annuatim dicto Domino Comiti 1 sextarium siliginis pro quadam terra que est ad rocham Dongrila juxta terram Raymundi Hugonis.

Item percipit dictus Dominus Comes quartonem in terra Rost. Mercerii et Alberti Raynoardi et Guilielmi Chabarlini et B. Malosse et Raymundi Bucissa et Guilielmi Giraudi et Pontii Saurine et Guilielmi Fresoardi, que terre sunt juxta terram de Spinis et juxta terram Raymundi Bucissa.

Item percipit quartonem in terra Raymundi Hugonis que est ad rocham de Borigolas juxta viam publicam et juxta vineam Chabarlini.

Item percipit quartonem in terris que sunt juxta viam qua itur versus Bellum Montem juxta viam Segurete, quarum unam tenet Penchenatus et Petrus de Valle Clausa aliam.

Item percipit quartonem in terra Rost. Mercerii que est ad fontem de Comparat juxta terram Bermundorum.

Item percipit tascam in tenimento de Malablachiera.

Item percipit quartonem in quadam terra quam tenet uxor Petri Bermundi, que est ad Castellar juxta terram Rost. Bermundi.

Item percipit tascam in duabus terris que sunt ad pontem, quarum unam tenet Raymundus Piotonus et aliam Bocherius.

Item percipit medietatem in duobus pratis, que prata tenet B. Sanchoaut, que prata sunt ad prata novella, juxta pratum Segurete et juxta pratum Richavi de Bellomonte.

Item Raymundus Sanchoaut tenet ibidem duo prata que sunt juxta prata predicta in quibus habet dictus Dominus Comes medietatem.

Item homines de Malaucena tenentur dare annuatim in medio Augusto dicto Domino Comiti LX saumatas bladi, silicet XXIII saumatas annone et XXXVII saumatas civate seu bladi ad opus equorum.

Item habet dictus Dominus Comes suum pedagium proprium in villa de Malaucena.

In banno isto de Malaucena et in lesda habent partes scilicet Ricavus de Insula et Guilielmus de Bellomonte et Flotas, et Richauus de Albaruffo, in qua lesda et in quo banno habet dictus Dominus Comes in XII d. VII d. et alii parerii V d.

Item habet dictus Dominus Comes medietatem in quodam molendino quod est ad Truels.

Item habet dictus Dominus Comes duas partes in quodam molendino quod est subtus molendinum Ranconi.

Item percipit quartonem in terra Petri Olivarii que est ad Meillerias juxta terram Brocardi et juxta viam.

Item dixerunt quod Hugo Monestrels et Laugerio et Piotoni et B. Berengarius et Raymundus Hugo et Raymundus Lepus et Guilielmus Duranti et Vingrerli et Paynerius et Guilielmus Albomus et Bartholomeus Aulanc et Bernardus Senequerius et Guilielmus Sicolator et Petrus B. et Guilielmus

Stephani et Hugo de Fossato et Pontius Garini et Raymundus Clemens et Rost. Ferrerius et Petrus Ausellus et Hugo Boetus et P. Moutonus et Pontius Boatius et Fulcherius Aicardus, Nicolas Lasconas, Volventius, Villafranca, Ugo Gardeissant, Penchennati, omnes supradicti faciunt annuatim corroadas dicto Domino Comiti silicet 1 jornale in seminibus cum bestiis quas habent ad seminandum.

Item omnes brasserii de Malaucena faciunt unum jornale Domino Comiti ad fodendum sive ad putandum vineas et dictus Dominus Comes tenetur eis providere in victu.

Item omnes supradicti qui faciunt corroadas dicto Domino Comiti tenentur facere unum jornale annuatim ad afferendum ligna si bestias habuerint et dictus Dominus Comes tenetur eis providere in victu.

Item homines de Malaucena, exceptis militibus et exceptis hominibus de mestier. et exceptis quibusdam qui habent libertatem quam eis dedit Dominus Comes Thol. ut dicunt, silicet Dominus R. Dei gratia Comes Thol. quondam, omnes alii homines de Malaucena dant quilibet annuatim dicto Domino Comiti unam eminam vini in vindemiis pro vineis suis; tamen illi qui non habent vineas nichil tenentur dare.

Item habet dictus Dominus Comes quendam ortum juxta ortum del Roibres et juxta molendinum Gaie.

Item Raymundus de Balma servit annuatim in natali Domini dicto Domino Comiti VII sol. et VI d. tur. pro quodam stari quod est juxta Portalo et juxta carreriam et pro quodam orto qui est juxta molendinum Rauconi.

Item Raymundus de Sorbers servit annuatim dicto termino II sol. et VI d. tur. pro quodam orto qui est juxta ortum Raymundi de Balma.

Item Hugo Filioli servit annuatim dicto termino VII sol. mifi. et 1 obol. tur. pro quodam stari quod est juxta carreriam Saunarie.

Item Vicentinus Guersus servit annuatim dicto termino II d. et obol. tur. pro quodam stari quod est juxta stare Hugonis Filioli.

Item Petrus Olivarius servit annuatim dicto termino II d. et obol. pro quodam stari quod est juxta stare predictum.

Item Ysnardus et Olivarius fratres serviunt annuatim dicto termino VIIII d. tur. pro quodam stari quod est juxta carreriam et juxta stare Rost. de Organo.

Item idem fratres serviunt annuatim dicto termino XI d. tur. pro quadam terra que est ad Passetum juxta terram Pontii Saurine et juxta terram Rost. Mercerii.

Item idem fratres serviunt annuatim dicto termino 1 d. tur. pro quodam femoratio quod est juxta barrium et juxta besale aque de Grausello.

Item Rost. Codenellus servit annuatim dicto termino III ob. tur. pro quodam albergo quod est juxta stare Bonaude.

Item Bertrandi serviunt annuatim dicto termino II sol. tur. et unum panem et unam gallinam et 1 eminam ordei pro quodam stari quod est juxta stare Berengarii et juxta carreriam.

Item Ruffus Olivarius servit annuatim dicto termino II sol. et V. den. tur. pro quodam stari quod est juxta stare Aicoline et juxta stare Raymundi Gironi.

Item Aicelina servit annuatim dicto termino XI d. tur. pro quodam stari quod est juxta stare predictum.

Item Petrus Silvester servit annuatim dicto termino III d. tur. pro quodam stari quod est juxta stare Segureto et juxta Plateam.

Item Petrus Clericus servit annuatim dicto termino XII d. tur. pro quodam orto qui est juxta ortum Guigonesse, et juxta ortum R. Rancoaudi.

Item Rainois servit annuatim dicto termino III d. turron. pro quodam operatorio quod est in platea juxta carreriam et juxta domum Silvestri.

Item Raymundus Boloina servit annuatim dicto termino IIII sol. et III d. tur. et pogesiam pro quodam orto qui est juxta ortum Hugonis Chabrani et juxta ortum Raymundi Hugonis et pro transitu aque que transit per pratum Curie.

Item Pontius de Spina servit annuatim dicto termino VI d. tur. pro quodam operatorio quod est ad Macellum juxta stare Bernardi Ferraterii et juxta carreriam et pro quodam orto quem habet dictus Pontius de Spina in Villanova servit annuatim dicto termino II sol et VI d. tur. qui ortus est juxta ortum Johannis de Dia.

Item idem Pontius servit annuatim dicto termino VI d. tur. pro quodam orto qui est ad Podium Vetus juxta viam publicam qua itur versus Grassellum.

Item Petrus Alboini servit annuatim dicto termino IX d. tur. pro quodam stari quod est juxta stare Rost. Orgonis et juxta carreriam.

Item Bernardus Ferraterii servit annuatim dicto termino VIII d. tur. pro quodam stari quod est juxta stare Pontii de Spina et juxta Plateam.

Item dictus Bernardus servit annuatim dicto termino 1 obol. tur. pro foveis in quibus servatur blad. que sunt Marte Bonaude.

Item dictus Bernardus servit annuatim dicto termino II d. et obol. tur. pro quadam terra que fuit Petri Poncii.

Item Ilabes Carratoria servit annuatim dicto termino II sol. tur. pro quodam stari quod est juxta stare Loyni et juxta stare Guilielmi Gaidonis.

Item Rostagnus de Orgone servit annuatim dicto termino VII d. tur. pro quodam stari quod est juxta stare Olivariorum et juxta stare Petri Alboini.

Item Vinguerii serviunt annuatim dicto termino VII sol. tur. pro quodam stari quod est juxta stare Taborerii et juxta furnum Richavi de Insula.

(L'énumération des contribuables continue dans les mêmes termes, mais nous croyons suffisant d'indiquer les noms du redevable, la nature de l'immeuble et la somme due.)

Item Vinguerii pro orto...............	vi den.
— Salaves pro stari...................	xii den.
— Salaves pro operatorio............	iii obol.

Item Brocardus pro stari............	ii sol.		
— Guilielmus Olivarius pro domo.....		iii den.	
— Boncuda pro stari...............		viii den.	
— Pontius Monnerii pro stari........		iii den.	
— Bernardus Senequerius pro stari...		viii den.	
— Petrus Scoferii pro stari..........		iv den.	i obol.
— Guilielmus Scoferius pro stari.....		iv den.	i obol.
— Albertus Raynoardi pro stari......		iv den.	i obol.
— Guilielmus Olivarius pro operatorio.		iv den.	i obol.
— Olivarii pro terra................		i den.	
— Galvanus pro stari...............		iii den.	
— Guilielmus Tornator pro orto.....		ii den.	
— Odos pro orto...................		viii den.	
— Petrus Faraudi pro orto..........		vi den.	
— Pater noster pro stari............		vi den.	
— Raynoardus gener de P. nos. pro stari		vi den.	
— Pontius Bertrandus pro stari......		xii den.	
— Pontius Bermundi pro orto........		ix den.	
— Rostagnus Bertrandus pro albergo.		iii den.	
— Petrus Bertrandus pro stari.......		iii den.	
— Raymundus Bucissa pro stari.....		vi den.	
— Raymundus Raynaudi pro stari....		iii den.	
— Guilielmus Raynaudus pro stari...			iii obol.
— Gai Sirventus pro stari...........	ii sol.	i den.	
— Pontius Boaterii pro stari.........		vi den.	
— Fulcherii pro stari...............		v den.	
— Rost. Sabaterius pro orto.........		iiii den.	
— Rost. Polliparius pro casali.......		ii den.	
— Aucella pro stari................		ii den.	
— Rost. Bermundi pro terra........		ii den.	
— Guilielmus Turc pro stari........		viiii den.	
— Audebertus Randonus pro stari...		xii den.	
— Ripertus Isoardi pro terra		v den.	i obol.
— Liberi Corcossone pro stari......	v pogesias		
— Pet. Constantinus pro orto........	iiii sol.	vi den.	
— Hugo rex pro casali.............		ii den.	
— Isnardus Chabarlinus pro orto.....		xii den.	
— Michel Plassa pro orto...........		vi den.	
— Rostagnus Capus pro orto........		xv den.	
— Hugo Chabrannus pro orto.......		xv den.	
— Johannes de Dia pro orto.........	ii sol.	viiii den.	
— Rostagnus Mercerius pro orto.....		xii den.	
— Rostagnus Medicus pro orto......		xiii den.	
— Petrus Seguinus pro operatorio....		iv den.	
— Pontius Benedictus pro operatorio..		ii den.	
— Michael Girenus pro orto........		xxiii den.	

Item Raymundus Hugo pro prato...... vi den.
— Isnardus Paleria pro orto......... iii obol.
— Marcellus pro orto............... iii den.
— Pontius de Spina pro terra versus Sanctam Mariam de Lablanca.... vi den.
— Rost. Coraterius pro orto.......... ii sol. viiii den.
— Brunecendis pro orto............. ii sol. iii den.
— Raymundus Mananus pro orto..... iii sol.
— Vincentius Andegarius pro orto.... xv den.
— Petrus Faraudus pro orto......... iii sol. vii den. i obol.
— Hugo Boerius pro................ ii sol.
— Hugo Rocha pro stari............. iii den.
— Rostagnus Rocha pro terra........ ii den.
— Petrona Rocha pro orto.......... vi den.
— Petrona Rocha pro adamquerio..... iii den.
— Pontius Saurina pro stari.......... vi den.
— Pontius Saurina pro femoratio..... iii obol.
— Petrus Simeon pro orto........... iii den.
— Hugo Mercerius pro operatorio..... xii den.
— Morre de Vessa pro stari.......... vi den.
— Bernardus Dala pro orto.......... iii sol.
— Guilielmus Stephanus pro prato... vi den.
— Laugerius pro albergo et pro orto.. iv sol. vi den.
— Guilielmus de Dia pro orto....... iii sol.
— Raybaudus Dalmacius pro prato... iii den.
— Hugo Raynerius pro prato......... iii den.
— Pontius de Spina pro femoratio.... iii obol.
— Seguina pro vinea................ iii den.
— Carlana pro vinea................ iii obol.
— Hugo Chabran pro orto........... iii sol.
— Bernardus Anselmi pro orto....... xviii den.
— Saurina pro orto................. ii sol.
— Petrus B. pro orto................ vi den.
— Petrus Laugerii pro orto.......... vi den.
— Guilielmus Chabarlinus pro prato.. vi den.
— Penchenat pro prato............. vi den.
— Paymundus Giraudus pro orto..... viiii den.
— Segureta pro prato............... ii sol. vi den.
— Petrus de Luc pro orto........... iii sol.
— Vincentius Fornerius pro orto..... vi den.
— Bellisma pro orto................ xviii den.
— Guilielmus Monnerius pro orto.... iii sol. vi den.
— Sicolator pro orto................ iii sol. vi den.
— Raymunda Capella pro orto....... iii sol. vi den.
— Guilielmus Atanulfus pro orto..... xxi den.
— Ruffus de Olivaria pro orto........ iii sol. vi den.

Item Guilielmus Fornerius pro orto.....	iii sol.	viii den.
— G. Gauterii pro orto.............	iii sol.	vi den.
— Astrugus Judeus pro orto..........	vii sol.	v den.
— Vitalis Judeus pro orto		xxi den.
— Guilielmus Atanulfi pro orto.....		xxi den.
— Bonissac Judeus pro orto.........	iii sol.	vi den.
— Bonissac Judeus pro orto.........		i den.
— Raymundus Monnerius pro orto....	iii sol.	vi den.
— Clemens pro orto................	iii sol.	vi den.
— Bertrandus Chaussac pro orto.....		xviii den. i obol.
— Pontius Chabaudi pro stari........		ii den.
— Petrus de Avinione pro vinea.....		iii obol.
— Guilielma Ronnina pro vinea......		i den.
— Alasccia Ferrateria pro orto.......		xii den.
— Guilielmus Arnaudus pro torculari.		ii den.
— Rost. Pelliparius pro vinea (ad fontem Giboine)................		i den.
— Hugo Faraudus pro casali........		i den.
— Petrus Cathalani pro stari quod est in Mercato Novo		xviii den.
— Nicolaus de Fara pro orto.........	viiii sol.	
— Guilielmus Cocus pro stari juxta castrum	iii sol.	vi den.
— Scalerii pro solerio et focanea.....		iii den.
— Hugo de Santa Galla pro domo parvula que est juxta barrium......		i obol.
— Spine serviunt annuatim dicto termino I obol. turn. pro quadam terra que est ad Sanctum Martinum...		i obol.
— Guilielmus Cocus pro stari........		iii den.
— Guilielmus Chabran pro orto......		xviii den.
— Bert. Ripertus...................		ii den.
— Perrona Sequenaria pro orto......		iii obol.

(Suivent les noms de trente-neuf individus payant des droits pour : « *quadam tabula que est in* MERCATO NOVO. » Nous ne croyons pas utile de donner cette liste, les noms qu'elle contient ne nous apprenant rien, sinon qu'il y avait sur ce Marché-Neuf trente-neuf marchands occupant un emplacement ou tenant une table, un étal, etc.)

Cette partie des reconnaissances des droits du comte de Toulouse se termine ainsi qu'il suit :

Omnes vero denarii supradicti servitiorum predictorum serviuntur annuatim in Natali Domini dicto Domino Comiti.

Item requisiti supra dicti omnes per juramentum si sciunt vel credunt quod dictus Dominus Comes habeat aliqua alia jura, proprietates vel dominia in villa de Malaucena vel in tenimento ejusdem ville, dixerunt quod non, nisi ea que dicta sunt superius per ipsos ut sciant.

Item requisiti omnes predicti quantum valent et valere possunt redditus ville de Malaucena et tenimenti ejusdem ville communiter annuatim, dixerunt quod credunt quod valeant communiter annuatim C. L. libr. turron.

Item ea que percipiuntur ratione juridictionis in eadem villa de Malaucena valent et valere possunt communiter annuatim XXV libr. turron. ut credunt.

Acta fuerunt hæc apud Malaucenam, in stari Saunarie, presente B. Mitardo, clerico, et me Guilielmo Bermundo, notario.

III

Même manuscrit, feuillet 118, verso.

De Malaucena.

In castro Malaucene habet Dominus Comes in proprietate seu dominio, caput castri et omnia ad merum et mixtum imperium pertinentia, excepta lesda et banno territorii in quibus Dominus Comes habet de XII den. VII den. tur.

Item habet ibi pedagium proprium.

Item habet ibi quandam domum que vocatur Saunaria, ubi venditur sal ibi fit salinaria.

Item habet ibi II furnos.

Item habet quandam terram in palude juxtam terram Guilielmi Hugonis et juxta terram Fulqueriorum.

Item habet quodam pratum ibidem juxta terram proxime dictam.

Item habet quandam terram magnam ad podium Trabuc, juxta aquam Grauselli et juxta terram Fulqueriorum.

Item aliam terram ad pratum Granet, juxta pratum Riquerii de Insula et juxta pratum Fulcheriorum.

Item aliam terram que vocatur Condamina de Rascassac, juxta terram Raymundi Hugonis et juxta terram Bernardi Socoli.

Item aliam terram ad Malas Fossas, juxta terram dels Piotos et juxta vineas Domini Comitis.

Item habet quandam vineam ad Roquetam, juxta terram dels Salaves juxta terram Pontii Boaterii.

Item aliam vineam ad Roquetam Limosam, juxta vineam Guilielmi Hugonis et juxta vineam Petri Gile.

Item quemdam ortum juxta ortum Gaie et juxta ortum dels Roibies.

(Suivent les noms de ceux qui ont des corvées à faire pour le Comte, soit pour les semences, soit pour divers travaux agricoles, en tout trente et un habitants.)

IV

Parlement général de 1270 (1).

Anno Dni M CC LXX videlicet XVIII kalendas octubris, Notum sit omnibus tam presentibus quam futuris quod Universitas militum et proborum hominum de Malaucena, omnes infrascripti, et singuli pro se et Universitate predicta, ad vocem preconis, ut moris est, in parlamento publico congregati, seu agregata Universitas supradicta, fecerunt et constituerunt eorum procuratores sindicos et actores, nomine quo supra, scilicet Petrum Amici, Bertrandum Sanchoandi, et Guilielmum Oliverii et Raymondum Auduberti, presentes et recipientes quilibet eorum in solidium, vel pro toto, ita quod non sit melior conditio ocupantis seu ocuparantium, sed quod per unum, duos vel tres, vel omnes eorum inceptum fuerit per alium vel alios eorum valeat consummari, dantes eisdem et cuilibet eorum ut supra plenam et liberam potestatem agendi, definiendi, excipiendi, ponendi, et replicandi libellos et libellum petendi et offerendi et de calumpnia jurandi, territoria Castri de Malaucena cum territorio de Intercallis, de Mollanis, et de Carumbo et aliis, territorio de Malaucena circumjacentibus, dividendi et divisiones faciendi, terminandi, bornas seu metas, fines seu terminos inponendi et quicquid circa predicta et singula predictorum pertinencia seu dependentia ad predicta faciendi que eis videbitur expedire, vel uni eorum, vel duobus pro ut superius continetur nec non eisdem et cuillibet eorum ut supra potestatem dedimus conponendi, transigendi, pasciscendi, conveniendi, conpromitendi, appellandi et appellationem prosequendi et breviter omnia et singula faciendi contra quascumque personas sive dominum Vasionensem Episcopum, seu Raymondum de Medullione, Dominum seu Dominam de Carumbo, seu contra quoscumque alios agentes contra eosdem vel universitatem eorum, vel defendentes contra eos, vel universitatem occasione predictorum et breviter omnia faciendi, dicendi, explicandi que ipsa Universitas vel singuli eorumdem vel ipsi dicte Universitatis facere possent in predictis, vel circa predicta, ocasione predictorum promitentes nomine quo supra se ratum et firmum perpetuo habituros quicquid per eos vel aliquem eorum ut supra actum, factum fuerit, peractum in predictis, vel circa predicta, vel aliquod de predictis; volentes eos et quemlibet eorum, ex superhabundanti cautela, relevare et satisdatione in judicatum solvi, cum suis clausulis, si eosdem vel aliquem eorum ut supra contingeret requiriri, mihi notario infrascripto stipulanti nomine eorum quorum intererit vel interesse posset, sub ypoteca rerum suarum et obligatione solempniter promiserunt ipsi ac dicta universitas judicatum solvi cum suis clausulis et rem ratam tenere, promitentes dictis sindicis

---

(1) Archives municipales. — Parchemin mesurant: 0ᵐ,52 de hauteur sur 0ᵐ,43 de largeur; il contient 54 lignes. Le sceau a disparu.

nomine quo supra et cuillibet eorum dampnum et expensas quod seu quas inde facerent vel sustinerent reddere et restituere et de eo et eis simplici eorum verbo credere, vel uni eorum, et quod ita teneant et observent et contra non veniant predicti et singuli dicte Universitatis ; et ipsa Universitas sub obligatione omnium bonorum suorum et dicte Universitatis solempniter promiserunt volentes et concedentes ut ad dictamen unius sapientis, vel plurium sapientum, vel cujuslibet sapientis, istrumentum dicti sindicatus vel posse dati dictis sindicis possit dictari et in eo addi vel diminui, salva rerum substantia, ad majorem rei et negocii firmitatem et semel et pluries inde reffici istrumentum vel istrumenta. Nomina hominum Malaucene et dicte Universitatis qui sindices predictos creaverunt sunt hec :

(Suit une liste de cinq cent quatre-vingt-dix noms.)

Acta fuerunt hec apud Malaucenam, in mercato novo, in presentia Dni Guidonis de Vallegrinosa, militis comitatus Ven. qui suum decretum et assensum in predicto sindicatu interposuit et auctoritatem in omnibus supradictis, nomine Domini Comitis Tolosani.

Testes intervenerunt :
Dominus Ferrarius Spandei, Judex Ven.
Dominus Re. Arnaudi, doctor legum.
Bertrandus de Plasiano et Tacitus de Plasiano.
Re. Guigo, notarius.
Dominus Re. de Medullo.
Hugo Faber, noviter Malaucene Magister.
G. phisicus.
Hugo de Cavalhone, magister.
Petrus, phisicus et plures alii.

Et ego Jo. publicus notarius Dni Comit. Tolos. qui mandato predicti Dni Gen. et predicte Universitatis et sindicorum predictorum hunc sindicatum, seu hanc cartam publicam propria manu scripsi et signo meo signavi.

V

Délimitation des territoires de Malaucène et de Bedoin, par le sénéchal Guy de Vaugrigneuse (1)

(1270)

Notum sit omnibus quod An. D. Incarnati M° CC° LXX° scilicet vj kal. Novembris. Dñs Guido de Valle Griñosa miles senescal. Veñ. cum fuisset in mandatis a Serenissima domina Johanna, comitissa Pictauie et Tholose, per literas suas quarum tenor talis est.

(1) Archives municipales. — Parchemin en très-bon état. — Signature du notaire. Sceau d'Alfonse, comte de Poitiers et de Toulouse, marquis de Provence. — Hauteur : 0ᵐ,38; largeur : 0ᵐ,39.

Johanna, Tholose et Pictavia comitissima, dilecto et fideli suo sonescallo Venais. salutem et dilectionem.

Dilectionem vestram rogamus affectu quo possumus ampliori, quatenus comperta veritate finium et metarum castrorum nobilis domine Sibilie uxoris quandam domini Barrali de Baucio videlicet de Bedoini et de Carumbo, secundum quod sint propinqui de Mormorione et de Malaucena per aliquos fide dignos quantum brevius poteritis addiscatis veritatem et ea comperta faciatis territoria et metas predictorum castrorum nostris precibus terminari, et dicte domine sitis in suis negociis omnibus fauorabilis et benignus.

Datum die martis in festo beati Johannis Baptiste.

Etc. Idem Dominus senescallus personaliter accedens ad locum questionis territorii de Bedoino et de Malaucena et ibidem loco dicte questionis. inquisita diligenter veritate per plures sapientes et homines fide dignos et per iuramentum tam de Malaucena quam de Bedoino, quam de Credullione castro conuicino et circumstanti acceptis etiam pro conciliariis super dictis terminis diuidendis et terminis imponendis pro parte de Bedoino D. Guillelmo Petro et D. Bertrando de Bedoino, militibus. Et D. Arnaudo Bertrandi milite et Bertrando Sanchoandi, domicello, pro parte hominum de Malaucena, sibi assidentibus pro conciliariis una cum D. Poncio Sperandei, iudice Venayssini, predicta territoria unum ab altero sic diuisit ac distinxit per metas bolas et terminos infra scriptos. Etc.

Post hec anno quo supra V kalendas novembris, dictus D. Senescallus de voluntate sindicorum de Bedoino scilicet D. Bertrandi de Bedoino, militis et Guillelmi Alfonci. Et D. Bertrandi de Rellana, militis de Montiliis, procuratoris D. Bertrandi de Baucio, nomine ipsius D. Bertrandi. Et sindicorum de Malaucena, Bertrandi Sanchoandi, Petri Amici, domicellorum, Bertrandi Audeberti et Guillelmi Oliuerii, nomine dicte universitatis de Malancena. predictis presentibus potentibus et volentibus nominibus quibus, in predictam terminationem a se factam prout superius continetur et salua protestatione superius a se factam et iure D. Comitis et D. Comitisse retento et suorum quicquid a dictis terminis est seu infra dictos terminos versus castrum de Bedoino ad territorium et de territorio de Bedoino esse et pertinere pronunciamus et adiudicamus, et quicquid est à dictis terminis seu infra dictos terminos versus castrum seu villam de Malaucena ad territorium et de territorio de Malaucena esse pertinere pronunciamus et adiudicamus, etc.

Actum fuit hoc apud Sarianum. Testes interfuerunt D. Arnaudus Bertrandi de Malaucena, Hugo de Spina, Hugo Gaudissardi, Rostagnus Segureti, Bertrandus Gereni, Albertus Rainoardi, Petrus Laugerii, Girardus Loini, Rostagnus Mercerii, Guillelmus Castri feri, Guillemus Durbanci, Dominus Guillelmus Petri, miles, Dominus Giraudus Petitus, miles, Dominus Rostagnus Falcho, miles, Ricanus Nigri, Raibaudus Audeberti, Ricanus Rollandi, Raymundus d'Ubac, hospitalerius, Arnulfus, notarius, Magister Guillelmus Albrioni, notarius domini comitis et curie domini

Bertrandi de Baucio. Et plurimi alii. Et ego Petrus Nicholis, notarius publicus domini Comitis Tholose predictus omnibus interfui qui mandato parcium predictarum et predicti domini Senescalli hanc cartam scripsi et signo meo signaui.

VI

Extrait du procès-verbal concernant la restitution de la terre du Venaissin par Philippe-le-Hardi au pape Grégoire X (1).

(1274)

Littere misse ab eodem D. Papa, lecte et vulgarisate fuerunt in castro Malaucene.

In Dei nomine, amen. Anno 1274, 11° nonas Februarii, indictione 2°, pontificatus vero Dni Gregorii pape X; anno 2°, congregatis apud Ecclesiam S'° Marie de Castro Malausene, Vasion. diocesis, ad vocem preconis, seu cride, juxta vulgare loci ejusdem solitum, hominibus infra-scriptis Castri ejusdem, littere 1° Nobili viro dno Raynaldo, senescallo Bellicadro et Nemauso, 2° Ven. viris dnis Bernardo electo Arelatens. et Guilielmo de S'° Laurentio, pred'' Dni Pape camerio, 3° Prelatis, comitibus, baronibus, militibus, communitatibus, universitatibus et singularibus hominibus terre Venaissini, directe ab eodem Dno Papa, quarum tenores per ordinem de verbo adverbum, superius adnotantur, lecte et vulgarisate fuerunt hominibus dicti Castri, quibus lectis et vulgarisatis, predicti Dni Electus, et Camerarius Nuntii ad hoc specialiter missi, requisiverunt prefatum judicem, petentes ab eo restitutionem dicte terre Venaissini, et dicti Castri Malaucene, cum hominibus, vassalis, juribus, juridictionibus et pertinentiis suis, secundum formam in eisdem litteris declaratem, qui Judex asserens et referens se habuisse speciale mandatum de Senescallo prefato, factum tam oraculo vive vocis, quam per ipsius Senescalli litteras memoratas super restitutione dicte terre Venaissini et Castri predicti facienda dictis dominis Electo et Camerario predicti Dni Pape nomine et Ecclesie romane recipientibus, dictam terram et castrum Malaucene, cum juribus, jurisdictionibus et pertinentiis suis singulis et universaliter universis restituit ac dimisit liberum et quietum, ac possessionem ipsius Castri et munitiones et ipsarum omnium tradidit et assignavit eisdem Electo et Camerario recipientibus pro dicto Domino Papa et successoribus suis et Romane Ecclesie ap ipsos de eodem Castro munitione et omnibus aliis ad ipsum spectantibus, per Caputium suum presentialiter investivit. Mandans Prelatis et aliis omnibus ut ex nunc predicto Domino Pape et Romane Ecclesie obediant in omnibus, pareant et intendant, relaxans juramenta fidelitatis et absolvens singulos ipsius Castri ab homagiis si que D. Philippo, rege Francie illustri, aut aliis quibuscumque ipsius regis

---

(1) Bibliothèque d'Inguimbert, à Carpentras. Collection Tissot, reg. V.

nomine prestitissent et lecta statim et vulgarisata forma juramenti, si superius adnotatur, universi et singuli homines dicti Castri fecerunt homagium et juramentum fidelitatis prestiterunt.

Actum in Ecclesia supradicta, presentibus. Ven. Pre D. fre J. Ugolino, episcopo Auriacensi, fratribus Petro Americi et Petro Dalmassi, ordinis Minorum, sociis predicti episcopi, Dno Guilielmo, sacrista Arelatensi, Dno Joanne Scolastico, Ecclesie Sti Joannis Leodiensis, magistro Joanne de Felin, clerico dicti dni Electi, magistro Thoma de Sto Germano, Capellano Ven. Patris Dni tituli Sti Martini, presbiteri Cardinalis, Raymundo Malisanguinis de Paternis et aliis multis testibus ad hec vocatis et rogatis, et ego Bassus, filius quandam dni Roberti, apostolica auctoritate, et nunc Camere episcopalis notarius, quia iis predictis interfui, rogatus ea scripsi et publicavi.

Nomina Notariorum Castri Malausene qui juraverunt exercere fideliter officium notarii.

In primis, Magister Rostanus Meduglio.

Item Magister Rostanus de Terondo, item Leo Peregrinus.

Item Petrus Naudi.

Ven. P. F. J. Ugolino, episcopo Auriacensi et aliis testibus superius adnotatis.

Nomina juratorum Castri Malausene. Dnus Arnaldus Raymundi, miles castri Malausene, Raymundus Gauderardi, Pontius Bremundi, etc.

(Le manuscrit s'arrête brusquement, en ce qui concerne Malaucène.)

VII

Parlement pour la nomination des syndics chargés de procéder à la délimitation entre le territoire de Malaucène et ceux d'Entrechaux et du Crestet (1).

(1281)

An. Incarn. D. N. Jh. Chr. mill° cc° lxxxj. scilicet die dominica ante festum sancti Martini, v ydibus Nouembris.

Sit notum cunctis presentibus et futuris, quod Uniuersitas hominum de Malaucena, more solito, ad vocem preconis congregata, in qua erant presentes due partes et amplius hominum totius univis ejusdem loci ut dicebatur, sponte et ex certa scientia nomine suo et aliorum qui non fuerunt presentes, nemine discentiente uel contradissente, fecit, constituit, creauit, ordinauit suos procuratores syndicos et actores, Bertrandum Sanchoandi, Gauffridum Soncherii, domicellos, et Guillelmum Oliuarii et Raymundum Girini, homines dicti loci, ad capitula infrascripta,

(1) Archives municipales. — Parchemin en bon état de conservation. Signature. Sceau en plomb pontifical. Hauteur : 0",77; largeur : 0",59.

scilicet ad petendum fieri diuisionem seu diuiosines territorii predicti loci de Malaucena cum territoriis locorum de Intercallis, de Crista, et prati Bosoni, Vasyonensis dyocesis, cujuslibet predictorum locorum, *etc*. Et ad omnia alia pertinentia et dependentia de predictis, *etc*. Et etiam taliandi et talliam seu tallias ponendi et coequandi per se uel per alium uel alios homines habitatores dicti loci, in bona dicti loci et territorii, *etc*.

(Vient ici une longue énumération des autres pouvoirs donnés aux syndics.)

Hoc acto quod potestas predictorum syndicorum duret et durare debeat usque adistans proxime quinquennium et non ultra, quo elapso quinquennio statim ipso facto eorum potestas soluatur et finjatur, *etc*.

Promittens ipsa Universitas michi Raym. Arnaudo seu Oliuerio, not. publ., *etc*. sub obligatione bonorum dicte Univ. se ratum et firmum perpetuo habiturum.

Quem procurationem actorium et syndjcatum preffati Bertrandus et Gauffridus Guillelmus et Raymundus, sponte ad requisitionem dicte Uniuers. in se susceperunt, *etc*.

Et incontjnentj Guillelmus Dayl, Vicarius Malaucene pro D. Papa, ad requisitionem prefati Universitatis et syndicorum, *etc*. consensum suum nomine preffati Curie et actoritatem interposuit pariter et decretum.

Post hec eadem Universitas, ad istanciam et requisitionem predictorum syndicorum, actorum et procuratorum, ordinauit et constituit Rostagnum Segureti, Guillelmum Dauid, Feraudum Raymundum Rajnerii et quemlibet in solidum jta quod non sit melior conditio occupantis, exactores et receptores et collectores tallie et talliarum quam et quas predicti procuratores, syndici et actores facerent, *etc*.

Quod officium preffati Rostagnus, Guillelmus Feraudi et Raymundus Rajnerii, *etc*. receperunt et, *etc*. solempniter promiserunt, sub obligatione omnium bonorum suorum, quod predictum officium eis jnjunctum et omnia pertinentia ad dictum officium bene et fideliter et utiliter, ad commodum et utilitatem predicte Univ. procurabunt, *etc*. et promiserunt predicta atendere, bona fide et super sancta Dei Euuangelia a se tacta, juraverunt.

Ego dictus notarius supradictum syndicatum, actorium et procurationem recepi, sub volantibus verbis. Tamen fuit michi concessum per supradictos quod ad dictamen Discreti viri domini Berangarii Cauallerii, legum doctoris et Judicem Comitatus Vehays. pro D. N. Papa, predicta deberem scribere, et ipse predicta dictauit et ego scripsi ad suum dictamen.

Nomina hominum qui interfuerunt, *etc*., sunt :

(Cent onze noms, après lesquels on lit :)

Suprascriptos scripsi, manu propria. Infrascriptos scripsit, me presente, magister Petrus Nicolaj, not. publ.

(Suit une nouvelle série de quatre-vingt-deux noms, et ensuite :)

Infrascriptos scripsit magister Raymundus de Torando, not. public.

(Cette dernière liste renferme cent soixante-dix-sept noms; ce qui porte le total des hommes présents à trois cent soixante-neuf, parmi lesquels nous remarquons trois juifs: Dellandus, Doninum et Bonfil.)

Acta fuerunt hec in castro de Malaucena supradicto in mercato nouo, juxta domum R. Pellicerii. Testes, *etc*. Et ego Raym. Oliuerii seu Arnaudi, not. publ., *etc*.

VIII

Procès-verbal de la délimitation entre le territoire de Malaucène et ceux d'Entrechaux et du Crestet, faite par Raymond de Grosse, sénéchal, et Bérenger Cavallerii, juge du Comtat (1).

(1281)

In nomine Dñi nostri Jhesu. Amen.

Anno Incarnationis eiusdem milles. cc lxxxj, videlicet decimo octavo kalend. Januarii.

Sit notum cunctis presentibus et futuris, quod cum questiones essent et controuersie, uel esse sperarentur, inter venerabilem Patrem Dom. G. (2) Dei gratia Vasyonensem episcopum, nomine episcopii sui et hominum suorum dicti castri seu universitatem hominum eiusdem loci et nomine hominum seu universitatis hominum castri de Intercallis et D. Ricanum Rogerii, militem, et Raymundum de Podio, domicellum, et Rostagnum Achardi, et Steffanum Arnaudi, syndicos, actores et procuratores universitatis hominum eiusdem castri de Intercallis, ex una parte, prout constat de dicto syndicatu, procuracione et actoria per quoddam publicum instrumentum, scriptum per manum magistri Johannis de Ventairolio, notario publico dicti Domini Episcopi, michi Raymundo Durandi seu Oliuerio, notario publico, infrascripto hostenssum.

Et Bertrandum Sanchoandi et Gauffridum Soucherij, domicellos, et Guillelmum Oliuerij, et Raymundum Girini, syndicos, actores et procuratores Universitatis hominum de Malaucena, ex altera, ut constat de ipsorum syndicatu, procuracione et actoria per quoddam publicum instrumentum per manum mei Raymundi Arnaudi, notarij publici, post quam dictum confectum et ostenssum michi super confinibus et limitationibus faciendis territoriorum castrorum predictorum de Malaucena et de Intercallis et pro aliqua parte predicti castri de Cresto.

Partes predicte volentes questiones alias euitare, rogauerunt cum magna istancia virum venerabilem et religiosum Dominum Raymundum de Grossa, ciuitatis Avenionensis et senescallum Venayssini pro D. Papa, et Berengariun Cauallerij, legum doctorem, judicem in eodem Comitatu,

---

(1) Archives municipales. — Ce parchemin est encore assez lisible, bien que l'encre ait singulièrement pâli. — Signature. — Le sceau a été arraché. — Hauteur: 0m,70; largeur: 0m,50.

(2) Giraud II, quarante-cinquième évêque de Vaison.

ut ipsi tractarent inter partes de pace et concordia facienda super dictas questiones, ibidem facere finiendis et modo debito terminandis, etc.

(Vient ensuite la description des opérations du bornage, dans laquelle nous remarquons les indications de quartiers ou de points de repère suivants :)

Tolorencum, — Championes, — Serrum de Cambeta, — Podium Audeberti, — Podium de Resoardo, — Ecclesiam de Capella juxta quemdam quercum que ibi est, — Via publica qua itur de Malaucena versus Mollanum, — Terras Ecclesie de Chapella, — Nemus Chapelle, — Ruifre.

(On se réserve de part et d'autre :)

Possessiones perpetuas, sensus, cartones, tasquas, medie tasquas et alia consimilia.

Et insuper dictus Episcopus promisit, sub obligatione bonorum sui episcopatus, dictis syndicis, actoribus et procuratoribus de Malaucena, solempniter stipulantibus et recipientibus, se facturum et procuraturum quod universitas hominum de Cresta predicta in perpetuum, etc.

Acta fuerunt hec in domo magistri Petri Nicolaj, in castro de Malaucena.

Testes fuerunt presentes, etc., et ego Raymundus Oliuarius seu Arnaudi not. public. in Comitatu Venayssino, etc.

IX

Sentence de Guillaume de Villaret, prieur de Saint-Gilles premier recteur du Comtat, au sujet des pâturages de Malaucène et de Beaumont et des procès survenus entre les habitants de ces deux communes, relativement à leur usage (1).

(1282)

Anno Domini millesimo cclxxxij, scilicet in uigilia Natiuitatis Beate Marie septembris.

Sit notum cunctis presentibus et futuris Quod cum questiones essent uel esse sperarentur jnter dominum Rostagnum de Sparrono, militem, nomine suo et nomine Guillelmi, filii sui, et ipsum Guillelmum et Raybaudum de Bellomonte et Guillelmum Raynerii, dominos Castri Bellimontis, ab una parte.

Et dominum Bertrandum Sanchoandi, militem, et Gauffridum Soucherii, domicellum, et Guillelmum Oliuerii et Raymundum Girinj, sindicos hominum Universitatis de Malaucena, ex altera. etc.

Super montaneis Bellimontis et super quibusdam furnis et super banlis et pascuis, usibus et seruitutibus et super multis aliis quod predicti domini Rostagnus, nomine suo et predicti filii sui, et dicti Raybaudi et

---

(1) Archives municipales. — Cette pièce ne porte point de signature et n'a jamais reçu de sceau. — Parchemin. — Hauteur : 0m,44.; largeur : 0m,49.

Guillelmi Raynerii, ab una parte, et dicti sindici de Malaucena, de voluntate et consensu expresso dicti Oliuerij, ex altera,

Et predicti dominj de Bellomonte et sindici predicti, simul vel separatim, pro una parte, prout tangit uel dominos uel syndicos et dominos Oliuarios, pro alia, de predictis questionibus et aliis sponte conpromiserunt jn virum venerabilem dominum Guillelmum de Vilareto, priorem sancti Egidii et Rectorem COMITATUS VENAYSINI pro domino Papa, presentem et recipientem, tanquam in Arbitrium Arbitratorem et Amicabilem Compositorem, Dantes et concedentes dicte partes dicto domino Arbitro Arbitratori et Amabili Compositori plenariam potestatem inquirendi de plano et sine strepitu judicij per se uel alium juris ordine seruato uel non seruato, simul uel separatim, de predictis questionibus et ueritate earum et diffiniendi pace Judicio uel amore, dando de iure unius partis alteri eo modo quibus placebit domino Arbitro Arbitratori et expedire videbitur.

Et quod predicta et quodlibet predictorum posset inquirere, examinare, terminare, omnibus die et loco et tempore seruatis uel non presentibus partibus uel absentibus, una presente et altera non, citatis et non citatis, altera citata altera non.

Cujus diffinitioni partes predicte stare solempniter promiserunt et contra non venire de facto uel de jure, et quod eam tanquam iustam, obseruarent et post prolationem diffinitionis et mandamentorum incontinenti ipsam et ipsa omologare et expresse confirmare et aprobare promiserunt, Renunciantes ex certa scientia beneficio restitutionis et Juri dicenti mandamenta Arbitrorum posse peti reddigi ad Arbitrium boni viri, facientes sibi pactum expressum de non habendo recursum ad Arbitrium boni viri.

Vniversa et singula predicta seruare et conplere promiserunt sub obligatione omnium bonorum suorum et sub pena centum marcorum argenti a parte parti solempniter stipulata et promissa.

Hoc acto inter dictas partes quod dicta pena in singulis capitulum comittatum, et quod pena predicta exacta semel et pluries nichilominus compromissum et mandamenta jn sua producent firmitate.

Et jn super dicte partes solempniter promiserunt quod nichil dixerunt uel fecerunt dicentes uel facientes in futurum perpetuum que predicta minus habeant firmitatis.

Hoc acto inter partes quod si aliqua dubia uel obscura jn compromisso uel in mandamentis proferendis quod dictus dominus Arbiter arbitrator habeat potestatem dubia et obscura et ambigua exponendi, interpretandi et declarandi per se uel alium.

Item fuit actum quod ex dicta pronuntiatione actio et receptio oriatur et excecutioni demandetur et demandata perpetuo seruetur omni exceptione et reclamatione depositis et efectis.

Vniversa autem et singula seruare et complere solempniter dicte partes promiserunt, sub repetitione dicte pene et obligatione bonorum prestito corporaliter juramento a partibus antedictis, Renunciantes dicte partes cerciorate juridicenti compromissum cum religione juramenti fieri non debere et alii juri et rationi quibus contra predicta uel aliqua de predictis venire possent, quoquo specialiter Juri dicenti generalem renunciationem valere et pro parte dictorum dominorum Bellimontis pro predictis omnibus inuiolabiliter obseruandis et pro mandamentis tenendis et pro pena predicta precibus ex mandato et voluntate dictorum dominorum se et bona sua solempniter obligaverunt dominus Guiraudus de Verdello, miles, legum doctor, et Bertrandus Raibaudus de Vasione, domicellus, quilibet eorum in solidum et pro toto.

Et pro parte dictorum Syndicorum de Malaucena et dictj Oliverj et eorum precibus et mandato et voluntate obligauerunt se pro predictis omnibus et mandatis inviolabiliter tenendis et observandis et pro dicta pena dominus Raymundus Malsane, miles, Vicarius generalis pro domino Papa, et Raymundus Audeberti de Malaucena, quilibet eorum insolidum et pro toto et bona sua obligauerunt, Renuntiantes dicti fideiussores utriusque partis juri dicenti principalem debitorum prius fore conueniendum quam intercessorem et beneficio de pluribus reis et beneficio diuisionis et cedendarum actionum, et juri dicenti principalem et judiciis, x. et xx. dierum et iiij^{or}. mensium, et deinde omnj juri et rationi ad conueniendum.

Acta fuerunt hec in sacristia de Vasione, sub ramata. Testes presentes fuerunt dominus frater Raymundus de Grassa, preceptor Auraysice, et Senescallus Venaysini, dominus Arnaudus, sacrista Vasionis, Guillelmus de Ayli, vicarius Malaucene, et plures alij.

Et ego Raymundus Oliverij seu Arnaudi, notarius publicus Venaysini, de uoluntate partium, hanc cartam scripsi et meo signo signaui.

Post predicta, nos predictus Arbitrator et Amicabilis compositor, intellectis de plano rancuris et questionibus partium predictarum et cuiuslibet eorum et eis diligenter examinatis et consideratis, habito diligenti tractatu, cum partibus antedictis, de concilio fratris Petri Aguilonj, preceptoris Avinionensis, conciliarij concilij Venaysini et dominj Berengarij Canallerij, legum doctoris, judicis Comittatus Venaicinj et Raymundi Arnudj, procuratoris Curie Venaicinj, volentes finem imponere Questionibus et rancuris parcium predictarum, Amabiliter Arbitrando et pro bono pacis, Volumus et mandamus quod Sindyci de Malaucena cedant, donent et remittant predicto Oliuerio de Bellomonte lxxv libras quas sibi solverant, occasione Venditionis et donationis quam dictus Oliuerius fecerat dictis syndicis de pascuis et aliis hobedimentis territorii castri de Bellomonte et quod de illis dicto Oliuario remaneant perpetuo libere et quietere xxxv libre et quod residuas xl. libras dictus Oliverius soluat et restituat domino Rostagno, nomine dictj filij sni et dicto Raybaudo et Guillelmo Raynerio, pro partibus pro quibus habuit dominium jn dicto castro per tempora jnscripta, scilicet xx. libras, in proximo festo assumptionis Beate Marie et a dicto festo jn vnum annum alias xx. libras.

Et pro predictis solutionibus faciendis, dictus Oliuerius faciat securos predictos dominos Bellimontis per bonos et ydoneos pacatores qui recipiant a Curia Malaucene mandamenta. Item volumus et mandamus quod dicta Venditio et emptio et donatio omnino recindatur et quod nullum effectum habeat et quod dicte partes dicti Sindici et dictus Oliverius a dicta venditione et donatione mutuo se absolvent et liberentur et per omnium assensum dictos contractus recindant et in pristinum statum reducant sine pena aliqua et protestatione venditorum quod jncontinenti dicte partes fecerunt.

Item volumus et mandamus quod jnstrumentum dicte venditionis et donationis et omnia jnstrumenta et mandamenta et note que existunt super aliquibus furnis que ulterius debebantur a dictis syndicis uel aliis eorum, nomine dicto Oliverio, quod illa omnia sint cassa et nulla et firmitate careant et quod scindantur et jncisa restituantur, scilicet dictum jnstrumentum venditionis et donationis jnssisum reddatur dicto Oliverio, et alia jnstrumenta et mandamenta jnssisa reddantur dictis sindicis.

Item pro bono pacis volumus et mandamus quod pro singulis trentenariis aueris minuti de Malaucena, ratione montaneorum Castri predicti de Bellomonte, dominj predicti de Bellomonte, scilicet dictus dominus Rostagnus, nomine dicti filij sui, et Raybaudus et Guillelmus Raynerij et Oliverius predictus et eorum successores posteri et baiuli ipsorum non possint recipere nec audeant ultra xiiii^{cim} denariorum coronatorum pro singulis trentenariis, nec ultra vi denarios pro singulis bestiis grossis et pro singulis hominibus de Malaucena presentibus et futuris liceat jmmittere animalia sua et jmmissa tenere jn montaneis de Bellomonte ad pacendum adaquandum et abeurandum pro loquerio supradicto, jta quod plus ad soluendum uel prestandum non compellant aliqua ratione uel occasione uel causa.

Et pro dicto loquerio dicta animalia possint tenere jn predictis montaneis, A die Assencionis Domini usque ad octabas festi Sancti Miquaelis, et non minori tempore nisi cum dominis conuenirent.

Et quod homines de Malaucena et pastorum et custodum suorum predictorum non possint jmmittere et tenere et non animalia extranea sub aliquo colore fraude uel specie colorata.

Et quod pastores et custodes et alij qui animalia jmmittent in dictis montaneis requisiti a dominis uel altero eorum uel a baiulo, ipsorum jurare teneantur ad sancta Dei euangelia, quod animalia non sunt extranea, sed hominum et pastorum et custodum de Malaucena.

Et teneantur etiam dicti custodes jn introitu jurare et fideiubere de soluendo dictum loquerium, jntra xv dies post jntroitum factum in montaneis supradictis.

Item volumus et declaramus quod ratione custodum animalium nulla fraus comittatur, sed quod custodes possint habere animalia prout consuetum est actenus in castro de Malaucena. Ita quod exquisita fraude super hec dominj de Bellomonte indebite ledi non possint.

Item volumus et mandamus quod dominj de Bellomonte ab hominibus de Malaucena frangentibus banna possint et debeant habere bona consueta et antiqua et antiqua ipsa augere non possint jn preiudicium hominum predictorum, cum hoc timeretur propter aliquod rancorem qui olim dicebatur fuisse inter partes predictas.

Ab usu non concesso passcendi hominibus de Malaucena sub loquerio supra taxato exipimus terras bladatas bladis et liguminibus vineis, prata et ortos, deffensa antiqua.

De pratis vero de monte Serano dicimus quod deffendantur illa que defendi consueuerunt et quod alia remaneant in usu passcendi concesso super quo inquirendo et declarando et super omnibus aliis dubiis et obscuris et ambiguis quecumque orirentur et apparerent inter partes predictas retinemus nobis plenariam potestatem per nos uel alium cui predicta comittere voluerimus.

Item volumus et mandamus quod occasione predictorum, homines de Malaucena non jmpediant dictos dominos et eorum successores locare dictas montaneas hominibus extraneis uel quominus possint recipere animalia extranea in montanis supradictis.

Item volumus et mandamus quod hominibus de Malaucena remaneant omnia Jura Salva et seruitutes salve quam et quas habebant jn territorio de Bellomonte ante predictam venditionem et donationem, quantum ad iura pascendi, boscairandi et quantum ad alia Jura que habebant in territorio supradicto.

Et uersa vice dominis et hominibus de Bellomonte remaneant salua omnia et salue omnes seruitates que et quas habebant ante dictam venditionem et donationem jn territorio de Malaucena, quantum ad Jura pascendi et quantum ad alia omnia jura que habebant in territorio supradicto.

In quibus per ista mandamenta non jntendimus jmmutare.

Item volumus et mandamus quod de xxv libras quas petebant Syndici de Malaucena et de expensis et dampnis hinc jn datis et bannis factis et de omnibus aliis quas una pars ab altera petere posset usque ad presentem diem sit pax et finis et unam partem ab alia et qualibet partium predictarum absoluimus de predictis, precipientes quod pignora hinc jnde, capta occasione bannorum, usque ad presentem diem restituantur.

Item precipimus et mandamus quod partes predicte omnia et singula supradicta debeant laudare et aprobare et nobis parcere et remittere si in aliquo alteram partium grauauimus fragilitate humana, quod non credimus fecisse, ymo pensatis, rationibus partium predictarum ordinauibus secundum Deum et justiciam supradictam prout credimus partibus expedire.

Que omnia et singula partes predicte sponte et liberaliter fecerunt et omnia et singula tunc perpetuo promiserunt, sub pena C marcarum argenti et sacramento jn compromisso contentis.

Acta fuerunt hec apud Villam Dei, Juxta ecclesiam, subtus quamdam trelham.

Testes fuerunt presentes Guillelmus Dayli, Vicarius Malaucene, Petrus

Falqueti, notarius, Raymundus Lagerii, Poncius de Sinbriis, Rostagnus Nicolay, Guillelmus Raymundi, Guillelmus de Pradellis.

Et ego Raymundus Olivarij seu Arnaudi, notarius publicus jn Venaycino, de mandato partium predictarum, hanc cartam scripsi et meo signo signaui et jussi bullari.

X

Enquête sur la franchise de péage du Col d'Aulon, à Mollans, en faveur des habitants de Malaucène (1).

(1284-1298)

In nomine Domini nostri Jesu Christi, Amen. Anno yncarnationis eiusdem millesimo ducentesimo octogesimo quarto, videlicet secundo ydus decembris.

Cum diceretur quod Gillelmus Galleti, Brocardus Symeonis, Rostagnus Galleti et Gaufridus Audeberti, mercatores de Malaucena, venirent cum quibusdam bestiis seu animalibus ipsorum, de nundinibus Sancte Galle, nuper preteritis, per caminum publicum anticum et consuetum, transeundo per collum de Aulono, volentes redire apud Malaucenam et transire per castrum de Falchone cum bestiis et animalibus ipsorum, *etc...*

Venerunt, ut predicti mercatores dicebant, eis obuiam quidam homines curie de Mollanis cum armis et per vim acceperunt predictos mercatores de Malaucena et ipsorum animalia que ducebant per caminum predictum, dicentes, proponentes et afirmantes ipsis mercatoribus de Malaucena quod ipsos et animalia ipsorum acceperant que ducebant ex eo et pro eo quia fregerant pedagium de Mollanis, eundo per caminum predictum.

Que quidem animalia ipsis mercatoribus petentibus et requirentibus, cum quanta ystancia et solempnitate poterant, restituere nullatenus voluerunt, nisi primo cautionem prestarent ad voluntatem ipsorum hominum de Mollanis, per quod quidem caminum superius memoratum homines de Malaucena yre volentes ad dictas nundinas aut redire a predictis nundinibus, cum mercaturis suis uel sine mercaturis, per longum tempus consueuerunt, et yn pacifica possessione dicti itineris faciendi, dum volebant cum mercaturis uel sine mercaturis predicti homines de Malaucena, ut predicti mercatores de Malaucena asserebant, coram curia Malaucene sunt et fuerunt seu quasi per spacium decem et XX" et XXX" et XL annorum et per tantum tempus ultra quod memoria hominum yn contrarium non existit.

Quare predicti mercatores de Malaucena suplicauerunt, cum quanta ystancia potuerunt, nobili et prudenti viro Domino *Petro de Auriolo*, vicario Malaucene, pro sanctissimo Domino nostro Papa, suo nomine et

---

(1) Archives municipales. — Cette charte, très bien conservée, forme un rouleau mesurant 3m,86 sur 0m,57, composé de cinq peaux ; elle porte la signature du notaire Pellegrin et le sceau papal.

tocius Universitatis Malaucene, pro ymplorante suo officio et Curia dicti Domini Pape yn villa Malaucene, quod de predicta libertate, antiquitate et consuetudine dicti ytineris faciendi, ut supra dictum est, ex officio predicte curie, inquirere debeat veritatem, et, veritate reperta, si predictos homines de Malaucena yn predicta libertate dicti ytineris faciendi cum mercaturis, uel sine mercaturis suis, jnuenerit, ipsos debeat yn libertate huiusmodi conseruare, ne permitat tantam nouitatem et jnjuriam predictis hominibus de Malaucena ynferri per dictos homines et dictam curiam de Molanis.

Qua suplicatione audita et yntellecta per dominum vicarium antedictum, ydem dominus vicarius super predictis, ex officio curie Malaucene, processit ad ynquirendum yn modum videlicet ynfra scriptum.

Et primo, cum Berengarjo de Torenco, domicello, de Vasione.

Anno et die quibus supra, Berengarius de Torenco, domicellus, de Vasione, testis yuratus supra predictis contentis yn suplicatione prescripta requisitus dicere veritatem et specialiter super usu, antiquitate et consuetudine dicti ytineris faciendi per homines de Malaucena, cum mercaturis uel sine mercaturis suis, euntes ad dictas nundinas Sante Galle uel redeuntes a nundinibus supra dictis, dixit predictum caminum contentum yn predicta suplicatione esse publicum et anticum et per longum tempus esse usitatum et aprobatum et licitum facere unicuique yre volenti ad nundinas Sancte Galle aut redire a dictis nundinibus, cum mercaturis uel sine mercaturis et specialiter mercatoribus de Vasione, de Podio, de Falchone, de Mirabello, de Malaucena, de Carpentoracte, de Insula, de Paternis et generaliter de omnibus aliis locis scitis yn COMITATU VENAYSINI et eciam extra COMITATUM.

Requisitus si curia de Mollanis nec pedagerii eiusdem curie percipiunt nec percipere consueuerunt aliquod pedagium ab aliquibus transeuntibus cum mercaturis suis per iter contentum yn suplicatione predicta, euntibus ad dictas nundinas Sancte Galle aut venientibus a nundinibus sepe dictis, dixit quod non, nec aliquo tempore vite sue audiuit dici contrarium, nisi hoc anno, quod audiuit dici a quibusdam quod aliquos mercatores de Vasione et de Malaucena, transeuntes per iter predictum et yn predicta suplicatione contentum, cum mercaturis suis, homines curie de Mollanis pignorauerunt, ratione falliti pedagii de Mollanis, ut ipsi dicebant, et ipse testis loquens ad requisitionem quorumdam hominum pignoratorum de Vasione, accessit apud Malaucenam, quadam die yn qua erant ybi dominus senescallus Venaysini et yudex Venaysini, qui presens testis, nomine hominum pignoratorum de Vasione, conquestus fuit de dictis pignoribus que acceperant predicti homines de Mollanis.

Qui predicti domini, scilicet senescallus et yudex Venaysini, audita et intellecta dicta querimonia, per suas literas, mandaverunt Bajulo de Mollanis quod illa pignora que habebat ab hominibus de Vasione, ratione ytineris contenti yn suplicatione predicta, deberet restituere predictis hominibus pignoratis; qua litera presentata ex parte dictorum dominorum predicto Bajulo de Mollanis et is lecta, ydem Bajulus mandauit et yussit restitui predictis hominibus pignoratis de Vasione sua pignora que habebat, ratione ytineris antedicti.

Requisitus per quantum temporis vidit ipse testis loquens predictum calminum yn dicta suplicatione contentum esse publicum et licitum facere unicuique yre et redire volenti, cum mercaturis uel sine mercaturis, ad dictas nundinas aut à nundinibus is supradictis, absque prestatione alicuius generis pedagii curie de Mollanis, nec suis pedageriis, dixit se sic vidisse dictum caminum usitatum per decem, per XX^{ti}, per XXX^{ta} annos et amplius, et de dicto vsu et consuetudine est vox et fama publica inter notos et vicinos et macxime ynter illos qui veritatem sciunt de predictis.

[Quatre journées entières furent consacrées à l'audition de quarante-trois témoins appelés de Valson, de Faucon et de Puymeras. Nous nous abstenons de transcrire leurs dépositions, attendu qu'elles ressemblent toutes, plus ou moins, à celle de Bérenger de Torenco et établissent, comme celle-ci, que jamais, de mémoire d'homme, on n'avait perçu de droit de péage au Col d'Aulon.]

Post hec, anno Domini millesimo ducentesimo nonagesimo octavo, videlicet XXII die mensis octobris, Raymundus de Rosseco, ciuis Avenionensis, constitutus in presentia magistri Giraudi Grassi, notarii Venaysini, tenentis locum vicarii Malaucene, et mei Pellegrini, notarii Venaysini, et aliorum testium subscriptorum, scilicet A. de Medullionis, Pontii Guigonis, Bertrandi Arnulphi, et Pontii Alboini, de Malaucena, predictus Raymundus de Rosseco presentauit et obtulit predicto magistro Giraudi Grassi, ex parte domini Yudicis Venaysini, literam infrascriptam cuius tenor talis est :

Ysnardus Conparati, yudex *Comitatus Venaysini*, Giraudo Grassi, notario, salutem et sinceram dilectionem ;

Yntelleximus nobilem Raymundum de Meldullione, et procuratorem Alberti, medici, ex una parte, et quosdam ciues Auenionenses, ex altera, super questione cuiusdam pedagii quod dictus Albertus quondam ab eis, ut dicitur, exigebat, cum Petro Soquerii et Giraudo Blanqui fecisse unanimiter conpromissum et ipsos arbitros pro expedienda questione huiusmodi quibusdam testibus in curia Malaucene, yn simili questione auditis indigere.

Quare vobis mandamus quatenus si aliqui testes fuerunt yn dicta curia super simili questione auditi, vocetis, et ipsorum testimonùm, sub vero sigillo proprio, dictis arbitris transmitatis.

Datum Paternis, die XXII octobris.

Redditas literas portitori, presentata fuit predicta litera dicto magistro Giraudo Grassi, tenenti locum vicarii Malaucene, per Raymundum de Rosseco predictum, apud Malaucenam, yn porticu Saunarie, ubi tenetur curia, testibus presentibus quibus supra de quibus dictis magister Giraudus Grassi sibi peciit fieri, per me dictum Pellegrinum, notarium publicum, ystrumentum.

Post predicta, Anno Domini millesimo CC. LXXXX. VIII, videlicet XXIII die octobris, constituti in presentia predicti magistri Giraudi Grassi, tenentis locum vicarii Malaucene, et mei Pellegrini et aliorum testium subscriptorum, Gillelmus et Rostagnus Ga'leti, mercatores de Malaucena, ad quorum supplicationem et requisitionem et quorumdam aliorum mercatorum de Malaucena, predicti testes fuerunt examinati ad ferendum testimonium super contentis yn suplicatione predicta, per ipsos factam et traditam predicto domino Petro de Auriolo, vicario Malaucene, per me Pellegrinum, tunc temporis notarium curie Malaucene. Predicti inquam Gillelmus et Rostagnus Galleti, suo nomine et aliorum mercatorum de Malaucena, et omnium aliorum mercatorum ad quos tangit presens negocium, petierunt cum quanta potuerunt ystancia predictos testes et eorum testimonia, in curia Malaucene publicari et ipsis publicatis eorum dictis yn forma publica redigi, seu produci, ad habendam rei memoriam in futurum et ad conservationem yuris ipsorum et omnium aliorum ad quos tangit negocium antedictum.

Qua suplicatione audita per dictum locum tenentem vicarii Malaucene, uidens ipsam consentaneam rationi et uolens, ut decet, adjmplere mandatum predictum domini yudicis Venaysini, contentum in ejus litera precedenti, ydem locum tenens Vicarii Malaucene, yussit predictos testes et depositiones ipsorum yn dicta curia Malaucene publicari et yncontinenter, Ego predictus Pellegrinus, notarius Venaysini, qui ipsos testes examinaveram, mandato dicti domini Petri de Auriolo, Vicario tunc temporis Malaucene, legi in curia Malaucene, coram dicto locum tenente vicarii et coram testibus infro scriptis, dictum et testimonium Berengarii de Torenco, domicelli, de Vasione, superius yn testem producti, quo testimonio publicato, dictus locum tenens vicarii omnia alia dicta aliorum testium productorum supra dicto negocio pro publicatis habere uoluit et mandavit.

De quibus omnibus et singulis supra scriptis predictus Gillelmus Galleti, suo nomine et tocius universitatis ville Malaucene, sibi peciit fierj publicum ynstrumentum, per me Pellegrinum, Notarium, antedictum.

Acta fuerunt hec apud Malaucenam, yn porticu Saunarie, ubi tenetur curia, testibus presentibus Philiberto de Dyano, Petro Benedicti, Raymundo Ysnardi, Bertrando Caremantrandi, de Malaucena, et Raymundo de Rosseco, de Auinione. Et me, dicto Pellegrino, notario publico Venaysini, qui mandato dicti locum tenentis, precibus et requisitione dicti Gillelmi Galleti, hanc cartam publicam scripsi et signo meo signaui.

Et est sciendum quod cum universa et singula suprascripta bono modo capi non possent yn uno, duobus, tribus, nec IIII^{or} pergamenis, ydcirco Ego predictus Pellegrinus, notarius, yn quinque pergamenis predicta omnia scripsi, quorum primum finit : predictis mercatoribus ; — secundum uero incipit : per spacium X annorum, et finit ad collum de Aulono ; — Tertium uero yncipit : yn predicta suplicatione contenta dixit quod non, et finit : et dicere ueritatem ; — Quartum uero yncipit : dixit predictum caminum esse publicum et finit : scire debent de predictis ; — Quintum uero et ultimum yncipit : It. Anno et die quibus supra.

Post que, signum meum, Ego prefatus Pellegrinus, notarius publicus Venaysini, yn presenti ynstrumento aposui quod est tale.

XI

Ventes faites par divers particuliers à la Communauté, de leurs droits sur les tasques de Veaulx, Arnoux et Vesse (1).

(1286)

I.— In nomine Domini nostri, notum sit, *etc.*, quod anno ab Incarnatione eiusdem millesimo cc. lxxxvi, videlicet iiij idibus septembris, Dominus Petrus Gillelmi, miles, et Rostagnus Hugonis, domicellus, de Malaucena, bona fide, *etc.*, vendiderunt, *etc.*, michi Pellegrino, not. publ. domini Pape, in partibus Venaysini, ut publice persone, *etc.*, solempniter stipulanti, vice et nomine Universitatis proborum hominum castri seu ville de Malaucena, *etc.*, in taschis, *etc.*, in tenemento de Vellis, de Arnono, et de Vescia, *etc.*, precio et nomine precii trigenta duarum librarum coronatarum francarum, *etc.*

Acta fuerunt hec apud Malaucenam, in stari dicti domini Gillelmi, in presentia Petri de Auriolo, domicelli, Vicarii de Malaucene, pro domino Papa, qui dictam venditionem laudavit, *etc.* Testes, *etc.*, et Ego Pellegrinus, not. antedictus, *etc.*, hanc cartam publicam scripsi et signo meo signaui, *etc.*

II.— Post hec, anno quo supra et die sequenti, notum sit omnibus, *etc.*, quod Petrus Soucherii, filius quondam domini Raymundi de sancto Michaele, militis de Malaucena, bona fide, *etc.*, vendidit, *etc.*; michi Pellegrino, *etc.*, partem quam habet, *etc.*, in taschis, *etc.*, que percipit yn tenemento de Vellis, de Arnono, de Vecia, pro jndiuiso per militares personas et francos homines castri seu ville de Malaucena, *etc.*, precio, *etc.*, octo librarum, *etc.*

Actum fuit apud Malaucenam, in stari Gaudessardorum, in presencia Petri de Auriolo, *etc.*

III.— Post hec, anno et die quibus supra, *etc.*, notum sit omnibus, *etc.*, quod Raybaudus Alberti, de Malaucena, domicellus, bona fide, *etc.*, vendidit, *etc.*, mihi, *etc.*, partem quam habet, *etc.*, in taschis, *etc.*, yn tenemento de Vellis, de Arnono, et de Vecia, pro yndiviso per militares personas et francos homines castri seu ville de Malaucena, *etc.*, precio sex librarum, *etc.*

Actum fuit apud Malaucenam, in alberco Raymundi Benedicti, yn presencia Petri de Auriolo.

IV.— Post hec, anno et die quibus supra, *etc.*, notum sit, *etc.*, quod Petrus Simeonis, habitator nunc castri de Bedoino, quondam de Malaucena, *etc.*, pro se, *etc.*, et specialiter vice ac nomine Rostagni, fratris sui, absentis et vice et nomine Gillelmi, fratris sui, quondam, et heredum

---

(1) Archives municipales. — Grand parchemin en assez mauvais état. — Signature. — Sceau en plomb. — Hauteur : 0^m,76; largeur : 0^m,67.

suorum, *etc.*, vendidit michi dicto Pellegrino, *etc.*, tres partes pro indiuiso, *etc.*, yn tenemento de Vellis, de Arnono, et de Vecia, *etc.*

Actum fuit apud Malaucenam, yn operario Gaudissardorum, in presencia dicti Vicarii, *etc.*

V.— Post hec, anno quo supra, scilicet die lune, post festum beati Mathei, apostoli, notum sit, *etc.*, per hoc presens et publicum ynstrumentum quod dominus Bertrandus, miles, de Malaucena, bona fide, *etc.*, vendidit, *etc.*, partem, *etc.*, precio centum solidorum, *etc.*

Actum fuit apud Malaucenam, yn stari Rostagni Andree, yn presencia, *etc.*

VI.— Item post hec, anno quo supra, scilicet vi kalend. octobris, Dom. Gillemus de Cresto, de Malaucena, bona fide, *etc.*, vendidit, *etc.*, precio centum solidorum, *etc.*

Actum fuit apud Malaucenam, in albergo Rostagni Andree, in presencia, *etc.*

XII

Vente faite par Guilhem et Rostang Fabre à la Communauté, de leurs droits aux tasques, douzains et treizains de Veaulx, Vesse et Arnoux (1).

(1286)

Notum sit omnibus hominibus presentibus pariter et futuris quod anno Domini incarnati millesimo CC. LXXXVI°, scilicet X kalendas nouembris, Gillelmus et Rostagnus Fabri, filii quondam Bertrandi Fabri, pro eos et heredes ipsorum et uice ac nomine Bertrandeti, fratris ipsorum, et Petrus et Raymundus Fabri, fratres, filii quondam Petri Fabri de Malaucena, pro se et sucxessores suos, bona fide, sine omni dolo et fraude minoris etatis beneficio, *etc.*, vendiderunt, *etc.*, atque inreuocabiliter tradiderunt et quasi pro in perpetuum, michi Pellegrino, notario publico Domini Pape, in partibus Venaysini, ut publice persone presenti, petenti, recipienti ab eis et quolibet ipsorum atque solempniter stipulanti, vice et nomine Universitatis proborum hominum de Malaucena, *etc.*, partem quam habebant, *etc.*, Jure suo jn taschis, juribus, dominiis, acapitis, pariter et tretzenis, que percipiuntur jn tenemento de Vellis et Vecia et Arnono, pro jndiuiso per militares personas et francos homines de Malaucena, vendiderunt siquidem michi, dicto notario, ab eis sollempniter stipulanti, vice et nomine quibus supra, *etc.*, in perpetuum transtulerunt, precio sex librarum, *etc.*, de quibus se tenuerunt integraliter pro pacatis et contentis, *etc.*, *etc.*, *etc.*

Actum fuit apud Malaucenam, jn stari Raymundi Benedicti. Testes, *etc.*

Post hec, anno quo supra, scilicet XIII kal. Januarii, Bertrandus Bajuli,

---

(1) Archives municipales.— Parchemin, bon état.— Signature; — Sceau en plomb. — Hauteur: 0m65; largeur: 0m,22.

tenens locum Domini Gillelmi de Castro novo, militis, vicarii Malaucene, pro Domino Papa, dictam venditionem laudauit et de tretzeno et laudimio se tenuit, nomine curie, pro pacato saluo jure et dominio dicte curie.

Actum fuit apud Malaucenam, in porticu Saunarie. Testes interfuerunt, *etc*. Et ego Pellegrinus, *etc*., hanc cartam scripsi et signaui pro ut jnferius aparebit.

Post hec, anno quo supra, scilicet III nonis januarii, Raymundus Fabri, filius quondam Bertrandi Fabri de Malaucena, venditionem factam superius per Gillelmum Fabri, fratrem suum, laudauit et confirmauit, *etc*.

Actum fuit apud Malaucenam, in stari magistri Giraudi. Testes, *etc*. et ego Pellegrinus, not. supradictus, qui mandato dicti Raymundi, hanc cartam scripsi et subsignaui.

XIII

Vente des droits des tasques d'Arnoux et Vesse, faite par la famille de l'Espine à divers particuliers (1).

(1288)

Notum sit omnibus, *etc*., quod an. Dni millesimo cc lxxxviii°, scilicet die martis post octabas pascatis, Raynoardus de Spina et Ermandias, ejus uxor, et Lagerius, eorum filius, omnes et singuli et quilibet eorum in solidum, *etc*., *et pro se liberandis ab ostagiis in quibus erant per curiam Malaucene arestati, cum aliter exire non possent et euidente utilitate corumdem*, Bona fide, sine omni dolo et fraude, absque omni conditione, *etc*., vendiderunt, *etc*. Domino Raymundo Arnaudi, legum professori, exigenti, ab eis nomine ac vice domini Arnaudi Raymundi, patris sui, absentis, et domino Bertrando Sanchoandi, militi, et Guillelmo Raynerii et Faraudo Pontii et Raymundo de Cresto, domicellis recipientibus, suo nomine, et domini Rostagni de Albaruffo et Raymundi de Albaruffo, fratrum, et vice ac nomine domini Credullionis et fratrum suorum et Raybaudo Alberti et Bertrando et Pontio Hugonis, Bajulis electis, *etc*., dominii in tenimento de Vecia et Arnono, quod tenementum situm est in territorio de Malaucena, *etc*., contra detentores possessionum in quibus percipiuntur dicte tasche octave partis, *etc*., precio trigenti librarum coronatarum francarum, *etc*.

Actum fuit apud Malaucenam, in hospitio, *etc*., in presentia domini Hugonis de Cauallione, militis, vicarii Malaucene pro domino Papa, qui dictam venditionem laudauit et de tretzeno et laudimio se tenuit, nomine curie, pro pacato. Testes, *etc*., et Ego Pellegrinus, nòt. publ. dñi Pape, in partibus Venaysini, *etc*.

(1) Archives municipales. — Parchemin en bon état. — Signature. — Plus de sceau. — Hauteur : 0m,62; largeur : 0m,23.

XIV

Vente à la Communauté, par Rostang Hugonis, de ses droits sur les tasques de Veaulx, Arnoux et Vesse (1).

(1291)

Anno Domini......... Rostagnus Hugonis..... *etc.*, tradidit Universitati partem quam habebat, *etc.*, in taschis de Vellis, de Arnono et de Vessia, *etc.*, cum omnibus suis juribus, *etc.*, precio xxxvi solidorum coronatorum, *etc.*

Actum predictum hoc Malaucene, in operario Bertrandi Mercerii, *etc.*, in presentia, *etc.* Testes interfuerunt, *etc.*, et Ego Guillelmus Guigonis, notarius domini Pape in COMITATU Venaysini, *etc.*

XV

Donation à la Communauté de Malaucène, par Raynoard de l'Espine et ses enfants, des droits de tasque de Vesse, Arnoux et Veaulx (2).

(1296)

In Christi nomine. Anno Incarnationis Eiusdem millessimo ducentesimo nonagesimo sexto, scilicet tertio nonas mensis marcii. Notum sit omnibus modernis hominibus et futuris, quod Raynoardus de Spina, de Malaucena, et Ghillelmus et Lagerius, Poncius et Petrus de Spina, fratres, filiique dicti Raynoardi, confitentes dicti filii se esse maiores, xviij annorum in hiis stipulatis, cum auctoritate et consensu predicti Raynoardi, patris eorum, eodem presente et volente et mandante, omnes predicti et singuli et quilibet eorum in solidum pro se et suos successores, tam dictus pater quam prenominati filij, non coacti, non seducti, nec decepti, nec ab aliquo malo ingenio dicti uel facti, ad hoc commoniti seu inducti, set gratis et de sua mera spontanea voluntate, tam predictus Raynoardus quam predicti liberi sui, cesserunt, donauerunt, donatione simplici, rata et irreuocabili, vim insinuationis habentis seu habentium, remiserunt, finierunt, et perpetuo desamparaverunt et tradiderunt, seu quasi, Guillelmo Galleti et Pontio Hugonis, sindicis, ut dicebant, Vniuersitatis Malaucene, et michi infrascripto, notario tamquam publice persone, presentibus, stipulantibus

---

(1) Archives municipales.— Ce parchemin est devenu en partie illisible, les six premières lignes ayant été maladroitement retouchées à l'encre noire.—La signature du notaire existe, mais le sceau a été enlevé.— Hauteur: 0m,44; largeur : 0m,23.

(2) Archives municipales. — Parchemin en bon état. — Le sceau a disparu. — Hauteur: 0m,59; largeur : 0m,50.

et recipientibus, nomine et utilitate et vice predicte Vniuersitatis et omnium popularum personarum proborum hominum dicte Vniuersitatis, in perpetuum, omnia jura, actiones et rationes personales, reales, mixtas, vtiles et directas et etiam rei persecutorias, quod uel quam et quas habent, habebant, uel habere poterant, aut debebant, aut visi erant habere, et percipere debere, et eis competebant et competere debebant, prout in eorum instrumentis inde factis plenius contingebat in thaschis et in jure eorum quam Vniuersitas predicta Malaucene tenet et possidet, percipit et colligit, quolibet anno in territorio de Versa, de Arnono, et de Vellis, et in quolibet eorumdem et jurium predictorum, propter multa seruitia que dicta Vniuersitas eis facit et cotidie facere non cessat, ut ipsi dicebant, et propter xiiij esminas bladi quas a predictis Guillelmo et Poncio, nomine dicte Vniuersitatis, habuerunt et receperunt, et pro pagati se tenuerunt et ipsos Guillelmum et Pontium, recipientes nomine dicte Vniuersitatis, quitios in perpetuum inde clamauerunt, *etc*., facientes firmum pactum et expressum de ulterius non petendo dictum bladum, *etc*.

Acta fuerunt hec apud Malaucenam, in hospitio Guillelmi de Spina, filii quondam Petri de Spina. Testes ad hec vocati et rogati interfuerunt: Raymundus Gereni, Guillelmus Ruffi, et magister Jacobus Matfredi, ypothecator de Malaucena. Et ego Bernardus de Boysseriis, publicus domini Pape et Sacro Sancte Romane Ecclesie, in COMITATU VENAYSSINI, notarius, qui predictis omnibus presens interfui, de mandato et voluntate dictarum partium et ad requisitionem predictorum Guillelmi et Pontii, nomine quo supra, hanc cartam publicam manu mea propria scripsi et Bulla predicti comitis Bullari fessi et signo meo signaui.

XVI

Reconnaissances des directes possédées à Malaucène par Bertrand de Rémusat, damoiseau, seigneur de Beauvoisin (1).

(1328)

Anno Domini millesimo tricentesimo vicesimo octavo.... Aymeti, domicello, vicarii eiudem loci pro domino N. PP. et SS. Rom. Ecclesie, ad instantiam et requisitionem Bertrandi de Remusato, domicelli, voce preconis... ut moris est, quod omnis persona que aliqua bona tenet... quolicumque modo, de eis faceret recognitionem debitam ejus procuratori

---

(1) Archives municipales. — Vingt peaux de parchemin (cousues ensemble et revêtues, sur les coutures, de la signature du notaire) formant un rouleau de 13ᵐ,93 de hauteur, sur 0ᵐ,50 de largeur. La première feuille est en assez mauvais état; toutes les autres ont également beaucoup souffert; cela tient à ce que cette charte avait été munie de vingt sceaux en plomb, à savoir : un à la fin et dix-neuf aux points de suture de ces vingt peaux de moutons. Inutile de dire que des vingt *bulles* pas une n'est restée.

et ea scribi faceret per me Rostagnum Constancii, not. infra scriptum....
intra territorium Malaucene contentum, ad perpetuam rei memoriam
perhibendam.

(Les quelques lignes qui précèdent ont pu être lues, quoique avec peine, cette partie du manuscrit étant dans un état déplorable. Il n'en résulte pas moins de ce qu'on vient de lire que la longue charte dont il s'agit en ce moment est l'énumération des directes possédées à Malaucène par Bertrand de Rémusat, en 1328, et nullement le dénombrement des reconnaissances vendues par ce seigneur à la Communauté. Cette observation est nécessaire pour redresser une erreur écrite en grosses lettres au dos du rouleau. Nous donnerons seulement le premier de ces actes et le résumé de deux autres ; le parchemin en contient deux-cent cinquante-quatre !)

I. — Anno et die quibus supra, Pellegrinus Nicolai de Malaucena, procurator, ut dicebat, et nomine procuratorio Reverendissimi in Christo Patris domini Arnaudi de Pelagruya, Dei gratia, Cardinalis Eccl., rector et custos bonorum universorum quod ipse d. Cardinalis habet apud Malaucenam, etiam de consensu expresso eiusdem D^i Card., ut dicebat, sponte et certa sua sciencia, bona fide, *etc...* confessus est, *etc...* et recognouit Bodoni de Spina, procuratori etiam et nomine procuratorio, predicti Bertrandi de Remusato, et ut administratori bonorum et jurium eiusdem apud Malauc. et michi Rostagno Constancii, *etc...* stipulantibus solempniter et recipientibus, vice et nomine ipsius Bertrandi et suorum, se tenere et possidere, nomine quo supra, et velle et debere ut predecessores dicti D^{ni} Card. in rebus infra scriptis, ab olim tenuisse quasi a dominio Bertrandi de Remusato et suorum, quoddam hospicium quod olim fuit Petri Nicolai, fratris ipsius recognoscentis. Quod hospicium situm est in villa Malaucene, in loco vocato in Podio Raphaele, *etc...* cum hospicio Poncii Paragio, et ab alia parte hospicium ipsius Bertr. de Remusato, ab alia cum cemeterio sancti Raphaelis, ab alia vero cum carreria publica, in curiis hospicii, aliqua parte. Idem Bertr. percipit et percipere debet et consueuit ut sui predecessores, *etc...* octo denarios bone monete antique ob olim, pro seruiciis dari et solui consuete, scilicet in festo natalis Domini annuatim, et in alia parte unam dimidiam gallinam competentem et unum panem valoris unius denarii antiqui, eodem termino annuatim. Que quidem seruitia prefatus Pellegrinus, nomine quod supra, dare et soluere promisit, *etc.*

Actum fuit hoc publico Malaucena, in platea dicti loci, subtus arcus platee, testibus, *etc...*

II. — Item.... et *quartonem* siue *quartam* partem fructuum et reddituum quem seu quam ipse Guillelmus (Chabrerii) percipit in et ex quadam vinea Stephani Ferreoli, in territorio dicti loci, in loco appellato in Podio mercato, *etc...* pro quo quidem quartone et pro dicta vinea idem Guillelm. seruit et seruire tenetur eidem Bertrando et suis, jure dominii et nomine census seu seruicii annualis *sex denarios* bone monete antique, in festo natalis Domini annuatim.

III. — Item.... D. Raynoardus de Spina, pro se et Amedeo, fratre suo, confessus fuit, *etc...* et recognouit, *etc...* se tenere aliquam terram, *etc...* in loco vocato ad Parrun Fumassa, *etc...* sex denarios. — Hospicium, etc... decem denarios. — Item aliquam partem sui maioris hospicii, scilicet aulam cum domibus inferioribus, in qua parte, idem Bertrandus percipit, etc... quindecim denarios bone monete antique.

Actum fuit hoc Malaucene, in platea, coram banca operarii Petri Aulanchi, etc...

(Nous trouvons encore dans ce document d'autres indications précieuses sur le nom de certains quartiers du territoire, tels que :)

Ayga Lamena. — Agiloina. — Burgo Rossinioli. — Burgo Caruli. — Brusquetum. — Clarerium. — Crestatum. — Propè Castrum. — Propè Castrum ferum. — Columberium. — Cumba. — Ad Costas. — Ad Collem Recluse. — Campum Raynerii. — Ad Fontem Beate Marie de Blanca. — Faysa Oliveria. — Ad Lauzam. — Mamahina. — Malauceneta. — Mala Blacheria. — Ad Pontem de Ulmo. — Portale (prope) Taborerium. — In Palude. — Passetum. — Pratum regale. — Pratum Raynerii. — Ad Poetum. — Podium Mejaneum. — Podium Chaberlinorum. — Podium Raphaele. — Rivum Frigidum. — Ad Railham de Tuertimorre. — Ad Salsam. — Ad S. Martinum. — Ad S. Sebastianum. — Ad Tonum. — Tornalhum. — In Valle. — Ad Viverium.

(Les redevances pécuniaires devaient toujours être payées en vieille et bonne monnaie, livres tournois, sous, oboles et pictes. Les redevances en nature, l'orge, le blé ou annone, la farine, etc., étaient mesurées avec les anciennes mesures : salmées, éminées, quarts d'éminée (*quarta pars unius emine valentis vincennum seu calcaturam*). Il est aussi parlé de la tosque de tous les fruits et revenus, de la demitasque et de la quarte, et il est dit que cette sorte de dîme était parfois purement nominale et représentée par une somme convenue et bien inférieure à la quarte. Toutes ces dettes étaient *portables* au domicile de Bertrand de Rémusat, les unes aux milieu d'août, les autres *in die natalis Domini*, c'est-à-dire à Noël. A plusieurs de ces directes était ajoutée la clause suivante : *nec ipsas transferre in personas militares seu religiosas aut alias prohibitas a jure.*)

XVII

Sentence àrbitrale dé Guillaume de Roffillac, recteur du Comtat, au sujet des montagnes de Beaumont (1).

(1359)

In Dei nomine. Amen. Nouerint universi p. p. et f. quod An. ab Incarn. Domini milles. trecent. quinquag. nono et die septima mensis januarii, Ind. decima, et Pontif. SSmi in Chr. Patris et D. N. D. Innocentii, div. prov. pape sexti, Anno quarto. Constitutus personaliter coram venerabili et magne discretionis viro D. Guillelmo de Roffillac, *etc...* Rectore Comit. Venays., *etc...* in loco seu villa Malaucene, videlicet in aula hospicii Hugonis Loyni, domicelli, nob. Hugo Faraudi, domicellus, et mag. Rostagnus Constancii, pro-

---

(1) Archives municipales. — Parchemin en assez bon état. — Signature. — Le sceau manque. — 5 feuilles. — Hauteur : 3ᵐ,03 ; largeur : 0ᵐ,56.

curatores eiusdem loci, nominibus eorum propriis ac vice et nomine Universitatis loci de Malaucena... coram domino Rectore et in eius curia... et
nob. Raymundus de Bellomonte, condominus dicti loci Bellimontis ex
altera...

Unde cum eisdem loquentibus et exponentibus videatur ut dixerunt expedire... in publico parlamento... Coram D. Rectore... supplicaue-
runt humiliter dicto D. Rectori ut idem D. Rector gentes dicti loci Malaucene in unum congregari mandet et eis concedat ibidem eligendi quatuor
uel sex probos viros de nobilibus et plebeis, et eos constituendi et faciendi
syndicos et procuratores ad compromittendum de et super questione...
supplicationi huiusmodi concessit et voluit parlamentum fieri gentium
Malaucene... ut gentes dicti loci, die crastina, de mane, faciat congregare
voce preconia, ut est moris, pro tenendo parlamento... Predicti pecierunt
sibi fieri publicum instrumentum... Actum ubi supra, *etc.*

Deinde paulo post, Gregorius Vererij, seruiens et preco publicus curie
Malaucene, retulit michi supramemorato notario se preconisasse et preconi-
sationem fecisse per villam Malaucene et in locis preconisari consuetis,
alta voce, mandato supradicti Johannis Liniardi, vicevicarii Malaucene,
sibi facto per hunc modum.

Mandamentum est Dñi Rectoris Comitatus Venayssini quod omnes persone nobiles et populares ville Malaucene, capita hospiciorum facientes,
die crastina, intersint in platea dicte ville, in ortu solis, pro tenendo et
faciendo parlamentum inter se et super iis que ibidem eis exponetur, sub
pena viginti quinque librarum, curie maiori Venayssini aplicanda.

Quaquidem die crastina, que fuit octaua dies supradicti mensis Januarii... congregati in dicta platea, in ortu solis...

(La charte nomme 234 chefs de famille.)

Majorem partem, ymo duas partes Universitatis facientibus, ut estima-
batur per venerabilem virum D. Guillelmum de Sancto Restituto, licencia-
tum in legibus, procuratorem et aduocatum fiscalem Comit. Ven...Fecerunt,
constituerunt et ordinauerunt Syndicos generales et speciales, videlicet
nobiles Johannem Guillelmum, Bertrandum de Remusato et Hugonem
Faraudi, domicellos, Guillelm. Andree, seniorem, magistrum Rostag.
Constancii, notarium et Bertetum Ruppifforris... in prefatum D. Guill. de
Roffilhaco, tanquam priuatam personam componendi, transigendi, *etc...*
de quibus omnibus pecierunt sibi fieri publicum instrumentum, *etc...*
Actum ubi supra, presentibus... et me notario, *etc...*

Postquam, eisdem anno et die, circa horam tertie, supramemorati...
syndici... ex una parte, et prenominatus Raym. de Bellomonte... ab alia
parte, venerunt ad presenciam D. Guill. de Roffilhaco, Rect. Com. Ven. in
hospicio habitationis Hugonis Loyni, Clauarii de Malaucena.

(Les fondés de pouvoirs de Malaucène et le seigneur de Beaumont choisissent et
nomment le Recteur pour arbitre.)

De quibus, *etc...*

Deinde vero anno et die supradictis, sumpto prandio, prenominatus dictus Arbiter Arbitrator... se contulit primo in Bastidam dicti dñi Bellimontis sitam... Successiue iter suum tenendo... Postmodum viso alio nemore vocato nemus Sancti Sepulchri... dixit quod plantentur cauille fustee, *etc.* Apud Malaucenam redierunt. Actum ubi supra, *etc...*

Qua quidem die martis supra de proximo assignata... Rector processit ut sequitur : Et nos Guill. de Roffilhaco, Arbiter Arbitrator... In primis dicimus, *etc.*

(Le Recteur donne sa sentence renfermée en dix longs articles.)

Et capitula laudauerunt, approbauerunt... de quibus omnibus.

Lecta supradicta fuerunt Carpentoracte, in hospicio Rectorie, videlicet in domo ubi tenetur curia seu auditorium dicti D. Rectoris, presentibus ven. et discretis Dñis Hugone de Ville, licenciato in legibus, judice maiori Carpent., Guill. Moleti, judice maiori causarum dicti Comit., Lingone Genesij, in legibus licenciato, et Petro Giraudi, nobilibus viris Bertrando dño de Credulione, ac Guill. de S¹ᵉ Juliano, domino dicti loci, domicellis, necnon discretis dominis magistris Petro de Ruppe, Guill. Artaudi, et Petro N., notario, habitatoribus Carpentoracti et Hugone Loyni, Clavario, Johanne Limardi, vicevicario et Raymundo Penchenerii, aliter Lombart, de Malaucena, testibus... et me Petro Prepositi, notario suprad.

Postque, an. quo sup. et die undecima mensis februarii, *etc...*

(Rapport des experts sur les opérations du bornage, etc., fait *in bastida de Podio Arlaudi,* suivi de la ratification de la sentence arbitrale.)

XVIII

Nouvelle sentence arbitrale de Guill. de Roffillac, au sujet des montagnes de Beaumont (1).

(1359)

In Chr. nomine. Amen. Per hoc presens publicum instrumentum cunctis tam presentibus quam posteris sit manifestum quod An. Dom. milles° trecent° quinq° nono et die septima mensis februarii, Indictione duodecima, Pontiff. SSmi in Chr. P. et D. N. D. Innocentii, div. prov. Pape Sexti, An. octavo.

Cum nobil. Raym. de Bellomonte, Dñus in parte dicti loci Bellimontis, citare fecisset ad presentem diem que fuit dies veneris, coram magnifico et eminenti sciencie viro D. Guillelmo de Roffilhac, Rect. Com. Ven., ex vigore litterarum ab eodem Rect. emanatarum, Johannem Guillelmum, Bertrandum de Remusato, et Hugonem Faraudi, domicellos ; Guill. Andree, seniorem, magistrum Rostagnum Constancij, et Bertrandum Rup-

---

(1) Archives municipales. — Parchemin en assez bon état. — Trois feuilles, aux jointures desquelles est apposée la signature du notaire, ainsi qu'au bas de l'acte. — Il n'y a jamais eu de sceau. — Hauteur : 1ᵐ,03; largeur : 0ᵐ,59.

piffortis, syndicos et procuratores Univ. hom. de Malaucena, constitutos specialiter ad prosequendum causam motam inter ipsum D. Bellimontis et dictam Univ. super libertatibus et juribus quas et que dicta Univ. habere pretendebat animalia hominum eiusdem Univ. immittendi, tenendi et custodiendi, multaque alia exercicia et *expletas* faciendi in territorio Bellimontis ;

Comparuit prenominatus D. Bellimontis, Carpentoracti, in domo Rectorie et in eius Curia, pro tribunali sedente, hora prime.

(Il demandait que puisque le Recteur s'était réservé de revenir sur sa sentence, il ordonnât que l'affaire fût de nouveau appelée devant son tribunal. Il en obtint, en effet, une lettre adressée au viguier de Malaucène et dans laquelle on lisait ce qui suit :)

Nobis reseruauimus plenariam potestatem omne dubium uel obscurum et quicquid restaret decidendum, declarandi, interpretandi et augendo, uel minuendo... Vobis precipiendo mandamus, ad requisitionem D. Bellimontis, quod citetis et citari faciatis syndicos Carpentoracte, coram nobis, hora prime. Datum Carp., sub sigillo nostro, die ultima Janarii, An. Dom. mill° ccc lix...

Die quinta februarii, fuerunt litere presentate ex parte, Raym. de Bellomonte, discreto viro Lingoni Loyni, Regente Curiam Malaucene.

(Au jour indiqué, de nouveaux documents étant introduits au procès par le seigneur de Beaumont, les syndics de Malaucène firent opposition.)

Et pecierunt copiam predictorum per ipsum dominum Bellimontis sibi decerni et tradi et diem congruam, ad dicendum contra sibi assignari. Et tunc D. Rect. arbiter arbitrator, et amicabilis compositor, copiam predictorum per dict. D. Bellimontis dictis syndicis petentibus, decreuit et concessit, et ad dicendum et ad audiendum exinde ordinationem ipsius, D. Rectoris, arbitri arbitratoris et amicabilis compositoris, diem videlicet a die martis proxima in octo dies.

Quibus sic pactis: paulo post, dicta Curia seu audientia causarum nondum finita, licet D. Rector tribunal descendisset et domum auditorii exiuisset, venerunt supra dicte partes, videlicet dict. D. Bellimontis pro se, et supranominati syndici quatuor citati, coram me Petro Prepositi, not. publ. et curie dicti D. Rectoris, et in presentia testium subscriptorum ad hoc vocatorum. Dixerunt ambe partes predicte et quelibet pro se, se habuisse deliberatum consilium inter se, et quelibet pars pro se, quod presentem causam super reformatione et declaratione arbitralis sentencie... ulterius non prosequentur una pars contra aliam, nec procederent in eadem quouismodo; propter quod, ibidem, in presencia mei not. et testium subscript., heedem partes... gratis et ex eorum certa sciencia unanimes et concordes causam huiusmodi et prosecutionem eiusdem deseruerunt. Penitus et pro derelicta habuerunt ; non intendentes ut, dixerunt, ulterius procedere in eadem.

De quibus omnibus, *etc.* Et Ego Petrus Prepositi, publicus Apostolica et Imperiali notarius auctoritate, *etc.*...

XIX

Extrait du testament de Pons de l'Espine (1).

(1362)

In nomine Ste et indiuidue Trinitatis, *etc*... Anno D. m° ccc^{mo} lxij° et die xxiij mens. jan. *etc.*

..... Et eligo sepulturam corpori meo... in cemeterio Sti Micaelis de Malaucena, et lego Operi ecclesie ij solidos. Item lego Cereo pascali vj denar. Item Cereis corporis Christi vj denar. Item Cereo mortuorum vj denar. Item ecclesie Sti Raphaelis vj denar. Item luminarie Be. Me. de Blancha vj denar. Item luminarie Be. Me. de Bella Vista et de Furchis, cuilibet vj denar. Item pauperibus hospitalium Malaucene, *etc.*

XX

Parlement général pour la première nomination de deux Syndics et de huit Conseillers annuels (2).

(1375)

In Dei nomine. Amen. Anno Incarnationis eiusdem millesimo tricentesimo septuagesimo quinto, scilicet die lune, decima octaua mensis februarii, pontifficatus sanctissimi in Christo patris et domini nostri D. Gregorii, diuina prouidentia, Pape undecimi, Anno sexto.

In exsecutione quarumdam literarum a viro eminenti et magne circumspectionis domino domino Johanne de Chaylario, priore monasterii Charasii, Regente Comitatus Venayssini pro domino nostro Papa et Sancta Romana Ecclesia, emanatas, et eius sigillo sigillatas a tergo, quarum tenor inferius est inscriptus, discretus vir magister Johannes Prouincialis, notarius, Locumtenens viri nobilis Roberti de Carburio, hostiarii domini nostri Pape, Vicarii eiusdem Malaucene, pro eodem domino nostro Papa et sancta romana Ecclesia, de qua Locumtenentis constat per literas ab eodem nobili Roberto emmanatas et eius sigillo impendenti sigillatas, quarum tenor inferius est descriptus, dictas literas ipsius domini Regentis, cum debita reuerentia recipiens, precepit ad proclamationem Jacobi Rigaudi siruientis et preconis dicte Curie, Uniuersitatem hominum loci eiusdem, coram se euocari in plathea publica dicti,

---

(1) Etude de Me Souchon, notaire à Malaucène. — Cet acte fut dressé par Nicolas de Georgiis, notaire public à Malaucène.

(2) Archives municipales. — Parchemin en bon état de conservation. — Signature. — Le sceau manque. — Hauteur : 0^m,71 ; largeur : 0^m,52.

loci, ante operatorium magistri Ricani Fulconis, notarii, ubi est adsuetum fieri parlamentum.

In quo quidem parlamento venerunt et comparuerunt ac presentes fuerunt illi homines qui sequuntur, videlicet, *etc*...

(Suit une série de cent soixante-dix noms de chefs de famille.)

In quorum hominum presencia, idem dominus Locumtenens dictas literas legit et publicauit in vulgali, quarum quidem literarum per dictos homines audita tenore, dicti homines presentes ibidem et comparantes, vice et nominibus ipsorum et cuiuslibet eorum in solidum, ac omnium aliorum dicte Universitatis, sponte et ex certa eorum sciencia, bona fide, sine omni dolo et fraude, in presencia dicti domini Locumtenentis meique notarii et testium subscriptorum ad hoc vocatorum iuxta ipsarum literarum dicti domini Regentis continencia et tenore uno et eodem consensu, nemine discordante, fecerunt, constituerunt et ordinauerunt suos certos veros et indubitatos Syndicos et procuratores generales et speciales, sic quod specialitas generalitati non deroget, videlicet nobilem Raymundum Soucherii, et magistrum Guillelmum Tonne, notarium dicti loci, ibidem presentes et recipientes. Et pro ipsorum syndicorum Consiliariis dominos Bertrandum Franconis, et Antonium Seguini, presentatos nominibus Cleri, et nobiles Bertrandum de Remusato, et Hugonem Faraudi, nominibus et vice Nobilium. Magistrum Rostagnum Constancii, notarium, Albertum Rocaforti, Johannem de Capella et Philibertum Chapucii, dicti loci, vice et nominibus dicte Universitatis.

Quibus Syndicis presentibus dederunt et concesserunt dicti homines, ut supra, plenam et liberam potestatem agendi, faciendi, exercendi et ad effectum debitum perducendi omnia et singula que in dictis literis D¹ Regentis fieri conceduntur et mandantur cum conscilio tamen et gratuito consensu Consiliariorum predictorum, seu maioris partis ipsorum.

Et se aliis, et sibi alio, pro premissis, vice et nomine dicte Universitatis et bona dicte Universitatis obligandi et ab aliis obligationes recipiendi, *etc*.

Quarum quidem literarum dicti D. Regentis tenor sequitur et est talis :

Johannes de Chaylario, prior monasterii Charasii, Regens Comitatus Venayssini pro D. N. P. et S. R. E., Vicario Malaucene vel eius Locumtenenti, salutem.

Visis quibusdam literis à Reuerendissimo in Christo patre et Domino Domino Philippo, miseratione diuina, Patriarca Jerosolimorum, olim Rectore Comitatus Venayssini, emanatas et vobis directis, quarum tenor talis est :

Philippus, miseratione dinina, patriarcha Ierosolimorum, Rector Comitatus Venayssini, Vicario Malaucene vel eius Locumtenenti, salutem.

Attendentes Universitatem hominum dicti loci multa habere agere, presertim isto tempore, quo venture societates timentur, tam circa dicti loci custodia, quam plurima alia, item que est ipsa Universitas expensas non modicas subitura, super quibus prouideri non potest commode, non habente dicta Universitate Syndicos qui talia valeant procurare. Huiusmodi consideratione suasi, et ea precipue, quod quia Syndicis caret et consilio que habent procurare seruare ipsius loci homines pro ipsius castri custodia et deffensione paranda opportet, populari et publico parlamento ex quo magnum periculum invenient, alienigenis et infimatibus populi hec scientibus ut origenarii et maiores.

Pro parte dicte Universitatis suppliciter requisiti, volumus et vobis expresse precipiendo mandamus quatenus ipsum Universitatis statum coram vobis convocari mandetis ad ordinandum et crehandum duos ex ipsis Syndicos et octo Consciliarios, quos viderunt ad hoc aptos. Qui Syndici potestaten habeant cum Conscilio et consensu dictorum Consciliariorum, vel maioris partis ipsorum, negocia quecumque dicte Universitatis tractare omniaque superuenientia ordinare et de necessariis; item reparationem et deffencionem dicti loci procurare et prouidere, ipsaque omnia ducere ad effectum deffensionis ipsius Universitatis se submitere et agere pro ipsius Universitatis juribus tenendis et exigendis et alia facere que ad effectum syndicatus spectant. Item tailhas, pro habenda pecunia, pro premissis imponere, impositas exigere, exactores ipsarum constituere, et ipsam pecuniam in necessitatibus dicte terre conuertere, cum conscilio predictorum Consciliariorum, videlicet vel maioris partis ipsorum. Exactores tailharum precitarum seu impositiones aut habitantium ipsius Universitatis jura quomodolibet vel eorum qui actenus procurarent, eadem computa audire, reliqua recuperare, ipsosque quitare, cum conscilio predictorum et super ea generaliter omnia facere que in premissis fuerunt opportuna.

Quorum potestas non nisi ad annum, a die constitutionis huiusmodi continuandum in antea volumus perdurare. Si vero constituendis Syndicis seu Consciliariis aliqui renuerent honus ipsum recipere, ipsos ad id per opportuna juris remedia compellatis.

Datum Carpentoracte, sub nostri Rectoratus sigillo, die vicesima octava octobris, Anno millesimo tercentesimo sexagesimo quinto.

Eius quidem domini, olim Rectoris, vestigiis inherentes, volumus et vobis expresse precipiendo mandamus quatenus Universitatem dicti loci statum coram vobis convocare mandetis, ad ordinandum et crehandum duos ex ipsis Syndicos et octo Consciliarios quos viderint ad hoc aptos, qui syndici potestatem habeant cum conscilio et conscensu dictorum Consciliariorum vel maioris partis ipsorum, negocia quecumque dicte Universitatis tractare, omniaque superuenentia ordinare et alia facere que et prout ac quemadmodum in dictis literis continetur, quorum potestas non nisi ad annum, a die constitutionis huiusmodi in antea volumus perdurare.

Si vero ex constituendis Syndicis seu Consiliariis aliqui recusarent ac renunciarent honus ipsum recipere, ipsos ad id per opportuna juris remedia compellatis.

Datum Carpentoracte, die decima februarii, sub sigillo nostro, proprio sigillo Dni Regentis, An. Incarnat. Dni millesimo tercentesimo septuagesimo quinto.

Tenor vero literarum Locumtenentis dicti magistri Johannis Prouincialis, notarii, de quibus supra mentio habetur, sequitur et est talis :

Nouerint universi et singuli presentes literas inspecturi, quod nos Robertus de Carbuzio, hostiarius, D^i N^i Pape Vicarius, et Johannes de Carburio, alias de Val, notarius, auctoritate apostolica curie Malaucene pro eodem D. N. Papa et S. R. E., de sufficientia, probitate atque legalitate magistri Johannis Prouencialis, notarii dicti loci, merito confidentes, eumdem magistrum Johannem Locumtenentem nostrum in dictis notariatus et vicariatus officiis, tenore presentium, facimus et confirmamus, per presentes, cum plenaria potestate faciendi, exercendi et exequendi ad honorem dicti D. N. Pape. Cumque dyu a dicto loco contingit nos abesse et usque ad nostrum beneplacitum voluntatis, mandamus omnibus et singulis nostris subditis, ut in premissis, dicto Locumtenenti nostro tanquam nobis pareant efficaciter, et intendant.

In quorum omnium testimonium presentes literas fieri fecimus, et sigillo mei dicti Roberti, Vicarii Comitatus. Datum Avinione, die vicesima sexta, mensis Augusti, sub Anno à Nativitate millesimo tricentesimo septuagesimo quinto.

Et generaliter omnia et singula faciendi, *etc.*

Quibus sic actis, dicti Syndici, supra S. Dei euangelia ab eisdem in manibus dicti Locumtenentis, corporaliter, sponte tacta, jurauerunt se fideliter et ligaliter habere in premissis. De quibus omnibus et singulis supra dictis dicti nobilis Raymundus Soucherii, et magister Guillelmus Tonne, notarius, Syndici, petierunt sibi fieri unum et plura, prout habere voluerunt, publica instrumenta ; quibus dicti homines constituentes fieri concesserunt.

Actum fuit hoc Malaucene, in dicta plathea ut supra, testibus presentibus, *etc.*, et me, Nicolao Degorgiis, Pictauiensis diocesis, notario publico, *etc.*

XXI

Lettre d'Amédée VIII, d'abord comte, puis duc de Savoie (1).

(1408)

Anno Domini m° cccc^{mo} octauo et die xx^a mensis nouembris, discretus vir Rouletus Miraillheti, habitator Malaucene, presentauit nobili viro Anthonio Dechiel, domicello, patentes literas emanatas et scriptas ab illustrissimo principe Comite Sabaudie, sigillatasque infra cum cera rubra. Quibus literis quedam supplicatio, requisita ad eumdem dominum Comitem

(1) Extrait de l'étude de Me Souchon, notaire à Malaucène. — Protocole in-4° de 1408, de Girard Bermond, notaire apostolique et impérial.

per dictum Roletum est iuncta et annexata, petensque et requirens dictus Rouletus quatenus idem nobilis Anthonius Dechiel eisdem literis obediret atque omnia et singula in eisdem literis contenta seruet et custodiat prout in eisdem continetur. Quarum quidem literarum est talis tenor :

Amedeus, Comes Sabaudie, dilecto nostro Anthonio Dechiel, domicello, salutem.

Supplicationem dilecti nostri Roleti Miralheti recepimus, presentibus annexam, cuius attentis tenoribus quia idem Roletus tanquam seruus fidelis castrum nostrum Turbie nobis expediuit, confidens de tui legalitate quod nobis per scripta seruare promisisti de nobis restituendo castro predicto et non alteri. Ecce quod nos Comes prefatus, ad seruandum tui et dicti Roleti honorem et juramentum, dictum castrum Turbie et vtensilia eiusdem, a te, in manus dicti Roleti habuisse et recepisse, declaramus et te et tuos perpetuo successores pro nobis et nomine de eodem soluimus et quitamus cum pacto de vlterius non petendo. Tibi bona fide promitentes satisfactionem de hiis omnibus in quibus tibi super dicto officio tenere poterimus et possumus que de iure et rationabiliter videbuntur tibi deberi. Et nolentes quod dictus Roletus de bono opere lapidetur, mandamus tibi et sub pena ducentorum marcharum argenti per te soluendarum, nisi feceris quod mandamus, et sub indignationis nostre pena, ne dictum Roletum hac de causa molestes, turbes, impedias uel trahas in causas quouismodo, sed instrumenta et alias obligationes per dictum Roletum hac de causa tibi stare eidem Roleto, visis presentibus reddas et restituas. Judicique nostro maiori et aliis officiariis nostris presentibus et futuris mandantes et precipientes, sub indignationis nostre pena, ut te viriliter coherceant per incarcerationem persone et sequestrationem bonorum, ut restituas quecumque bona dicti Roleti, per te, propter hoc capta, sequestrata et satisfaciendum in omnibus quibus dicto Roleto poteris teneri, nec tibi seu mandatis tuis contra dictum Roletum, occasione predicta, pareant uel obediant quoquo modo.

Datum Burgeri, die vii mensis marcii. Anno Domini m° cccc°° octauo.

Quiquidem nob. Anthonius Dechiel prenominatus, auditis tenoribus in eisdem literis contentis, respondit eidem Roleto videlicet, quod totiens quotiens ipse prefatus Anthonius fuerit aut sit contentatus et plenarie de quingentis florenis aureis quos habet super castro predicto Turbie ac eumdem de interesse satisfacere, ipse paratus est et contentus dictum Roletum suosque quitare penitus et absoluere.

De quibus omnibus supradictis dictus Roletus petiit instrumentum, *etc*.

Acta fuerunt hec Malaucene, in carreria publica, ante hospicium et appothecam nob. Gautherani de Castronouo, presentibus, *etc.*, et me Girardo Bermundi, not.

XXII

Transaction entre les représentants du Saint-Siége et les hoirs de Bernardon de Serres, au sujet de la seigneurie de Malaucène (1).

(1413)

In nomine Christi. Amen. Anno a nativitate Dñi mill° quadring° tertio decimo et die duodecima mensis marcii. Pontificatus sanctissimi in Christo Patris et Domini nostri D. Johannis, divina providentia, pape vicesimitertii, anno tertio.

Nouerint uniuersi, *etc.*, quod cum nuper nobilis vir Stephanus de Baschio, nomine suo proprio et etiam nomine procuratorio nobilis et honeste mulieris domine Romane de Baschio, sororis sue, Relicte nobilis Bernardonj de Serris, domini de Malaucena, necnon Bartolomej de Baschio, auunculi, et Bartholdi de Baschio, fratris ipsorum Stephani et Domine Romane, ex una parte.

Etiamque nobilis Alsiassius Romey et Rouletus Mirailheti, procuratores Uniuersitatis dicti loci de Malaucena et procuratorio nomine eiusdem Uniuersitatis,

In manibus Reuerendissimi in Christo patris et domini domini Francisci, miseratione diuina archiepiscopi Narbonensi, dicti domini nostri pape camerarii et vicarii in temporalibus ciuitatis Auenionensis et Comitatus Venayssini pro dicto D. N. P. et eius successoribus, ac ecclesie Romane sacrosancto nomine, stipulantis et recipientis capitula de quibus infra mentio habetur. Jurauerunt, prout quemlibet ipsorum tangit et promiserunt, videlicet, *etc.*, ut constat instrumento publico recepto per magistrum Fredericum Beniamini, auctoritatibus apostolica et imperiali publicum notarium, habitatorem dicti loci Malaucene, sub anno Incarnationis domini mill° quadring° duodecimo et die secunda mensis marcii, per dictam Universitatem, quatenus dictas partes tangit, *etc.*

Hinc siquidem fuit et est quod existentes et personaliter constituti in loco infrascripto, coram honorabili et circumspecto viro Domino Thome Delamerlia, archidiacono Ruthenensi, thesaurario Comitatus Venayssini pro dicto D. N. P. et S. R. E., Locumtenente Reuerendi in Chr. p. et Dom. Dom. J. de Pictauia, miseratione diuina, Episcopi et Comitis Valentinensis et Diensis, Rectoris Comit. Ven. pro D. dño N. P. et S. R. E., ut constat de ipsius D. Locumtenentis, presentatis literis patentibus a dicto D. Rectore emanatas et sigillo Curie sue auctentico, cera rubra sigillatis, quorum tenor inferius de verbo ad verbum reperietur descripta.

Videlicet nob. Stephanus de Baschio, pro se et dictis nobilib., *etc.*, et

---

(1) Archives municipales. — Parchemin en bon état. — Trois feuilles. — Sur les points de suture et à la fin on trouve la signature du notaire. — Pas de sceau.— Hauteur : 1ᵐ,39; largeur : 0ᵐ,42.

nob. Alsiassius Romey, *etc.*, conueniunt et conuenerunt omnia et singula capitula contenta et expressata in quodam papiri folio, quorum capitulorum tenores sequntur, unus post alium, sub hiis verbis :

Quia asseritur D. Romanam de Baschio, uxorem quondam magnifici viri Bernardoni de Serris, esse grauidam, jurabunt ipsa Domina et Bartholomeus de Baschio, auunculus, ac Stephanus et Bertholdus de Baschio, *etc.*, esse bonos et fideles D. N. P. Johanni vicesimotertio et eius successoribus canonice intrantibus; sibique et suis officiariis atque preceptis eorum hobedient in omnibus prout et quemadmodum quisque fidelis vassalus D° suo fidelis esse et obedire debet.

Item quod si partus ad lucem perueniat et masculus existat, quod ipsa Domina, tuthela adhepta, producto masculo, uel alius si quis tutor esset decretus, homagium ligium faciet pro dicto pupillo D. N. P. predicto et eius successoribus canonice intrantibus ut supra, uel D. Camerario, vicario eiusdem D. N. P., aut. D. Rectori Com. Ven. sine mora, prout tenentur secundum formam donationis et infeodationis dicto Bernardono facte de dicto loco Malaucena.

Item quod si D. non esset pregnans aut si non pepererit hinc et per totum mensem octobris proxime futuri inclusiue, seu si partus non peruenerit ad lucem masculus, uel si perueniendo ad lucem defficeret, quod in quolibet casuum predictorum dicti Domina et Barthol. auunculus et Steph. et Barthold., fratres sui, dictum castrum et villam immediate futuro mense octobris proxime futuri tradent et expedient cui D. noster Papa per suas literas apostolicas ipsum castrum et villam tradi et expediri mandabit, aut D. Camerario vicario aut D. Rectori Com. Ven. de mandato dicti D. N. P. et non alteri cuicumque, dummodo in dictis literis apostolicis sit expressum quod ipse D. noster cognouerit et declarauerit dictum castrum de jure pertinere ad ecclesiam Romanam et ipsum Dominum nostrum uel ad alium cui mandaret illud tradi seu consignari. Cui declarationi Domini nostri promitent et jurabunt acquiescere et consentire, *etc.*

Item jurabunt predicti de castro, scilicet Domina, auunculus et fratres sui, quod pendente dicto termino usque ad tempus restitutionis, non vendent, non pignorabunt castrum alicui, propter quod tempore restitutionis aliquod impedimentum seu retardatio posset oriri seu fieri, *etc.*

Item quod tempore restitutionis dicti castri dictus D. N. Papa aut D. Camerarius seu Rector teneantur et debeant eisdem Domine, auunculo et fratribus conductores sufficientes, si per eamdem Dominam, auunculum et fratres requirerentur, et saluum conductum.

Item quod eisdem liceat recipere fructus et jura dictorum loci et castri Malaucene pro custodia et aliis expensis necessariis, usque tempus restitutionis, absque quorumcumque temporum et reliquorum restitutione petitorum pro parte Universitatis et etiam presbiterorum et clericorum eiusdem.

Item petitur quod casu quo dictus quondam Bernardonus aut eius officiarii uel homines dicti loci de Malauc. siue presbyteri, clerici aut layci, uel etiam notarii, uel aliquis eorum inciderent in aliquas excommunicationis, aut quasuis alias sententias, seu penas, propter non obedientiam prestitam D. N. Papo et D. Episcopo Vasionensi moderno, quod ipsi sint et quilibet eorum ab ipsis sententiis seu ponis quitij, liberi, absoluti in forma Ecclesie.

Item quod sindici et conciliarii presentes et [futuri dicti castri seu ville de Malaucena, jurabunt et promittent quod in quolibet casuum predictorum restitutionis castri, omnia et singula in dicto capitulo restitutionis contenta procurabunt et operam dabunt, quod suum consequantur effectum, *etc.*

Pro quibus omnibus et singulis, *etc.*, tenendis et inuiolabiliter obseruandis, Domina Romana, *etc.*, ex una parte, omnia bona sua mobilia et immobilia, *etc.*, et supramemorati Ludouicus Sanchoandi, *etc.*, bona propria et dicte Universitatis supposuerunt et obligauerunt, *etc.*

Acta et recitata fuerunt hec Malauceno, in castro dicti loci, scilicet in camera ubi jacere solebat dictus Nob. Bernardonus, presentibus Reuerendo patre Domino Constantino de Pergula, archidiacono Aquiliagensis in prouincia Prouincie, collectori generali, honorabilique viro D. Johanne de Putheo, Vicario domus episcopalis, D. Girardo Bermundi, presbitero de Malaucena, *etc.*, et me Johanne Aulanheti, clerico et vicario et auctoriritatibus apostolica et imperiali, ciuitatis Carpentoractis, et Curie Rectoriatus Scriba.

XXIII

Traité pour la garde des chèvres de la commune (1).

(1426)

Die IV octobris, sindici et Johannes Girardi fecerunt pactum scilicet quod dicti sindici, nomine Universitatis tradiderunt eidem Johanni presenti, pro suis fratribus, ad custodiendum animalia caprina, à die presenti, in duos annos et pro salario cujuslibet animalis, duorum grossorum. Tamen cabridi qui nascentur non sunt in custodia usque ad sanctum Lucam.

Item fuit pactum quod dicti fratres habeant lac tribus diebus, anno quolibet, videlicet in vigiliis Maria Magdalene, Beate Marie medii Augusti et Beati Michahelis.

Item fuit pactum quod si aliquod animal perderetur seu devastaretur ob culpam dictorum fratrum, quod ipsi teneantur de dampno.

Item fuit pactum quod propter lac, ipsi habeant yrcum.

Item fuit pactum quod in Pentecoste quilibet solvat medietatem salarii et aliam in fine anni.

Item fuit pactum quod postquam incipient capriare usque festum

(1) Archives municipales ; registre des délibérations.

omnium Sanctorum, ipsi fratres teneantur ducere ad villam, vel prope villam taliter quod gentes possint lac proficere.

Item fuit pactum quod sindici faciant cum dño Viguerio vel locumten. quod fiat preconisatio quod quilibet habens capras tradat predictis fratribus et nullus noyrigerius sit ausus custodire nisi caprerius communitatis, requirendo certam penam. Promiserunt accedere.

XXIV

Procès-verbal de la prise de possession du prieuré de Sainte-Marie-Madeleine par Eustache de Montmajour, moine de l'Ile-Barbe de Lyon (1).

(1427)

Pro honorabili et religioso viro D. Eustachio de Montemaiore, monacho professo monasterii Insule Barbare, inductio possessionis.

Anno Incarnationis Domini m. iiij. xxvij et die xiiij mensis marcii, pontificatus Domini Martini pape quinti, anno vndecimo.

Prefatus D. Eustachius exhibuit et presentauit venerabili et religioso viro D. Ludovico Symonis, monaco monasterii Montismaioris, priori prioratus Beate Marie de Furchiis, territorii Bellimontis, Vasionensis diocesis, videlicet quasdam patentes literas, in pargameno scriptas, a Reuerendo in Christo Patre et D. D. Aynardo de Cordono, Abbate monasterii Insule Barbare, ordinis sancti Benedicti, Lugdunensis diocesis, emanatas, sigilloque rubro inpendenti dicti D. Abbatis sigillatas, requirens eumdem D. Ludouicum quatenus eumdem D. Eustachium in possessionem corporalem ponat de beneficio et prioratu Cappelle Beate Marie Magdalene, territorii Malaucene, Vasionensis diocesis, quarum quidem literarum tenor sequitur et est talis :

Aynardus de Cordono, humilis Abbas monasterii Insule Barbare, ordinis Sancti Benedicti, Lugdunensis diocesis,

Dilecto nobis in Christo fratri Eustachio de Montemaiore, ad presens dicti nostri monasterii monaco professo, salutem et sinceram in Domino caritatem.

Laudabilibus siquidem probitate et virtutum moribus super quibus apud nos fide dignorum et reueuentia commendaris; inducuntur ut personam tuam fauorabilibus gratiis prosequamur. Cum itaque prioratus de Cappella, dicti ordinis, Vasionensis diocesis, cuius collatio et omnimoda dispositio ad nos pertinere dignoscitur, pleno jure, ratione dicti nostri monasterii certo modo ad presens vaccet, volentes eidem prioratui prouidere; hinc est quod nos dictum prioratum, cum suis juribus, valoribus,

---

(1) *Liber notarum breuium Girardi Bermundi*, 1427. — Etude de Mᵉ Souchon, notaire à Malaucène.

emolumentis, oneribus, honoribus ac pertinenciis et appendenciis vniuersis, tibi fratri Eustachio, concedimus, conferimus et donamus; regimen et administrationem ipsius prioratus, in spiritualibus et temporalibus, tenore presentium, dicto frati Eustachio commitimus.

Quocirca mandamus precipiendo omnibus et singulis religiosis et subditis, et eorum cuilibet, tenore presentium, quatenus te vel procuratorem tuum, ad hoc legitime constitutum, in realem, actualem et corporalem possessionem dicti prioratus, juriumque et pertinenciarum eiusdem ponant et inducant, seu alter ipsorum ponat et inducat, seu poni et induci faciat, et ab omnibus et singulis quos tangit, seu tangere potest ac poterit ad dictum prioratum recipi ut moris est et admitti; tibique de ipsius prioratus fructibus, redditibus, prouentibus, juribus et obuencionibus vniuersis. Quoniam sic fieri volumus et mandamus per presentes.

Actum et datum in domo habitationis nostre abbatie Insule Barbare, die Martis, tertia mensis decembris, anno Domini m. iiij. xx sexto.

In quorum testimonium et robur sigillum nostrum hijs literis presentibus duximus apponendum, presentibus religiosis fratribus Ludouico de Ausiaco, priore Sancti Laurencij Cabilonis et Guidone de Fontana, cantore monasterii Insule Barbare, testibus ad hec vocatis et rogatis.

Qui quidem D. Ludouicus Symonis, prior de Furquiis, supra memoratus, predictis literis sibi presentatis, et eisdem visis, palpatis et lectis per me notario infrascripto, ipse volens obedire preceptis predicti D. Abbatis, prefatum D. Eustachium induxit in possessionem realem et corporalem, per traditionem crucis altaris Beate Marie Magdalene, in ecclesia predicti prioratus de Capella, et aperiendo et claudendo portam dicte ecclesie, et cum omnibus juribus et prout in literis dicti D. Abbatis clare continentur.

Acta fuerunt in dicto prioratu, infra dictam ecclesiam, presentibus discretis viris Artaudo Cassini et Anthonio Gaymarii, predicti loci Malaucene testibus. De quibus ipse D. Eustachius, ibidem personaliter constitutus, peciit instrumentum.

Et me Girardo Bermundi, notario.

XXV

Traité avec le gardien des porcs de la commune (1).

(1428)

Sindici fecerunt pactum cum Hugone Malosse porcherio scilicet quod dictus Hugo debeat custodire porcos in glandagiis in territ. Malauc. Bellimontis, Albaruffi et in quibuscumque nemoralibus deffensis et non def-

---

(1) Archives municipales; registre des délibérations.

fensis et in territorio de vellibus non laboratis hinc ad proximum diem carnis prenii, bone et descenter et sindici promiserunt facere solvi pro quolibet animali habenti ultra octo menses, unum grossum et si non habeant octo menses, quod tres vadant pro duobus et computando pro rata et si aliquis amovetur porcus nil solvat pro rata. Promiserunt accedere et presentes, dñus Gs. Malosse, Gs. Genferlandi et Christoforus Lirman et dictus Hugo promisit benè et fideliter gubernare et restituere sub obligatione et promisit.

Et pro avantagio suo dicti sindici promiserunt nomine universitatis dare incontinenter duas eminas annone.

Et fuit pactum quod si staret in Monte Ventoso quod universitas faciat jassum in quo porchi habitent.

XXVI

Autre traité avec le porcher de la commune (1).

(1429)

Cum Johanne Sacherii porcherio fuerunt pacta et conventiones. Die 22 apr. nobilis Johan. de Podio et Johan. Boneti sindici, ex commissionne consilii eis concessa, pacta fecerunt cum prdicto Johan. Sacherii, pro custodiendo bene et sufficienter porcos universitatis, modo et formis infra contentis, videlicet primo quod dictus Joh. convenit et promisit custodire porcos a die sexta proximi mensis madii in quatuor annos proxime sequentes et continuos. Et pro quolibet porco unius anni habeat unam eminam bladii et tres soludos. Pro qualibet sure sive trogia porcellata unam eminam annone, et qui ponet in porcayrata porcellos lacticios, usque habeant unum annum, vadant duo pro uno et computando pro rata, aut pro ponendo aut pro levando. — Item quod si et dicta porcayrata esset prope villam, et trohie haberent porcellos in villâ, tunc ipse Johan. debeat easdem de sero ducere ad villam et de mane reducere ad porcayratam usque festum sti Michahelis. Item quod teneat unum vel duos vel plures verres si sint necessarii in porcayrata tam presenti quam future. — Item quod teneat eamdem porcayratam extra villam nec veniendo nec reducendo ad villam, sed custodiat in territorio tam Malaucene, Bellimontis quam Albaruffi pro quibus habet dictos tres soludos et conputando pro rata, et hoc anno qualibet dictorum quatuor annorum. — It. quod de dict. tribus soludis quilibet in introitu solvat 12 den. in festo Beati Michahelis 12 den. et in carnis pnio alios 12 den. conputando pro rata ut supra. — It. de salario bladi ut supra tertium de presenti solvatur, tertium in festo medii augusti, et in carnis pnio aliud tertium. — It. quod si dominus aliquis voluerit levare porcos pro occidendo vel vendendo vel aliter, quod solvat pro rata. Quod quicumque levaverit

(1) Archives municipales; registre des délibérations.

porcos quod dictus porcherius possit retinere sine prejudicio quousque sit contentus, vel *inter* eos sint concordes, — It. quod tamen quo propter ejus deffectum aliquod animal perderetur vel destrueretur, quod dict. Johan. de dampno teneatur et ita promiserunt sub obligationibus, renunciantibus, etc., omnibus Malaucene, Vaïson. Carp. et totius Comitatus Ven.—Juravit. Actum Malauc. in scriptor. mei notarii, present. discret. Nicolao Auriberti et Aveyrio ejus filio, de Paternis, Carp. dioces. et Anthonio Viveti, Clerico de Bugogent. dioc. Gracipoitan. test. et me Girardo Bermundi not. publico.

Petierunt instrumentum.

XXVII

Traité pour la construction d'un four à tuiles et à plâtre (1).

(1429)

Mercurii, die nona Martis. — Fuit propositum quod Nicolaus Ariberti, cum suo filio, de Paternis, ad faciendum tegulos et gipsum, vult ibi moram trahere et petit auantagium.

Fuit conclusum cum eisdem quod Universitas sibi tradat, vel faciat deliberari, plateam ad faciendum domum teulerie continente in teuleria quondam Goyrani, et ibidem dictus Nicolaus faciat suam teuleriam, et pro auantagio fuit ordinatum quod habeat tres saumatas annone, quindecim florenos, duo barralia vini, sexaginta jornalia. Dictus Nicolaus Ariberti ; oriundus de Paternis, et Arierinus eius filius, cum auctoritate vel nomine supra nominati, et nomine Uniuersitatis, ita consentierunt.

Fuit pactum quod nunc habeant tres florenos et unum barrale vini, et jornalia habeant et per totum mensem madii et pro opere tegularum. Ad soluendum imposiciones sit quitum hinc ad duodecim annos et de omnibus aliis tributis sit francus.

Super trahere moram, vel suus filius, et cum quo recederet et non traheret moram, quod omnia restituat et eam dictam teuleriam cum quo recederet et pacta non servaret, quod tunc dicta teuleria restet et remaneat dicte Uniuersati.

Item convenit dare miliare tegulorum pro quinque florenos, tam Uniuersitati quam personis dicti loci.

Et ita omnes promiserunt accedere obligationibus, *etc.*, et juravit.

Inceperunt dictum furnum dequoquere Martis, die septima mensis Marcii, et fuit completum Veneris, die decima octava Marcii, precio pro qualibet die ut superius duorum grossorum sex denariorum et *sumptibus* (2) *Uniuersitatis*.

(1) Archives municipales : *Liber Regiminis*.
(2) Ce *sumptibus Uniuersitatis* signifie que la Communauté les avait nourris tout le temps qu'avaient duré les travaux.

XXVIII

Mémoire des dépenses faites pour la réparation des remparts (1).

(1433)

Retulit Gaymarii posuisse in guarchilibus barriorum ut sequitur

1° Super portali Filioli.

Fecit fieri unum pilare pro dicto.......................... 4 gros.
in quo Guimetus et Helias Effre fuerunt 2 diebus cum duobus manobris salarium predictorum valet............................ 28 gros.
Item solvit Joannes Provincialis pro fustibus de querquore positis supra cofferiam et passagium turris in dicto portali .... 19 sol.
Item pro labore gentium pro ascendendo dictos fustes à basso in altum.. 3 sol.
Item in eguidario pro duabus sapinis et pro tribus pessus querquoris in predicto ponte per predictos Guimetus et Heliam positis. Ab eodem Gamario habitis.. 12 gros.
Item in dicto eguidario pro aptando idem eguidarium fuerunt predicti Guimetus et Helias et uno manobra, valet salarium eorum 1 die 11 gros.
Item pro clavillis positis in dicto eguidario solvit.... 1 gros., 6 den.
Item Giraudus Marcelli tradidit unum fustem de querquore positum supra dictos, salare solvit................................ 8 gros.
Item in guachili, in dicto portali, pro 28 cabrionibus habitis ab Hugone Albi, solvit .... 31 sol.
Item ad coperiendum teulissiam dicti portalis, Guimetus Effre et duobus manobris. Stetit 1 die. Valet........................... 10 gros.
Item Guimetus Effre stetit cum uno manobra ad faciendum portam in dicto guachili et reparandum scalones in scala subteriori et parabandam 1 die.. 7 gros.
Item pro 4 pannis et 4 gonfionibus in porta et fenestra....... 3 sol.
Item pro una fuste de nogerio habita à Joanni Michahel, pro sustinendo mejanum gipi in verdesqua dicti portalis Filioli.............. 5 sol.

2° In guachili super portale Desideriorum (2).

Pro tribus lapidibus porte, habitis à Rostagno Seguini pro ponendo in guachili.. 3 sol.
Item pro 5 bardis positis in ponte barrii super hospicium Duroni, habitis à Seguino.. 5 sol.
Item Guimetus Effre cum 2 manobr. dictum guachile, 1 die valet.. 10 gros.

(1) Archives municipales; registre des délibérations du conseil.
(2) Cette porte est également appelée *Portale Duroni.*

Item ad perficiendum dictum guachile et pro faciendo copertum teulissie, dictus Guimetus, cum 2 manobr. stetit 3 diebus, valet... 21 gros.

Item in ponte super dictum portale et super hospicium Duroni, Guimetus fecit cum uno manobra.................... 7 gros.

Item pro lintarii posito in portali predicto in guachili habito à Rostagno Seguini... 18 den.

Item in dicto guachili, ad faciendum portas, dictus Guimetus cum uno manobra, 1 die....................................... 7 gros.

Item in dictis portis, pro quatuor pannis et 4 gonfionibus solv. 3 sol.

Item pro 18 cabrionibus positis in dicto guachili, de una canna. 6 gros.

Item pro ayssindolis, in dicto guachili............ 5 sol., 6 den.

Item pro una costeria posita in dicto guachili viginti palmorum habita à dicto Gaymarii per dictum fusterium .... 4 gros.

Item pro 50 tegulis in dicto guachili................. 4 gros.

Item pro clavados pro clavellis in portis et in teuleriis tam in portali predicto quam in portali Filioli, solv............. 7 sol., 6 den.

Item Jo. de Barsia, ad portandum gipsum et aquam in portali Filioli, habuit.......... .... 3 sol.

Item Rostagnus Seguini stetit in portali Filioli, 1 jornali.... 3 gros.

Item feminabus ad portendam aquam in aliis guachilibus, solv. 3 den.

Item pro clavellis positis in cancellis et in guachili Ecclesie. 2 gros.

Rato (relatio) facta cum Johanne Jalbi, gipserio, et cum Antonio Gaymarii

Dii 18 madii (1433) fecerunt computum.

Tradidit dictus Johannes 120 saumatas gipsi, precio......... 5 flor.

Item fecerat pactum pro guachilibus super portalibus facere pro canna 4 gros. Expost. visis et mensuratis guachilibus in portali Filioli et super portali Chabarlinorum (1) et super Ecclesiam, in summa 13 cannas cum dimidia ascendunt....................... 4 flor., 6 gros.

Item Jacobus Guintrandi fuit manobra et facto computo cum eo universitas eidem tenetur pro medietate, videlicet........... 18 gr. (et aliam medietatem dictus Johannes Albi habebit eidem Jacobo computare).

Item dictus Johannes posuit in guachili Chaberlinorum 4 gonfiones... 1 gros.

Item in guachili Ecclesie 4 gonfiones................... 1 gros.

Item posuit in guachili portalis Filioli, sumptibus suis posuit et muravit duos boquetos lapideos pro mirando guachile .... 2 gros.

In hoc computo fuerunt sindici hujus anni.

Super Ecclesiam.

Jacobus predictus, in guachili Ecclesie, tradidit 3 cabriones, valent .... 1 gros.
(Solvet sibi Gaymarii).

(1) La porte des Chaberlins, plus tard porte de Roux.

Item Hugo Balbi pro dicto guachili tradidit 11 cabriones 12 palmorum.. 11 sol.

Item solvit Gaymarii Moneto Alberti pro postibus nucis ad faciendam cancellos extra portale Duroni..................... 8 gros., 6 den.

Item pro 2 pannis positis in dicto cancello habuit à magistro P. Ronini.. 5 gros.

Item solvit dño Ludovico Symonis pro uno poste nucis posito in dicto cancello... 3 sol.

Item solvit Rouleto pro Albertino Salvani pro resta sibi debita quum fuit baheta tempore guerre Vasionis...................... 9 gros.

Item dixit dictus Gaymarii fecisse pactum cum dicto Joanne Albi et solvisse pro reparando guachili extra portale Duroni et reparando fenestras super dictum portale et supra portale Superius............... 22 gros.

Item pro 3 cabrionibus positis in predicto guachili portalis Duroni de 12 palmis.. 3 sol.

Et pro quatuor gonfionibus positis in fenestris dictorum portalium ... . 1 gros.

Item pro clavellis in predicto guachili portalis Duroni....... 12 den.

Item tradidit nobili Anthonio de Remusato, veteri sindico, pro solvendo nobili Michaheli de Pace, quia mutuavit Universitati et habuit equum dictus Gaymarii 5 diebus........................ 5 flor., 5 gr.

Item cuidam servienti qui portavit litteras pro pecuniis debitis et datis dño Rectori... 1 gros.

Item die 8 octobris tradidit Rouleto pro eundo Avenionem ad dictum Cardinalem pro Universitate............................ 1 flor.

Item Bertrandus Nogerii fecit duo viagia apud Brantulis cum tribus animalibus pro apportando bladum, cui deducit de blado per eum habito.. 15 gros.

XXIX

Rescrit du recteur Amalric ordonnant des impositions à l'occasion des réparations faites aux remparts (1).

(1480)

Amalricus, miseratione divina Episcopus Vasionen., Rector Comitatus Venayssini pro D. N. P. et S. R. E., Viguerio Malauc. vel eius Locumtenenti, salutem.

Ad ea que necessitatibus universitatum singulorum locorum dicti Comitatus snbvenire possunt solicite et debite nostri officii intendentes, illa

---

(1) Archives municipales. — Petit parchemin en assez bon état. — Hauteur : 0m,23; largeur : 0m,44.

libencius concedimus, quibus universitates ipse et res publica earumdem intra incumbentia limites supportare videntur.

Oblata siquidem nobis pro parte Sindicorum et Univers. dicti loci petitio continebat in effectu : Quod predicta Universitas maximis et intollerabilibus expensis fatigetur, habeatque diversa alia onera necessario supportare ac diversas facere expensas, tum pro reparationibus menium et itinerum atque alias diversimode et non habeat seu percipiat emolumenta que de multo ad predicta sufficere possint.

Deliberaverunt, idcirco in et cum eorum ad hoc convocato concilio, licentia et beneplacito nostris reservatis, impositiones sapientes videlicet super carnibus et macello, que reva, ac super vino minutatim ad tabernam vendendo, que soquetum communiter appellantur. Necnon super piscibus ibidem vendendis similem impositionem, que sic fieri et indici in presenti civitate Carpentoracti consuevit. Etiam et super diversoriis seu hostaleriis aliam impositionem inter eos fieri ordinatam ac aliis modo et forma inibi observatas, ipsasque impositiones inditas exigere aut plus et ultimo offerenti in eisdem liberare et vendere, hinc ad et per quatuor annos a data presentium in antea computandos, dicentes et asserentes se aliter, preterquam cum dictis impositionibus, pro maiori dampno eiusdem Universitatis ac reipublice illius, non posse predictis eorum necessitatibus providere.

Et ideo nobis humiliter supplicaverunt ut eam licentiam et auctoritatem dictas impositiones indicandi et imponendi et ad et per tempus predictum concedere vellemus.

Nos itaque volentes eorum necessitati quantum comode possumus providere et propterea eorum hominum requisitioni annuentes vobis tenore presentium, precipimus et mandamus quod vocata dicta Universitate corum vobis seu vestrum altero, more et loco solitis, sive de precipuis aut maioris et sanioris partis hominum eiusdem capita hospiciorum facientium voluntate licentiam et auctoritatem dictas impositiones modis et formis antedictis et ad et et per dictum tempus indicendi et indictas, per se aut ad inquantum publicum, vel sive plus et ultimo offerenti, in totum vel in parte, prout utilius visum fuerit, vendendi seu per deputatos vel deputandos, levandi et exigendi sibi, *etc.*, contradicentes aut recusantes, *etc.* compellatis seu compellere faciatis captionibus et detentionibus personarum et bonorum suorum, *etc.*, concedimus non obstantibus quibuscumque.

Datum Carpentoracti, die vicesimaquarta mensis februarii, anno Domini m° iiij° lxxx°, Pontificatus in Chr. Pat. et Dom. nostri Dom. Sixti, divina Providentia, Pape quarti, anno nono.

Steph. Bertrandi, Locumt.

XXX

Rémission des droits de directes pour la fondation de la messe dite de l'Aurore (1).

(1491)

I. N. D. Amen. An. a n. ciusdem mill° quadring° nonag° primo. Indict. nona, die vero quarta mensis decembris. Innoc. Octavi An. septimo. Noverint, *etc.*, quod cum venerabilis vir dominus Bertrandus Guintrandi, presbiter, curatus ecclesie parrochialis loci Malaucene, nuper pro donatione et fabrica cuiusdam perpetue misse, diebus singulis, mane in aurora, per dominos presbiteros seculares ecclesie parrochialis predicte celebrande, dudum per ipsum dominum Bertrandum Guintrandi, fundatorem, ab honesta muliere Agnesia Girarde, uxore honorabilis viri magistri Philipi de Augerio, notarii loci Avelleronis, Carp. dioc., scilicet et coherede pro parte tertia, honorabilis quondam viri magistri Johannis Girardi, dum viveret, civitatis Carpent. et de quibus ipse dom. Bertrandus Guintrandi, fundator, ut privata persona procedens, per Cameram Apostolicam presentis Comit. Ven. legitimo investitus, constantibus de donatione, *etc.*

(Il obtient du trésorier la rémission des directes.)

Acta fuerunt hec Carpent.

XXXI

Division des territoires de Malaucène et du Crestet (2).

(1493)

I. N. D. Amen. Noverint, *etc.* Anno a Nat. D. mill° quadring° nonag° tertio... die vero septima mensis marcii... Alexandri pp. sexti anno secundo.

In mei notarii... presentia, personaliter constitutus Rev. pater et episcopus vir dominus Huguetus de Chambaudo, alias Turreta, S. S. apostolice prothonotarius, vicariusque generalis in spiritualibus et temporalibus Rev. in Ch. P. et D. D. Vasionensis episcopi eiusdem loci de

---

(1) Archives municipales. — Parchemin dont l'encre est tellement affaiblie, que la lecture en est très difficile. — Signature de *Garone*, clerc de *Wareponte*. — Point de sceau. — Hauteur: 0ᵐ,77; largeur: 0ᵐ,64.

(2) Archives municipales. — Grand parchemin formé de six feuilles collées et non cousues, en bon état. —Signature. — Plus de sceau.— Hauteur: 3ᵐ,90 largeur: 0ᵐ,60.

Cresteto Dominus, necnon... Sindici de Cresteto... ex una parte; ot Bertrandus Dalmatii, Consindicus, et Jacobus Martinelle, procurator... Malaucene ex alia... cum assistentia, licentia et auctoritate nobliis viri Raymbaudi de Podio, Viguerii...

Unanimiter et concorditer compromiserunt et compromissum de alto in bassum fecerunt, in egregium et circumspectum virum Dominum Simonem de Trabuciis, legum doctorem, advocatum et procuratorem fiscalem generalem Com. Venays., tanquam in arbitrum arbitratorem et amicabilem compositorem.

(Au cours des opérations, les Malaucéniens produisent un acte authentique de division des territoires faite antérieurement.)

Tenor sequitur et est talis.
Anno D. 1282 tertio kal. junii... In presentia... G. Vasionensis episcopi, nob. et religiosi viri D. fratris Raym. de Grossa (1), senescalli Com. Ven.

(Simon de Trabuc, *pro tribunali sedens*, à Malaucène, *in diversorio Campana, in quadam magna camera*, prononce le résultat des opérations. Les habitants des deux localités contractantes, acceptent le jugement et l'on procède au bornage définitif, malgré certaines difficultés soulevées au dernier moment par les gens du Crestet et tranchées en faveur de Malaucène, après l'audition juridique d'un grand nombre de témoins.)

XXXII

Confirmation de la division des territoires de Malaucène et d'Entrechaux, faite en 1281 (2).

(1496)

In nom. Dom. Amen. Anno nativ. eiusd. mill° quadring° nonag° sexto. Indictione decima tertia, die vero decima sexta mensis martii. Pontificatus, *etc.*, Alexandri pape sexti anno octavo.

Noverint, *etc.*, Raybaudus de Podio, Viguerius Malaucene et tocius eiusdem resortis, *etc.*, vidimus... quoddam instrumentum publicum... quatenus hoc instrumentum copiari et transcriri fecerimus et in publicam formam per modum *Vidimus* redigi, descernendo tantam fidem, exhibendo dicto instrumento, quanta exhiberetur originali; quod dictum instrumentum posset perdi seu dampnificari. Et est talis.

(C'est la reproduction de l'acte de partage fait le 18 des calendes de janvier 1281 et que nous avons déjà donné sous le n° VIII.)

Quo quidem instrumento coram nobis exhibito, ostenso, per nos viso, lecto, palpato et diligenter intellecto, et in lingua romanciali divulgato

---

(1) Ou Grassa. Son vrai nom est Grassac.
(2) Archives municipales.— Parchemin en assez mauvais état.— Signature.— Plus de sceau. — Hauteur: 0^m,70; largeur: 0^m,57.

et explanato, nos Viguerius, sedens pro tribunali, more maiorum nostrorum, damus licentiam et auctoritatem tibi Theofredo Castelli, *etc.*

Acta fuerunt hec infra dictum locum Malaucene, in domo dicte Communitatis in qua consueverunt tenere consilium, *etc.*

XXXIII

Statuts municipaux (1).

(1500)

In nom. D. Amen. An a N. D. mill° quing3nt° et die quarta mensis junii, pontif, sssmi, *etc.* Alexandri sexti, *etc.* quod in loco Malaucene, in platea publica, ante domum Universitatis, in unum congregata Universitas, coram discreto viro magistro Theofrido Castelli, Locumtenente nob. viri Raybaudi de Podio, viguerii eiusdem loci, ad requisitionem discret. virorum Jacobi Martinelli et magistri Thome Buffanturi, scindicorum...

(Suit la liste de tous les chefs de famille qui assistèrent à ce parlement; puis le discours prononcé devant le peuple par l'un des syndics, maître Thomas Buffanturi, pour démontrer la nécessité de dresser de nouveaux statuts municipaux. On nomme aussitôt une commission pour faire ce travail; elle est composée de douze membres:)

Mag. Thom. Buffanturi et Jacobum Martinelli ; D. Johannem Asteri, iurisperitum ; Bertrandum Mosterii ; Jacobum Charrasse ; nobilem marquisium de Gruffiaco ; magist. Anthonium Martini *alias* Sardini ; magist. Johannem Augerii ; Guillelm. Garini ; Barthol. Galandi ; Guill. Asterii ; Johannem Johannis, dicti loci. Promiserunt, *etc.* In quibus omnibus D. Locumtenens auctoritatem suam et sue curie interposuit pariter decretum, *etc.* Acta fuerunt hec ubi supra, *etc.*

(Le 19 du même mois, la commission des douze se réunit en présence du lieutenan du viguier et procède à la rédaction des nouveaux statuts, composés de cent et quelques articles. C'est, à proprement parler, un règlement de police, ayant surtout en vue le respect de la propriété. Nous en donnons seulement quelques extraits pour en en faire connaître l'esprit.)

Et primo statuerunt quod nulla persona cuiuscumque status existat, habitatrix dicti loci, audeat seu presumat intrare in alterius ortis claudentibus cum clave, sine licentia domini orti, et hoc sub banno quinquaginta solidorum et de esmenda totidem, et de nocte duplum et si maius dampnum comiteretur soluat dampnum ad agnitionem extimatorum.

(Des limites sont indiquées en-deçà desquelles on ne doit point conduire les troupeaux : l'ancien chemin de Carpentras à Vaison, Ariuyen, les Piotons, 'Eau-Salée, le col du Colombier, la Beaume, Brassetieu, le pas du Graussel et la fontaine appelée déjà *Pisse-Sauma*. — Un grand nombre d'amendes sont appliquées *operi ecclesie.* Le dernier article porte :)

(1) Archives municipales. — Parchemin composé de trois feuilles cousues ensemble avec du fil, tandis que les chartes plus anciennes le sont avec des rubans de parchemins. — Signature du notaire. — Pas de trace de sceau. — Hauteur : 1m,93 ; largeur : 0m,64.

Nullus macellarius audeat a festo beatorum Philippi et Jacobi de mense maij usque ad festum beati Michaelis uendere carnes que steterunt ultra unam diem naturalem, seu viginti quatuor horas naturales, sub banno et esmenda predictis.

(Les commissaires, n'ayant pu tomber d'accord sur tous les articles, décidèrent de soumettre la difficulté au parlement. Celui-ci se réunit, en effet, le 3 février de l'année 1501, sur la place publique et en présence du viguier Reybaud du Puy. Le notaire inscrivit les noms et prénoms de tous les chefs de famille qui assistèrent à la réunion. On s'entendit sur tous les points et les syndics, au nom de leur commettants, demandèrent au viguier d'approuver les nouveaux statuts.)

Et dictus D. Viguerius, more maiorum suorum sedens, dicta Statuta tanquam laudabilia et honesta approbavit et ratifficauit, *etc.*, et me Johanne Gandiberti auctoritatibus apostol. et imperiali, not. publ.

XXXIV

Supplique des consuls et jugement du commissaire pontifical sur divers sujets (1).

(1521)

In nomine J. Ch. Amen. Nouerint, *etc.*, quod An. a Nat. eiusdem mill° quingent° vicesimoprimo, decima quarta mensis martii, Pontif., *etc.* Leonis decimi, *etc.* Anno nono. In loco Malaucene et in diuersorio Campane, quod est viri discreti Gaucherii Asterii hospitium et in quadam eiusdem diuersorii aula superiori, coram R. P. et D. D. Guillermo Malliuilli, juris utriusque doct. precentore ecclesie Nemausensis et Carpentoracte residente, judice et commissario pro Reuerendissimo in Ch. P. et D. N. D. Francisc. de Claromonte, *etc.* S. R. E. Cardinali, in Ciuitate Auinion. et Com. Ven., *etc.*, de latere legato, ad infrascripta *specialiter deputato*. Ibidem super quodam scamno super quo sede, sufficienti electo, more suorum maiorum, pro tribunali sedens, in mei que Antonii Fabri *alias* Grosse, clerici, notarii publ. ac causarum maiorum dicti Com. Ven. scriba, testiumque, *etc.*, presentia, *etc.*, discretus vir magister Ant. Sigaudi, sabbaterius ac consindicus et sindicario nomine Uniu. hominum Malaucene, eidem R. D. precentori, judici et commissario, presentauit quandam commissionis siue supplicationis cedulam, certam quintessentiam, ut dixit, in se continentem, hujus tenoris.

Clementissime Pater, *etc.*

(C'était la troisième supplique présentée par les syndics, comme on peut en lire les divers textes dans cette grande charte. On verra un peu plus loin le résumé de ces suppliques.)

(1) Archives municipales. — Parchemin en assez mauvais état; — deux feuilles collées; — la signature du notaire existe; — pas de sceau. — Hauteur: 0m,18; largeur: 0m,56.

Et dictus R. D. Precentor, Judex et Commissarius, ubi supra continuus sedens, dictam commissionis siue supplicationis cedulam, a manibus dicti D. Sindici, cum honore et reuerentia decentibus recipiens, illam mihi dicto not. et scribe, realiter tradidit, *etc*. De quibus, *etc*. Actum fuit Malauc. ubi supra, presentibus ibidem egregiis et honorab. viris D. Andrea Mutonis, vice aduocato Com. Ven., *etc*:, et Johanne Gaudiberti, not. dicti loci, *etc*., et me Ant. Fabri *alias* Grossi, not. publ.

Die decima quinta dicti mensis martii, ubi supra, comparuerunt dicti Sindici de Malauc. eidem Dom. tradiderunt quosdam articulos, contentos, ut dixerunt, in dicta supplicatione, petentes accedi ad loca de quibus, *etc*. Qui quidem D. Commiss. se obtutit, ut supra, ubi opportunum fuerit accedere et prouidere, ut juris fuerit et rationibus. Quo fit quod illico ipse D. Commiss. ad requisitionem ipsorum Sindicorum cum eisdem se transtulit ad loca de quibus, *etc*., et prouidit ut sequitur.

Primo, se transtulit ad ortum honorab. viri magistri Ant. de Ruffo, notarii, situm extra et prope portale dicti loci appellatum *Sobeyran*, et presentibus ipsis Sindicis, *etc*., uiso et palpato ipso orto, declarauit quod ipsum ortum seu plateam, *etc*., ab inde non posset dari ad nouum accapitum. Adiudicauitque et solui ordinauit dicto D. Ruffo, pro suo interesse, per dictam Uniuersitatem, summam quindecim florenorum.

Consequenter D. Commiss. visitauit quemdam ortum situm extra et prope dict. portale et confinum cum duobus itineribus publicis, ubi conquesti fuerunt dicti Sindici quod ortus ipse sit in itinere publico, et petierunt per ipsum D. Comm. prouideri. Et ipse D. Comm. decreuit quod solutis, per dictos Sindicos, septem florenis dicto Petro Pis, pro suo interesse, ipse ortus reducatur in publicum et amplius dari non possit per Cameram ad nouum accapitum.

Item uisitauit D. Comm. quandam drayam prope existentem et occupatam per honestam mulierem Margaritam, Relictam magistri Bertrandi Dalmatii, et per Claudium de Greffiaco, qua visitata et palpata, presenteque dicta Marg. et non contradicente, dixerunt dictam drayam dimitti prout erat ab antiquo, ita quod per illam liber transitus habeatur.

Item se transtulit ad vallatum ville Malaucene in quo facta fuerat buta Balisterionis, de quo dicta Marg., Relicta Bertr. Dalmatii, et certi alii sibi adherentes fuerunt conquesti dicto D. Comm. contra illos qui acceperant ad nouum accapitum de dictis fossatis, petentes quod si in futurum dicta villa Malauc. indigeret ut vallati ipsi pro fortificatione eiusdem loci, reducerentur ad pristinum statum, dicti accaptantes cogantur sumptibus eorum ipsa vallata reducere. Et dic. D. Comm. assignauit eos in Carpentoracte a sabbati proxima in octo diebus.

Tandem ipse D. visitauit ediffcium existentem desuper dicto portali Sobeyrani; ipso visitato et palpato, ordinauit quod si velint edifficare, non edifficent nec figant fustes in loco inferiori, *etc*.

Anno nativ. Dom. mill° quing° vicesimo primo et die decima quarta mensis martii, apud locum Malauc. retulit michi, not. subsig., Bernard. Borincaus, siruiens et preco publicus, se mandato Reu. viri D. Guillermi

Malliuilli, Comm. per Reuerendiss. D. Legatum, specialiter deputatum, et ad instanciam dominor. Sindicorum, per loca consueta predicti loci Malauc., proclamasse alta et intelligibili voce, tuba precedente, inhibuisse quod nulla persona cuiuscumque conditionis existat, audeat et presumat quouismodo ponere immunditias infra bedale aque transeuntem per dictum locum Mal., et hoc sub pena, pro qualibet vice et persona, viginti quinque librarum, necnon facere necessarias seu cloacas in eodem bedalli, et si faciant, illas amouere debeant, et hoc sub eadem pena, infra octo dies proximos.

Super quarto. Item cum ipsa jam dicta Universitas prefata, fossata satis ampla prout etiam decet et conuenit haberet, maxime juxta portam dictam Porta Soberana, ubi consistit principalis protectio tocius Universitatis et per quam maior pars hominum transit, Mag. Anthon. de Ruffo, not. dicti loci, a Camera, fossatum dictam portam respiciens, obtinuit et habuit in grande preiudicium non solum dicte Univ. sed etiam hominum transeuntium et maxime tempore pestis, *etc*.

Ordinamus quod quotiens imminebit periculum, *etc*., dicta fossata purgentur sumptibus communibus eorum qui possident dicta viuidaria et Universitatis.

Super quinto. Cum dicta Univers. haberet sua itinera et carrerias et andronas publicas amplas, pro hominum usu et necessitate, *etc*., et, juxta juris dispositiones, a nullo possint et valeant occupari seu restringi, quinymo si necessarium esset ampliari. His tamen non obstantibus quidam particulares dicte Univers. itinera juxta eorum predia existentia, necnon carrerias ante eorum domos existentes, dictos domos et staria, seu bancos, ampliando contra jus occuparunt et restringerunt in graue preiudicium reipublice; quod dicta Uniuers. haberet quasdam drayas ad predicta itinera ducentes, necnon ad predia hominum et sine quibus ipsi particulares ad eorum predia et possessiones accedere non possent, quidam particulares dicti loci prefatas drayas occuparunt et occupant. Cumque etiam multi particulares habeant quedam stillicidia, seu vulgariter eygueria, ex eorum domibus exeuntia et per vicos et carrerias fluentia, necnon etiam puteos qui per dictas etiam carrerias fluunt, in dicte Univers. preiudicium, cum ex illis putrefactionibus que inde in dictis carreriis congregantur homines dicti loci et aer inficiantur; supplicat igitur prefata Univers. Vestram Paternitatem Reuerendam quatenus dignetur, *etc*.

(Le juge commissaire ordonne que des publications soient faites en ce sens dans la ville et il en dresse lui-même la formule.)

Super sexto. Cum in predicto loco sit quidam riuus, per eumdem locum continuus fluens, multumque utilis et maxima commoda pro eorum negociis particularibus afferens et maxime tempore vendemiarum, quia ipsi particulares ex eodem riuo faciunt lymphas et multa alia domibus necessaria. Quidam particulares loci dictum riuum inficiauerunt, *etc*. aliasque immunditias humano corpori contrarias quotidie injiciunt et maxime ubi vertitur tam graue Universitatis periculum, supplicat igitur, *etc*.

Ordinauimus et ordinamus prout in precedenti.

Super septimo. Cum Statuto reperiatur, ut officiarii in locis quibus presunt habeant personalem facere residentiam ; hoc tamen non obstante, idem D. Viguerius loci prefati, in partibus remotis et extra provinciam moram trahit. Propterea supplicat eadem Uniuers. P. V. R. quatenus dignetur et velit prouidere, etc.

Ordinamus precipi Locumtenentem Viguerii ut habeat nottificare dicto Viguerio ut residere habeat ; alias prouidebitur ut juris.

Super octavo. Cum in prefato loco Malauc. sit quoddam castrum ubi D. Viguerius, seu eius Locumtenens, incarcerat et incarcerare facit homines pro debito curili; quod quidem castrum utique ruynam quotidie minatur, et fere in loco remoto constitutum est ; cumque in ipso prefato loco sit quedam curia, supra quam est quedam domus, ubi alias pro curili debito arrestati et incarcerati, visum fuit, et ubi etiam utilius esset homines pro curili debito incarcerati, attenta ruyna dicti castri et labore qui circa eos incarcerando sumitur. Supplicat igitur dicta Univ. P. V. R. quatenus mandet et precipiat eidem D. Viguerio, vel eius Locumtenenti, ut ipse, in antea, quoscumque debitores pro re et debito curili in prefata domo curie incarceret ; et hoc sub formidabilibus penis, etc.

Ordinauimus, etc., dum tamen Sindici carcerem tutum reparent et donec aliter Reuerendissimus Dominus prouiderit.

Super nono. Cum jure canonico reperiatur : ipsi viguerii seu etiam ordinarii qui stipendia a publico aliquas sportulas, seu pecuniarum summas, ab actoribus uel reis, coram eis litigantibus, recipere non debeant ; hoc tamen non obstante D. Viguerius presentis loci, seu eius Locumtenens, qui stipendia habet a publico, a particularibus dicti loci, pro incarcerationis vel arrestationis licencia, videlicet pro arresto denarios duodecim et pro incarceratione grossum unum, contra tamen jus et juris dispositionem exigit et extorquet. Supplicat igitur prefata Univers., etc.

Ordinamus quod precipiatur dictis ordinariis parte Reuerendissimi Domini, quod ipsi sequantur consuetudinem ordinariorum Carpent. et hoc donec per ipsum Reuerendissimum Do. fuerit ordinatum.

Super decimo. Cum in predicto loco, annis singulis, Viguerius vel eius Locumtenens, seu etiam D. Judex eiusdem loci, faciant per unum ex seruientibus dicti loci quasdam preconisationes et, hoc super reparandis itineribus, faciantque sub magnis et tremendis penis, ita quod interdum, prefatis penis declaratis, sunt qui in paupertatem decedere coguntur, etc. Supplicat igitur, etc.

Ordinamus reparari prout in preconisationibus Statutorum Com. Ven.

Super duodecimo. (Sic.) Cum ipsa Communitas Malauc. sit in usu et consuetudine ab antiquo obseruatis, quod Sindici vocatis antiquis et modernis extimatoribus dicti loci, Statuta municipalia dicti loci, ubi necessarium est reparandi ; supplicat eidem V. R. P. dicta Univ, quatenus dignetur et velit dictam consuetudinem et libertatem confirmare et approbare, sua benigna subcriptione.

Ordinamus quod Viguerius, seu eius Locumtenens, inquirat de promissis et de hijs refferat, et consulto Reuerendissimo Domino prouidebitur.

Mandantes, *etc*. Datum et actum in Carpent., *etc*. An. nativ. Dom. mill° quingent° vicesimoprimo et die vigesimaprima mensis maij, Pontif. Ssmi in Chr. P. et D. N. D. Leonis, diuina prou. Pape Decimi. Anno nono.

XXXV

Transaction entre l'évêque de Vaison d'une part et la Commune de Malaucène et les prêtres agrégés de l'église paroissiale Saint-Michel d'autre part (1).

(1527)

I. — In dicta Ecclesia Malaucene sit et esse debeat unum Corpus, siue Collegium DD. Presbyterorum pro anniuersariis, missis fundatis et aliis officiis, in dicta Ecclesia celebrandis, erigendum et approbandum per Reuerendum D. Vicarium Vasionensem.

II. — Quod in dicto Corpore, Collegio et Aggregatione et illius emolumentis, sint et esse debeant participes, videlicet Reuerendi DD. Priores et Curati, qui pro tempore erunt, necnon Rectores Capellaniarum infrascriptarum, et alii DD. Presbyteri origenarii, idonei et capaces.

III. — Qui dicti DD. Presbyteri non possint et debeant admitti ad redditus et emolumenta, nisi precedente et obtenta collatione et titulo à R. D. Vasionensi Episcopo, seu eius R. D. Vicario, ad presentationem tamen dominorum Procuratoris dicte Ecclesie et Syndicorum eiusdem loci.

IV. — Quod Rectores Capellaniarum infrascriptarum siue sint origenarii, siue non, eo ipso sint et esse debeant aggregati et in emolumentis participare possint ; et quod titulus dictarum Capellaniarum eis sufficiat ad dictam Aggregationem, sine alio titulo.

V. — Quod dicti Presbyteri possint et valeant uti, frui et gaudere juribus, priuilegiis, *etc*... juxta tenorem et modum in Statutis, super hoc faciendis, designandos.

VI. — Quod non possint acceptare fundationes, nisi sint anniversaria, vel non excedant centum florenos, sine consensu D. Episcopi.

VII. — Quod pro sigillo collationum non possit exigi ultra tertiam partem annate.

VIII. — Quod si contingeret fundari aliquas Capellanias, dicti Presbyteri non teneantur tales Rectores recipere ad emolumenta, nisi essent origenarii.

IX. Quod si postea contingeret talem Capellaniam de nouo fundatam, venire ad manum non origenarii, quod illum talem admittere non teneantur.

(1) Archives municipales. — Grand manuscrit sur parchemin, en assez mauvais état.

X. — Quod fundationes hactenus facte, fortasse non authorisate, per D. Episcopum authorisentur.

XI. — Quod Capellanie sequentes, et illarum Rectores, sint aggregate et aggregati :

1° Capellania sub titulo Sancti Michaelis, in magno altari fundata per quondam Petrum de Aulanc.

2° *Item* una reliqua Capellania, in dicto altari fundata per quondam Petrum Hugonis et sub eodem titulo.

3° *Item* quedam alia Capellania, et sub eodem titulo, fundata per quondam Beatrissiam Isnardi.

4° *Item* alia Capellania, sub eodem titulo per quondam Beatrissiam Mongesse fundata.

5° *Item* alia Capellania, sub eodem titulo, fundata per quondam Berengarium Andrieu.

6° *Item* alia Capellania, sub eodem titulo, fundata per Chapussy.

7° *Item* alia Capellania, sub titulo et altari Sancti Jacobi, fundata per Chaussolis.

8° *Item* alia Capellania, sub titulo Sancti Juliani et in altari Sancti Anthonii, fundata per Massolerij.

9° *Item* alia Capellania, sub eodem titulo, fundata per Beatrissiam Rogerij.

10° *Item* alia Capellania, sub titulo Sancti Anthonij, in dicto altari, fundata per quondam nobilem Elzearium de Spina.

11° *Item* est quedam Capellania, in altari et sub titulo Beate Marie Magdalene, fundata per Roletum Miralheti.

12° *Item* est una reliqua Capellania, sub titulo Nostro Domine, et in eodem altari, fundata per quondam Anthonium Franconis.

13° *Item* est alia Capellania, per Constantios fundata, sub titulo Sancti Georgij.

14° *Item* est alia Capellania fundata per D. Joannem Augerij, mercatorem de Malaucena, in altare Sancti Sebastiani.

15° *Item* est una alia Capellania, in altari Beati Claudii, et sub titulo eiusdem, fundata per Gaucherium de Bellomonte.

16° *Item* est alia Capellania, fundata per nobilem Jacobum de Sancto Romano.

17° *Item* est alia Capellania, sub titulo Beate Anne, fundata per Matheum Dalmassy.

18° *Item* est alia Capellania, sub titulo Nostre Domine, in altare illius, fundata per Jacobum Asy.

XII. — Quod transactiones hactenus fortasse facte et inite, ab inde in antea, super premissis, sint casse et irrite.

XIII. — Quod si forsitan, occasione premissorum, incurse fuerint alique pene, tam per Presbyteros quam Syndicos, quod ille remittantur et aboleantur per dictum Vicarium et Officialem.

XIV. — Quod inter partes sit pax, amor et finis litis, et quod dicti Presbyteri soluant expensas notarios dumtaxat concernentes.

XV. — Presentem Transactionem firmam et validam habere promiserunt et super sancta Dei Euangelia corporaliter tacta iurauerunt.

Acta et publice recitata fuerunt premissa omnia Vasione, in domo dicti R. D. Vicarii, presentibus, *etc*... et me Guillelmo Tastauini, Notarii Vasionensi, *etc*...

XXXVI

Statuts des prêtres agrégés du Chapitre de l'église paroissiale Saint-Michel (1).

(1529)

Anthonius Raymondi, juris canonici doctor, canonicus Vasion. Reuer. in Chr. Patr. et DD. Ep. Vas. (2) vic. genr. *etc*. De auctoritate nostra ordinaria, de consensu tamen DD. Prioris et Curati Ecclesie dicti loci Malaucene, volentes ex incumbenti nobis officio tam circa seruicium Ecclesie quam administrationem bonorum seu prouentuum, *etc*. Statuta, constitutiones et ordinationes sequentes, auctoritate prelibati D. Vas. Episcopi ordinamus, per presbiteros dicte Ecclesie aggregatos, sub pena et censuris in eis expressis, inuiolabiliter obseruari.

In primis in quod in Ecclesia, ab inde in antea, sit et esse debeat unum Corpus siue Collegium et Aggregatio presbiterorum celebrantium missas et diuina officia. In quoquidem collegio sint et esse debeant aggregati, *etc*. et primo, capellanus sub titulo Sti Michaelis, in magno altari fundati per quondam Petrum de Aulanco, *etc*. tenetur in qualibet hebdomada scilicet die sabbati, celebrare unam missam ex precepto Reu. D. Episcopi.

(Plusieurs articles de ce genre se suivent et indiquent d'autres fondations au même autel et à ceux de Notre-Dame, de saint Antoine et de saint Jacques.)

Item quia Ecclesia sine Yconomo et administratore tanquam nauis sine remigio deperit, ideo statuimus et ordinamus quod, singulis annis, in prelibata beati Michaelis Ecclesia, celebrata missa Sancti Spiritus, per presbiteros agregatos qui tunc erunt vel majorem partem ipsorum, eligatur unus ex dictis presbyteris, ut procurator et yconomus et administrator ad unum annum ; qui procurator et Yconomus redditus dicte Ecclesie siue aggregationis videlicet pensiones census, *etc.*, recipiat, administret, *etc.*, secundum voluntatem deffunctorum, *etc*.

Item statuimus et ordinamus quod presbiteri, tam forenses quam ori-

---

(1) Archives municipales — Parchemin en très-mauvais état. — Il portait au verso, en très-grosses lettres majuscules, ces mots : Statuta Ecclesie Malaucene, qui ont échappé à l'annotateur moderne des Archives, attendu qu'ils sont à peine apparents. On lit maintenant cette note ridicule : « Statuts *datant de* 1500. A raison de ce fait, paraît devoir prendre rang le premier, *quoique la date soit inconnue.* » — Hauteur : 0m,65 ; largeur : 0m,48.

(2) Jérôme Sclède, de Vicence, soixante-huitième évêque de Vaison.

genarii, qui in dicta aggregatione recipientur, prestent juramentum ad sancta Dei euangelia, secundum formam infrascriptam :

Juro ego N. et promitto Deo et sancto Michaeli, patroni huius Ecclesie, quod quamdiu ero in congregatione presentis Ecclesie, ero obediens et fidelis R. in Ch. P. et D. D. Vasion. Episcopo et eius Vicariis et Officialibus, canonice intrantibus, et presentis Ecclesie Yconomo et administratoribus qui pro tempore erunt. Statuta edita et edenda, possibilia et honesta, pro posse seruabo. Nichil aduersus ea themere attemptabo et quod nullo tempore facere decet, penis in Statutis expressis me suponendo et cum casus exigeret illas sponte subirem et pati me offerendo et illas incurrere volendo.

ITEM statuimus et ordinamus quod Yconomus qui pro tempore erit, possit et valeat, cum consilio Prioris et Curati, punire presbyteros agregatos delinquentes, juxta formam presentium Statutorum et illos mulctare, penas incurrisse declarare, simpliciter de plano ac sine scripto, citra tamen preiudicium jurisdictionis et auctoritatis prelibati D. Vasion. Episcopi, et sine quacumuis censurarum laxatione, quas eidem Yconomo penitus interdicimus.

ITEM cum administrator, finita eius administratione, fideliter de gestis et administratis rationem reddere teneatur, statuimus et ordinamus quod quilibet Yconomus et administrator qui tunc erit, finita sua administratione, nouo Yconomo et duobus presbiteris per dictum Capitulum deputatis, infra mensem a die finite sue administrationis, computum et rationem reddat, et si secus fecerit priuetur distributionibus suis donec premissa impleuerit, *etc.*

(Plusieurs articles règlent l'acquit des messes et autres fondations.)

Dicte misse celebrabuntur per turnos, videlicet menses vel septimanas, et quod in maioribus missis fundatis interesse debeant ad minus sex presbiteri beneficiati, videlicet : celebrans et quatuor chorarii per turnum deputati et alius qui possit supplere, casu quod aliquis eorum defficeret. Et quod ad anniversaria omnes interesse debeant et in missis fundatis quatuor chorarii prout est consuetum. Et qui non intererit de ipsis deputatis, a principio usque ad finem saltem dicte epistole, puniatur, pro vice qualibet, pena medii grossi, dicte Communitati applicanda, ultra priuationem distributionis illius officii, et celebrans in duplicum, nisi esset legitime impeditus, quo casu eius impedimentum Yconomo signifficare debeat ut per eum vel per eiusdem deputatum possit prouideri.

ITEM ordinamus quod singulis diebus sabatinis, per Yconomum, fiat una tabula in qua describantur officia unoquoque die septimane sequentis celebranda et per quos fuerint celebranda seu qui eisdem interesse debebunt, similiter et qui in processionibus, *etc.*

ITEM statuimus quod dicti presb. agr. teneantur et debeant deferre diebus solemnibus et festiuis precipuis superpeliceum, et aliis diebus roquetum clausum, quamdiu erunt in choro, sub pena medii grossi, pro vice qualibet et persona, nisi essent notorie pauperes, quo casu a portu superpelicei sunt excusati, portando tamen roquetum clausum ex utraque parte. Inhibentes eisdem et eorum cuilibet ne chorum ingredi audeant vel presumant sine superpeliceo vel roqueto, quamdiu diuinum celebrabitur officium, sub eadem pena. Et quod nullus audeat portare superpeliceum vel roquetum, nisi sint agregati in dicta Ecclesia, *etc*.

Item statuendo districtius inhibemus chorariis, qui pro tempore erunt ad officia diuina celebranda deputati, ne postquam missa vel officium ceptum fuerit, a choro exeant, sub pena medii grossi, *etc*.

Item presbiteri in eadem Ecclesia ordinati, eorum ordinem debite seruent et tam in ecclesiis, capitulis, processionibus quam aliis actibus publicis, videlicet : Prior vel eius Locumtenens primus, Curatus vel eius substitutus secundus, Yconomus tertius, reliqui vero presbiteri antiquiores subsequantur, ita quod antiquiores junioribus preferantur. Quam antiquitatem volumus inter eos, habendo effectum ad eorum receptionem, ita quod primo agregatus, licet tempore seu etate junior, preferatur, *etc*.

Item pariter statuimus et ordinamus quod transactio inter procuratorem D. Episcopi et presbyteros ac sindicos dicti loci Malaucene super regimine et administratione dicte Ecclesie nouissime inhita in omnibus et singulis suis capitulis inuiolabiliter obseruari.

Preterea reseruamus prefato D. Episcopo et nobis et successoribus nostris, in premissis potestatem addendi, mutandi, corrigendi et de nouo statuta faciendi, secundum quod temporum et negociorum incurrentium utilitate, *etc*.

Datum et actum in Eccl. parroc. dicti loci Malaucene, die sexta mensis Januarii, Anno à Nat. Dom. mill° quing° vicesimo nono, Indictionis secunde, Pontiffic. SS. in Ch. Patris et D. nostri D. Clementis, diuina prou. Pape septimi, An. sexto.

XXXVII

Rescrit du recteur Paul Sadolet (1).

(1542)

Paulus Sadoletus, *etc*. Rector Com. Ven. *etc*. Viguerio Malaucene vel eius Locumtenenti, Salutem, *etc*.

Nos, Rector prefatus, indempnitati locorum et subditorum papalium prouidere et ab oneribus subleuare cupientes, ad ipsorum (Consulum) requisitionem, vobis tenore presentium precipimus, remitimus et mandamus quod conuocato consilio seu parlamento coram vobis, more et loco solitis, Vniuersitatis hominum dicti loci cappita hospiciorum facien-

---

(1) Archives municipales. — Petit parchemin bien conservé, mais dont le sceau a été enlevé. — Hauteur: 0ᵐ,21; largeur: 0ᵐ,35.

tes, *etc.*, de eorum consensu et uoluntate, impositionem ratione talhe, ad tres annos proximos et immediate sequentes a data presentium computandos, auctorizetis et quam nos de casu auctorizamus, *etc.*, seruata Statutorum forma, *etc.*...

Datum Carpent. die vicesima secunda mensis martii, A. N. D. Mill° quing° quadrag° secundo.

P. Sadoletus, *Rector et Vice gs.*

Seroti.

XXXVIII

Bulle du vice-légat Alexandre Campegi, transférant la foire du jour de saint Mathieu au jour de saint Michel (1).

(1543)

Alexander Campegius, Dei et Apost. sedis gratia, episcopus Bononiensis, Reuerendissimi in Chr. P. et DD. Alexandri, mis. diuina, Sti Laurentii in Damaso diac. card. de Farnesio, S. R. E. Vicecancellarii in Ciuitate Auenion. et Com. Venay. pro SS. D. N. P. et S. Sede Apost. in spirit. et temporalibus Vicarii gen. et in illis necnon Vienn. Arelat. Aquen. Ebredun. et Narbonen. prouinciis ac illis adiacentibus terris et Locumtenens generalis.

Dilectis nobis in Christo Consulibus et Communitati loci Malaucene, Vasion. dioc., salutem in Dom. sempiternam.

Illis per quę Rei publice utilitatem et comoditatem consulitur libenter intendimus et, cum a nobis exigitur, libenter interponimus nostre solicitudinis partes.

Oblata sane nuper nobis, pro parte vestra, petitio continebat quod bone memorie Julianus (2), tunc harum partium de latere Legatus, nundinas trium dierum franchas et a quacumque solutione uectigalis et leude liberas, in dicto loco Malaucene tenendas ac in festo Beati Mathei, apostoli, incipiendis, uobis concessit, ac deinde recolende memorie, Franciscus de Claramonte (3), tum earumdem partium similis Legatus, dictarum nundinarum concessionem confirmauit, prout in literis de super ab illis respectiue emanatas plenius dicitur contineri. Et cum, sicut eadem subiungebat petitio, dicte nundine, predicto die, uobis parum utiles existant, eo maxime quod eodem die similes nundine in ciuitate Carpentoracten., a predicto loco Malaucene parum distante, tenentur. Et si nundine predicte in festo diui Michaelis, in quo uotum seu Ecclesie celebritas in eodem loco celebrantur, tenerentur et ad illum diem transfferrentur seu comutarentur, ex hoc profecto comoditatibus dicti loci non parum consuleretur,

(1) Archives municipales. — Petit parchemin en parfait état. — Hauteur : 0m,20 ; largeur : 0m,40.

(2) Julien de la Rovère, VI° Légat (1476-1503.)

(3) François-Guilhem de Clermont-Lodève, IX° Légat, (1513-1541.)

unde nobis humiliter supplicari curastis, nobis super hiis oportune prouideri.

Nos igitur, dictarum literarum tenoris ac si de uerbo ad uerbum insererentur presentibus pro sufficienter expressis, habentes huiusmodi supplicationibus inclinati, nundinas predictas cum omnibus et singulis illarum franchesiis, immunitatibus, exemptionibus, priuilegiis et iuribus, de dicto festo beati Mathei ad festum beati Michaelis, mensis septombris, et celebritati illius, nostrarum Vicelegationis et Locumtenentie auctoritatibus quibus fungimur in hac parte, tenore presentium transferimus et comutamus iuxta aliarum predictarum nundinarum illarum que concessionis et confirmationis huiusmodi continentiam et tenorem, in contrarium facientibus non obstantibus quibuscumque.

Datum Auenione, in Palatio apostolico, die duodecima mensis Januarii, Incarnationis mill° quing° quadrag° tertio, Pontif. SS. in Chr. P. et D. N. D. Pauli D. P. Pape tertii, An. decimo.

A. de Banchis.

P. Apten.

XXXIX

Bulle de Paul III, concernant les Viguiers de Malaucène (1).

(1546)

Dilectis Filiis Vniversitatis hominvm loci Malavcenœ Vasionensis diocesis.

Pavlus PP. III

Dilecti filii salvtem et apostolicam benedictionem. Fides et devotio qvas erga nos et Sanctam Romanam Ecclesiam gerere comprobamini promeretvr vt petitiones vestras ad exavditionis gratiam admittamvs. Exponi siquidem nobis nvper fecistis quod licet in comitatv nostro Venayssini sit statvtvm etiam apostolica confirmatione et ab immemorabili tempore citra observatvm quod Judices et Viguerii locorvm et Civitatvm sedi apostolicae immediate subjectorvm in dicto comitatv consistentivm et prœsertim loci Malavcene annvales sint et esse debeant, et nisi ad unvm Annvm ad Judicature et Vigueriatvs officivm constitvi et depvtari non possint. Nihilominvs hijs Annis proxime elapsis quidam Balthazar Vanfridi habitator dicti loci in illivs Vigueriatvs officivm vt dicitvr deputatvs, officivm Vigueriatvs hvivsmodi iam per qvatvor Annos prœteritos et vltra absque alterivs in illivs locvm svffectione et depvtatione tenvit et exercvit, et quod peivs est illvd ad vitam avt alias ad longvm tempvs exercere intendit contra Statvtorvm prœdictorvm dispositionem et tenorem ac in illivs enervationem et preivdicivm vostrvm non modicvm. Cvm avtem, sicvt eadem expositio subivnjebat, vestrvm inter alia statvm habentivm quod

---

(1) Archives municipales. — Cette bulle est conservée dans une boîte en fer-blanc.

officia prœdicta ad provisionem nostram vel Legatorvm seu Vicelegatorvm aut Rectorvm prædictorvm pertinentivm sive ivdicatvre avt Vigueriatvs vel Capellaniatvs seu baivlatvs essent dvmmodo arcivm cvstodiam non requirant temporalia et annalia existant nisi ex cavsa illa pro tempore obtinentes in illis ad alivm annvm confirmarentur, quotquot officiales hvjvsmodi in sva et officivm hvjvsmodi admissione ivrare teneantvr, quod vltra biennivm hvjvsmodi officia non exercebant, etiam si illis Motv proprio vltra dictvm biennivm prœterierit quo elapso ad eadem officia admitti possint, plurimvm intersit antiqua vestra statvta et prœsertim ad commvne bonvm pvblicamque quietem facientia vobis integra et illesa perseverari pro parte vestra nobis fvit hvmiliter svpplicatvm vt statvtvm praedictvm confirmare ac alias vobis in prœmissis opportvne providere de benignitate apostolica dignaremvr. Nos igitvr specialibvs favoribvs et gratiis vos prosequi volentes huiusmodi svpplicationibvs inclinati, Statvtvm praedictvm ac provt illvd concernvnt omnia et singvla alia in eius Rubrica sev alia Scriptvra desvper confecta contenta licita, tamen et honesta, apostolica avctoritate tenore prœsentivm ex certa scientia Confirmamvs et approbamvs, ac illis perpetvo et inviolab's firmitatis robvr adjicimvs, omnesque et singulos, tam ivris quam facti, defectvs si qui forsan intervenerint in eisdem svpplemvs. Necnon illa valida et efficacia fore suosque plenarios et integros effectus sortiri et etiam per Legatos et Vicelegatos aliosque quoslibet inviolabiliter observari, sicque per quoscvmque Jvdices et Commissarios qvavis avctoritate fvngentes. Svblata eis et eorvm cvilibet quavis aliter iudicandi facvltate ivdicari debere. Necnon qvidquid secvs svper hijs a qvavis avctoritate scienter vel ignoranter contigerit attemptari irritvm et inane avctoritate et tenore prœdictis decernimvs. Non obstantibus constitvtionibus et ordinationibvs apostolicis cœterisque contrarijs quibvscvmque.

Datvm Romœ, apvd Sanctvm Marcvm, sub Annvlo Piscatoris, diei XVIII Jvnii MDXXXXVI Pontificatvs nostri Anno Dvodecimo.

Leo de Fano.

XL

Inventaire des joyaux de l'église paroissiale Saint-Michel (1).

(1548)

Et primo leincensier nauete et culher dargent legas per messier Peyre Gaymar.

Dous candelabres dargent.

Une cros de crestals garnido.

Uno custodie dargent daurade redone et ung crussifis petit botat en viset dargent daurat dedessus ambe sa lunete dededins per botar les osties.

(1) Extrait de l'étude de M° Souchon, notaire à Malaucène. — Faulquet audibert, année 1548, fol. 74, v°.

Item un bras de bosc daurat ambe lo titre de sanct Anthoni quatorze peyres roges vou verdes et la clavel dargent.

Item lo reliquari de sanct Blasi.

Item un amict garnit de quatre rondoles dargent garni de perles roges, verdes et violhetes et dous claveus dargent sobre dauras.

Item tres callices dargent dauras et tres padenes dargent sobre daurades.

Item sept callices et sept padenes dargent.

Item ung grant callice et sa padene dargent tout sobre daurat tout neufe ung crussifis mes en medalle ambe sanct Jan et nostre Dame.

Item duas eygadieres dargent.

Item ung tabernacle dargent ambe leymage daurat massis de nostre Dame daurat en seize pesses encluso une visete dargent.

Item la cros doble ambe des reliques de laubre de la Sancte cros garnides de perles dargent sobre daurades ambe lestuſ.

Item lo reliquari de Nos. Dame ambe certanes reliquies de aucuns sans sanct Blasi et la custodie dargent ambe ung petit crusiflis et la lunete per botar lostie sobre daurade de que es faiche en tres pesses et sept peyres.

Item uno petite caysse ambe les reliquies de sainct Martin.

Items uns Pater Noster *(chapelet)* de coraly et ung Pater Noster dargent et ung gros coraly.

Item la grant cros ambe le crussifis et lo titre Jesus Nazarenus rex Judeorum dargent dedessus.

Item certanes peyres garnides dargent que eron de la corone de nostre Dame restades apres la reparationg de la Sancte cros que sun dedin uno petite borse.

De quibus oibus universis et singulis, *etc.*

XLI

Nomination du roi des Bouviers et des autres officiers de cette corporation (1).

(1548)

Anno predicto et die vicesima nona mensis Julii, constituti personaliter Ambrosius Astraudi, Rex anni proximè preteriti, Claudius Martini,

(Et trente-six autres bouviers dont les noms suivent)

et ibidem ellegerunt, per maiorem vocem, in :

Regem : Jacobum Pallieri ;
Locumtenentem : Ambrosium Astraudi ;
Thesaurarium : Claudium Martini ;

(1) *Liber notarum brevium Faulqueti Gaüdiberti, notarii publici.* — Etude de M⁰ Souchon, notaire à Malaucène.

Auditores conputorum : Anthonium Gaydan, Jacobum Testuti, Matheum Salvanhi et Johannem Dalmas ;
Estimatores : Petrum Martini et Johannem Camaret ;
Portatores banderiorum : Amedeum Danpene et Alziarium Ruffi ;
Iudicem : Rostagnum Martini ;
Seruientes : Johannem de Molanis et Andream Aumage ;
Timpanerium : Johannem Nicolai.

Actum in platea publica et subtus porticum Gabriellis Pasquini, in presentia nobilis Reymoneti Joffredi et Gabriellis Pasquini.

XLII

Délibération au sujet de la vente du lieu de Malaucène (1).

(1562)

Consilium de Loco vendendo et emendo.

Anno Natiuitatis Domini 1562 et die 9 mensis junii, *etc.*

Super eo videlicet quia fuit expositum in eodem Consilio per Theofredum Vilheti, Consulem, quod Reuerendus Dominus Rector mandauit eisdem Consulibus quamdam literam missiuam quod dicti Consules a-sederent (2) Auenionem, locutum R. D. Vice-Legatum, et insequendo tenorem, illius temporis Consul Vilheti, cum D. Viguerio, una mecum notario, fuit Anenionem ad eumdem D. Vice-Legatum. Qui quidem dixit nobis qualiter SS^{mus} D. N. Papa est deliberatus vendere alicui presentem locum Mallaucene, ad habendum pecunias pro manutensione huiusmodi milicie Huguenaudorum. Quare petit si Communitas esset illius intensionis ipsum emendi ad euitandum subgessiones alicuius vassalis.

Cui quidem D. Vice-Legato petiimus terminum ad conferendum istud Consilio et Communitati et postea eidem refferebimus intentionem Communitatis. Quare petierunt concludi super premissis quit erit eidem respondendum.

Fuit conclusum fore respondendum eidem D. Vice-Legato quod si SS^{mus} D. N. Papa vult vendere furnos et concordare premissis nouorum accapitorum, Communitas illos emet. Quantum vero ad juridictionem, Communitas non habet vnde emeret. Et pro huiusmodi negotio terminando comiserunt D. Ludouicum de Spina comendatarium, Dominos Consules, D. Viguerii Locumtenentem Theofredum Vilheti, meque Guillelmum Gaudiberti, notarium.

(1) Archives municipales : BB. 10, *Liber Regiminis*, f°s 97 et 98.
(2) Pour *accederent.*

XLIII

Traité entre la commune de Malaucène et maître Paul Mallaucène, recteur des écoles (1).

(15 septembre 1567)

Anno et die proxime dictis nouerint uniuersi, *etc.* et in presentia mei notarii, *etc.* constitutus personaliter D. Paulus Mallaucene, Rector scolarum, qui gratis promisit et conuenit honorabilibus uiris Johanni Augerii, Matheo Astier et Franscisco Camareti, Consulibus, nomine Communitatis stipulantibus, uidelicet instruere pueros particularium Mallaucene, et hoc a die beati Micahelis proxime uenturi in unum annum, et pro salario centum florenorum monete, soluendorum ut sequitur uidelicet : per Communitatem sexaginta florenos, et per certos particulares, in quadam lista Consulibus exhibita, quadraginta florenos, soluendorum per quartones.

Igitur fuit de pacto inter dictas partes quod dictus D. Paulus teneatur bene et diligenter instruere pueros dictorum particularium, absque alio salario, nisi centum florenos predictos.

Item fuit de pacto quod teneatur facere cantare *Salue Regina*, in plathea publica, ante imaginem beate Marie, singulis diebus sabati, de sero.

Item fuit de pacto quod non exigat ab extraneis, pro singulo mense, nisi quatuor grossos.

Promiserunt et jurauerunt.

In quibus D. Viguerius auctoritatem suam judicariam interposuit et decretum.

De quibus, *etc.*

Actum Mallaucene, in domo Communitatis, presentibus, *etc.* et me Gullelmo Gaudiberti, notario, qui me subscripsi.

XLIV

Venté par G. de Rémusat de tous ses droits seigneuriaux à la Communauté de Malaucène (2).

(1584)

In nomine D. Amen. An. a N. D. mill° quing° octuag° quarto, *etc.*, die vero quarta mensis aprilis, Pontif. SS. in Ch. P. et D. N. D. Gregori, D. P. Pape decimi tertii, Anno duodecimo. Nouerint, *etc.*, quod cum Consules

---

(1) Archives municipales : *Liber Regiminis*, BB. 10., f° 287.

(2) Archives municipales. — Petit parchemin en très-bon état. — Signature du notaire. — Hauteur : 0ᵐ,52; largeur : 0ᵐ,17.

communitatis et particulares loci Malaucene, Vasion. dioc., acquisiuerint titulo emptionis à Nob. Dom. Gabriele de Remusato, domino locorum Rupis-Brune et Belli-Vicini in Delphinatu, videlicet omnia et quecumque, qualiacumque et quantacumque directa dominia, feuda, census, et seruicia que ipse Nob. Gab. de Remusato habebat et visus fuit habere et predecessores sui habuerunt et possederunt ac visi fuerunt habuisse a toto tempore preterito usque in diem presentem, in et super predictis tam rusticis quam urbanis emphiteoticis, sitis tam in loco et territorio Malaucene quam in locis et territoriis Albaruffi et Bellimontis, ac omnia et quecumque jura ex dictis directis dominiis dependentia, utpote census et seruicia, jura laudandi, trezerandi, inuestiendi, laudimia percipiendi, prelationes et aduantagia retinendi, *etc.* et generaliter omnia et quecumque jura et actiones que ipse D. Gab. de Remusat visus est habere, *etc.*, salua majori segnoria jureque laudandi de eisdem SS. D. N. Pape.

(Sauf également le droit, acquis du Pape, de faire cuire aux fours de la ville et sans payer le droit de fournage, le pain nécessaire audit G. de Rémusat et à toute sa famille.)

Pretio uniuersali ducentorum et viginti quinque scutorum auri solis, constante per mag. Guillermum Gaudiberti, not. dicti loci Malaucene, sub anno presenti et die ultima Januarii, *etc.*

Acta fuerunt hec Carpent., in auditorio Curie Comit., *etc.*

XLV

Ratification de la vente faite à la Communauté de Malaucène par G. de Rémusat de tous ses droits seigneuriaux (1).

(1584)

In nom. D. Amen. An. natiu. eiusd. mill° quing° octuag° quarto et die undecima mens. Jan., Pontifficatus SS. in Ch. P. et D. N. Gregorii D. P. Pape decimi tertii, Anno decimo tertio.

Nouerint, *etc.* quod, *etc.* nobilis et potens vir D. Gabriel de Remusato, Dom. locorum Rupe-Brune, *etc.* qui, *etc.* spontanea voluntate et libere vendidit Communitati hominum Mala cene omnia et quecumque directa, dominia que ipse habet et habuit in locis et territoriis locorum Malaucene, Albarruffi et Belmontis, *etc.*

(Le reste comme dans l'acte qui précède. Vient ensuite la ratification de cette vente par la femme et par le frère du seigneur de Rémusat ; ratification écrite en français, le 23 février 1584.)

Postquam, *etc.* die vigesima quinta mensis februarii nob. G. de Remu-

(1) Archives municipales. — Parchemin en bon état, composé de deux feuilles cousues. — Point de traces de sceau. — Hauteur : 1m,37 ; largeur : 0m,61.

sato, *etc.* confessus fuit habuisse et recepisse a Consulibus et Comm. Mallauc. et per manus discr. viri mag. Claudij Brachetj, thesaurarij dicte Comm., summam ducentorum viginti quinque scutorum auri solis, eidem debitorum causa venditionis censuum, *etc.* de quibus fuit contentus.

Acta et publicata fuerunt hec omnia Malaucene, in aulla domus honorab. virorum Cristhoffori et Vesguini Asterii, fratrum, presentibus, *etc.* et me Guillermo Gaudiberti, Malaucene not°.

XLVI

Bulle de Sixte V (1).

(1585)

Sixtus PP. V

Ad perp'uam rei memoriam. Fidei sinceritas et illibatœ deuotionis affectus quibus dilecti filij uniuersitas et homines Oppidi n'ri Malausenœ Vasionen' dioc's, nos et Romanam prosequuntur Ecclesiam, promerentur ut illa benignè concedamus eisdem quœ ad iustitiam minori cu' dispendio consequendam fore conspicimus opportuna. Exponi siquidem nobis nuper fecerunt Universitas et homines pti', quod propter binas inuasiones et occupationes dicti Oppidi ab anno M. D. LXII, per Hœreticos et Hugonottos factas ac bella, quœ ab eodem fere tempore in illis partibus uiguerunt, diuersœ inter pauperes exortœ fuerunt lites, et sœpe etiam oriuntur, quœ ob Procuratorum, Advocatorumque causarum et Notariorum procacitatem, Judiciorumque abusum et corruptelam immortales existunt ; et propterea super rebus quantumuis minimi momenti ad illarum iudices ordinarios deferuntur ; qui cum sint grauiorum negociorum mole oppressi, illis commodè vacare non possunt. Vnde plerumque contigit, ut in unius, duorum, vel trium ducatorum controuersia, termini iudiciales omnino seruentur, dilationes concedantur, acta, registraque conscribantur, omnia denique et uniuersa, quœ in procedendo, et iudicando in alijs arduis magniq. ponderis et momenti causis, et differentijs interuenire solent, adhibeantur, quo fit ut creditores, qui pro maiori parte egeni et pauperes existant, tantum temporis et impensaru' in grauis minima, quantum in maxima re quonsequenda, graui quidem cu' pauperum infimœq. plebiculœ inco'modo, et iactura, ac simul eiusdem uniuersitatis angore et fastidio impendere cogantur. Cum autem sicut eadem expositio subiungebat, Si lites, causœ, et controuersiœ super rebus summam trium ducatoru' non excedentibus pro tp're motœ inibi per aliquos probos viros su'marie et citra aliquam iudiciarii ordinis obseruantiam in posteru' deciderentur. hm'oi litibus obnoxij iustitiam promptius, et minori cu'

---

(1) Archives municipales. — Grand et beau parchemin bien conservé, sauf, en un point, où il a été maculé par de l'encre.

dispendio nanciscerentur, ipsumq. Oppidum non mediocri ex inde beneficio afficerentur remaneret, asserentes nonnullaru' vniversitatum, et oppidorum Hominibus et Iacobis per se : re : Pium p'p. V et alios Romanos Pontifices praedec'ores n'ros concessum fuisse, ut causae sum'am sex ducatorum non excedentes inter eos pro tempore motae per eorum consules, pro tp're ex'ntes, sublata cuiusvis nullitatis, appellationis et reclamationis uia, decidi, et terminari debeant; Pro parte dictorum Vniversitatis et hominum nobis fuit humiliter supplicatum, ut publicae utilitati consulendo, de opportuno remedio in praemissis providere de benignitate Ap'lica dignaremur. Nos igitur attendentes, iuri et aequitati consonum, ut in causis minimis, expensae valorem rei, de qua agitur, non excedant, praeterea illud ad alios facilè extendi, ac eis co'cedi debere, quod in euidentem populorum cedere dignoscimur utilitatem, hm'oi supplicationibus inclinati, dilectos filios modernos, et pro t'pre ex'ntes Consules, et alios iustitiae ministros de'i Oppidi, et eorum, si qui pro t'pre fuerint, assessores respectiue, tam coniunctim q' divisim iudices ordinarios omnium et singular. Causarum litium et controversarum summam trium ducatorum auri de camera non excedentium inter Vniversitatem, et homines p'tos deinceps pro t'pore ortaru', ita quod ipsi in illis cum omnibus, et singulis ear. incidentibus, dependentibus, emergentibus, an'exis, et con'exis summarie, simpliciter, et de plano, ac sola facti ueritate inspecta, nullo penitus iuris ordine, stilo, vel consuetudine fori eiusdem Oppidi seruato, ac sine ulla actoru' seu reg'rorum confectione, ex bono et aequo, manu regia, et uelo levato, secundum coru' arb'rium, et uoluntatem procedentes, eas sine ulla mercedis, vel salarii spe, audire, cognoscere, decidere, fineq. debito terminare possint, et teneantur et à sn'ijs, mandatis, decretis, et ordinationibus per eosdem Consules et iustitiae ministros in p'missis quomo'lt feren' promulgan', decernen', et statuendis nullatenus appellari, provocari, reclamari, uel de nullitate dici, aut illis in aliquo contraueniri possit a'plica au'ate, tenore p'ntium constituimus, et deputamus : ac pro faciliori causarum h'moi expeditione, eisdem Consulibus et iustitiae ministris, et eorum cuilibet quocu'q. e't per edictum publicu', constito t'n prius eis su'marie, et extra iudicialiter de non tuto accessu citandi, et eis, ac quibusuis Judicibus, et personis ; ne de caetero in h'moi causis sese intromittant, sub poenis e't pecuniarijs eorum arbr'io imponen', et moderan', et per quemuis contrafacientem ipso facto incurrendis districte praecipiendo inhibendi; necnon contra p'ntium l'rar. tenorem aliquid attentare conantes sub similibus, e't pecuniarijs poenis ut pr'aetur, moderandis coercendi et mulctandi, ac quicquid Consules et ipsi iustitiae ministri decreuerint sn'tiauerint et iudicaverint e't contra quoscumq. quauis dignitate vel auc'te praediti et fungentes debitè exequendi ; Tribunalq. suum, seu Curiam ad h'moi causas audien' et iudican', statuendi, et eligendi, omniaq. et singula in p'missis et circa ea quomo'lt ne'cia, et opportuna faciendi, et exequendi, plenam, liberam, et ommimodam, tenere earumdem p'ntium facult*e*iem, et auctoritatem concedimus et elargimur. Decernentes irritum, et inane quicquid secus per Judices, ac alios quoscumq. quauis anc'te, scienter vel ignoranter contigerit attentari. Quocirca venerabilibus f'ribus Carpentoracten', Cauallicen', ac Vasionen' Episcopis per p'ntes committimus, et mandamus, quatenus ipsi, uel duo, aut unus eorum per se, uel alium, uel alios, faciant auc'te n'ra Vniuersitatem, et homines p'tos constitutione, et deputatione, ac concessione, indulto et decreto prædictis pacifice frui et gaudere, non permittentes illor. quempiam ad seruandu' in h'moi causis aliquos iudiciales terminos, aut telam iudiciariam, processus, acta, scripturas et reg'ra quæcunq. conficiendu', aut soluendum aliquid pro eisdem constringi, expeditionenq. causarum h'moi in longum protrahi, aut alias contra tenorem p'ntium quom'olt molestari, impediri, uel pertubari, contradictores quoslibet, et rebelles per censuras eccli'cas, et pecuniarias pœnas eorum arb'rio infligendas, ac alia opportuna iuris et facti remedia, appellatione postposita, compescendo, invocato e't ad hoc, si opus fuerit, auxilio brachij sæcularis. Non obstantibus præmissis, ac fe: re: Bonifacii PP. VIII præde'coris n'ri de una, et in Concilio gn'ali de duabus dictis dummodo ultra tres dietas aliquis auc'te p'ntium ad iudicium non trahatur, aliisq. constitutionibus et ordinationibus ap'licis, ac dicti Oppidi iuramento, confirm'one ap'lica, uel grauis firmitate alia roboratis statutis, et consuetudinibus, ac usibus, stilo, et naturis, priuilegijs quoq. indultis, et l'ris ap'licis eisdem Oppido et Vniuersitati, necnon Judicibus, Advocatis, Procuratoribus, et personis per quoscu'q. Rom: Pont: etia' nos et dictam Sedem, seu illius Legatos, e't per modu' statuti perp'ui, ac initi, et stipulati contractus et alias sub quibusuis tenoribus et formis, ac cu' quibusuis e't derogatoriaru' derogatoriis, alijsq. fortioribus, efficatioribus, et insolutis clausulis ac irritantibus, et alijs decretis in contrariu' quom'olt concessis, confirmatis et innouatis. Quibus o'ibus, e't si pro illor. sufficienti derogatione, de illis eorumq. totis tenoribus specialis, specifica, et indiuidua, ac de uerbo ad uerbum, non autem per clausulas g'nales idem importantes mentio, seu quauis alia exquisita forma seruanda foret, tenores h'moi ac si de uerbo ad uerbum insererentur p'ntibus pro suff'r exp'ssis, et insertis h'ntes, illis alias in suo robore permansuris, harum serie special'r et expressè derogamus cœterisq. contrarijs quibuscunq. Datum Romæ apud S'ctum Marcum sub annulo Piscatoris die VII septembris M. D. LXXXV, Pont. nostri anno Primo.

Jo. Baptista CANOBIUS.

XLVII

Présentation d'un prédicateur par les consuls de Malaucène à l'évêque de Vaison (1).

(1629)

Pntatio concionatoris in ecclesia parrochiali Malaucenae pro Adventu et Quadragesima proximis.

Anno à Nativitate Dni millesimo sexcentesimo vigesimo nono et die decima septima mensis nouembris, Vasioni, in palatio epali, coram Remo dno Guilhelmo Cheisolmo, Dei et aplice Sedis gratia, Epo Vasionesi; comparuit honorabilis vir dnus Joannes Florens, primus Consul dictae villae Malaucenae, dictae Vasionensis diocesis, qui nomine suo consulari et Comunitatis eiusdem villae, ad quam jus pntandi quolibet anno concionatorem, ad praedicandum verbum Dei in eorum parrochiali ecclesia, tempore Aduentus et Quadragesimae pertinet et spectat in vim dicti juris, praesentavit eidem Remo dno, inconcionatorem pro tempore Aduentus et Quadragesimae proximis, in dicta ecclesia, praedicatorem videlicet Reuerendum Patrem Gabrielem Aubry, sacerdotem, praedicatorem et confessorem, Religiosum ordinis seu collegii Jesuitarum, ibidem pntem, idoneum et sufficientem, quem petiit et admitti, et litteras missionis sibi expediri et de praedicta pntatione actum sibi concedi.

Tunc memoratus Remus dnus Episcopus, informatus ad plenum, tam de dicto jure pntandi eidem Communitati competenti, quam de doctrina et sufficientia dicti Reuerendi Patris Aubry, tam ex litteris a suo superiore debitè expeditis sub die prima huius mensis, modo exhibitis et subscriptis per Reuerendum Patrem Claudium Bonniellum, Rectoris collegii Societatis Jesu Auenionis, quam aliundè eumdem Reuerendum Patrem Aubry ad pntationem praefatam in concionatorem, pro praefatis temporibus, in dicta ecclesia parrochiali Malaucenae admisit, et litteras suae missionis et in forma expediri mandauit actum dictae pntationis eidem dno Consuli concedendo, sicuti eidem Reuerendo Patri authoritatem impertitus fuit de absoluendo etiam de omnibus casibus eidem Remo dno particulariter reseruatis, pro tempore quo moram fecerit in eam villam Malaucenae.

Quae acta fuerunt in praedto palatio epali et aula introitus illius, pntibus ibidem dno Francisco Raymondo presbitero et domestico Remi dni Epi et dno Jacobo Anthonio Graffario dictae Malaucenae, testibus, ad praemissa vocatis et me Hectore Beaumont, clerico, dni Cartosii, secretarii, substituto, qui extractum à libro secretariatus mensae epalis Vasionis per me

BEAUMONT, pro CARTOSII.

(1) Archives municipales, série G G.

XLVIII

Bulle du vice-légat Fred. Sforza, autorisant les prêtres de l'Agrégation à vendre à la Communauté leurs droits seigneuriaux (1).

(1644)

Fredericus Sfortia de Comitibus, *etc.* R. D. Romane Ecclesie diaconi Cardinalis Barberini, *etc.*, de latere legati, *Vicarius generalis et Vicelegatus.*

Reu. in Chr. patri Episcopo Vasionen. *etc.* salutem in D. sempiternam. Exhibita nobis nuper pro parte presbyterorum Aggeg. parrochialis Eccl. Sti Michaelis Ville Malaucene expositio continebat quod ipsi habent et possident quedam dominia directa et census tum in dicta villa, tum in eius territorio, de quibus vix decem et octo scuta annuatim percipi possunt. Quare dicti exponentes, Aggregationis huiusmodi utilitati studentes, dominia et census predicta Consulibus et Communitati dicte ville, sub censu annuo et perpetuo, triginta scutorum pretio, sexcentorum scutorum redimibili et per eamd. Communitatem eiusque periculo, quoties casus euenerit, saltem sub eodem censu rejnuestiendo vendere proposuerunt. Cum autem, sicut eadem expositio subjungebat, venditio huiusmodi in euidentem dicte Agg^{nis} cederet utilitatem, nobisque pro parte dictorum exponentium humiliter supplicatum fuerit ut eis dicteque Aggregationi, in premissis, de benignitate Apostolica, opportune prouidere dignaremur, nos huiusmodi supplicationibus inclinati, dictorum que dominiorum et censuum quantitates, qualitates et denominationes, *etc.* discretioni vestre, apostolica auctoritate committimus et mandamus, *etc.* Volumus autem quod, in omnem casum extinctionis dicti census triginta scutorum, illius capitale ut supra rejnuestiatur.

Datum Auenione, in Palatio Apost., die decima octaua mensis Aprilis, Anno Inc. Dom. mill° sexent° quadrag° quarto. Pontif. SS. in C. P. et D. N. D. Urbani D. P. Pape octaui, Anno vigesimo primo.

CORRECTA CHAYSSIJ.

---

(1) Archives municipales. — Petit parchemin bien conservé, mais dont le sceau a disparu. — Hauteur : 0^m,18 ; largeur : 0^m,62. — Le titre, mis au dos de cette pièce, la donne maladroitement comme étant du cardinal Barberini et de l'année 1544.

XLXIX

Bulle de Clément X, en faveur de la Confrérie de Notre-Dame de Montaigu, érigée en l'église paroissiale de Malaucène (1).

(1670)

Clemens PP. X, Ad perpetuam rei memoriam.

Cum, sicut accepimus, in Ecclesia parrochiali Sti Michaelis, oppidi seu loci Malaucenæ, Vasion. diocesis, una pia et deuota utriusque sexus Confraternitas B^m M^æ Virginis de Monte-Acuto nuncupata, non tamen pro hominibus unius specialis artis, canonice erecta seu erigenda, extat, cuius Confratres et Consorores huiusmodj maiora in dies suscipiant incrementa ; de omnipotentis Dei misericordia, ac Beatorum Apostolorum Petri et Pauli auctoritate confisi, omnibus utriusque sexus Christi fidelibus qui dictam Confraternitatem in posterum ingredientur, die prima eorum ingressus, si verè pœnitentes et confessi, sacramentum Eucharistiæ sumpserint, plenariam, ac eisdem tam descriptis quam pro tempore describendis in dicta Confraternitate Confratribus et Consororibus in cuiuslibet eorum mortis articulo ; si vere pœnitentes et confessi ac sacra communione refecti, vel quatenus id facere nequiuerint, saltem contriti, nomen Jesu ore, si potuerint, sin minus corde deuotè inuocauerint, etiam plenariam, ac eisdem nunc et pro tempore existentibus dictæ Confraternitatis Confratribus et Consororibus etiam vero pœnitentibus et confessis ac sacra Communione refectis, qui predictæ Confraternitatis Ecclesiam, seu Capellam, vel Oratorium, die festo Conceptionis B M^æ Virginis Immaculatæ, à primis vesperis usque ad occasum solis festi huiusmodj, singulis annis, deuotè visitauerint et ibi pro Christianorum Principum concordia, heresum extirpatione, ac Sanctæ Matris Ecclesiæ exaltatione, pias ad Deum preces effuderint, plenariam similiter omnium peccatorum suorum indulgentiam et remissionem misericorditer in Domino concedimus. Insuper dictis Confratribus et Consororibus, etiam vere pœnitentibus et confessis et sacra Communione refectis, Ecclesiam seu Capellam vel Oratorium huismodj in Purificationis, Annunciationis, Assumptionis et Natiuitatis B^æ M^æ V. Immaculatæ, festis diebus, ut suprà, visitantibus et ibidem orantibus, quo die prædictorum id egerint, septem annos et totidem quadragenas, quoties vero missis et alijs officijs diuinis in Ecclesia, seu Capella, vel Oratorio huiusmodi pro tempore celebrandis et recitandis, seu Congregationibus publicis vel priuatis, vel pacem inter inimicos composüerint, seu componi fecerint, vel procurauerint, vel etiam qui corpora defunctorum, tam Confratrum et Consororum huiusmodj quam aliorum, ad sepulturam

---

(1) Archives municipales. — Série GG., ms. d'Edouard Pontayx, curé. — F° 52, v°.

associarint, aut quascumque processiones, de licentia Ordinarii faciendas,
sanctissimum Eucharistiæ Sacramentum tam in processionibus quam cum
ad infirmos aut aliàs ubicumque et quomodocumque pro tempore defe-
retur, comitati fuerint, aut si impediti, campanæ ad id signo dato, semel
orationem dominicam et Salutationem Angelicam dixerint, aut quin-
quies Orationem et Salutationem easdem pro animabus defunctorum
Confratrum et Consororum huiusmodj recitauerint aut denium aliquem
ad viam salutis reduxerint, et ignorantes præcepta Dei et ea quæ ad
salutem sunt docuerint, toties pro quolibet prædictorum operum exerci-
tio sexaginta dies de iniunctis eis aut alias quomodolibet debitis pœni-
tentjis in forma Ecclesiæ consueta relaxamus, præsentibus perpetuis que
futuris temporibus valituris. Volumus autem quod si alias dictis Confratribus
et Consororibus præmissa peragentibus, aliquæ aliæ Indulgentiæ perpetuæ
vel ad tempus nondum elapsum duraturæ concessæ fuerint, præsentes
nullæ sint, quodque si dicta Confraternitas alicuj Archiconfraternitati
aggregata jam sit, vel in posterum aggregetur, vel quauis alia ratione
uniatur, aut etiam quomodolibet instituatur, priores et quæuis aliæ
Literæ Apostolicæ illis nullatenus suffragentur, sed ex tunc, eo ipso,
nullæ sint.

Datum Romæ, apud S. Mariam Maiorem, sub annulo Piscatoris, die
26 augusti M DC. LXX° Pontificatus nostri Anno primo.

XIX bis

Acapit perpétuel d'une vigne appartenant au prieuré du Groseau, sise au quartier de Puy-Haut (1).

(1364)

Nouerint uniuersi et singuli presentes pariterque futuri quod anno
Domini Incarnationis mill° ducent° sexag° quart° et die vicesima quarta
mensis Augusti, venerabilis et religiosus vir Dñus Jacobus de Vacqueriis,
Prior prioratus de Grausello, Vasionensis diocesis, territorii Malaucene,
sponte sua et certa eius scientia, bona fide et sine omni dolo et fraude,
pro euideuti utilitati dicti prioratus, cum de vineis nullum commodum
eueniret prioratui predicto, dedit et concessit in acapitum siue in emphiteosim perpetuum, Bertrando Malosse alias Bolhet, de Malaucena, presenti, pro se et suis stipulanti et recipienti, quamdam vineam dicti prioratus,
sitam in territorio Malaucene, **loco dicto in Podium Autherium**, iuxta
vineam **Hugonis Buxi** et iuxta vineam Bertrandi Goyrandi et iuxta aliam
vineam ipsius Bertrandi emphiteote, ad habendum, tenendum, possiden-

---

(1) Parchemin quelque peu rongé par les rats. A servi jusqu'ici de couverture à un protocole de l'an 1408, du notaire Girard Bermond, en l'étude de
M° Souchon, notaire à Malaucène. — Hauteur : 0^m, 45 ; largeur : 0^m, 28

dum, vendendum, alienandum et quiquid sibi et suis, saluis infrascriptis conditionibus, deinceps placuerit perpetuo faciendum, pro acapito inde habito et recepto videlicet unius galline, de qua se tenuit plenarie et integraliter pro contento, *etc...*

Sicque dictum Bertrandum emphiteotam et suos inde quitiauit, liberauit, penitus et absoluit, *etc...*

Saluis et retentis dicto domino Priori et eius successoribus, in dicta vinea, perpetuo dominio et senhoria et jure dominii et senhorie, quarta parte omnium fructuum et reddituum eiusdem, ad hospicium dicti domini Prioris, anno quolibet aportata.

Hoc in pactum deducto quod, de hiis tribus annis proximis, nichil teneatur dare dictus emphiteota de fructibus dicte vinee, nisi dum taxat decimam consuetam, et subsequenter dictis tribus annis transactis, dictus emphiteota teneatur reddere, ut supra est expressum, dictam quartam partem domino Priori supradicto.

Et saluis etiam et retentis quod dictus Bertrandus emphiteota, per se et suos successores, dicteque vinee detentores et possessores, dictam vineam meliorare et non deteriorare teneantur et debeant, et eam transferre non possint in personas militares seu religiosas, aut alias a jure prohibitas, nec ipsam vendere seu alienare unde trezenium et laudimium debeatur, sine ipsius Prioris aut suorum successorum consensu, neque eidem aliquam malam seruitutem imponere, neque de ea aliquid tollere, in'dampnum aut preiudicium domini predicti.

Et saluis dictis conditionibus dictus dominus Prior dedit et contulit dicto Bertrando auctorisationem et licentiam accipiendi, quandocumque sibi et suis placuerit, corporaliter possesionem dicte vinee, *etc...*

Necnon pacto expresso promisit dictus dominus Prior se predictam in acapitum donationem et omnia et singula predicta perpetuo firmam et ratam, firma et rata habere, *etc.* sub obligatione omnium bonorum prioratus predicti.

Et dictus Bertrandus, emphiteota in modum predictum dictam vineam recipiens, promisit eam bene et decenter et laborare et cultiuare et dictas conditiones atendere et seruare, *etc.* et sub obligatione omnium bonorum suorum, *etc.*

Renunciantes dicte partes, *etc.*

Actum fuit hoc Grauselli, presentibus domino Jacobo Bellimontis monacho, Petro Chabaudi, Johanne Guidonis, Hugone Ferrenhi, de Malaucena, ad predicta vocatis, et me Guill. Tonne notario publico auctoritate apostolica constituto, *etc.*

XLIII bis

Procès-verbal de l'installation du dernier prieur commendataire du Groseau (1)

(1583)

Missio possessionis prioratus nostrae Dominae de Grosello, fundati extra muros Malaucenae, pro R. Dno Guillelmo Catalani, presbiteri Viuariensis dioecesis.

Anno Millesimo quingentesimo octuogesimo tertio, Pontificatus SS. D. Gregori D. P. Papae XIII, *etc.*, apud territorium de Grosello et ante ecclesiam B. Mariae de Grosello, coram venerabili viro D. Stephano Audiberty, presbitero et curato Malaucenae, mane, circa horam nonam, in mei Falqueti Gaudiberti, notario Malaucenae et testium, *etc.*

Personaliter constitutus venerabilis vir D. Guillelmus Catalani, prior prioratus B. Mariae de Grosello, patentes et apertas litteras, in pergameno descriptas, à Rmo Dno in Chisto Patre, et D. N. Georgio de Armignac Collega Auenionensi emanatas, sub datum Auenione die IV mensis maii anni 1583, prouisionis, institutionis et collationis huius prioratus, presentauit, petens in possessionem prioratus de Grosello induci.

Stephanus Audiberti Guillelmum Catalani, priorem, per manum suam dexteram accipiens, et infra ecclesiam introducendo ac altare eiusdem B. Mariae de Grosello osculari faciendo, cum oratione et Regina Coeli, *etc.*, ad realem et corporalem possessionem posuit.

Deinde se transtulerunt in ecclesia parrochiali Malaucenae, et ibidem R. D. Stephanus Audiberti, Curatus, D. Catalani, priorem immisit, in possessionem per ingressum eiusdem ecclesiae, eumdem associando in magno altari Beati Michaelis eiusdem ecclesiae, dicendo orationem dominicam, deinde illud osculando et postea in loco assueto in dicta ecclesia sedendo, tamquam superior et prior, in primo gradu, nemine contradicente, *etc.*

(Après ce procès-verbal, on lit ce qui suit :)

Die penultima mensis maii, quae fuit secunda Pentecostes, in prono parrochiali, in prima magna missa et ad requisitionem D. Catalani Stephanus Audiberti, Curatus, annuntiauit quod immiserat eumdem Catalani in possessionem prioratus de Grosello et ecclesiae parrochialis Sancti Michaelis, die XXV maii, virtute, *etc.*, *etc.*

(1) Archives du Départ. de Vaucluse ; Fonds de Malaucène, *Notre-Dame du Grosel*, 51[a]

XXII *bis.*

Transaction entre la famille de Rémusat et les ayant-droit de Hugues Loyni.

(1416)

Pro nobili de Remusato et pro domino Bellivicini ex parte una, et domino Giraudo de Vallosis nobilique ejus uxore ex parte altera, appodexa.

Die predicta (16° marcii). Cum contentio esset super eo quod nobilis Poncius de Remusato quondam teneretur Hugoni Loyni alias Hupus quondam, ut clavario, levatori atque firmario pro domino Martino de Liori castellano, gubernatore et administratore tunc castri et loci Malaucene, ratione condempnationum latarum, penarum et aliorum jurium quorumcumque tempore dicti domini Martini aut etiam vincenorum, talharum, gabellarum et omnium quorumcumque tam reverende (camere) quam curie, quam universitati et quam nomine suo proprio per dictum Hugonem Loyni collectorem et eidem debitorum quavis ratione, occasione seu causa, tam contra dictum nobilem Poncium de Remusato quam contra dictum dominum Bellivicini a toto tempore preterito usque diem presentem, et etiam vice versa; cum dictus Hugo Loyni aut predictus dominus Giraudus et Siffreda conjuges tenerentur dicto nobili Poncio de Remusato atque prenominato nobili Rostagno de Remusato ratione arreragiorum, serviciorum quorumcumque, laudimiorum et trezenorum preteritorum usque diem presentem. Hinc est quod prenominati inter se convenerunt. Videlicet quod dicta nobilis Siffreda, cum auctoritate predicti domini Giraudi ejus viri ibidem presentis et eidem licentiam dantis, *etc.* — ac ipsi ambo conjuges prefatum nobilem Rostagnum de Remusato suosque et sua penitus quitiaverunt et sic modo predicto dictus nobilis Rostagnus de Remusato predictos conjuges suosque et sua etiam quitiavit, *etc.*

Acta sunt hec Malaucene in hospicio dictorum conjugum, presentibus ibidem domino Guillelmo Malosse presbytero et nobili Arnaudo Soucherii dicti loci testibus et me notario predicto, *etc.*

(*Protocollum Girardi Bermundi*, f° 40, Etude de M° Souchon.)

XXII *ter.*

Acapte d'une scierie appartenant à la Charité.

(1416)

Pro Anthonio Adhemarii accapitum novum.

Die XV mensis februarii, nobiles et discreti viri Arnaudus Soucherii, Hugo Bocherii et Petrus Bruneti extimatores jurati Malaucene ad quos infra scripta spectant, pro utilitate Caritatis loci Malaucene dederunt dicto

Anthonio presenti... ad accapitum novum et emphiteosim perpetuam quamdam resseriam cum suo pertinemento, scitam in territorio Malaucene, loco dicto in Palude, juxta terram dotalem Pochoni Bertholomei, vallato medio, et juxta terram Guillelmi Chalveti, et juxta resseriam Petri Ysnardi de Malaucena... ad tenendum possidendum pro accapito unius quarterii agni, salvo jure dominii et senhorie dicte Caritatis, ad servicium unius emine siliginis solvende in medio augusti... Actum Malaucene, in hospicio mei notarii, presentibus Johanne Boneti, filio Bertrandi ; Johanne Provincialis et Chandrono Stephani tam de Malaucena quam habitatoribus, testibus, et me notario predicto etc.

(*Protocollum Girardi Bermundi, presbyteri*, ad annum 1416 (1417), folio 78.)

XXII *quater*.

Ratification par Alix Dame de Baux, comtesse d'Avellin, des actes passés en son nom par le juif Méyr.

(1418)

Anno incarnationis Domini nostri m iiij decimo octavo et die decima tertia mensis februarii, Pontificatus Domini Martini Pape anno secundo, Meyr Jacob de Valobriga, judeus dicti loci Malaucene, levator omnium reddituum pro Turri de Baucio in tenemento dicti loci Malaucene pro domina domina Helisia Comitissa Avellini domina Baucii et predicte Turris, habens plenum posse, prout constat litera in lingua materna scripta patenti, a dicta domina concessa et data sub anno jam dicto et die IX mensis novembris proximo preteriti. In qua litera continetur quod ipsa Domina omnia facta per eumdem judeum rattifficavit et confirmavit. Quequidem litera per me notarium publicum supra et infrascriptum palpata et lecta fuit in presentia testium infra scriptorum, *etc.* Quequidem litera incipit sub his verbis : Nos Alis Dame des Baux, *etc.* et signata suo signeto secreto. Et in eadem sunt scripta hec verba in pede : par Madama presens Messer Paul Trabolet et Giraud Amic. Supradictus Meyr dictus Jacobus omnia supradicta facta et in accapitum data confirmavit, *etc.* Actum Malaucene in hospicio mei notarii, presentibus providis viris Bertrando Michahelis de Bellomonte, Angelino Ruffi et Guillelmo Jaucerani dicti loci, testibus, et me Girardo Bermundi notario publico, *etc.* (1).

(1) *Protocollum notarum receptarum per me Girardo Bermundi* f. 19 (Etude de Mᵉ Souchon.)

XLVIII bis.

Rescrit de l'évêque J.-M. Suarès autorisant l'érection d'une confrérie sous le titre de N.-D. de Consolation dans la chapelle des pères Augustins.

(1645)

A Monseigneur Illustrissime et Reverendissime Evesque de Vaison.

Supplient humblement les Reverends Peres et Relligieux de lordre des Augustins deschaussez du Couvent de la Ville de Mallaucene de Vostre diocese et Vous remonstrent quen suitte du pouvoir quils ont obtenu du Reverendissime General dudict ordre cy derriere attachee signee *Frater* HIPOLITUS MONTIAX *Generalis Sancti Augustini* de date du vingtieme febvrier dernier sceilee en cire rouge du seau general dudict ordre, Ils desireroient fer eriger dans leur Eglise Saint Augustin audict Mallaucene une Confrairie de Saincte Monique soubs linvocation de la glorieuse vierge de Consolation comme plus applain apper dans lesdicts pouvoirs.

A cause de quoy recourent tres humblement a Vostre Seigneurie Illustrissime et Reverendissime en ce quil Vous plaise leur voulloir permettre eriger ladicte Confrairie dans leur Eglise conformement au dict pouvoir pour laugmentation de la devotion des habitants de la dicte Ville envers Dieu et sa tres sainte Mere et les suppliants les prieront continuellement pour lheureuse prosperite de Vostre Seigneurie Illustrissime et Reverendissime *Quam Deus*.

Concedimus et permittimus ut petitur, modo registrentur omnia in Actis nostri Secretariatus.

Datum Vasioni die 13 Maij 1635.

JOSEPHUS MARIA, *Episcopus Vasionensis*.

(Archives municipales. — Cet autographe est une feuille volante portant la rubrique: SS., n. 98.)

L

Exemption de péage à Malaucène en faveur de Vaison, d'Entrechaux et du Crestet.

(1715)

Stephanus Archiepiscopus Tolosanus ac Domini nostri Pape Camerarius.

Vicario, Pedegerio Malaucene et omnibus aliis officialibus.

Cum Nobis a Domino Episcopo Vasionensi expositum fuerit cum querela quod vos, homines suos locorum Vasionis Intercallis et Crestetí, faciendo transitum per dictum locum Malaucene, per arrestationem personarum bonorumque ad solvendum pedagium compellitis, quamvis alias homines predictorum locorum ab exsolutione dicti pedagii asserant se immunes et se fore in quieta possessione seu quasi non solvendi dictum pedagium a tanto tempore de quo hominum memoria in contrarium non existit;

Quapropter idem Dominus Vasionis nos requisivit ut de remedio oportuno providere dignaremur.

Idcirco vobis mandamus quatenus arrestatos arrestataque liberetis et si quis vestrum se gravatum senserit, diem sextam post executionem juridicam coram Nobis Avinione assignetis, prout dictam diem assignamus ad justitiam faciendam.

Datum Avinione, XIII die decembris M. CCC. LI.

Quibus litteris per Dominum Vicarium reverenter receptis, præcepit Siffredo Comparati, Collectori reddituum generalium dictæ Curiæ Malaucenæ Domini nostri Papæ, et Ferrario Vitali, judœo, collectori pedagii dicti loci, præsentibus, quatenus, sub pœna L librarum clementinarum applicanda curiæ, omnes personas locorum de Vasione, de Intercallis et de Cresto et pignora, si quæ habeant, desarrestent et liberent, ipsis mandamenti præsentis copiam concedendo.

Qui Ferrarius et Siffredus, audito præcepto, dixerunt se nullas personas nec pignora arrestasse, et si id factum fuit, dixerunt factum fuisse per officiales dictæ Curiæ Malaucenæ, et parati sunt restituere pignora si habeant, quod non credunt. *Salvo semper et retento in prædictis jure Domini nostri Papæ et Romanæ Ecclesiæ sacrosanctæ.*

De quibus omnibus petierunt fieri instrumenta.

Præsentibus.... et me Joanne Privately, notario publico in Comitatu.

Extractum super instrumentum membraneum in communitatis Vasionis tabulario existens, per me Cœsarem Rambaud, notarium publicum et secretarium Communitatis.

Vasione, die 22 octobris 1715.

RAMBAUD, *not. et secret.*

(Bibliothèque de Carpentras. *Repertorium Camerale Apostolicum*, v° *Malaucena Villa*, Tome IX, page 183.)

LI

Lettre de M. l'Abbé Rigot, Curé de Malaucène, à M. Chastel, Maire de la même ville.

Malaucène, le 29 mars 1874.

MONSIEUR LE MAIRE,

Comme le respect dû à l'Eglise et à nos saintes cérémonies exige que le chemin qui doit s'établir, depuis la partie méridionale de la place Soubeyran jusqu'au point où ce chemin doit se joindre à celui des Remparts, soit plutôt éloigné que rapproché de la porte de l'Eglise et que le plan projeté le fait passer tout près du perron de ladite porte ; — Comme d'autre part les intérêts religieux et matériels du pays réclament la conservation de la rangée de platanes, actuellement composée de quatorze arbres qui règne de l'un à l'autre des points susdits et qui rend de si précieux services pendant l'été aux passants, aux fidèles avant et après les offices et généralement à tout le monde dans nos cérémonies religieuses ; — A la vue de l'insuffisance des ressources de la commune qui seule a pu l'empêcher de rechercher et d'atteindre ces deux résultats dont personne ne méconnait les avantages ; agissant en ceci tant en mon nom personnel qu'en ma qualité de Curé de la Paroisse : j'offre de fournir à titre de souscription personnelle la somme de 2,000 fr. pour payer le terrain qu'il y aurait à ajouter à celui que la commune possède par le fait d'une acquisition toute récente, au couchant de la susdite rangée d'arbres, pour que le chemin en question puisse être établi en entier au couchant des platanes, de manière à aligner d'un côté le mûrier du Lion d'Or et de l'autre les jardins des remparts, aux conditions suivantes : — 1° Les platanes dont il s'agit seront tous conservés et ne pourront être enlevés qu'autant que leur vétusté en nécessitera le renouvellement. — 2° Leur taillage ne sera pas à l'avenir au-dessous de celui des années précédentes, et les branches inférieures seront assez élevées pour que les processions passent dessous, avec bannières et brancards. — 3° Il ne pourra être fait ni construction, ni plantation sauf celle des plantes ou arbustes qui ne pourront nuire au jardin par leur ombre, ou en cachant ou gênant la vue de l'un ou de l'autre des deux chemins.— 4° Il sera facultatif au Curé de la Paroisse de faire élever, à ses frais, entre les deux platanes situés en face de la grande porte de l'Eglise, une croix ou tout autre monument religieux.

J'ai l'honneur, etc.

Rigot, *Curé de Malaucène, Ch° Hon°.*

LII

Lettre de M. Chastel, Maire de Malaucène, à M. l'Abbé Rigot, Curé de la même ville.

Malaucène, le 9 juin 1874.

Monsieur le Curé de Malaucène,

J'ai l'honneur de vous remettre : 1° deux copies de la délibération du Conseil municipal de la ville de Malaucène, en date du 6 avril dernier, portant autorisation d'accepter une somme de 2,000 fr. offerte par vous, pour subvenir aux frais d'agrandissement du chemin dit *des Remparts*, de manière à ce que la voie charretière ait entièrement son assiette au sud-ouest de l'allée de platanes existant. 2° deux copies de la lettre que vous avez adressée au Maire de Malaucène, à la date du 29 mars dernier.

— Je suis heureux, Monsieur le Curé, de vous remercier de nouveau, au nom de l'Administration municipale, de cet acte généreux et vraiment digne de votre cœur de chrétien et de bon citoyen, qui va achever de doter notre ville d'une magnifique ceinture, non interrompue, de promenade ombragée. — L'Administration, Monsieur le Curé, partage les sentiments exprimés dans votre lettre. Ce serait en effet aller à l'encontre du but louable que vous poursuivez si l'agrandissement de ce chemin devait fournir un nouveau motif ou prétexte de troubler nos cérémonies religieuses. Il n'en sera pas ainsi ; l'Administration municipale, attentive à tout ce qui intéresse le culte de notre Religion, veillera à ce que rien n'en vienne troubler les cérémonies, conformément aux vœux exprimés dans votre lettre, et elle espère que les Administrations qui lui succèderont, mues par le même sentiment, continueront aussi à suivre les mêmes errements.

Recevez, etc.

CHASTEL, *Maire de Malaucène.*

FAC-SIMILE

DE

SIGNATURES DE NOTAIRES

OU

D'AUTRES PERSONNAGES

Figurant sur les Actes aux Archives de Malaucène.

Dessinées par Alfred Saurel.

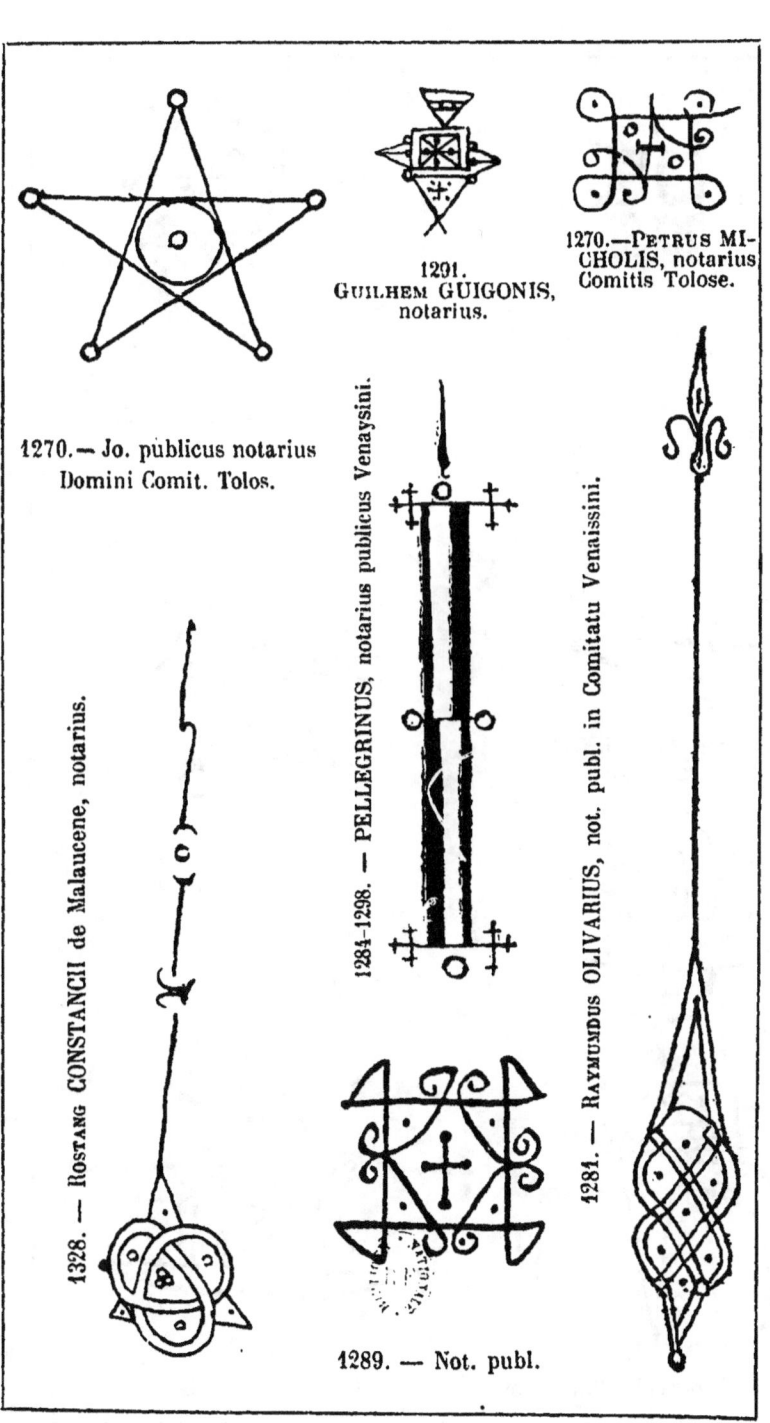

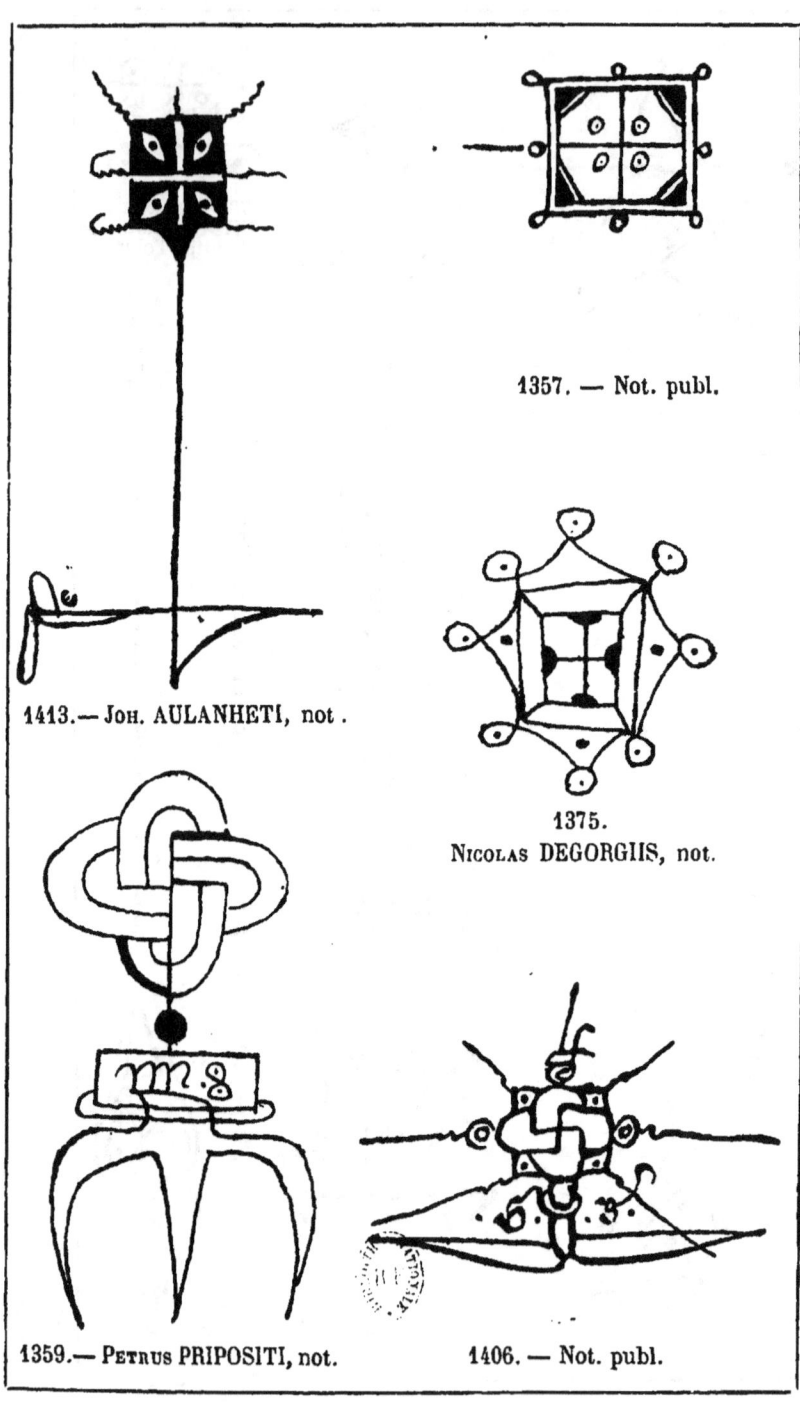

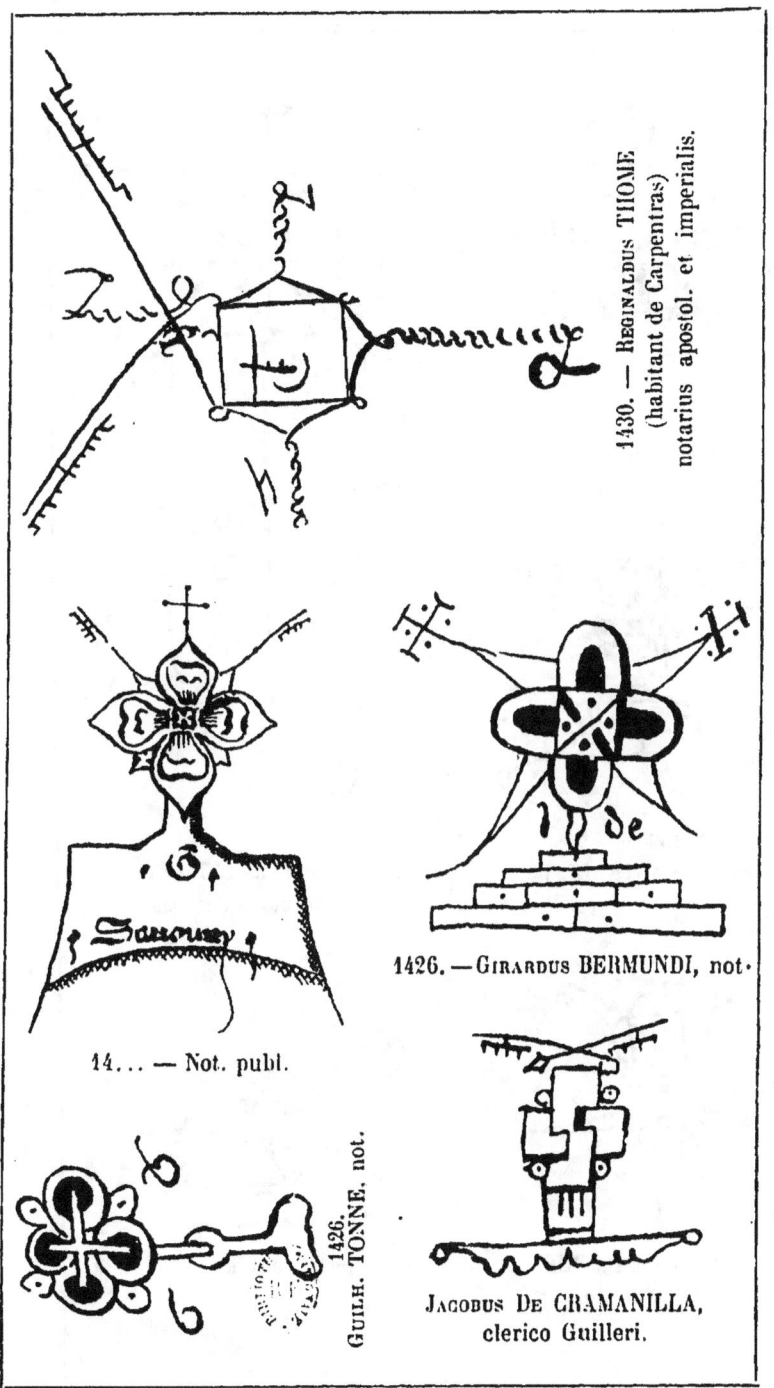

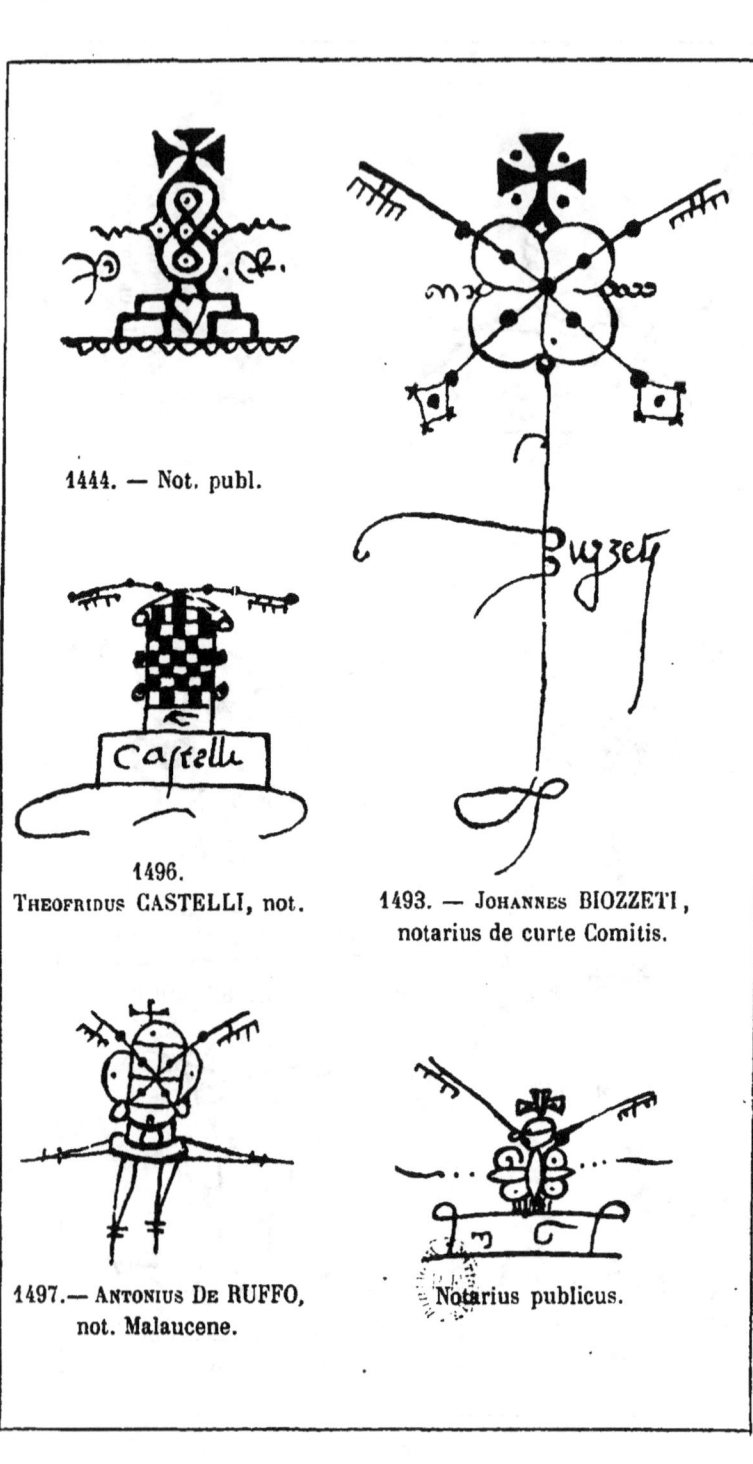

1530. — VITALIS BARRI, not. Carpentoracte.

1518.
Antonius FABER
alias Grosse, in com.
Provinciæ et Forcalq.,
not.

1542. — Notarius publicus.

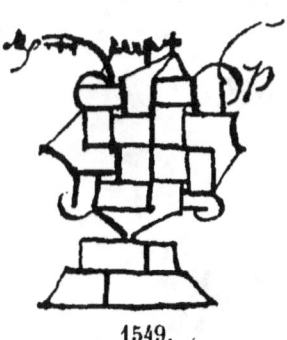

1549.
CHALLANS, not. Malaucene.

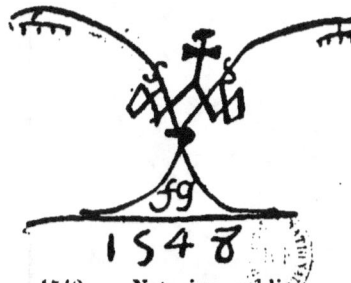

1548. — Notarius publicus.

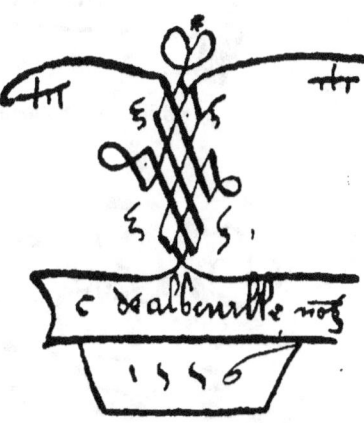

1556. — Notarius publicus.

1580.
Johannes GUINTRANDI, not. Malaucene.

1607. — Notarius publicus

1457.
GALÉAS DE SALUCES, viguier de Malaucène.

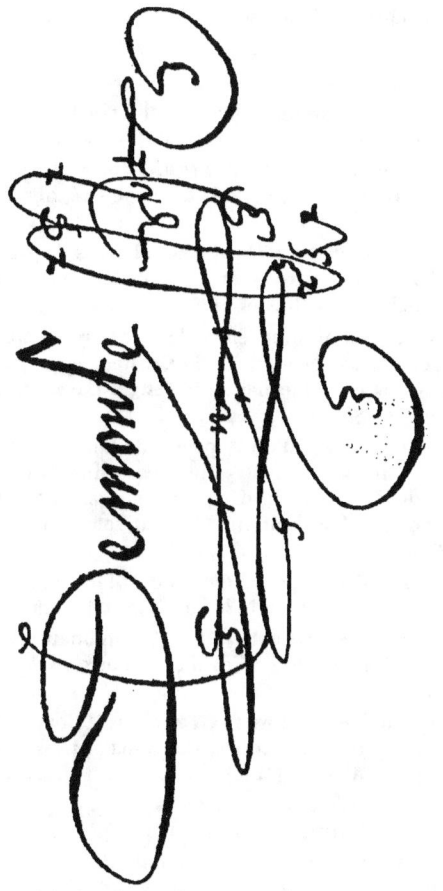

1518. — **DEMONTE**, Notaire à Malaucène.

TABLE DES PIÈCES JUSTIFICATIVES

Numéros		Pages
I.	Sentence judiciaire relative aux tasques de Vescia (1230)..	I.
II.	Polyptique du Comte de Toulouse (1253)................	II.
III.	Même manuscrit...	X.
IV.	Parlement général de 1270.	XI.
V.	Délimitation des territoires de Malaucène et de Bedoin, par le sénéchal Guy de Vaugrigneuse (1270)...............	XII.
VI.	Extrait du procès-verbal concernant la restitution de la terre du Venaissin par Philippe-le-Hardi au pape Grégoire X (1274)...	XIV.
VII.	Parlement pour la nomination des syndics chargés de procéder à la délimitation entre le territoire de Malaucène et ceux d'Entrechaux et du Crestet (1281)................	XV.
VIII.	Procès-verbal de la délimitation entre le territoire de Malaucène et ceux d'Entrechaux et du Crestet, faite par Raymond de Grassac, sénéchal, et Bérenger Cavallerii, juge du Comtat (1281)...................................	XVII.
IX.	Sentence de Guillaume de Villaret, prieur de Saint-Gilles, premier recteur du Comtat, au sujet des pâturages de Malaucène et de Beaumont et des procès survenus entre les habitants de ces deux communes, relativement à leur usage (1282)..	XVIII.
X.	Enquête sur la franchise de péage du Col d'Aulon, à Mollans, en faveur des habitants de Malaucène (1284-1298)..	XXIII.
XI.	Ventes faites par divers particuliers à la Communauté de leurs droits sur les tasques de Veaulx, Arnoux et Vesc (1286)...	XXVII.
XII.	Vente faite par Guilhem et Rostang Fabre à la Communauté, de leurs droits aux tasques, douzains et treizains de Veaulx, Vesc et Arnoux (1286)......................	XXVIII.
XIII.	Vente des droits des tasques d'Arnoux et Vesc, faite par la famille de l'Espine à divers particuliers (1288).........	XXIX.
XIV.	Vente à la Communauté, par Rostang Hugonis, de ses droits sur les tasques de Veaulx, Arnoux et Vesc (1291).......	XXX.
XV.	Donation à la Communauté de Malaucène par Raynoard de l'Espine et ses enfants, des droits de tasque de Vesc, Arnoux et Veaulx (1296).................................	XXX.
XVI.	Reconnaissances des directes, possédées à Malaucène par Bertrand de Rémusat, damoiseau, seigneur de Beauvoisin (1328)...	XXXI.
XVII.	Sentence arbitrale de Guillaume de Rofillac, recteur du Comtat. au sujet des montagnes de Beaumont (1359).....	XXXIII.

Numéros		Pages
XVIII.	Nouvelle sentence de Guill. de Rofilllac, au sujet des montagnes de Beaumont (1359)..................	XXXV.
XIX.	Extrait du testament de Pons de l'Espine (1362).............	XXXVII.
XIX bis.	Acapit perpétuel d'une vigne appartenant au prieuré du Groseau, sise au quartier de Puy-Haut (1364)............	LXXVIII.
XX.	Parlement général pour la première nomination de deux syndics et de huit conseillers annuels (1375).............	XXXVII.
XXI.	Lettre d'Amédée VIII, d'abord comte, puis duc de Savoie (1408)..	XL.
XXII.	Transaction entre les représentants du Saint-Siège et les hoirs de Bernardon de Serres, au sujet de la Seigneurie de Malaucène (1413.).....................................	XLII.
XXII bis.	Transaction entre la famille de Rémusat et les ayant-droit de Hugues Loyni (1416).................................	LXXXI.
XXII ter	Acapte d'une sclerie appartenant à la Charité (1416).......	LXXXI.
XXII quat.	Ratification par Alix de Baux, comtesse d'Avellin, des actes passés en son nom par le juif Meyr (1418)................	LXXXII.
XXIII.	Traité pour la garde des chèvres de la commune (1426)....	XLIV.
XXIV.	Procès-verbal de la prise de possession du prieuré de Sainte-Marie-Magdeleine, par Eustache de Montmajour, moine de L'ile-Barbe de Lyon (1427)	XLV.
XXV.	Traité avec le gardien des porcs de la commune (1428)....	XLVI.
XXVI.	Autre traité avec le porcher de la commune (1429).........	XLVII.
XXVII.	Traité pour la construction d'un four à tuiles et à plâtre (1429)..	XLVIII.
XXVIII.	Mémoire des dépenses faites pour la réparation des remparts (1433)..	XLIX.
XXIX.	Rescrit du recteur Amalric, ordonnant des impositions à l'occasion des réparations faites aux remparts (1480)....	LI.
XXX.	Rémission des droits de directes pour la fondation de la messe dite de l'Aurore (1491)...........................	LIII.
XXXI.	Division des territoires de Malaucène et du Crestet (1493).	LIII.
XXXII.	Confirmation de la division des territoires de Malaucène et d'Entrechaux faite en 1281 (1496).......................	LIV.
XXXIII.	Statuts municipaux (1500).................................	LV.
XXXIV.	Supplique des consuls et jugement du commissaire pontifical sur divers sujets (1521)............................	LVI.
XXXV.	Transaction entre l'évêque de Vaison d'une part et la commune de Malaucène et les Prêtres agrégés de l'église paroissiale Saint-Michel d'autre part (1527).................	LX.
XXXVI.	Statuts des prêtres agrégés du chapitre de l'église paroissiale Saint-Michel (1529)................................	LXII.
XXXVII.	Rescrit du recteur Paul Sadolet (1542)....................	LXIV.
XXXVIII.	Bulle du vice-légat Alexandre Campégi, transférant la foire du jour de Saint-Mathieu au jour de Saint-Michel (1543)	LXV.

Numéros		Pages
XXXIX.	Bulle de Paul III, concernant les viguiers de Malaucène (1546)..	LXVI.
XL.	Inventaire des joyaux de l'église Saint-Michel (1548).......	LXVII.
XLI.	Nomination du roi des bouviers et des autres officiers de cette corporation (1548)............................	LXVIII.
XLII.	Délibération au sujet de la vente du lieu de Malaucène (1562)	LXIX.
XLIII.	Traité entre la commune de Malaucène et maître Paul Mallaucène, recteur des écoles (1567).....................	LXX.
XLIII bis.	Procès-verbal de l'installation du dernier prieur commendataire du Groseau (1583)...............................	LXXX.
XLIV.	Vente par G. de Rémusat de tous ses biens seigneuriaux à la Communauté de Malaucène (1584)..................	LXX.
XLV.	Ratification de la vente faite à la Communauté de Malaucène par G. de Rémusat de tous ses droits seigneuriaux (1584)...	LXXI.
XLVI.	Bulle de Sixte V établissant les consuls, juges des causes mineures (1585)...................................	LXXII.
XLVII.	Présentation d'un prédicateur par les consuls de Malaucène à l'évêque de Vaison (1629).......................	LXXV.
XLVIII.	Bulle du vice-légat Fréd. Sforza, autorisant les prêtres de l'Agrégation à vendre à la Communauté leurs droits seigneuriaux (1644)..	LXXVI.
XLVIII bis	Rescrit de l'évêque J.-M. Suarès, autorisant l'érection d'une confrérie dans la chapelle des Pères Augustins (1645)...	LXXXII.
XLIX.	Bulle de Clément X en faveur de la confrérie de N.-D. de Montaigu (1670)..	LXXVII.
L.	Exemption de péage, à Malaucène, en faveur de Vaison, d'Entrechaux et du Crestet (1715)........................	LXXXIII.
LI.	Lettre de M. l'abbé Rigot, curé de Malaucène, à M. le Maire de la même ville (1874)..................................	LXXXIV.
LII.	Lettre de M. Chastel, maire de Malaucène, à M. l'abbé Rigot, curé de la même ville (1874).............................	LXXXV.

MARSEILLE
SOCIÉTÉ ANONYME DE L'IMPRIMERIE MARSEILLAISE, RUE SAINTE, 39.

www.ingramcontent.com/pod-product-compliance
Lightning Source LLC
Chambersburg PA
CBHW070623230426
43670CB00010B/1631